IJS 서울대학교 일본연구소

현대일본생활세계총서 **1**

전후 일본,
그리고 **낯선 동아시아**

남기정 엮음

박문사

　　서울대학교 일본연구소의 첫 기획 총서로서 〈현대일본생활세계 총서〉(전5권)를 발간하게 되었다. 〈현대일본생활세계총서〉는 일본연구소가 2008년11월부터 수행하고 있는 인문한국(Humanities Korea, 약칭 HK)사업 제1단계 3년간의 핵심적인 연구 성과다. 첫 3년의 마무리 단계에 접어든 지금, 연구 활동과 학술 교류의 성과는 2009년 3월에 창간된 정기학술지 『일본비평』을 비롯하여 〈현대일본생활세계총서〉, 〈SNU일본연구총서〉, 〈리딩재팬〉, 〈교양도서〉 등 다양한 형태의 출판물로 결실을 맺고 있다. 그 중에서도 〈현대일본생활세계총서〉는 아젠다에 입각하여 기획된 공동연구의 산물이라는 점에서 핵심적인 연구 성과로 자리매김될 수 있다.

　　서울대학교 일본연구소의 HK사업 아젠다는 '현대일본 생활세계 연구의 세계적 거점 구축'이다. 여기서 '생활세계'는 연구대상을 한정하는 것이 아니라, 거시적인 구조 변동과 인간의 주체적인 행위의 역동성을 구체적인 삶의 장에 주목하여 섬세하게 포착해낸다는 방법론적인 입장을 함축하는 개념이다. 우리는 문제의식의 출발점을 '현대일본'에 두고 일본사회의 중요한 현상들에 대한 경험적 연구를 추구하면서, 동시에 그 역사적·사상적 맥락에 대한 탐구를 중시하고, 우리의 일본연구가 갖는 역사성에 대해 성찰적인 시점을 확보하고자 한다.

이 같은 관점에서 HK사업단은 기획공동연구를 1단계 사업의 핵심과제로 설정하고, 수차례의 기획회의를 통해 공동연구의 주제들을 정하고 연구팀을 구성하였다. 2009년 7월 '전후 일본과 동아시아', '일본의 사회변동과 지역사회', '전후 일본의 지식형성', '일본의 전통과 문화예술' 등을 주제로 4개의 공동연구팀이 발족했으며, 이듬해 7월에 '일본의 노사관계'를 주제로 새로운 연구팀이 발족하여, 총 5개의 기획공동연구를 추진하게 되었다. 모든 연구팀은 HK사업단 구성원을 중심으로 인문학과 사회과학의 다양한 분야 연구자들로 구성하여, 학제적 연구를 통해 지역연구의 의의를 충분히 살릴 수 있도록 하였다. 1차로 출범한 4개 연구팀의 연구가 어느 정도 마무리 단계에 들어간 2011년 3월에는 연합 학술회의를 개최하여, 연구팀 간의 소통을 통해 '현대일본 생활세계의 연구'라는 아젠다 하에서의 통합성을 확보하고자 하였다. 이후 연구가 완료된 연구팀은 각 팀 별로 원고의 윤독회 등을 거쳐 단행본 출판을 준비해왔으며, 단행본의 제목은 이 과정에서 새롭게 정해졌다.

〈현대일본생활세계총서〉가 선을 보이기까지 다양한 분야의 연구자들이 연구의 기획에서부터 출판에 이르기까지 함께 해온 과정이 갖는 의미는 매우 크다. 그러나 무엇보다도 중요한 것은 우리의 연구결과가 학술적으로, 또한 사회적으로 어떤 기여를 할 수 있는가 하는 것이다. 연구의 완성도 면에서는 아직 보완되어야 할 부분이 적지 않다고 생각되며, 읽는 분들의 냉정한 비판과 조언을 부탁드리고 싶다.

이 총서는 서두에 밝혔듯이 한국연구재단의 HK사업에 의해 탄생했다. 10년간의 장기 비전하에 연구를 수행할 수 있도록 획기적인 지원체계를 마련해준 한국연구재단에 깊은 감사를 드린다. 연구를 진행하는 동안, 워크숍, 연합 학술회의 등에서 다양한 분야의 연구자들로부터 좋은 논평을 받아 연구 수준을 제고하는 데 큰 도움을 받았다. 그 모든 분들께도 깊이 감사드린다. 연구 결과를 책으로 묶어 사회에 내보내는 것은 또 다른 의미를 갖는 중요한 작업이다. 학술 저서의 출판 사정이 그리 좋지 않은 가운데서도 기꺼이 총서의 출판을 맡아주신 박문사에 감사를 드린다. 끝으로 기획공동연구에 참여해주신 많은 동료 연구자들, 각 연구팀의 조교로서 모든 과정을 뒷받침해준 대학원생들, 원활한 연구 수행이 가능하도록 세심하게 행정적 지원을 해준 일본연구소 행정팀 등, 서울대학교 일본연구소 HK사업단 여러분께도 그동안의 노고에 감사드리고 싶다.

2011년 7월 26일
서울대학교 일본연구소 소장·HK사업단장
한영혜

이 책은 서울대학교 일본연구소가 발족시킨 '전후 일본의 생활세
계와 동아시아' 기획연구팀의 연구성과를 엮은 것입니다. 이 기획연구
팀은 2009년 7월 처음 구상되어 9월에 발족했습니다. 일본연구소의
HK교수와 HK연구교수가 중심이 되었으며, 일본연구소의 일반연구원
이기도 한 서울대학교 국제대학원의 박철희 교수, 그리고 한국방송통
신대학교의 정진성 교수와 숙명여자대학교의 신하경 교수가 참가해
주셨습니다. 세 분 교수 덕분에 책의 구성에 균형을 찾을 수 있었고,
책의 완성도가 한껏 높아졌습니다. 세 분 교수께 이 자리를 빌려 깊이
감사드립니다.

연구팀은 2009년 9월에 첫 모임을 가진 이래 모두 여섯 차례에
걸쳐 중간 점검을 위한 내부 세미나를 가졌습니다. 또한 2010년 5월과
2011년 3월에 공개 워크숍을 열어 성과를 공개하고, 문제의식을 공유
하는 과정을 거쳤습니다. 새로운 일본연구 패러다임을 제공하기 위해,
연구대상인 일본의 정체성을 동아시아라는 준거에 비춰 다시 파악해
보자는 것이 연구팀 구성의 목표였습니다.

연구팀에 참가한 8명의 연구자는 정치학, 경제학, 인류학, 음악학
및 문화연구 등의 전문가들입니다. 이 기획연구는 사회과학과 인문학

의 학제적 소통을 통해 이루어졌습니다. 수차례의 세미나와 워크숍 과정에서 개별 연구자들은 자신의 학문분야를 뛰어넘은 지식과 방법론을 공유하게 되었습니다. 그 자체가 다양한 학문분야의 통섭 과정이었다고 할 수 있습니다.

위와 같은 문제의식에서 출발하여 학제 간 소통을 시도한 결과, 이 책에 포함된 논문들은 풍부한 독창성을 지니게 되었습니다. 기존 연구에서 검토되지 않은 새로운 자료들이 논의의 대상으로 부상함으로써 새로운 해석을 가능하게 하는 연구들(남기정, 정진성, 박철희, 신하경 논문), 연구팀을 구성하여 토의를 진행하는 과정에서 주제 자체가 새로 발굴된 연구들(이지선, 이경분 논문), 새로운 자료의 공개에 따라 비로소 학문적 검토가 가능해진 연구(박정진 논문), 저널리즘에서 경향적으로 취급되어 온 주제에 대해 최초로 학문적 분석을 가한 연구(김효진 논문) 등은 모두 일본을 보는 새로운 각도와 주제영역을 제공해 주고 있습니다.

한편 이들 논문은 인식, 운동과 정책, 표상의 삼 부 구성 속에 배치되어 있습니다. 각 부는 전후 일본에서 동아시아에 대한 기본 인식이 어떻게 자리 잡게 되었는지, 전후 일본에서 전개된 사회운동과 정당정치의 흐름 속에서 동아시아는 어떤 위상을 차지하고 있었는지, 전후 일본에서 동아시아 표상은 어떻게 만들어지고 소비되어 왔는지를 중심 주제로 삼고 있습니다.

필자는 기획연구팀의 연구책임자로서 그 동안의 연구성과를 〈현대일본생활세계총서〉 제1권으로 발간하게 된 것을 큰 기쁨으로 생각하며, 이 기쁨을 기획연구팀의 모든 공동연구자들과 나누고자 합니다. 연구가 진행되는 동안 개인적인 경사도 생겼습니다. 이지선 HK연구교수가 숙명여자대학교 일본학과 교수로 자리를 옮겼으며, 기획연구팀의 간사를 맡아 활약해 주신 김효진 HK연구교수가 책의 발간과 거의 동시에 고려대학교 일본연구센터 HK교수로 자리를 옮기게 되었습니다. 그런 경황없는 와중에서도 기획연구팀의 일정에 맞추어 성실히 연구를 진행해 주신 데 대해 감사드립니다. 도중에 연구팀에 합류하여 순발력을 발휘해 주신 박정진 HK연구교수, 이경분 HK연구교수께도 감사드립니다. 세미나 진행과 책이 만들어지는 과정에서 연구팀 운영의 실무를 맡아준 김인수 조교의 도움이 컸습니다. 고마운 마음을 전하고 싶습니다.

편집을 마치면서 일본연구의 새로운 영역을 한국에서 개척했다는 데 새삼 자부심을 느낍니다. 이 책이 일본을 바라보는 새로운 시각이 되어, 여러 독자에게 신선한 충격으로 다가설 수 있었으면 좋겠습니다. 여전히 모자란 점도 눈에 띕니다. 특히 개별 연구 사이의 유기적 연계를 조금 더 긴밀히 하는 데 힘을 써야 했다는 반성이 듭니다. 그 밖에도 미처 생각하지 못했던 잘못이 남아 있을 수 있습니다. 여러분의 지적과 비판을 기다리며, 다음 연구에서 그 관심에 보답해 드릴 것을 모든 공동연구자를 대표해서 약속드립니다.

2011년 7월 25일
서울대 일본연구소 연구실에서
남기정

서장

전후 일본의 숨은 '동아시아' 그림 찾기

남기정

현대일본생활세계총서 **1**

전후 일본, 그리고 낯선 동아시아

서 장
전후 일본의 숨은 '동아시아' 그림 찾기

남기정

1. 전후 일본에 스며들어 숨어 있는 '동아시아'

이 책에서 우리는 전후 일본에 숨어 있는 '동아시아'를 찾아, 전후 일본이 스스로 만들어 온 일국적 정체성의 허구를 깨뜨리는 작업에 도전했다. 대동아공영권의 기치 하에 일본인의 의식 속에 거칠게 내재화되었던 '동아시아'는, 패전 후 일본 열도로 수축된 공간에서 이루어진 '재-국민국가화(再-國民國家化)'의 과정에서 일본 국민의 의식 저 너머로 '숨어버린 채', 전후 일본의 생활세계 전반에 조용히 '스며들어' 갔다. 이 책은 일본과 '동아시아'의 관계를 둘러싼 일본인의 모순적인 자기인식, 전후 일본의 새로운 정체성 형성과정에 숨겨진 균열을 그 생활세계를 통해 드러내려는 시도이다.

일본에게 '동아시아'는 외부에 존재하는 완전한 타자도, 동일시될

수 있는 나도 아닌, 내 안의 타자, 타자 속의 나로 존재하며 일본 안에
스며들며 일본 안팎의 경계를 모호하게 만들었다. 이것은 지구화의
결과 벌어진 최근의 일이 아니라, 이미 패전 직후부터 일어나고 있었
던 일이다. '동아시아'를 타자화해 온 전후 일본의 역사는 이를 반증하
는 역설적 전개를 보여주고 있다.

'동아시아'는 전후 일본의 지식인, 활동가, 정치인들의 의식 속에
침잠해 들어가 거부할 수 없는 또 다른 일본인의 '자아'로 똬리를 틀고
앉아, 영화와 음악, 가상공간 등 생활세계의 도처에서 그 존재를 드러
내고 있다. 그 거북한 공존을 은폐하기 위해 일본인은 끊임없이 '동아
시아'라는 '타자'를 만들어 왔던 것이다. 전전(戰前)의 일본이 '동양의
맹주'가 되기 위해 '동양'을 창안했듯이.

2. '동아시아'의 과잉에서 '동아시아'의 침잠으로

스테판 다나카(S.Tanaka)가 지적하듯, 근대 일본이 창안한 '동양'
이라는 말에는 "세계 속에 있는 자신의 위상에 대한 일본의 애매한 시
각이 표현"되어 있었다. '동양'에 내용을 부여하기 위해 일본에서 태어
난 '동양사'라는 지식체계는 근대 일본이 아시아에서 유일하게 근대화
를 성취한 국가로서 유럽의 국가들과 대등한 나라임을 확인하기 위한
논거들을 제공했다. 그 논거를 바탕으로 일본은 아시아의 다른 나라
들과 차이가 있으며, 그 차이에서 일본의 우월함을 확인할 수 있다는

신념이 유포되었다. 따라서 '동양'은 일본인이 '동양'에 위치해 있으면서도 '동양=아시아'를 비교의 준거로 삼지 않고 '서양=유럽'과 비교할 수 있게 해준 근거가 되었다.[1] 이로써 일본은 '동양'의 일원이면서 '동양'의 바깥에서 '동양'과 대치되는 '애매한' 위치에 서게 되었던 것이다. 여기에 근대 일본이 탈아(脱亜)의 구화(歐化)주의와 흥아(興亜)의 아시아주의 사이에서 '진자운동'을 반복해온 틀거리가 마련되었다.[2]

따라서, 탈아와 아시아주의는 대립했던 것이 아니라, "탈아를 추진하는 것이 아시아주의적 주장을 더욱 고양시켰던 것"이며[3], 아시아주의의 목표가 아시아로의 회귀를 의미하는 것도 아니었던 것이다.

결국, 근대 일본은 '아시아'를 만들어 온 기동요인(起動要因)이면서도 '아시아'라는 모습으로 자화상을 그리는 데에서는 실패하고 말았다.[4] 전후 일본이 진정으로 '패배를 껴안고' 새로운 출발을 하기 위해서는 아시아라는 '사상과제'를 껴안아야 했다.[5] 그러나 전후의 일본은 "전전의 역사와는 반대쪽의 극을 향해 흔들리듯 사실상 동아시아 지역에 대한 정치·문화적인 관심을 상실"하고, 오히려 "아시아에 있어

<hr>

1) 스테판 다나카, (박영재, 함동주 옮김), 『일본 동양학의 구조』, 문학과지성사, 2004, 31-39쪽.
2) 강상중, 「'일본의 아시아'와 지역통합」, 정문길, 최원식, 백영서, 전형준 엮음, 『발견으로서의 동아시아』, 문학과지성사, 2000, 76쪽.
3) 山室信一, 『思想課題としてのアジア―基軸・連鎖・投企』, 岩波新書, 2001, 637쪽.
4) 山室信一, 『思想課題としてのアジア―基軸・連鎖・投企』, v쪽.
5) 존 다워(최은석 옮김)의 『패배를 껴안고』(민음사, 2009)와 山室信一의 『사상과제로서의 아시아(思想課題としてのアジア―基軸・連鎖・投企)』의 문제의식을 반영함.

서 아메리카니즘의 최대의 '극동 대리점'이 되는 '신탈아입구'의 길"을 선택했다.6) 그와 함께 동아시아 담론은 '과잉의 시대'에서 급전직하하여 '침잠의 시대'로 진입하면서 '동아시아'는 사고의 금기대상이 되었다. 전후 일본에서 '동아'라는 용어가 사라진 데에서 이를 확인할 수 있다.

이 책에서 말하는 '동아시아'는 중국과 한반도, 즉 '동북아시아'를 중심으로 하고, 부분적으로 '동남아시아'를 포함하는 개념이다. 최원식이 사용하는 '좁은 범위의 동아시아'가 중심이 되고 있는 데에서는 '한중일을 중심으로 하는 현단계 한국의 동아시아론'의 한계가 반영되어 있다.7) 거기에 더해 이 책에 포함된 일부의 논문에서 '동남아시아'를 논의의 대상으로 삼고있는 데에는, 이 책의 주제가 '일본과 동아시아'인 만큼, '동남아시아'를 중심으로 '동아시아'를 사고하는 '일본의 동아시아론'이 가진 특성을 받아들여야 했으며, 지리적으로 '대동아공영권'과 겹쳐지는 범위를 포괄할 수밖에 없는 현실을 반영하고 있다.

3. 일본의 전후와 '동아시아'의 전후

전후 일본의 출발은 '아시아' 인식의 결여와 '아시아'에 대한 회피

---

6) 강상중, 「일본의 '아시아'와 지역통합」, 75쪽.
7) 최원식, 「한국발 또는 동아시아발 대안? : 한국과 동아시아」, 『발견으로서의 동아시아』, 문학과지성사, 43쪽.

또는 망각을 특징으로 했다. 그것을 가능하게 했던 것은 '아시아'의 전쟁들이었다. 제2차 대전의 종식은 '아시아'의 '전후'를 불러오지 못했다. 특히 '동아시아'의 대륙과 반도와 섬들의 현실은 새로운 '전쟁의 연속'이었다. 중국 대륙과 한반도, 필리핀, 인도차이나반도 등에서 전쟁은 이어졌다. 미군 점령 하의 개혁을 거쳐 '평화희구'의 문명국으로 '개과천선'한 일본이 보기에 동아시아 국가들이 치른 전쟁들은 '야만'이었다.

또한 아시아의 '전쟁'들은 전쟁을 치르고 있는 국가에서 오래 동안 '자유'와 '민주'의 유보를 정당화하는 기제가 되었다. 민주화된 전후 일본에서 아시아 인식은 '문명(평화)과 야만(전쟁)', '자유와 억압', '민주와 독재', 나아가 '보편과 특수'라는 틀에서 후자의 이미지와 함께 전개되어 왔다. 아시아는 기피되거나 교정되어야 할 존재였던 것이다.

물론 과거 일본의 '아시아주의'에 대한 반성의 소리가 없었던 것은 아니다. 그러나 과거 일본이 주도한 지정학적 통합에 대한 반성은 오히려 분절적 아시아 이해를 조장했다. 그 결과 일본이 남겨 놓은 식민지주의의 '아시아적 통일성'은 일본인들의 시야에서 사라지고 말았다. 한편, 전후 일본의 지역연구는 일부에서 '내발적' 아시아 인식의 가능성을 내포한 것으로 발전되어 왔으나, 이는 지역적(local) 특수성의 과잉 옹호라는 결과를 가져오기도 했다. '전후 지식인'들의 중국 인식이나 북한 인식에서 그러한 일단을 엿볼 수 있다.

결국, 전후 일본에서 전개된 아시아 인식은 '아시아=결격사회'이거나, 기껏 순화된 표현으로 하더라도 '아시아=특수사회'로서의 아시아관을 조장하는 것이었으며, 전후 일본을 발전의 모범으로 간주하는 무의식을 낳게 한 요인이 되었다.

4. 인식의 파편들 : 침잠된 기억과 이어진 인식

이 책의 제1부는 전후 일본의 아시아인식을 다루고 있다. 하나는 전후에 의식의 물밑으로 침잠된 기억들에 관한 이야기이고 다른 하나는 전전과 전후 사이를 잇고 있는 인식에 관한 이야기이다.

먼저 1장 남기정의 논문은 일본의 '전후 평화주의자'들에 주목하여 그들의 아시아 인식을 분석한 것이다. 특히 세 명의 유명한 '전후 평화주의자'와 그들의 조선 인식을 거론하고 있다. 아베 요시시게(安倍能成), 우카이 노부시게(鵜飼信成), 마루야마 마사오(丸山眞男). 이들은 모두 식민지 조선에서 생활한 경험이 있는 사람들이다. 이들은 전후 평화주의의 내용을 채워가는 과정에서 핵심적인 역할을 했던 사람이면서도, 그들이 식민지 조선에서 경험했던 것들을 '전후 평화주의'의 내용 속에 성찰적으로 녹여내려는 노력을 거의 시도하지 않았다는 점은 문제가 아닐 수 없다. 따라서 이들의 식민지 조선 경험이 전후에 새로운 조선 인식으로 발전하거나, 다른 평화주의적 지식인들의 공명을 얻어내지는 못했다. 이점은 일본 '전후 평화주의'의 한계로 지적되어 마땅하다. 한편 '전후 평화주의의 사제'인 '전후 지식인'들은 전후 일본이 자유와 민주라는 보편적 가치를 추구하고 그것이 평화의 기틀이 된다는 점을 굳게 믿고 실천하려했으나, 그러한 신념은 오히려 아시아 인식의 결핍을 낳은 원인이 되었다. 6.25전쟁의 현실을 애써 외면하려 한 전후 평화주의자들의 태도에서 이를 확인할 수 있다. 결국 전후 일본인의 마음에 국민적 정체성으로 자리 잡았다고 평가되는 '평화국가'의 이념, 즉 '전후 평화주의'는 일본인의 기억 속에서 아시아를 제거함으로써 가능했던 것이다. 그 때문에 일본의 평화주의는 주변 동아시아 국가들이 보내는 의심의 눈초리에서 자유로울 수 없었던 것이다.

2장 정진성의 논문은 잡지 『아시아문제(アジア問題)』를 소재로 1950년대에 나타났던 아시아 인식의 일면을 드러내 보여주고 있다. 제2차대전 후 아시아에서의 일본의 후퇴, 냉전구조의 고착, 내셔널리즘의 고양으로 인해 일본은 불가피하게 아시아인식을 전환해야 했다. 미군에 의한 점령통치를 마치고 독립과 함께 아시아로의 복귀를 꾀한 일본은 스스로를 '아시아와 서구의 가교'로 규정하였다. 당시 아시아에 관한 가장 포괄적이고 전문적이었던 잡지 『아시아문제』도 '아시아와 서구의 가교'로서의 일본의 입장을 '조사요강'에서 선언하였는데, 이것은 1950년대 일본이 취한 아시아외교의 기본 입장이기도 했다. 가교라는 규정은 아시아의 일원으로서의 일본을 전제로 하는 것이지만, 일본인의 의식은 여전히 아시아에서 멀리 떠나 있었다. 정진성의 논문은 『아시아문제』에 과거의 '아시아주의'적 관점에서 벗어나지 못하는 기사들이 많았다는 점을 밝혀내고 있다. 아시아의 내셔널리즘에 대한 경계와 '제3세력론'에 대한 이해 부족, 일본이 주도하는 아시아

지역협력기구를 창설하자는 주장 등에는 아시아의 맹주 의식이 여전히 드러나고 있다는 것이다. 잡지 『아시아문제』는 아시아담론이 침잠하던 시기에 상대적으로 활발히 아시아에 대한 의견을 개진하던 잡지였다. 여기에 실린 기사들에서 전전과 전후의 구분선이 명확히 드러나지 않는다는 점은 시사하는 바가 크다. 『아시아문제』에 한해서 볼 때, 1950년대에는 일본의 아시아 전문가 및 정책담당자들 사이에 '전후'를 의식한 새로운 아시아 인식은 형성되지 못했던 것이다. 한편 정진성은 『아시아문제』를 논단으로 삼은 학자 그룹 안에 내셔널리즘이나 '제3세력론'에 대해 긍정적인 의견을 개진하거나 지역협력구상을 비현실적인 것으로 비판하는 사람도 없지 않았다는 점을 정당히 평가하고 있다. 이들이 1960년대 이후 어떠한 아시아상(像)을 그리고 있는지, 현재 전개되는 동아시아공동체 논의와는 어떠한 상관관계를 지니는지, 이에 대한 분석이 다음 과제로 제기된다.

5. 운동과 정책의 전개 속에 숨어있는 '동아시아'

제2부의 세 논문은 전후 일본의 사회운동과 정당정치의 전개에서 동아시아가 차지하고 있던 위상을 추적하고 있다.

3장 이지선의 논문은 『청년가집(靑年歌集)』이라는 노래책을 소재로 '우타고에(うたごえ)운동'에 나타난 사회주의권 동아시아의 이미지를 추출하고 있다. '우타고에운동'이란 전후 일본에서 일어난 진보

적 노래운동으로 일본공산당의 외곽 문예단체 및 청년단체가 추진한 대중운동 노선의 일환으로 전개되었다. 따라서 '우타고에운동'에 나타난, 또는 '우타고에운동'의 과정에서 획득되었을 것으로 생각되는 세계인식에는 엘리트 활동가나 사회주의 이론가들이 아닌 일반 대중들의 인식과 감각이 반영되어 있을 것으로 생각된다. 이점에서 '우타고에운동'에 대한 분석은 긴요한데, 아직 일본에서도 제대로 된 연구가 이루어지지 않은 현실에서 이지선의 논문은 이에 대한 최초의 본격적인 연구로서 매우 큰 의미를 지닌다. 한편 '우타고에운동'은 일본공산당과, 소련, 중국의 공산당 및 조선공산당(조선로동당)과의 연장선상에서 살펴볼 필요가 있다. 그런 의미에서 '우타고에운동'을 통해, 일본과 사회주의권 국가들과의 관계의 일면을 밝혀낼 수 있을 것이다. 특히 일본 혁신운동 진영의 대중들이 사회주의 혁명의 아시아적 변형을 어떻게 인식하고 있었는지 궁금한 부분이다. 일본의 '우타고에운동'은 사회주의 리얼리즘 문예정책에 입각하여 창작된 소련, 중국, 조선의 노래를 적극 채택했다. 그 과정에서 일본 혁신진영의 대중들은 사회주의권 아시아에 대한 연대의식을 획득할 수 있었을 것으로 생각된다. 그들의 시선에 포착된 중국과 '조선(북한)'은 반식민지, 식민지에서 벗어나 사회주의 혁명에 성공한 국가들로서 일본 혁명의 모델로 간주되었다. '전전' 일본은 '동아시아'의 신질서 구축을 위해 스스로 아시아의 맹주가 되어 조선과 중국을 지도하고 해방시켜주어야 할 대상으로 인식하고 있었다. 반면 '전후'의 '우타고에운동' 진영에서는 중국과 '조선(북한)'을, 자신들이 실패한 인민혁명을 이룬 이상적인 국가로

동경하고, 이들과의 연대를 통해 새로운 '동아시아' 세계를 그릴 수 있다고 믿고 있었던 것이다. 그러나 일본에서 사회주의혁명은 일어나지 않았다. 대신 채택된 것은 미일동맹이었다. 그 결과 전후 일본 사회에서 '사회주의 아시아와의 연대'는, 이미 주류담론에서 밀려난 아시아 담론에서도 가장 구석진 곳으로 밀려나게 되었다. 다케우치 요시미(竹内好)가 '방법으로서의 아시아'를 제기한 것은 이러한 현실을 배경으로 한 것이었다.

4장 박정진의 논문은 「일조협회(日朝協會)」와 '일조우호운동'에 대해 1차자료로 접근한 최초의 실증적 연구이다. 논문에 따르면 〈일조협회〉의 결성은 〈일소협회〉 및 〈일중우호협회〉의 결성과 시간차를 가지면서 불연속적이며 비조직적인 모습을 보였다. 이는 한반도의 남과 북에 두개의 정부가 등장했다는 점, 식민지 시대의 조선인과 일본인 간의 특별한 경험, 일본 국내에 형성되어 있던 재일조선인 사회와 재일조선인 운동, 그리고 재일조선인 운동과 일본공산당 사이의 특수관계, 나아가 평화옹호 운동진영이 지녔던 중소 양국과 '조선(북한)'에 대한 인식의 격차가 복합적으로 작용한 결과였다. 거꾸로 말하자면 이 모든 요인에 민감했던 만큼, 〈일조협회〉의 창설과 '일조우호운동'은 이러한 요인들을 극복하기 위한 노력이 수반되어야 했다. 〈일조협회〉가 독자적인 활동을 가시화하기 시작한 것이 6.25전쟁의 정전을 계기로 하고 있었다는 사실은 이 점에서 시사하는 바가 크다. 이는 평화공존론을 매개로 하는 국제공산주의 운동노선의 변화를 배경으로 하고 있었다. 북한은 6·25전쟁의 정전과 동시에 〈아시아태평양지역

평화연락위원회〉를 통해 일본에 대표단 파견을 요청했다. 이에 호응해, 〈일조협회〉를 거점으로 한 정전 축하사절단 파견 운동이 전개되면서 '일조우호운동'이 본격적으로 개시되게 되었다. 냉전기 북일관계의 서막이 이로써 열리게 되었다. 박정진의 논문은 북일관계에 초점을 맞춘 동아시아 냉전질서 연구의 각론이기도 하다. 또한 박정진이 채택한 방법론은 북일관계에 대한 논구가 그 특성상 국가간 관계만이 아니라 '국가 대 시민사회'라는 관점을 포괄해야 한다는 사실을 깨닫게 해 준다. 북한과 일본 혁신진영과의 관계를 추적하는 일은 '동아시아' 냉전질서 형성의 또 다른 한 축인 국제공산주의 및 사회주의 운동의 변화가 한일관계 및 북일관계에 미친 복합적 영향을 확인하는 일이기도 하다. 한편 최근의 북일관계가 일본 내 반북정서를 배경으로 영향력을 키워온 '납치일본인' 관련 시민단체들에 발목 잡혀 있는 현실은 북한과 혁신진영 간 관계로 전개된 전후 북일관계의 역사를 도립(倒立)시킨 것일까? 이에 대한 다음 연구가 기다려진다.

5장 박철희의 논문은 자민당 정치의 전개과정에 미친 동아시아 요인을 분석하고 있다. 구체적으로는 1960년대 자민당 내 '아시아·아프리카 연구회'가 제기한 중국과의 국교정상화문제를 둘러싼 논쟁을 검토하고, 1990년대 자민당 내 온건 보수파와 보수 우파간의 동아시아관의 차이를 비교 분석함으로써 일본 정치세력의 동아시아관의 변화를 재조명하고 있다. 그 결과 전통적인 자민당 정치 연구에서 간과된 다음의 두 가지 주목할 사실을 밝혀내었다. 첫째는 일본 보수 정치세력에 있어서 동아시아 문제는 1960년대와 1990년대의 두 시기에 걸쳐 논쟁과 대립의 한복판에 놓여 있었다는 점이다. 논문을 통해 이미 1960년대부터 '동아시아'가 자민당 보수 세력에게 뜨거운 감자로 부상해 있었다는 사실을 확인할 수 있었던 것은 새로운 발견이었다. 둘째는, 냉전기였던 1960년대와 1970년대 자민당 내 세력다툼이 중국과의 국교정상화 문제에 초점을 두고 벌어지고 있었다는 사실이다. 당시 변화하는 국제질서 속에서 자민당을 중심으로 한 일본의 보수 세력은 미국의 움직임에 대한 반응적 적응으로 중국과의 관계를 선제적으로 개선하려 했던 것이다. 그 과정은 근대 이래 일본에서 반복되어 나타났던 탈아와 아시아주의 사이의 진자운동을 연상시킨다. 또한 이는 미일동맹과 중일국교정상화가 보완관계에 있었음을 깨닫게 해 주는 사실이기도 하다. 더불어 박철희 논문은 자민당 내 보수 우파와 보수 리버럴 사이의 관계가 1960년대와 달리 1990년대에 들어와 역전되어 있는 상황을 비교분석을 통해 드러내 주고 있다. 보수 리버럴에게 미일동맹과 중일관계는 보완관계였으나 보수 우파에게 양자는 모순관계에 있는 듯하다. 보수 우파의 문제는 미일동맹 강화와 국가 정체성에 대한 강조가 마찰음을 일으킬 수 있다는 점일 것이다. 그 사이를 메우기 위한 움직임이 동아시아 주변국들에 대한 '의연한 외교'로 나타나고 있는 것일지도 모른다.

6. '동아시아' : 낯익은 주제, 낯선 표상

3부는 영화와 음악, 그리고 가상공간을 소재로 전후 일본의 '동아시아' 표상을 문제 삼고 있다. 이들 생활세계에 숨어있는 '동아시아' 표상의 조각들을 찾아 퍼즐 맞추기라도 하듯이 이어보면, 너무나 낯익어서 진부하기까지 한 '동아시아'가 낯선 표상으로 다가 온다.

6장 신하경의 논문은 일본 누벨바그의 기수로 평가받던 오시마 나기사(大島渚) 감독의 영화에 나타난 조선인 표상을 추적하고 있다. 재일한국·조선인을 영화에 등장시키는 것 자체가 새로운 시선(누벨바그)이기는 했지만, 오시마의 초기 영화에서 재일한국·조선인은 하층 프롤레타리아의 전형으로 등장하고 있다. 신하경은 이 시기 오시마 영화에서 등장하는 재일한국·조선인에게 혁명적 가능성이 풍기고 있다고 지적하고, 이러한 사실을 통해 볼 때 오시마의 조선 인식은 1960년대의 일반적인 '좌익'의 사고와 다르지 않은 것이었다고 평가하고 있다. 즉 재일조선인과의 연대를 모색했던 '좌익'들의 재일한국·조선인관 또한 당사자 의식을 결여한 채 재일한국·조선인을 바라보는 일본인의 극히 평균적인 수준에서 크게 벗어나 있지 못했다는 것이다. 그러나 1964년 한국을 방문한 체험을 계기로, 오시마가 표현하는 한국 또는 조선상은 점차 변화하게 되었다. 신하경은 1965년에 개봉 상영된 〈윤복이의 일기(ユンボギの日記)〉를 계기로 오시마가 한국·조선에 대한 '타자' 의식을 버리고 '당사자' 의식을 획득하게 되었다고 평가하고 있다. 이후 1967년에서 1968년에 걸쳐 제작 발표된 〈일본춘

가고(日本春歌考)〉, 〈교사형(絞死刑)〉, 〈돌아온 주정뱅이(帰ってきた
ヨッパライ)〉 등에서는 한국 또는 재일한국·조선인이 일본의 거울로
표상되어 일본을 객관적으로 인식하기 위한 통로의 의미를 획득하게
된다. 한국/조선에 대한 이러한 시선은 당시의 일반적 일본인이 갖지
못했던 것이기도 하거니와, 주류 '좌익'의 시선과도 다른 것으로, 일본
의 관객에게 현실로서 이웃하고 있는 한국과 북한, 그리고 언제나 곁
에 있는 보통의 재일한국·조선인의 존재가 드러내는 낯설음을 각인
시켰던 것이다.

　　7장 이경분의 논문은 윤이상 연구에서 간과되어 온 그와 일본의
관계를 추적하여, 윤이상 연구를 '동아시아'와 일본을 잇는 맥락으로
확대시키고 있다. 그 결과 한국이나 독일에서보다 일본에서 윤이상의
아시아적인 측면이 부각되는 경향이 있다는 사실을 밝혀내었다. 음악
에도 조예가 깊었던 일본의 저명한 정치학자 야노 도오루(矢野暢)는
윤이상을 '아시아의 총체'를 짊어진 작곡가라고 깊이 확신하며 아시아
의 자랑거리로 여겼다고 한다. 야노가 동남아시아 연구에서 큰 업적
을 남긴 연구자라는 사실을 고려하면 그의 이와 같은 평가는 더욱 상
징적이다. 이렇듯 일본에서 윤이상은 한국인으로서보다 '동아시아 작
곡가'라는 점이 강조되어 소개되어 받아들여지고 있었던 것이다. 그
배경으로 이경분은 두 가지를 지적하고 있다. 첫째는 윤이상이 수많
은 일본음악가들의 유럽유학으로의 통로 역할을 했다는 사실이다. 이
경분은 그 과정에서 서양을 매개항으로 하여 한국과 일본이 동양적
동질성을 확인하려는 경향이 배태되었을 가능성을 지적하고 있다. 둘

째는 윤이상과 일본 제자들 사이에 부자관계와도 같은 친밀한 관계가 형성되었다는 사실이다. 이경분은 윤이상을 아버지처럼 따랐다는 일본인 제자들의 회억을 들으며, 일본인이 윤이상을 아버지같은 존재로 여겼다면, 윤이상의 한국적 근원은 윤이상과 일본제자들의 맥락에서 불필요한 것이었으리라 추측하고 있다. 나아가 이경분은 윤이상과 일본 음악인들과의 교류를 소재로, 초국경적 아이덴티티 형성의 가능성을 암묵적으로 언급하고 있다. 즉 양자 사이의 집중적이고 친밀한 교류의 상호 영향이 윤이상에게도, 일본의 음악인들에게도 한국과 일본의 국경을 초월하게 하여 서로가 '동아시아'적 동일성을 강조하게 만들었을 가능성을 제기하고 있다.

마지막으로 8장 김효진의 논문은 일본사회의 우경화와 관련되어 최근 주목을 받고 있는 일본의 '넷우익'의 등장과 그들의 혐한·혐중 발언의 특징 및 의미를 고찰하고 있다. 인터넷에서 우익적인 발언을 반복적으로 포스팅하는 사람을 일컫는 '넷우익'은 1999년 개설된 〈니찬네루(２ちゃんねる)〉를 기원으로 하고 있으며, '특정아시아'는 이들 넷우익이 '반일적'이라고 간주하는 한국, 북한, 중국을 가리키는 용어로 점차 인지도가 높아지고 있다. 그러면서도 '넷우익'은 기존의 우익과는 달리 황실에 대한 존경심이 결여되어 있으며 혐한·혐중을 우선시하는 경향으로 인해 기존의 우익운동과는 미묘한 관계에 서 있다. 전통 우익은 '넷우익'을 경원하고 있다는 것이다. 이는 인터넷을 벗어난 '넷우익' 집단인 〈재일특권을 용서하지 않는 시민모임(在日特權を許さない会)〉에서도 드러나는 부분이다. 김효진은 이에 대한 분석을

통해 일본어 인터넷에서 표출되는 혐한·혐중이 '유희로서의 내셔널리즘'이라는 새로운 내셔널리즘의 측면을 가지고 있으며, 일본국내의 사회문제, 예컨대 신자유주의 개혁이후 두드러지고 있는 빈부격차문제를 반영하고 있다고 평가하고, 인터넷 공간에서의 우경화 그 자체를 문제시하기 보다는 이들이 발생한 배경에 보다 주의를 기울일 것을 주문하고 있다. 한편 이들이 유포하는 '특정아시아'의 이미지에는 '탈아'의 아시아 멸시와 '아시아주의'의 아시아 맹주 의식이 뒤섞여 엉켜 있다. 가상공간 속에서 '넷우익'이 유포하는 아시아 표상들은 전전의 일본인에게 익숙하고 낯익었던 것들인 바, 21세기 일본에서 그 표상이 새로움 또는 낯설음으로 표현되고 있는 것이다. 김효진의 논문은 대중적인 담론으로 학술적 검증없이 유통되는 현대 일본사회의 우경화, 특히 그 대표적인 현상으로 알려져 있는 '넷우익'의 발생과 전개 및 〈니찬네루〉의 성격에 대해 분석적 수법을 동원하여 상세하게 고찰하고 있다는 점에 의의가 있다.

7. 새로운 일본연구의 가능성

이상이 이 책의 내용에 대한 간략한 소개이다. 이 책에서 저자들은 새로운 일본연구의 가능성에 도전했다. 냉전의 산물 가운데 하나인 지역연구는 탈냉전 이후 지역의 상호의존성이 강조되고 오리엔탈리즘과 포스트 콜로니얼리즘이 지적 충격을 안겨주는 가운데 한계를 노정했다. 일본연구 또한 예외가 아니다. 저자들은 이 책이 전통적 지역연구 방법론을 극복하여 글로벌 시대의 지역연구로서 일본학을 새로이 구축하는 데 일조가 되기를 소망한다. 그래서 던진 질문이 '우리가 알고 있는 일본은 자명(自明)한 존재인가?'였다. 우리가 '일본적'이라고 할 때 그 내용은 무엇인가?이 질문에 대답하기 위해 주목한 것이 '일본'과 '타자'의 사이, 그리고 양자의 관계설정 방식이었다. 특히 일본이 제국의 붕괴 이래 '동아시아'에서 분리되어 전후 국가로 수축된 상태로 국제사회에 복귀하는 과정을 시기적 범위로 설정하고 그 과정에서 형성되는 전후 일본의 '정체성'을 '동아시아'와의 관계 속에서 찾아보고자 했다. 이를 위해 이 시기 일본이 '생활세계'의 수준에서 '동아시아'라는 '타자'를 접하는 다양한 방식에 주목했다.

하루투니언(H.Harootunian)은 새로운 일본연구의 필요성을 강조하면서, 두 가지 방법론을 제시했다. 하나는 생활세계의 일상성에 주목할 것, 다른 하나는 지역연구에서 문화연구로의 변화를 시도할 것이었다. 전통적 지역연구가 방기했던 '은폐된 권력관계를 드러내는 일'에 새로운 연구방법론을 복무하게 하기 위한 제안이다. 생활세계의 일상성에 주목한 새로운 문화연구들은 "특수한 지역적 경험을 더 큰 세계 속에서 통합하고 이해할 수 있는 좀 더 생산적인 방법들을 보장"한다는 것이다. 더불어 하루투니언은 전통적 지역연구에서 시도되는 '다학제적 연구(multidicsiplinarism)'의 한계를 극복하고, 진정한 '학제적 연구(interdicsiplinarism)'로 나갈 것을 요청하고 있다. 다학제적 연구에 입각한 연구들은 일본이라는 지역을 "모든 학문분과를 통해 폭넓게 연구하기만 하면 그 지역의 모든 것을 빠짐없이 논할 수 있다고 믿어"
왔다는 비판이다.[8]

이 책은 이러한 요청과 비판을 의식하면서 구성되었다. 이 책은
'일본과 동아시아'라는 주제 하에 지식인, 연구자, 정치가들의 담론, 의
식, 정책 뿐만 아니라, 아래로부터 전개되는 대중운동/시민운동에도
주목하고 있다. 또한 노래, 영화, 음악 등의 문예물에 나타난 '동아시아'
표상들을 추적하고, 수많은 익명의 선동가들이 들락거리는 가상공간
에도 주목하여 거기에 구축된 '동아시아' 이미지를 분석하고 있다. 또
한 집필에 참가한 연구자들은 다양한 학문분야의 전공자들로 '학제적
연구'를 시도하고 있다. 정치학, 경제학, 인류학, 음악학, 문화연구 등
의 연구자들에 의한 '학제적 연구'를 통해 전후 일본의 허물어진 정체
성과 주조된 '동아시아'의 실상을 밝혀보고자 하는 것이 그 목표였다.

이 책의 구성이, 하루투니언이 비판한 '다학제적 연구'의 함정에
빠져 있지 않기를, "각기 부분적인 진실을 말할 준비가 된 오리들[9]"처
럼 쭉 줄지어 서 있는 꼴이 아니기를 바라는 마음 간절하지만, 그 성
패 여부는 독자들이 판단할 몫이다. 이 책이 '일본'과 '동아시아' 등 만
들어진 정체성에 대한 익숙한 이해에 균열을 내어 새로운 인식의 지
평을 여는 데 도움이 되길 바란다.

---

8) 해리 하르투니언 (윤영실, 서정은 옮김), 『역사의 요동 : 근대성, 문화 그리
   고 일상생활』, 휴머니스트, 2006, 115-116쪽; '일상'의 강조에 대해서는
   103-135쪽.
9) 해리 하르투니언, 『역사의 요동』, 116쪽

제1부

인식

현대일본생활세계총서 **1**

전후 일본, 그리고 낯선 동아시아

01 일본 '전후 평화주의자'들의 조선경험과 아시아인식

남기정

1. '전후 지식인'의 아킬레스건=조선

일본에서 90년대 이래 군사적 보통국가화가 진행되면서 '전후 평화주의'의 영향력은 점점 감소 일로에 있다. '평화주의'는 1945년 일본의 패전 이래, 일본의 지식인과 일본국민의 정치적 삶에 가장 지대한 영향을 미쳐온 이념의 하나였다.[1] 그러나, 2000년대 들어서서는 9.11 동시다발테러와 9.17 북일 평양회담 이래, 아프간-이라크 전쟁의 진행과 반북 캠페인의 과열 속에서 급기야 그 '용도폐기'를 주장하는 의견까지 나오고 있는 실정이다. 이러한 변화를 목도하면서 일본 사회에

---

* 이 글은 『국제정치논총』 제50집 4호(2010.9)에 「일본 '전후지식인'의 조선경험과 아시아인식 : 평화문제담화회를 중심으로」라는 제목으로 처음 발표된 것을 본 단행본의 취지에 맞게 수정·보완한 것이다.

1) Bamba, Nobuya and John F. Howes, *Pacifism in Japan : The Chiristian and Socialist Tradition*, Tokyo : Minerva Press, 1978, p.1

서는 전후 평화주의의 의의와 한계에 대한 논의가 전개되어 왔다. 특히 그 논의는 〈평화문제담화회(이하 담화회)〉라는 이름으로 모인 전후 지식인 그룹의 평화론을 어떻게 평가할 것인가를 둘러싸고 전개되었다.[2] 1985년 7월, 전후 일본에서 큰 영향력을 발휘해 왔던 대중 교양지 『세카이(世界)』가 「전후 평화론의 원류(戰後平和論の源流)」라는 제하에 창간 40주년 기념 임시증간호를 발간하면서, 〈담화회〉가 발표한 세 개의 성명서를 그 원류로 평가한 것이 그 배경이다.

〈담화회〉의 평화주의와 관련해 그 동안 일본사회에서는 "일본의 국가적 존립을 위한 이념의 확립을 설파"해 왔다는 데 의의를 찾는 긍정적 평가가 주류를 이루어 왔다.[3] 이와 동시에 이에 비판적인 입장에서는 다음과 같은 한계가 지적되기도 했다. 즉 구체적 안보정책이 결여되어 있고, 유엔에 대한 환상이 있으며, 가해 책임에 관한 인식을 결여하고 있다는 점 등이다.[4] 그런데 90년대 중반에 들어서서는 '평화주의 진영' 내부에서도 여러 입장에서 〈담화회〉에 대한 비판이 나오기 시작했다. 적극적으로 평화에 대해 고민하기보다는 "분쟁에 연루되기를 거부하는 평화주의"[5]라거나 "제국주의의 본모습을 감추기 위

---

2) 평화문제담화회에 대해서는 남기정, 「일본 전후평화주의의 원류 : 전후적 의의와 태생적 한계」, 『일본연구』 24집, 2008. 참조.

3) 五十嵐武士, 『対日講和と冷戦—戦後日米関係の形成』, 東京大学出版会, 1986, 243쪽; Hook, Glenn D., *Militarization and Demilitarization in Contemporary Japan*, London : Routledge, 1996, pp.26-41. ; Hook, Glenn D. and Gavan McCormack, *Japan's Contested Constitution : Documents and Analysis*, (London : Routledge), 2001, p.21.

4) 김준섭, 「전후 일본의 평화주의에 관한 고찰」, 『국제정치논총』 40집 4호, 2000, 159-180쪽.

한 겉치레로서의 평화주의"[6]라는 비판 등이 그 예이다. '민중'의 풀뿌리 평화운동의 입장에서도 〈담화회〉의 평화주의에 대해서는 냉담하다.[7] 한편 전후 일본에 평화주의가 정착했다는 종래의 일본인 일반의 인식에 대신해, 전후 일본사회에 정착한 것은 주변국가의 군사화를 일본이 간접적으로 지원하는 "도너츠형 대체 군국주의"였다는 인식도 제기되었다.[8] 한편 와다 하루키(和田春樹)는 6·25전쟁 시기 일본의 평화주의는 전쟁의 현실에 개입하기를 회피하고, "미소 냉전이라는 한 수준 위의 현실"에서 목전의 현실을 비판하는 자세를 취했다고 평가하고, 이를 '유토피아적 평화주의'라 불렀다.[9]

같은 시기 한국에서는 일본의 평화주의에 대한 오랜 불신감을 불식하고 재평가하려는 시도가 있었다. 특히 1998년 김대중 대통령과 오부치 게이조(小渕恵三) 수상이 발표한 〈21세기를 향한 새로운 한일 파트너십 공동선언〉은 전후 일본 사회의 평화주의에 대한 한국 측의 높아진 평가를 반영한 것이었다. 김대중 대통령은 선언을 통해 "전후

---

5) 和田進, 『戦後日本の平和意識』, 青木書店, 1997.

6) 서승(2004), 「현대 동아시아의 국가폭력과 일본 평화주의의 회귀」, 『한국사회학회 2004년 특별 심포지움』, 2004.

7) Yamamoto, Mari, *Grassroots Pacifism in Post-war Japan : The Rebirth of a Nation*, London : Routledge, 2004, p.8.

8) 기미지마 아키히코, 「동아시아의 평화와 일본국헌법 : 시행 60주년을 맞이한 재검토」, 『역사비평』 78호, 2007.

9) 와다 하루끼, 『한국전쟁』, 서동만 옮김, 창작과 비평, 1999, 245쪽. ; 和田春樹, 『朝鮮戦争全史』, 岩波書店, 2002. 이에 대해서는 같은 평화진영 내에서 요시카와 유이치(吉川勇一)의 반론이 있으며, 『市民の意見30の会』지상에서 논쟁이 전개되었다. 그 내용에 대해서는 요시카와의 홈페이지를 참조. http://www.jca.apc.org/~yyoffice/(최종방문일, 2011년 4월 14일)

일본이 평화헌법 하에서 전수방위 및 비핵 3원칙을 비롯한 안전보장
정책과 세계경제 및 개발도상국에 대한 경제지원 등을 통하여 국제사
회의 평화와 번영을 위하여 수행해 온 역할을 높이 평가"했다.

그러나 앞서 언급한 바와 같이 2000년대에 들어 9·11과 9·17을
거치면서 군사적 보통국가화의 움직임이 더욱 적극적으로 전개되어
일본사회가 전반적으로 우경화하는 가운데, 한국 사회에서는 일본의
'전후 평화주의'가 이에 유효하게 대응하지 못했다는 비판적 시각이 대
두했다. 한국 시민사회의 '전후 평화주의'에 대한 기대는 실망으로 바
뀌었다. 이러한 상황에서 필자는 '전후 평화주의'의 의의를 재확인하고,
그 재활에 기대하는 연구를 발표한 바 있다.[10] 이는 기본적으로 와다
하루키의 논지를 계승하면서 〈담화회〉의 세 개의 성명과 그 배경을 논
한 것이었다. 6·25전쟁에 대한 인식이 결여되었다고 비판받는 제3성
명은 사실은 그 준비단계에서 발발한 전쟁의 현실을 반영한 것으로서
심각한 토론과 조정의 결과 6·25전쟁의 현실을 회피하는 '의도된 결
함'이 생겼다는 것이 그 결론이었다.[11] '전후 평화주의'에 문제가 있다

---

10) 남기정, 「일본 전후평화주의의 원류 : 전후적 의의와 태생적 한계」, 『일본연
　구』 24집.
11) 후술하게 되지만, 〈평화문제담화회〉의 회원들은 6·25전쟁의 발발을 강력
　히 의식하고 있었으며, 전쟁 발발 직후 도쿄와 교토에서 따로 총회를 개최
　했다. 〈담화회〉의 입장을 정리해서 발표할 필요에 직면한 마루야마 마사오
　는 6·25전쟁의 발발과 관련하여 개전의 책임에 대해서는 '불가지론'의 입
　장을 취했다. "어느 쪽이 어느 쪽을 침략했다고 하는 사실보다는 어느 쪽이
　건 먼저 손을 들어도 이상하지 않을 상황이 있었다는 사실이 더 중요하다"
　고 생각했기 때문이다. 마루야마가 〈담화회〉의 제3성명인 「세 번 다시 평화
　에 대하여」의 제1, 2장을 집필한 배경에는 "군사적 대립의 긴박한 상황 그
　자체를 제거해야 한다는 생각"이 있었다(丸山眞男 「サンフランシスコ講

면 상황논리로서 제출된 제3성명을 평화운동의 성전으로 격상시킨 이후의 평화운동에서 찾아야 한다는 것이 또 하나의 결론이었다.

한상일의 『지식인의 오만과 편견 : 「세카이」와 한반도』[12]는 일본의 '전후 평화주의'에 대해 분석 검토한 최초의 본격적인 연구로 평가할 수 있다. 한상일은 '전후 평화주의'의 탄생과 성장에 큰 역할을 했던 대중 교양지 『세카이』의 한반도에 대한 모순된 시선을 지적하고, '전후 평화주의'의 위선적인 태도를 비판하고 있다. 미국 유학 중이던 60년대 후반부터 70년대 전반까지 저자가 『세카이』를 구독했던 경험이 저술의 배경이 되었다. 한상일은 『세카이』의 특징의 하나로, 북한과 한국에 대한 밸런스 감각의 상실을 지적하고, 이러한 문제가 두 사회의 실태나 경험에서 나온 것도 아닐 뿐더러 이성적 판단의 결과도 아니라고 비판했다. 그 왜곡은 지식인의 허위의식과 자기만족에 기인한 감정적 선입견에서 나오는 것이며, 이는 "지식인의 오만과 편견(pride and prejudice)"이라는 것이 저서의 주요 요지이다. 이는 전후 지식인에 대한 통렬한 비판이었다. 특히 주목할 부분은 제1장이다. 그 내용은 『세카이』의 남북한 관련 기사와 논설에 대한 분석이다. 『세카이』에 실린 한반도 관련 기술들의 주된 논조가 40년대에는 '식민통치 긍정론'이, 50년대에는 '어두운 한국사회론'이, 60년대에는 '반한 친북 태도'가, 70년대에는 '한국 타도의 논조'가, 80년대에는 '한국의 반체제 세력과의 연대론'이 두드러진 것이었다고 분석하고, 이러한 논조가

和・朝鮮戦争・60年安保—平和問題談話会から憲法問題談話会へ」, 『世界』, 1995).
12) 한상일, 『지식인의 오만과 편견 : 「세카이」와 한반도』, 기파랑, 2008.

'전후 평화주의'의 이데올로기적인 태도에서 나온 것이라고 비판하고
있다.『세카이』로 인해 자부심(pride)에 상처 입은 한국의 보수 지식인
을 대변하는 문제제기이다. 그런데 이러한 비판이 좌우로 넓게 펼쳐
진 일본의 이데올로기 지형을 이해하지 못하는 독자들에게는, 일본의
'전후 지식인' 전반이 용공-친북-반한적이었다는 선입견(prejudice)을
갖게 할 수도 있다는 생각이 든다.13) 다만 '전후 지식인' 및 '전후 평화
주의'의 한반도 인식에 문제가 있었음을 부인할 수는 없다. 일본의 '전
후 평화주의' 진영에 속한 지식인에게 조선 문제는 늘 '아킬레스건'이
었다. 왜 그런 문제가 생겼는가. 이것이 본고의 문제의식이다.

　이하 본론은 크게 두 부분으로 구성된다. 첫째, 〈담화회〉 회원 가
운데 식민지 조선을 경험한 사람들이 포함되어 있는 데 착목하여, 그
들의 조선 경험과 그로부터 나오는 조선인식을 추적하고자 한다. 아
베 요시시게(安倍能成), 우카이 노부시게(鵜飼信成), 마루야마 마사오
(丸山真男) 등은 조선에서 생활한 경험을 갖고 있다. 이들 세 사람은
〈담화회〉의 중심인물이며, 그 경험이 일정한 영향을 주고 있었다고
생각된다. 그들의 경험이 〈담화회〉의 한반도 인식에 어떠한 영향을
주고 있었는가, 그 의미를 생각해 보고자 한다. 둘째, 이들 세 전후 지
식인을 포함한 〈담화회〉 회원들이 지닌 아시아인식을, 〈담화회〉가 발

---

13) '전후 평화주의'의 중요한 특징 가운데 하나로 좌우의 정치적 의도로부터 자
　유로워지겠다는 지향을 들 수 있다. 물론 그것이 또 하나의 정치적 태도일
　수는 있으나, 전후 일본의 공산주의 또는 사회주의 계열의 제반 정치운동으
　로부터 일정한 거리를 유지하겠다는 것은 〈담화회〉 회원들이 공유한 신념
　이었다.

표한 세 개의 성명을 중심으로 분석하고자 한다. '전후 평화주의'의 원류라고 할 수 있는 세 개의 성명에 나타난 아시아인식은 그 후 전후 평화론자들이 한반도를 인식하는 데 큰 틀로 작용하고 있었다고 보기 때문이다. 각 장의 마지막 부분에는 소결을 붙였으며, 이들 소결을 토대로 결론에서는 『세카이』의 한반도 관련 보도를 하나의 사례로 들어 이러한 '전후 평화주의'의 한 특색을 드러내 보고자 한다.

2. 평화문제담화회 회원들의 한반도인식

1) 아베 요시시게(安倍能成)와 조선

아베 요시시게(1883-1966)는 '올드 리버럴'[14]의 대표적 사상가로서 훌륭한 인격의 소유자로 잘 알려진 인물이다. 전후에는 문부대신, 학습원 원장 등을 역임했으며, 이와나미서점(岩波書店)의 이와나미 시게오(岩波茂雄)와는 전전부터 지속된 교분을 유지하면서 잡지 『고코로(心)』와 『세카이』의 창간에도 깊이 관여했다. 또한 〈담화회〉의 제1차 토론회에서 의장을 맡는 등, 『세카이』를 무대로 전개된 〈담화회〉의 중심인

---

14) '올드 리버럴'이란 메이지(明治) 다이쇼(大正) 시기 민권/인권 운동에 적극적인 입장에 서 있던 사람들을 일컫는 용어로 '전전 자유주의자' 정도로 번역될 수 있다.

물로 활약했다. 그러나 그가 전전에 게이조제국대학(京城帝国大学)[15]
의 법문학부 교수(서양철학 담당)로 재직하며 1926년부터 1940년까지
15년 동안 식민지 조선에 체류했었다는 사실은 한국에서는 물론 일본
에서도 별로 알려져 있지 않다. 그러한 조선 경험을 토대로 아베는 조
선에 관한 수필집『靑丘雜記』와『槿域抄』등을 저술했으며, 기타 작품
들 속에서도 조선에 관한 문장을 다수 남겼다.

조선 체류 시기의 아베에 대한 평가는 세 종류로 나눌 수 있다.
첫째 조선의 전통문화와 자연에 대한 높은 평가와 일본의 식민지 정
책에 대한 비판에 주목하여, 아베를 휴머니스트로서 호의적으로 평가
하는 입장이 있다.[16] 둘째는 정치문제에 관한 방관자적 태도를 소극
적으로 비판하는 입장이다.[17] 셋째는 조선 민중에 대한 아베의 차가
운 시선을 지적하고, 조선에서 제국 일본이 수행해야 할 사명과 역할,
대동아공영권 구상 등에 대해 아베가 긍정적인 태도를 보였던 점을
들어 엄격히 비판하는 입장이 있다.[18]

---

15) 한국에서 일반적으로 경성제대로 불리는 이 대학은 제국 일본의 학제에 따
라 설립된 것으로, 이 글에서는 東京帝國大學을 동경제대라 부르지 않고 도
쿄제국대학으로 표기하는 용례에 따라 게이조제국대학으로 부르고자 한다.
16) 高柳俊男,「安倍能成―滯在15年の学者が見た朝鮮本来の美しさ」, 舘野晢編,
『韓国・朝鮮と向き合った36人の日本人―西郷隆盛, 福沢諭吉から現代まで』,
明石書店, 2002.; 崔在喆,「安倍能成における<京城>」,『世界文学比較研究』
(韓国) 17号, 2006.; 가미야 미호, 아베 요시시게(安倍能成)의 눈에 비친 조
선 : 조선견문기『靑丘雜記』를 중심으로」,『세계문학비교연구』18호, 2007.;
고사카 시로,「진달래를 사랑한 아베 요시시게(安倍能成) : 경성제국대학의
설립과 폐교의 사상사적 의의」,『일본사상』15호, 2008.
17) 榛葉利花,「安倍能成の朝鮮観」,『季刊・三千里』50号, 1987.
18) 中見真理,「安倍能成と朝鮮」,『清泉女子大学紀要』54号, 2006.

결론부터 말하자면 아베의 조선인식은 모순된 것이었다. 그렇기에 이렇게 다양한 평가가 가능했던 것이다. 아베는 조선의 자연과 문화에 대해서는 높은 관심을 표명하고 긍정적으로 평가하고 있다. 조선과 일본의 관계에 대해서도 당대의 다른 지식인들에 비해 자각적이었다. 식민지 조선에서의 경험담을 정리해서 1947년 발표한 『槿域抄』의 서문에서 그는 "이 책이 조선의 자연과 사람들, 문화에 대한 나의 관심을 표현한 것으로서 일본과 조선의 벗들에게 읽혀지는 것이 나의 절실한 소원"이라고 밝히고 있는 것은 가식이 아닐 것이다.[19) 아베는 이렇게 전후에 정리하여 남긴 기억이 있는 반면, 아예 기록하지 않았거나 말소해 버린 기억들이 있다. 아베는 48년에 출판된 수필집 『한 사람의 일본인으로서(一日本人として)』의 서문에서, 1930년대 중반 이래 패전에 이르기까지 일기를 쓰지 않았으며, 그 이전부터 써 왔던 일기마저 소각해 버렸다고 밝힌 바 있다.[20) 모종의 자기검열에 과거의 문장들이 걸렸던 것이 아닌가 생각된다.

한편 전후 아베의 글 가운데에는 전전 전중에 아시아에서 자행된 일본 군국주의의 소행에 대해 자각하고 반성할 것을 촉구하는 문장도 발견된다. 1951년에 출판된 『평화의 염원(平和への念願)』에 수록된 「북한잔류동포의 가족에게(北鮮残留同胞の御家族へ)」는 6·25전쟁 직전인 1950년 4월에 작성된 글인데, 여기에서 아베는 북한 잔류동포가 당장 귀국하지 못하고 있는 현실은 소련과 북한 공산정부의 책임이기도

---

19) 安倍能成, 『槿域抄』, 齋藤書店, 1947, 서론의 4쪽.
20) 安倍能成, 『一日本人として』, 白日書院, 1948.

하지만, 살인을 자행했던 "동포 군부"에게도 그 책임이 있다는 것을 아울러 생각해 보기 바란다고 주문하고 있다. 또한 "일본이 일으킨 태평양전쟁 때문에 아시아 국가들이 일본 이상으로 어려움에 빠져 있었다는 것도 생각해 주기 바란다"고도 요망하고 있다.[21] 그러나 이 글에서 아베는 '일본 군부의 전쟁 책임'을 논하고 있을지언정, 식민지정책에 호응하거나 앞장섰던 지식인들의 책임에 대해서는 언급하지 않았다. 이는 아베의 식민지관에 기인한 것으로 생각된다. 아베는 조선 민중의 생활력이 극도로 위축되어 있어, 같은 아시아 민족 가운데서도 중국이나 타이완에도 못 미치는 수준에 있다고 평가하고 있었다. 이러한 인식은 국제관계에 대한 그의 기본적인 인식에서 비롯된 것이었다.

나카미 마리(中見真理)의 연구[22]는 아베의 조선인식과 중국인식을 그의 국제관계관에서 추출하고 있다. 아베는 민족주의 그 자체에 대해서는 공감하고 있었던 듯 하다. 그러나 소규모의 민족자결에 대해서는 이를 부자연스러운 것으로 간주하고 부정적인 태도를 취했다. 반면 아베에게는 대국 지향적인 태도도 보인다. 나카미는 이렇듯 전전 시기에 형성된 아베의 국제관계관이 일본의 조선 지배를 긍정하는 반면, 중국의 부활 가능성에 대해 적극적 평가하는 태도로 이어졌다고 분석했다.

이러한 인식은 전후에 발표된 아베의 중국 여행기에서도 확인된다. 전후 아베는 중국을 여행하고 감상을 적고 있다. 1955년 1월부터

---

21) 安倍能成, 『平和への念願』, 岩波書店, 1951, 53~54쪽.
22) 中見真理, 「安倍能成と朝鮮」, 『清泉女子大学紀要』 54号, 2006, 70쪽.

3월까지 『신초(新潮)』에 세 차례에 걸쳐 아베의 「신중국 견문기(新中国見聞記)」가 실렸다. 아베는 1954년 9월 28일 하네다 공항을 출발해서 10월 14일까지 베이징에 체류하면서 국경절을 참관하고, 시안(西安)과 샹하이(上海) 광저우(広州) 등을 거쳐 10월 26일에 귀국했다. 아베는 여행기에 다음과 같이 적고 있다. "이 여행은 나에게 중국의 자연과 인간을 관찰할 수 있는 즐거움을 안겨 주었을 뿐만 아니라, 나는 이로서 신중국의 존재와 동향을 심각하게 (받아들이고-필자 주), 지금까지보다 훨씬 더 구체적 전체적인 인상을 갖게 되었음을 기쁘게 생각한다"고.[23] 그러나 전후에 아베는 조선에 대해서는 거의 아무것도 이야기하지 않았다.

아무 이야기도 하지 않은 배경에 무엇이 있었는가. 이를 추측하게 하는 사건이 〈담화회〉에서의 경험 가운데 있었다고 생각된다. 후에 〈담화회〉로 발전하게 되는 〈평화문제토의회(이하 토의회)〉에서 하니 고로(羽仁五郎)는 '지식인과 학자의 절조와 책임' 문제를 거론했는데, 이 발언을 아베는 취조당하는 기분으로 받아들였다.[24] 하니의 문제제기로 전개된 논쟁을 아베는 다음과 같이 정리하고 있다. "국제적으로 일본 국민은 전체적으로 평화의 침략자였다는 책임을 모면할 수는 없다. 특히 사회과학자는 그러한 전쟁을 저지하지 못했다는 책임을 회피할 수 없다. 따라서 앞으로 평화의 옹호를 위해 더욱 책임이

---

23) 安倍能成, 「新中国見聞記 1, 2 ,3」, 『新潮』, 1955.1-3, 57쪽.
24) 사회를 보던 아베는 하니가 발언한 데 대해 진의를 물으며, 토의회에 모인 일본의 학자들이 과연 "세계의 사회과학자에게 호소할 만한 양심"을 갖고 있는지 묻고 있느냐고 따졌다. 「平和問題討議会議事録」, 『世界』, 1985.7, 262쪽.

있다. 그리고 이러한 책무를 다하기 위해 사회과학자가 강력한 연대감을 가지고 더욱더 협동해 나가야 할 것"이라고. 그리고 이러한 취지의 문장을 성명문 전문으로 채택하는 데 대해 찬동하느냐고 토의회 참석자들에게 물었다. 이 문제는 최종적으로 제1성명 전문에 다음과 같이 정리된 문장으로 포함되었다.

> 우리 일본의 과학자가 스스로를 돌이켜 보면서 가장 유감스럽게 생각하는 것은, 우리도 당시 이 평화성명에 포함된 것과 같은 견해를 소유하고 있었음에도 불구하고, 우리 나라가 침략전쟁을 개시했을 때 겨우 미약한 저항을 시도해 봤을 뿐, 적극적으로 이를 저지할 용기와 노력을 결여했었다는 점이다.[25]

그런데 이는 침략전쟁에 대한 반성이지 식민지 지배에 대한 반성은 아니다. 그가 일본에 의한 조선의 식민지 지배에 대해 아무 말도 하지 않았다는 것은, 1946년 5월 『세카이』에 게재된 스즈키 다케오(鈴木武雄)의 조선인식에 가까운 것을 아베도 갖고 있었다는 것을 반증한다. 아베는 게이조제국대학의 동료였던 스즈키의 논문을 읽고 있었다고 생각된다. 그런데 아베는 스즈키의 인식에 이의를 제기하는 문장을 남기지 않았다. 즉 스즈키와 다름없이 아베의 조선인식도, 일본의 조선지배는 사상적으로 선의에 의한 것이며, 반성해야 할 점이 있다면 '조선인의 마음을 사로잡지 못한 치졸한 방법'에 있다는 정도였

---

25) 「講和問題についての平和問題談話会声明」, 『世界』, 1985.7, 103쪽.

을 것이다.

패전 직후 쓴 것으로 보이는 글 「힘차게 내디뎌라(強く踏み切れ)」
에 나오는 다음과 같은 글에서도 그러한 인식의 편린이 보인다. 아베
는 "동아공영권의 이상은 실로 위대했으나, 일본국민이 과연 이 공영
권을 지도할 만한 덕망과 신뢰를 얻을 수 있었던가" 자문하고, 이에
대한 반성을 촉구했던 것이다.[26]

아베에게 동아공영권의 이상은 식민지 조선에서의 일본의 이상
을 계승한 것이었다. 1929년 3월, 아베는 게이조제국대학 제1회 졸업
생들에 대한 치하의 문장에서, 당국(총독부)의 특별한 배려와 그로 인
해 게이조제국대학에 쏠리는 시기 어린 시선에 대해 언급하고 있다.
조선의 사회 경제적 후진성 속에서 게이조제국대학의 설립과 존속에
반대하는 의견이 여전한 가운데, 아베는 이에 맞서 그 의의를 설파하
고 게이조제국대학의 발전에 헌신했다는 자부심이 있었다. 아베는 조
선에 부임하면서 조선에 뼈를 묻을 각오로 조선에 봉사하지는 못했다
하더라도, 자신의 직무를 충실히 수행함으로써 얼마간 조선을 위하고
일본을 위해서 살겠다는 마음가짐 정도는 가지고 있었다고 자부하고
있다.[27] 또한 게이조제국대학에서는 학문적인 면에서는 계몽적 활동
이상의 깊은 영향을 주지는 못했을지언정, 조선의 문화에 대해서는
다른 일본인 일반보다는 관심을 가지고 그 의의를 전하려 노력했으
며, 조선인 가운데 이에 공명하는 사람도 있었다고 자신의 활동에 의

---

26) 安倍能成, 『戰中戰後』, 白日書院, 1946, 47~48쪽.
27) 安倍能成, 『青年と教養』, 岩波書店, 1940, 187~188쪽.

미를 부여했다.[28] 겸손한 표현이지만 대단한 자부심을 엿볼 수 있다. '올드 리버럴'의 대표적 존재이며 〈담화회〉를 주도한 인물의 이와 같은 조선경험과 조선인식은 오히려 〈담화회〉와 『세카이』의 새로운 조선인식 형성을 저해한 요인이 되었을 것으로 생각된다.

2) 우카이 노부시게(鵜飼信成)와 조선

일본에서 〈게이조(京城) 공법학파〉라 불리는 일군의 학자들이 있다. 게이조제국대학 법문학부에 재직했던 기요미야 시로(清宮四郞), 오다카 도모오(尾高朝雄), 소가와 다케오(祖川武夫) 등과 함께, 〈담화회〉 초기 멤버로 왕성한 활동을 보였던 우카이 노부시게가 여기에 포함된다. '외지' 조선에 체류하면서 그들은 일본 '내지'의 학자들보다 훨씬 복잡한 감정 속에서 연구활동을 전개했을 것으로 생각된다. 게이조제국대학 법문학부에 국어(일본어)학자로 재직하며 조선어 말살과 황민화 교육에 앞장섰던 도키에다 모토키(時枝誠記)의 회고 속에서 그러한 감정을 읽을 수 있다.

조선에 있다는 것, 그리고 조선에 대해 생각해야 할 의무를 지고 있다는 것은, 우리 동료들 모두가 아마 그랬을 것이겠지만, 대단한 중압이었다. 조선을 떠날 때, 그 무거운 짐에서 해방되어 마음이

---

28) 安倍能成, 『一日本人として』, 白日書院, 1948, 181~182쪽.

가벼워진 것을 기뻐함과 동시에 당연히 직면해야할 중대한 책임에서 도피한 것과 같은 회한을 느꼈다.[29)]

우카이는 1931년에 게이조제국대학 법문학부 전임강사로 식민지 조선에 부임했다. 1939년 11월 미국 유학을 떠나 1941년 3월 다시 경성에 돌아온 뒤 패전을 경성에서 맞이했다. 미국 유학을 마치고 돌아온 1941년, 미국을 화제로 한 로터리 클럽 발언이 문제가 되어, 그 발언을 게재한 잡지는 발매금지가 되었고, 우카이 자신은 이등병으로 소집되어 조선 북부의 국경경비병으로 파견되었다가 경성의 포로수용소로 전속되어 그곳에서 제대했다.[30)]

우카이는 나중에 패전 직후 경성 생활에 대한 추억담을 적고 있다. 패전 직후 미군에 의한 한반도 이남의 점령이 확실해지자 게이조제국대학 당국은 우카이, 소가와, 야마나카 야스오(山中康雄), 다카하시 고하치로(高橋幸八郎) 등 젊은 연구자들에게 점령체제에 대한 연구를 의뢰했다고 한다. 우카이 등은 연구를 개시했으나, 제2차 세계대전 이후의 점령체제가 제1차 세계대전의 점령방식과 전혀 다른 것이어서 헛수고로 끝나고 말았다. 그러는 동안 "게이조 대학의 조선인 학생들이 집으로 찾아와서 집을 양도해달라고 하기도 하고, 새로운 연구소를 만들고자 하니 장서를 양도해달라고 해서 흔쾌히 응했다"고

---

29) 石川健治, 「コスモス—京城学派公法学の光芒」, 酒井哲哉編, 『「帝国」編成の系譜』(『「帝国」日本の学知』第一巻), 岩波書店, 2006, 173쪽
30) 石川健治, 「コスモス—京城学派公法学の光芒」, 211~212쪽 ; 鵜飼信成, 『鵜飼信成先生に聞く』, 東京大学アメリカ研究資料センター, 1983.

한다. "미국에서 수집한 서적들이 새로운 조선의 연구활동에 조금이라도 도움이 된다면 기쁜 일이라고 생각했다"는 감상도 덧붙여서 적고 있다.[31] 아베의 냉담한 시선과 달리 해방된 조선의 사람들과 사회에 대한 최소한의 애정이 느껴지는 대목이다. 우카이가 양도한 동숭동의 집과 장서는 유민 홍진기가 물려받았다.[32]

우카이는 일본으로 귀국한 뒤 도쿄대학 사회과학연구소 교수로 자리를 잡은 뒤 〈담화회〉의 일원으로 활동하면서, 전후 일본 사회에서 사회과학으로서의 법학을 자리매김하는 데 큰 역할을 했으며, 『세카이』에도 정열적으로 문장을 발표하면서 '전후 평화주의'의 전파자 역할을 수행했다. 그런 한편 그는 대한민국 헌법을 분석하는 작업을 통해 한국에 대한 관심을 표명하고 있다.[33] 이는 한국문제에 냉담했던 대부분의 전후 지식인과 다른 모습이었다고 할 수 있다. 우카이의 소론은 대한민국 수립과 헌법 성립에 이르는 경위 및 그 내용을 다루고 있다. 그의 분석 내용은 다음과 같다.

총설에서는 대한민국 헌법의 "전체적 구상은 일견 일본국 헌법과 비슷하지만, 모두의 제1장에 총칙적 규정을 모아 놓고 있으며, (중략) 제2장에서 기본권에 대해 규정한 뒤 이어서 국회, 정부, 법원 등이 국가기관의 규정으로 통일적으로 규정되어 있는 등 일본 헌법에 비해

---

31) 鵜飼信成, 「京城の八月十五日」, 『法学セミナー』 242号, 1975.8.
32) 민복기 전 대법원장은 게이조제국대학 상법교수였던 니시하라 교수의 집과 장서를 넘겨받았다. 유민 홍진기 전기 간행위원회, 『유민 홍진기 전기』, 중앙일보사, 1993, 42쪽.
33) 鵜飼信成, 「大韓民国憲法」, 日本公法学会, 『公法研究』 2号, 1950, 77~81쪽.

정연하게 만들어져 있으며, 민주헌법의 원칙이 일관되게 표현되어 있다"고 긍정적으로 평가했다. 특히 기본권에 관한 제2장은 "일본국 헌법 제3장과 비교해 보면 일본국 헌법 내용을 많이 개선해 놓은 것을 알 수 있다"고 평가했다. 일본국 헌법과 비교해서 가장 주목할 만한 차이점은 헌법의 기본권 규정이 신앙과 양심의 자유, 학문과 예술의 자유와 같은 정신적 자유를 제외하고 제한적이라는 문제점도 지적하고 있지만, 전체적으로 긍정적으로 평가했다.

한편 북한의 최고인민회의 총선거를 위한 남한에서의 "지하선거"에서 637만의 유권자가 등록했다고 일본에서 전해지는 데 대해 우카이는 이러한 수자가 "과장되었으며 실제상 불가능에 가까운 수자라는 점에서 보더라도 반대파의 선전이라는 것이 분명하다"고 하여 북한의 설명에 이의를 제기하고, "그러한 선전이 행해진다는 사실 자체가 한국의 전도다난함을 보여주고 있다"면서 한반도를 둘러싼 정세 불안을 지적했다.

그런데 우카이가 소논문의 말미에 적어놓은 사사는 주목을 요한다. 즉 필자가 인용한 소논문은 『공법연구(公法研究)』에 게재된 논고였는데, 우카이는 이 논고가 전년의 『국가학회잡지(国家学会雑誌)』에 게재된 것을 개정한 것으로, 개정하는 과정에서 한국 헌법초안의 기초자인 유진오와 한규영이 보내온 서한의 도움을 받았다는 사실을 밝혀 놓았다. 우카이와 두 사람의 교분과 교류는 조선의 해방(일본의 패전) 이후에도 이어지고 있었던 것이다. 유진오는 1906년생으로 우카이와 동년배이다. 1926년에 게이조제국대학 법문학부 법학과에 입학

해서 1929년에 졸업했다. 1931년부터는 법학부 조수로 강사를 역임했다. 우카이도 1931년부터 게이조제국대학에 근무했었던 것으로 보면 두 사람은 입교 동기의 관계였다. 유진오는 대일강화에 대비해 한국이 취해야 할 태도에 대해 연구하기 위해 일본에 출장한 적이 있다.[34] 유진오가 일본에 체류하는 동안 우카이와 교류하거나 접점이 있었던 적은 없는지 조사 연구해 볼 필요가 있다. 또한 우카이에게 집을 양도받았던 홍진기 또한 각별한 관계였을 것으로 생각되는 바, 한일 국교 정상화 교섭의 외교무대의 이면에서 두 사람의 접점은 없었는지 궁금하기도 하다.

3) 마루야마 마사오(丸山眞男)와 조선

간토(関東)대지진의 조선인 학살은 마루야마가 조선을 처음으로 인식하는 계기가 되었다. 소년 마루야마는 소학교 4학년 때 일어난 관동대지진의 와중에 조선인 학살이 있었다는 소식을 접하고, 자경단의 행동을 비판하는 글을 쓴 적이 있다. 그가 어린 나이에 조선인학살에 관심을 가지고 사건을 비판적 시각에서 파악하고 있는 데에서는 『게이조일보(京城日報)』에 근무한 경험이 있는 그의 부친 마루야마 간지(丸山幹治)의 영향이 있었음을 짐작할

---

34) 김영미, 「유진오의 일본출장보고서와 협상준비」, 『일본공간』 창간호, 2007.

수 있다.

청년 마루야마는 군대 체험을 통해서 다시 조선을 경험했다. 1944년 7월, 제92부대(제1항공교육대)에 입대하여, 평양에서 비행기 탑승원과 정비병으로 훈련을 받았다. 평양에서의 훈련병 시절에 대해 마루야마는 "평양의 내무반에서 조선 출신의 고참병에게 군화발로 맞았다"고 회고하고 있다. 조선 출신의 고참병이 조선인이었는지 일본인이었는지에 대해서는 밝히지 않았으나 군대에 대한 불신과 반군 의식이 싹트는 계기가 되었음직한 경험이다. 평양에서의 훈련병 생활은 병으로 인한 소집해제로 인해 그해 11월에 끝났다. 평양에서의 단기간의 조선 경험은 내무반과 병원이라는 일반사회와 격리된 공간에서 이루어진 것이었지만, 마루야마가 "여타의 동시대인에 비해서 조선에 대해 큰 관심을 가졌었다"는 이시다 다케시(石田雄)의 관찰은 크게 틀리지 않았을 것으로 생각된다.[35]

그러나 전후 1960년대에 이르기까지 마루야마에게 조선문제에 대한 인식의 발전은 보이지 않는다. 1960년 안보투쟁이 끝난 뒤, 한국으로부터의 유학생 박충석의 논문지도를 통해 비로소 마루야마 안에서 조선에 대한 문제의식이 싹트기 시작했다. 70년대에는 또 다른 유학생 지명관과의 대화를 통해서 조선(한국)인식이 발전되었다. 마루야마가 그 동안 작업해 오는 가운데 조선 사상사와 조선의 주자학을 경시했다고 고백하기에 이르는 것은 1974년의 일이었다. 그러나 그의

---

35) 石田雄, 「丸山真男と軍隊体験」, 『丸山真男戦中備忘録』, 東京図書センター, 1997, 170쪽.

조선인식의 주조는 부정적인 것이었다. 마루야마의 조선인식은 "완고", "교조주의", "스탈리니즘을 상기시킬 정도로 철저한 내부 항쟁", "애처롭고 불쌍한 운명"과 같은 단어 또는 문구로 채워져 있었다.[36]

한편 마루야마는 다케우치 요시미(竹内好)를 통해, 왜곡된 중국관을 자각하게 되는데, 만년이 되어서는 중국과 조선의 마르크스주의자가 비전향을 견지한 데 대비해서 일본의 마르크스주의자들이 대거 전향한 것을 언급하면서, 중국과 조선의 근대사상을 긍정적으로 보게 되었다는 평가도 있다.[37]

그렇다고는 해도 〈담화회〉에서 활동하던 시기에 마루야마가 조선에 대해 '내발적 이해'를 하고 있었다고 보기는 어렵다. 마루야마의 조선인식도 아베의 그것과 비슷하게 스즈키 다케오의 조선 이해에 가까운 것이었다고 생각된다. 스즈키는 제국 일본의 조선정책이 사상적으로는 선의에 의한 것이었으나 그 방법이 잘못되었다고 '반성'했지만, 기본적으로는 식민지=수혜론을 주장하고 있었다. 그러한 주장은 스즈키 자신이 작성에 관여하여 대장성 관리국에서 간행된 『일본인의 해외활동에 관한 역사적 조사(日本人の海外活動に関する歷史的調査)』에 이어져, 한국정부의 대일청구권 주장을 반박하고, 일본의 대한 청구권을 주장하는 근거가 되었다.

---

36) 魯炳浩, 「丸山真男における朝鮮論の『古層』」, 京都大学, 『社会システム研究』 8号, 2005, 184~187쪽.
37) 魯炳浩, 「丸山真男における朝鮮論の『古層』」, 187~189쪽 ; 田中和男, 「丸山真男における中国」, 『龍谷大学国際センター研究年報』 13号, 2004.

4) 소결

이상에서 지적되어야 할 것은 이들 세 명의 전후 지식인이 지녔던 전전의 조선 경험이 전후에 조선인식을 심화시키는 데까지 이어지지 못했다는 점이다. 〈담화회〉의 주요 구성원 가운데 조선경험을 지닌 사람들이 있었음에도 불구하고, 그들의 경험은 전후의 조선에 대한 인식의 심화로 이어지기 보다는 조선의 현실로부터 거리를 두려는 원심력으로 작용하고 있었다. 아베 요시시게의 경우 특히 그러한 경향이 두드러졌다. 아베는 스즈키와 마찬가지로 조선에서의 일본의 행동은 크게 틀린 것이 없었다는 입장을 전후에도 일관되게 유지하고 있었을 것으로 생각된다. 오히려 아베는 인격적으로 훌륭했다고 하는 만큼 개인적 수준에서는 조선에서 특별히 문제가 될 만한 행동은 하지 않았을 것으로 생각되며, 조선 체류중에도 주위 사람으로부터 존경을 받으며 인격자로서 사상연마에 열중했을 것이다. 아베는 그러한 점에 자부심마저 느끼고 있었을 것이다. 그랬기 때문에 〈토의회〉의 모두에서 하니 고로가 제기한 문제제기를 취조당하는 기분으로 받아들였을 것이다. 이러한 분위기 속에서 〈담화회〉의 젊은 회원들이 식민지 지배의 책임문제를 깊이 인식하고 있었다 해도, 더 이상 강하게 문제제기를 하기는 어려웠을 것이다. 다만 우카이 노부시게의 경우, 식민지 지배 책임을 의식했었다고 할 수는 없을지라도 그의 문장 속에는 조선(한국) 사회에 대한 애정을 확인할 수 있는 대목이 있어 주목할 만하다.

3. 평화문제담화회의 아시아인식

1) 제1성명 :「전쟁과 평화에 관한 일본 과학자의 성명」

이상 〈담화회〉를 주도한 세 명의 지식인이 '전후 평화주의'를 주조하는 과정에서 이들의 조선 경험은 어떠한 의미를 지니고 있었다고 할 수 있는가. 이하 3장은 이에 대한 분석이다. 다만, 현재까지 발표된 자료 속에서 그 직접적인 연관성을 찾아내는 것은 대단히 어려운 작업이다. 따라서 〈담화회〉의 아시아인식에 그러한 경험이 간접적으로나마 반영이 되어 있을 것으로 추측할 수 있을 따름이다.

우선 이른바 제1성명을 준비하는 과정에서 개최된 〈토의회〉의 아시아인식을 살펴보고자 한다. 여기서 문제 삼는 '아시아인식'이란, 직접적으로 표명된 아시아에 대한 인식에 더해 아시아의 현상과 관련된 입장 표명들 가운데 간접적으로 아시아에 대한 인식을 추출해 볼 만한 언급이 포함되어 있다.

첫째, 민족, 국민, 민족주의 등과 관련한 문제에 대한 생각들을 살펴보자. 〈토의회〉에서는 중반 이후, "국민적 자부의 상징, 전통, 신화의 문제"와 관련하여 시미즈 이쿠타로(清水幾太郎)의 초안을 둘러싸고 논의가 진행되었다. 시미즈의 초안에서 문제가 된 부분은 다음과 같다. 즉, "국민적 자부의 상징과 신화 및 전통이 평화를 저해하고 전쟁을 촉발시킨다고 하는 것은 의심의 여지가 없다. 특히 오늘날 여전히 전근대적인 생활과 심리를 특징으로 하는 아시아 국가들에게 이러한 폐해는 특별히 현저하다"는 문장이었다. 이에 대해 미나미 히로시(南博)가 수정을 요구하며 다음과 같이 문제제기했다.

　　　　이번 성명은 세계를 향해 발표될 것으로 생각합니다. 그 경우 아시아의 다른 국가와 국민들이 이 문구를 어떻게 받아들일 것인가가 문제가 될 것으로 생각됩니다. 어떠한 점에서 아시아 국가들에 특별히 한정하게 되었는지, (이러한 문제는-필자 주) 아시아 국가들에 한정된 것이 아니라, 분명히 말하건대 미국에도 상징이라는 것은 있으며, 그 힘을 느껴본 적이 있기에, 조금 더 일반적으로 표현하는 것이 좋다고 생각합니다.[38]

　　이에 대해 가와시마 다케요시(川島武宜)는 오히려 "일본의 반성"이라는 형식으로 특별히 한정할 것을 제안했다. 이 제안에 대해 "이의 없다"며 동의 발언이 있었던 것으로 보아, 가와시마의 의견을 강력히 지지하는 분위기가 있었던 것을 알 수 있다. 그러나 최종적으로 해당 문구는 "특히, 생산력 및 자원에서 불리한 지위에 서 있는 후진국에서는 민중이 생활의 곤란을 견디지 못해 자국의 상징에 고집하는 경향을 보이며, 이것이 정치가에 의해 국가주의적으로 이용되는 위험이 크다"는 문장으로 낙착되었다.[39] 일반론의 형식을 빌어 표현되었지만, 당시의 상황에서 일본이 다른 아시아 국가들과 같이 '후진국'의 하나로 간주되고 있었다는 것을 알 수 있다.

---

38) 「平和問題討議会議事録」, 『世界』, 1985.7, 288쪽.
39) 「戦争と平和に関する日本の科学者の声明」, 『世界』, 1985.7, 104~105쪽.

다음으로, "국제적 결합(연대-필자 주)과 함께 민족의 개성을 중시한다"는 문장이 문제가 되었다. 문장의 제안자는 와쓰지 데쓰로(和辻哲郎)였다. 이에 대해 와타나베 사토시(渡辺慧)가 반대했다. 마루야마 마사오는 "민족의 개성"이라는 표현이 문제가 된다면 "민족문화의 개성"으로 수정하는 것도 생각해 볼 수 있다고 제안했다. 그러나 이에 대해서도 와타나베는 문화의 특수성과 개성을 존중할 필요는 있지만, 문화를 민족에 결부시켜 생각하는 데 대해서는 반대한다는 의견을 개진했다. 미야기 오토야(宮城音弥)가 와타나베의 의견에 찬동했다. 그러나 가와시마는 문화의 다양성을 전제로 하지 않고 국제성을 논하는 것은 추상적인 코스모폴리타니즘에 빠지는 것이며 평화운동에 대해 오해를 야기할 우려가 있다고 반론을 제기했다. 이에 대해 와타나베는 "오히려 민족에 대해 논의하는 것이야말로 오해를 일으키기 쉽다"며 의견을 굽히지 않았다. 마루야마는 가와시마와 같은 의견이었는데, "진정한 인터내셔널리즘이라는 것은 각 민족의 문화적 개성을 존중하는 데에서 비로소 가능하다"는 입장이었다. 나아가 마루야마는 "민족의 개성"을 인정하는 것은 "국제주의의 미명 하에, 특정한 역사적 국민에 한정된 생활양식에 국제적 보편성을 부여하여, 이를 강제적으로 수출하는 경향에 대해 항거한다"는 의미도 있다고 그 적극성을 주장했다. 그럼에도 불구하고 구와바라 다케오(桑原武夫)는 와쓰지가 제안한 문장이 "일본의 내셔널리스틱한 특수성을 존중해 주기를 바란다는 의미로 오해받을 우려"가 있다고 하여 민족의 적극적 의미를 인정하는 문제에 대해 신중한 태도를 요구했다. 사회를 보던 아베는 민족문제가 대단히 중요한 문제이긴 하지만 이의가 있으므로, 의사규칙에 따라 채택될 성명문에는 포함시키지 않을 것을 제안했고, 토론회 참석자는 이 제안에 동의했다. 이 과정에서는 일본의 내셔널리즘이 부정됨과 동시에 아시아 국가들의 내셔널리즘에 대해서도 부정적으로 생각하는 경향이 보인다.[40]

둘째, "인종 및 민족의 평등"의 문제와 관련한 논쟁을 들여다보고자 한다. 인종의 평등에 대해서는 시미즈의 보고 가운데 인종의 "자연적 평등을 승인하는 데서 한 발 더 나아가 사회적 불평등의 부인을 주장해야 한다"는 문장에 대해 문제제기가 있었다. 미야기는 이에 동의하면서도 본인이 속한 자연과학부회의 보고에서는 "자연적 평등"을 단언하지는 않았다고 하여, "비록 타고난 차이가 있다고 해도 그러한 것은 문제가 되지 않고 차이에 관계없이 평등히 대해야 한다"는 표현이 채택되었다고 하여 재고를 요청했다. 도미야마 고타로(富山小太郎)의 보족 설명이 이어졌다. 문제는 소질 여하에 관계없이 "문화적 경제적으로 열등한 위치에 놓인 민족이 있다는 것"이며, 오히려 "문화가 우수한 민족—즉, 경제 무력 자원 기술 등에서 우월한 민족—은 본래의 소질의 우열에 관계없이 스스로 뒤쳐진 민족의 현상을 개선하기 위한 노력을 해야 한다"는 주장이었다. 이 주장에 대해 이소다 스스무(磯田進)가 반론을 제기하여 "인종과 민족의 소질적 평등"이라는 표현에 강한 집착을 보였다. 이에 다시 도미야마는 "우수한 것이 열등한

---

40) 「平和問題討議会議事録」, 『世界』, 1985.7, 290~291쪽.

것을 보호해야 한다는 생각이 세계평화의 장애가 되느냐"고 질문했다. 이소다는 그러한 생각의 근저에 민족적 우월감이 스며드는 것이라고 하여 문제시했다.[41]

이 문제를 둘러싸고는 교토의 〈토의회〉에서도 논쟁이 있었다. 누마다 이나지로(沼田稲次郎)는 "민족의 우열이라는 생각은 자연과학적 근거에서라기보다는 사회적 근거에서 발생한다. 즉 착취, 침략, 정복이라는 사실이 먼저 있고 이로부터 인종적 편견이 생겨난다"고 지적했다. 이어서 "일본이 중국을 침략했을 때에는 일본인의 우수성이 역설되었고, 지금은 거꾸로 중국인이 위대하다고들 한다"며 민족의 우수성 운운하는 언설이 주관적 현실인식에서 나온다는 점을 강조했다. 이 논쟁을 정리하고 해결한 것은 야나이하라 다다오(矢内原忠雄)의 절충주의였다. 그는 인종의 평등을 자연과학적으로 증명하기는 어려우나, 평등에 대해서는 언급해 두는 것이 좋다는 의미에서 "인종에 우열이 있다는 것은 과학적으로 증명할 수 없다"는 표현을 채택할 것을 제안했다. 최종적으로 이 문제는 인종의 자연적 우열은 "과학적으로는 입증할 수 없는 것"으로, "인종의 자연적 소질을 비굴과 오만의 근거로 삼을 수 없다"는 문장으로 정리되었다.[42] 인종의 자연과학적 사회적 평등이 강조된 문장이지만, 평등 원리의 기계적 적용이라는 문제가 도사리고 있는 것 같다. 즉, 이러한 인식 위에서 일본과 기타 아시아 국가들의 역사적 경험 차에 따른 당면 과제의 차이도 애매하게

---

41) 「平和問題討議会議事録」, 『世界』, 1985.7, 292~295쪽.
42) 「戦争と平和に関する日本の科学者の声明」, 『世界』, 1985.7, 105쪽.

처리되어 의식하지 못하게 된 것은 아닌지 생각해 볼 문제이다.

2) 제2성명 :「강화문제에 관한 평화문제담화회 성명」

『세카이』의 1950년 3월호에 발표된「강화문제에 관한 평화문제
담화회 성명(제2성명)」은 세 개의 결론과 네 개의 결어(슬로건)로 구
성되어 있다. 그 제1결론은 무엇보다도 일본의 자립경제를 위해 전면
강화가 필요하다는 주장이었다. 이러한 생각은 다음과 같은 문장에
압축적으로 표현되었다.

> 일본의 경제적 자립은 일본이 아시아 국가들, 특히 중국과의 사
> 이에서 광범위하고 긴밀하고 자유로운 무역관계를 가질 것을 가장
> 중요한 조건으로 하며, 이 조건은 전면강화의 확립을 통해서만 충만
> 될 것이다, 전해지는 바의 단독강화는 일본과 중국 및 기타 국가들의
> 관계를 단절시키는 결과가 되어 스스로 일본 경제를 특정 국가에 대
> 해 의존적이고 예속적인 지위에 서게 할 것이다.[43]

『세카이』 1950년 4월호에는 〈담화회〉가 제2성명의 보완설명으로
발표한 「강화문제의 논점」이 부록으로 실렸다. 여기에서 아시아와 동
양의 문제는 "강화와 관련한 경제상의 문제"로 언급되고 있다. 예컨대,
「경제상의 문제」 제3항목에서는 "일본경제의 당면한 필요성에서 보면
미국과 영국의 원료와 금이 큰 매력"이라면서도 "긴 장래를 생각하면,

---

43)「講和問題についての平和問題談話会声明」,『世界』, 1985.7, 109~110쪽.

일본경제의 과거 구조(일본과 중국, 만주, 조선, 타이완과의 긴밀한 결합)가 (과거의) 절반만큼이라도 부활되어야 하는데, 전면강화가 아니면 머지않아 일본경제는 붕괴한다(괄호는 필자주)"고 주장했다. 나아가 "이 주장은 다수의 지지를 받았다"고 자체 평가하고 있다.[44]

「경제상의 문제」 제4항목에서는 유럽에는 미국이나 영국이 지켜야할 전통적 문화와 가치가 있는데 반해 동양에는 그러한 것이 결여되어 있기 때문에 동양에서는 주로 경제적 권익에 따라 행동하게 된다는 인식에 기초해, "동양에서는 미국이나 영국이 러시아와 타협하는 것, 즉 전면강화가 독일의 경우에 비해 쉽다"는 전망을 제시했다. 즉 유럽에서는 가치를 둘러싼 이데올로기적 대립이 생길 수 있지만, 동아시아에서는 "경제적 이익"을 고려하여 합리적인 판단에 따라 타협할 여지가 있다는 것이었다.[45] 이 점이 〈담화회〉의 입장에서 보기에 전면강화가 가능한 객관적 이유였다.

한편, 〈담화회〉에 있어 전면강화는 일본의 사명이기도 했다. 〈담화회〉는 "두 개의 세계가 유럽에서처럼 아시아에서도 싸울 수밖에 없을 것이라고 판단하는 것은 속단에 불과하다"면서 "아시아의 사명은 유럽에서 대립하고 있는 두 개의 힘을 아시아에서 조화시키는 데 있다"고 주장했다.[46] 전면강화는 현실적으로 가능한 것일 뿐만 아니라, 세계 평화를 위한 아시아의 사명으로 요청되는 것이기도 했던 것이다.

---

44) 「補足, 講話問題の論点」, 『世界』, 1985.7, 114쪽.
45) 『世界』, 1985.7, 114쪽.
46) 『世界』, 1985.7, 115쪽.

그러나 이러한 문제를 논의하는 과정에서 한국의 강화회담 참가 문제나 청구권 및 재산 처리, 그리고 주변국가들과의 영토문제 등에 대해서는 전혀 언급하지 않고 있다. 〈담화회〉의 입장에서도 강화는 '역사청산의 문제'라기 보다는 '안전보장'과 '경제자립'의 문제로 취급되었던 것이다.

3) 제3성명 : 「세 번 다시 평화에 대해서」

〈담화회〉는 제2성명 발표 이후, 비평, 비난, 항의의 형식으로 제기되는 여러 입장의 반론들에 대해, 보다 설득력 있는 논리로 재반론하기 위해 준비작업을 진행했다. 그 과정에서 마련된 토론자료는 전면강화, 군사기지 제공 반대, 유엔에 의한 안전보장, 중립의 문제 등을 「논점」으로 정리하고, 이에 대한 보다 강화된 입장의 확인과 논거의 보강을 요구했다. 위의 네 가지 논점에 더해 제5항목으로 "아시아와의 연대" 문제가 별도로 제기되었다. 제2성명에 표명된 아시아와의 "경제적 연대" 문제에 대해 보충 논거가 필요했기 때문일 것이다. 그 외에 타국으로부터의 침략 가능성, 외국에 의한 해방이 지니는 한계(점령하 개혁에 대한 일본인의 주체적 입장의 확립-필자 주), 신문 보도의 공정과 자유의 문제 등도 '논점'으로 제기되었다. 이들 '논점'에 기초해 토론회를 준비하고 있던 와중에 6·25전쟁이 발발했다. 〈담화회〉는 전쟁 발발이라는 급변사태에 대응하여 급거 「논점」보다 상세한 항목으로 구성된 「문제점」이라는 토론 자료를 마련했다.[47]

이와 같이 〈담화회〉의 제3성명 「세 번 다시 평화에 대해서(三たび平和について)」는 6·25전쟁의 큰 충격과 영향 속에서 "「강화문제에 관한 성명(제2성명-필자 주)」의 내용에 상세한 설명을 붙이고 의문에 답할 책무"를 다하기 위해 작성되었다. 제3성명 전문의 다음과 같은 문장에서 6·25전쟁의 영향을 읽어낼 수 있다.

우리들(〈담화회〉-필자 주)로 하여금 위의 책무(제2성명에 대한 반론에 대한 입장 설명의 책무-필자 주)를 더욱 통감하게 한 것은 1950년 6월 조선에서 발발한 불행한 사건이다. 이는 명백히 세계정세의 위기를 더욱 심각하게 만들었으며, 인류를 완전한 파멸로 이끌 것처럼 새로운 대전의 모습으로 우리 눈앞에 나타나고 있다. 일본의 안전보장 문제가 직면한 절박한 의미는 어느 누구도 간과할 수 없을 것이다.

그런데, 본론 속에서 전쟁의 현실을 언급한 문장은 거의 보이지 않는다. 그 이유와 배경에 대해서는 서론의 〈각주11〉에서 지적한 바 있다. 반면, 두 세계의 대립에 대해 논의하는 부분에서 유럽과 달리 아시아에서는 자유민주주의와 공산주의라는 두 축의 대립 이외에 내셔널리즘의 고양이 새로운 대립축으로 등장하여 교차하고 있다는 점에 주목할 필요가 있다고 지적했다. 동서의 대립을 단순한 양분법으로 사고해서는 안 될 현실이 아시아에서 전개되고 있다는 것이었다. 즉, 〈담화회〉는 "식민지 반식민지 지역에서 제국주의 대 내셔널리즘

---

47) 『世界』, 1985.7, 64~67쪽.

의 대립"이 나날이 심각해지고 있는 가운데, "동아의 정세에서 주조를 이루고 있는 것은 오히려 후자의 대립"이라는 정세 인식을 하고 있었다. 문제는 내셔널리즘과 공산주의의 공명이며, 그것은 동아시아의 후진성 때문이라고 분석했다. "동아의 후진 지역에서는 (중략) 자유민주주의가 순조로이 발전하기 위한 사회적 지반이 결여되어 있어서 내셔널리즘 운동이 공산주의와 연동하고 있는 데에 문제의 복잡함과 곤란함이 숨어있다. 인도 공화국이나 인도네시아 공화국이 국제정국에서 '중립'을 취하는 동향은 이러한 아시아 사회의 특수한 조건을 고려하지 않으면 충분히 이해할 수 없을 것"이라는 주장에 〈담화회〉의 특징적인 아시아인식이 담겨있다.

그러나 제3성명에서도 제2성명과 다름없이 일본의 식민지지배 책임 문제는 언급되지 않았다. 아시아의 내셔널리즘을 문제 삼을 때, 일본 제국주의의 아시아 지배는 간과할 수 없는 문제임에도 불구하고 그렇다. 가령 중국의 국공내전이나 6·25전쟁의 원인에 대한 분석에서 언급될 만한 내용임에도 불구하고 일본 제국주의에 대한 고찰은 전혀 없다. 인도와 인도네시아의 내셔널리즘은 인식되었지만, 중국과 조선의 내셔널리즘은 사상되었다. 중립을 지향한 내셔널리즘이 아니라, 그 어느 한 진영에 속한 내셔널리즘이었기 때문일 것이다. 따라서 〈담화회〉 회원들이 보기에, 제3성명에서 일본의 지배와 침략의 책임 문제에 언급할 필요는 없었다.

거꾸로 중국(국공 양당)과 조선(남북한)과 같이 일방의 진영에 속해서 민족적 과제를 해결하려는 움직임은 〈담화회〉 회원에게 위험한 것으로 간주되었다. 식민지 내셔널리즘 문제를 언급하는 가운데 다음과 같은 문장은 주목을 요한다. 즉, "오늘날 냉전의 격화와 함께 아시아의 민족운동을 자기편에서 동원하려는 미소간의 투쟁이 치열하게 전개되고 있다. 그러나 다른 한편, 식민지 내셔널리즘 가운데에는 모든 내셔널리즘이 그렇듯 극단적인 배외주의가 발생할 위험이 배태되어 있으며, 이미 그러한 위험이 현재화한 지역도 있다"는 문장이다. 이어서 다음과 같은 전망과 과제가 제시되었다. "이러한 지역의 편협한 민족주의화를 방지하면서 봉건 유제를 제거하고 근대화를 촉진하는 일은 미소 양국에 공통된 이익이어야 한다. 만일 양국이 '아시아의 발흥'이 내포하는 거대한 의미와 위의 과제들이 지극히 곤란한 것임을 인식한다면 이 문제를 처리하기 위해 예컨대 유엔의 후진지역 개발계획 등을 통해 협력할 수 있는 가능성을 발견하는 것은 반드시 불가능하지만은 않다"는 것이다. 그런데, 아시아의 여러 지역에서 "봉건 유제를 제거하고 근대화를 촉진하는 일"에 필수적인 것은 다름 아닌 일본에 의한 '과거의 청산'이었다.

이에 대해 통감하고 있었던 것은 제3성명의 논의과정에 참석했으나 성명에는 서명하지 않았던 요시카와 고지로(吉川幸次郎)였던 것 같다. 요시카와는 「비서명자의 소감(非署名者の所感)」이라는 글에서 서명하지 않은 이유에 대해서는 "현실 정치의 방향에 직접적인 정의를 내리는 것"에 위화감이 있었기 때문이라고 설명하면서 다음과 같이 적고 있다.[48]

이 보고의 취지는, 일본인이 이제는 더 이상 전쟁을 하지 않는 국민으로서 끝까지 이 각오를 이어가겠다는 것, 그리고 그 전제로서 연합국 국민에게 그렇게 행동해 주기를 바란다는 것을 절절히 호소하는 데 있다. (중략) 그 취지에 대해서는 누구나 찬성하고 있으며, 서명하지 않은 나 자신도 찬성이다. (중략) 다만 그러한 언사에서 너무나 희망이 절실한 나머지 강요하는 듯한 느낌이 든다면 그것은 희망의 절실함이 그렇게 만들었다고 양해하고 용서해 주길 바라는 마음이다. 이 양해와 용서는 중국 조선 필리핀 태국 미얀마 등 바로 조금 전까지 일본의 폭거에 시달린 근린 국가들에 대해서는 더욱 정중히 부탁해야 할 것이다.

나아가 샌프란시스코 강화조약 체결 직후에 발간된 『세카이』의 1951년 10월호에는 「강화에 대한 의견, 비판, 희망 : 80명의 회답(講和に対する意見·批判·希望—八十氏の答え)」이라는 특집이 실렸다. 80명의 주장들 가운데에는 중국(대륙)과의 관계에 대한 우려와 요망은 눈에 많이 띠지만, 6·25전쟁의 무의미함을 지적하는 논설이 얼마간 있는 것 빼고는, 새로 독립한 한국 또는 북한과의 관계에 대해 명백히 언급한 논설은 전혀 보이지 않는다. 80명이나 되는 저명인의 머리 속에서 한반도문제는 공백 상태였던 것이다. 다만 〈담화회〉 회원이기도 한 마쓰다 미치오(松田道雄)의 다음과 같은 비판이 조선을 의식한 발언처럼 느껴질 뿐이다.[49]

---

48) 吉川幸次郎, 「非署名者の所感」, 『世界』, 1951.1.
49) 「講和に対する意見·批判·希望—八十氏の答え」, 『世界』 70号, 1951.10, 189쪽.

이번에 이루어진 강화는 싸우던 사람들끼리의 화해라기보다는 난폭자의 사과라고 할 만한 것이기 때문에 난폭한 행동을 한 사람은 피해자에게 두 번 다시 난폭한 행동을 하지 않겠다는 성의를 표해야 한다. 대동아전쟁이라고 하는 명칭에서도 드러나듯 동아의 여러 민족이 가장 피해를 입었기 때문에 무엇보다도 그러한 국민들에게 사죄하지 않은 상태로 남겨두게 되면 동아시아의 한 구석에서 살고 있는 우리나라(일본-필자 주)로서는 이웃과 사귀는 일이 쉽지 않을 것이다.

지금 시점에서 듣게 되면 오히려 모자랄 듯한 역사인식임에도 불구하고 이러한 인식을 1950년대 초반에 찾는다는 것은 쉽지 않은 일이었다.

4) 소결

이상의 분석을 정리하면 다음과 같다. 〈담화회〉가 세 개의 성명을 발표하는 과정에서, 일본의 조선에 대한 식민지 지배 문제가 명확히 의식되어 논의된 흔적은 보이지 않는다. 이 점은 이미 지적되어 왔던 한계, 즉 전쟁의 현실을 회피했었다는 점과 함께 또 한 가지 〈담화회〉의 한계로서 지적되어야 할 것이다. 〈담화회〉는 토론회 과정에서 민족이나 국가적 상징에 대한 자부와 내셔널리즘, 인종차별의 문제 등이 전쟁과 깊은 관계가 있다는 점을 확인했다. 〈담화회〉 회원들은 전전에 일본이 저질렀던 행동에 대한 진지한 반성에 기초해, 이러한 점들이 지닌 위험성에 대해 충분히 인지하고 있었지만, 이에 대한 논의와 인식은 지극히 추상적인 일반론의 수준에 머물고 말았다. 그 결과 일본과 조선의 특수한 역사는 사상되고 말았다. 나아가서는 탈식민의 방법을 둘러싸고 대립한 전후 아시아의 두 개의 내셔널리즘에 대해 충분히 이해하지 못했고, 따라서 6·25전쟁의 역사적 기원에 대한 깊은 이해에도 이르지 못했던 것으로 생각된다. 이러한 몰역사적 태도는 마루야마 등이 평화주의의 존립을 위해 전쟁의 현실을 회피하는 전략을 채택한 것과는 별도로, 전후 평화주의에 무의식적으로 그리고 태생적으로 각인되었던 한계였던 것으로 보인다. 그러한 인식의 천박함이 60년대 이후의 한국에 대한 지나치고도 집요한 비판으로 나타났던 것은 아닌지 생각해 볼 일이다.

4. 전쟁의 부정에서 한반도 인식의 소거로

『세카이』의 한반도 관련 보도에 나타나는 논조 속에 이러한 전후 지식인의 입장은 어떻게 반영되고 있었는가. 이를 검토하는 작업으로 결론을 대신하고자 한다. 서론에서 필자는 한상일의 연구를 언급한 바 있는데, 그 가운데 저자는 50년대『세카이』의 한반도 관련 보도기사에 대한 분석을 통해서, 한국 사회의 혼란과 북한의 정연한 국가건설 과정이 대비되어 소개되어 있다고 하여『세카이』의 논조를 비판적으로 검토하고 있다. 이러한『세카이』의 보도 경향에 대해서는 아베도 이의를 제기하여, 특정한 입장을 강요하지 말고 사실을 담담히 보

도하는 것이 좋겠다는 의견을 제시한 바 있다.[50] 그런데, 이 시기 『세카이』의 「세계의 조류(世界の潮)」란을 중심으로 한반도에 대한 보도를 추적해 보면, 또 하나의 특징을 짚어 낼 수 있다. 1946년부터 1955년까지 10년 동안 「세계의 조류」에서 남북한을 취급한 보도 기사 15건을 열거하면 다음과 같다.[51]

호	기사 제목	호	기사 제목
46년 12월	조선의 정치정세	52년 8월	남한의 정치위기
48년 12월	조선 문제	53년 1월	조선 휴전회담의 경과
50년 9월	북한의 석유 보급문제	53년 6월	조선 휴전회담 제안 이후
50년 10월	북한에 대한 전략 폭격	53년 8월	조선 휴전을 둘러싸고
50년 10월	조선동란과 미국의 태도	53년 11월	유엔 총회에서의 조선 정치회담
51년 9월	조선 정전 문제 : 미국과 소련	53년 12월	조선 정치회담 문제의 진전
51년 9월	조선 정전 문제 : 미국과 영국	54년 1월	조선의 예비회담
52년 3월	조선 정전회담의 경과		

　　이 가운데 처음 두 건을 제외하고, 50년 9월부터 54년 1월까지 13

50) 安倍能成, 「『世界』の十年―創刊十周年によせて」, 『世界』, 1956.1.
51) 『세카이』의 원 제목에서 한반도 전체를 지칭하는 용어는 조선, 북한을 지칭하는 용어는 北鮮, 남한을 지칭하는 용어는 南鮮으로 표기되어 있다. 또한 정전과 휴전을 가려 쓰고 있어서 번역에서도 구분했다.

건이 6·25전쟁 관련 보도이다. 처음 두 건은 46년 말과 48년 말의 남북한 정세를 취급하고 있다. 해방에서 정부수립을 거쳐 6·25전쟁 발발에 이르는 약 5년에 이르는 시기에 대한 기사가 두 건에 불과하다는 것은 그만큼 일본의 지식인에게 조선에 대한 '판단정지'의 기간이 길었다는 것을 의미한다. 『세카이』가 한반도 문제를 본격적으로 다루게 된 것은 6·25전쟁의 발발을 계기로 한 것이었다. 이 가운데 초기의 세 건이 전쟁의 형세에 대한 보도이며, 52년의 8월호 기사가 한국의 정치적 위기를 취급하고 있고, 나머지 9건은 정전(휴전)과 정치회담 문제를 취급하고 있다.

50년 9월과 10월의 기사는 북한의 후방지원 문제를 다루고 있다. 석유 보급의 어려움과 미군의 전략 폭격으로 궤멸상태에 빠진 북한의 산업시설로 인해 북한이 전쟁을 지속하기 어려운 상태에 빠졌다고 보고 있다. 이어서 『세카이』의 관심은 정전 문제에 쏠렸다. 그 사이에 중국의 참전이 있었음에도 이에 대한 해설은 보이지 않는다. 조선에 대한 '판단정지'에 이은 중국에 대한 '판단정지'가 작용하고 있었을 수 있다. 여기에서 『세카이』의 관심이 어디에 집중되고 있었는지를 알 수 있다. 『세카이』는 전쟁의 현실보다는 평화의 가능성에 관심이 있었던 것이다.

51년 9월에는 「조선의 정전 문제」를 두 편의 기사로 나누어 검토하고 있다. '미국과 소련'의 태도를 다룬 제1편에서는 정전(휴전)의 의의를 강조하고 있다. 전쟁의 종결 자체가 세계의 긴장완화에 도움이 될 것이며, "정전이 냉전상태로의 복귀이며 진정한 평화가 아닐"지라도 "전투를 계속하는 것 보다는 덜 위험한 상태"라는 것이 그 논거였다. '미국과 영국'의 태도에 차이가 있음을 확인하는 제2편에서는 미국보다 정전에 적극적인 영국의 입장을 소개하면서 서방 진영에 미국과 다른 또 하나의 저류가 있음을 강조하고 있다. 52년 3월의 보도 기사 「조선 정전회담의 경과」에서는 말리크 제안 이후 정전회담의 경위를 보고하고 있다. 쟁점으로 떠오른 외국군 철수 문제와 관련해서, 북한의 경우 중국 소련 등 우방국과 육지로 이어져 있는 데다 의용군의 형태로 중국군이 북한군 속에 잔존할 가능성이 있는 반면, 유엔군 측의 경우 한반도에서 멀리 떨어진 일본으로 철수해야 하는 현실에 대한 유엔군 측의 우려를 객관적으로 평가하고 있다.

53년 8월호의 기사에서는, 포로교환협정의 조인을 환영하는 논조를 확인할 수 있다. 반면 한국의 반대에 대해 소개하면서, 한국의 휴전협정에 대한 저항이 "미 당국을 비롯 한반도의 휴전에 관심을 갖는 세계의 각국에 큰 충격을 주었다"고 하여 이승만의 태도를 넌지시 비판하고 있다. 그 외 휴전 후의 문제, 즉 제네바 정치회담과 중국의 유엔 가입문제, 태평양동맹 등에 대해 전망하고 있다.

이러한 『세카이』의 보도에서는 건조한 문체에 숨어 있는 '정전에 대한 희구'를 읽어낼 수 있다. 『세카이』의 논자들은 이승만이 정전회담에 저항하는 모습을 비판적으로 보고 있는 동시에, 일본 공산주의자들의 무력투쟁은 물론 국제공산주의의 공조에 의한 한반도 문제의 해결(즉 북한에 의한 통일)에 대해서도 획을 그어 거리를 두고 있었다. 이는 당시의 과격한 반미 분위기, 특히 좌파 계열의 잡지들이 보인 태도와, 재등장한 우익의 재군비 촉구 운동 사이에서 균형을 잡고자 애쓴 흔적이었다고 평가할 수 있다. 후자에 대해 비판적인 견제의 칼날을 유지함과 동시에 전자와의 차별성을 획득하는 일은『세카이』와 〈담화회〉 회원들이 특별히 노력을 기울인 점이었다.[52] 그렇기에, 6·25전쟁 발발과 동시에 무력혁명과 군사노선을 채택했던 일본공산당의 과격주의에 비하면 전후 지식인들의 평화론과『세카이』의 논조는 너무나도 '평화'롭다.

〈담화회〉가 발표한 세 개의 성명은 무엇보다도 '동서의 타협과 공존의 가능성'을 가장 중요한 가치로 주장하고 있다. 한반도 문제를 둘러싼 정치회담과 현상을 유지하는 선에서 정전이 이루어지는 것은 〈담화회〉가 추구했던 이러한 가치를 현실의 역사과정이 증명하는 것으로 간주되지 않았을까. 그것이 정전(휴전)문제에 대한 관심으로 나타났던 것으로 생각된다. 즉 전쟁의 현실보다는 평화(정전/휴전)의 가능성에 보다 큰 관심이 있었다는 점이다. 이러한 특징은 구체적 현실보다는 평화에 대한 원리적 태도에 집착한 데서 나온 것이었다. '전후 지식인'들의 평화에 대한 희구는 전쟁의 현실에 대한 부정으로 이어졌으며, 전쟁의 현실을 부정한 평화의 지도 위에 한반도는 소거되어 공백으로 처리되었던 것이다.

---

52) 丸山眞男,「ある自由主義者への手紙」,『世界』, 1950.9, 27~38쪽.

1. 『世界』 게재 자료
「世界の潮」 게재 한반도 관련 논설들, 『世界』, 1946-1954.
「講和問題についての平和問題談話会声明」, 『世界』 477号, 1985.7.
「講和に対する意見・批判・希望—八十氏の答え」, 『世界』 70号, 1951.10.
「補足, 講話問題の論点」, 『世界』 477号, 1985.7.
「三たび平和について」, 『世界』 477号, 1985.7.
「平和問題談話会とその後」, 『世界』 477号, 1985.7.
「平和問題討議会議事録」, 『世界』 477号, 1985.7.
「対日講話と世界平和」, 『世界』 477号, 1985.7.
「戦争と平和に関する日本科学者の声明」, 『世界』 477号, 1985.7.

2. 단행본 및 논문
가미야 미호, 「아베 요시시게(安倍能成)의 눈에 비친 조선 : 조선견문기 『青丘
　　　雑記』를 중심으로」, 『세계문학비교연구』 18호, 2007.
고사카 시로, 「진달래를 사랑한 아베 요시시게(安倍能成) : 경성제국대학의
　　　설립과 폐교의 사상사적 의의」, 『일본사상』 15호, 2008.
기미지마 아키히코, 「동아시아의 평화와 일본국헌법 : 시행 60주년을 맞이한
　　　재검토」, 『역사비평』 78호, 2007.
김영미, 「유진오의 일본출장보고서와 협상준비」, 『일본공간』 창간호, 2007.
김준섭, 「전후 일본의 평화주의에 관한 고찰」, 『국제정치논총』 40집 4호,
　　　pp.159-180, 2000.
남기정, 「일본 전후평화주의의 원류 : 전후적 의의와 태생적 한계」, 『일본연구』
　　　24집, 2008.
서승, 「현대 동아시아의 국가폭력과 일본 평화주의의 회귀」, 『한국사회학회
　　　2004년 특별 심포지움』, 2004.
유민 홍진기 전기 간행위원회, 『유민 홍진기 전기』, 중앙일보사, 1993.
와다 하루끼, [서동만 옮김], 『한국전쟁』, 창작과 비평, 1999.
한상일, 『지식인의 오만과 편견 : 「세카이」와 한반도』, 기파랑, 2008.
高柳俊男, 「安倍能成—滞在15年の学者が見た朝鮮本来の美しさ」, 舘野晳編, 『韓
　　　国・朝鮮と向き合った36人の日本人—西郷隆盛, 福沢諭吉から現代

まで』, 明石書店, 2002.

吉川勇一, 「朝鮮戦争下の平和運動評価には反対―『朝鮮戦争』書評」, 『市民の意見30の会・東京ニュース』28号, 1995.3.25(요시카와의 홈페이지 참조. http://www.jca.apc.org/~yyoffice/, 최종방문일, 2011년 4월 14일).

_____, 「『現実的』と『ユートピア的』をめぐって―和田春樹氏の『反論』への再反論」, 『市民の意見30の会・東京ニュース』 33号, 1995.11.30 (요시카와의 홈페이지 참조. http://www.jca.apc.org/~yyoffice/, 최종방문일, 2011년 4월 14일)

吉川幸次郎, 「非署名者の所感」, 『世界』, 1951.1.

魯炳浩, 「丸山真男における朝鮮論の『古層』」, 京都大学, 『社会システム研究』8号, 2005.

石田雄, 「丸山真男と軍隊体験」, 『丸山真男戦中備忘録』, 東京図書センター, 1997.

石川健治, 「コスモス―京城学派公法学の光芒」, 酒井哲哉編, 『「帝国」編成の系譜』(『「帝国」日本の学知』第一巻), 岩波書店, 2006.

安倍能成, 『青丘雑記』, 岩波書店, 1932.

_____, 『青年と教養』, 岩波書店, 1940.

_____, 『自然・人間・書物』, 岩波書店, 1942.

_____, 『戦中戦後』, 白日書院, 1946.

_____, 『槿域抄』, 齋藤書店, 1947.

_____, 『一日本人として』, 白日書院, 1948.

_____, 『平和への念願』, 岩波書店, 1951.

_____, 「新中国見聞記 1, 2 ,3」, 『新潮』, 1955. 1-3.

_____, 「『世界』の十年―創刊十周年によせて」, 『世界』, 1956.1.

五十嵐武士, 『対日講和と冷戦―戦後日米関係の形成』, 東京大学出版会, 1986.

田中和男, 「丸山真男における中国」, 『龍谷大学国際センター研究年報』13号, 2004.

中見真理, 「安倍能成と朝鮮」, 『清泉女子大学紀要』54号, 2006.

榛葉利花, 「安倍能成の朝鮮観」, 『季刊・三千里』50号, 1987.

崔在喆, 「安倍能成における＜京城＞」, 『世界文学比較研究』(韓国) 17号, 2006.

和田進, 『戦後日本の平和意識』, 青木書店, 1997.

和田春樹, 「朝鮮戦争下の日本平和運動の評価について―吉川勇一氏の『朝鮮戦争』書評に反論する」, 『市民の意見30の会・東京ニュース』30号, 1995.8.10 (요시카와의 홈페이지 참조. http://www.jca.apc.org/~yyoffice/, 최종

방문일, 2011년 4월 14일).

丸山真男「ある自由主義者への手紙」,『世界』, 1950.9.

_____,「サンフランシスコ講和・朝鮮戦争・60年安保—平和問題談話会か
　　　ら憲法問題談話会へ」,『世界』, 1995.11.

鵜飼信成,「大韓民国憲法」, 日本公法学会,『公法研究』2号, 1950.

_____,「京城の八月十五日」,『法学セミナー』242号, 1975.8.

_____,『鵜飼信成先生に聞く』, 東京大学アメリカ研究資料センター, 1983.

Bamba, Nobuya and John F. Howes, *Pacifism in Japan : The Chiristian and
　　　Socialist Tradition*, Tokyo : Minerva Press, 1978.

Hook, Glenn D., *Militarization and Demilitarization in Contemporary Japan*,
　　　London : Routledge, 1996.

Hook, Glenn D. and Gavan McCormack, *Japan's Contested Constitution :
　　　Documents and Analysis*, London : Routledge, 2001.

Yamamoto, Mari, *Grassroots Pacifism in Post-war Japan : The Rebirth of a Nation*,
　　　London : Routledge, 2004.

잡지『아시아문제』를 통해 본 1950년대 일본의 아시아인식

정진성

1. 머리말

제2차 세계대전에서 패배함으로써 아시아의 광대한 영역에 걸쳐 있었던 일본의 판도는 일본 열도로 축소되었다. 식민지 조선과 타이완, 그리고 사실상의 일본 지배하에 있었던 남양제도 등이 일본의 시정권에서 벗어났으며 괴뢰국가였던 '만주국'은 중국으로 편입되었다. 일본은 북위 50도 이남의 사할린과 치시마열도에 대한 지배권도 상실하였으며, 중국대륙과 동남아시아에 걸쳐 있던 일본의 점령지로부터 철수하지 않을 수 없었다. 일본 열도에 대한 일본의 주권조차 제약되었다. 일본은 1952년 4월 샌프란시스코 강화조약이 발효(조약 조인은

---

*　이 글은『일본연구논총』제33호(2011.6)에「잡지『아시아문제』를 통해 본 1950년대 일본의 아시아 인식」이라는 제목으로 처음 발표된 것을 본 단행본의 취지에 맞게 수정·보완한 것이다.

1951년 9월)될 때까지 연합국 군정을 받아들이지 않을 수 없었으며 오키나와가 일본에 반환된 것은 1972년이 되어서였다.

후퇴한 일본을 대신해 아시아 지역에서의 강대한 영향력을 확보한 것은 미국과 소련이었다. 미국은 일본열도를 중심으로 한반도 남부, 타이완, 필리핀을 반공 거점으로 삼고 동남아시아에 대한 영향력을 강화하고자 했다. 소련은 중국공산당을 원조함으로써 중국 대륙의 공산화에 성공하고 계속하여 동남아시아의 공산주의 활동을 원조하였다.

한편 제2차 세계대전은 동남아시아에서의 내셔널리즘을 자극하였다. 전후 이들 지역은 내셔널리즘의 고양을 토대로 잇따라 식민지 종주국의 지배에서 벗어나 독립을 쟁취하였다. 신생국들은 한편에는 미국과 소련의 영향 속에 흔들려가면서도 강렬한 내셔널리즘을 기반으로 하여 새로운 국가 건설에 착수하기 시작했다.

동아시아에서의 일본의 후퇴, 냉전구도의 고착 및 내셔널리즘의 고양은 일본정부 및 일본인의 아시아인식의 전환을 불가피하게 했다. 일본의 대외 침략을 정당화하던 '대동아공영권'은 물리적으로 사상적으로나 붕괴했다. 일본은 더 이상 군사적·정치적으로나 사상적·문화적으로나 아시아의 맹주가 될 수 없었다. 일본은 아시아와 새로운 관계를 구축해야 했다. 1950년대는 독립한 일본이 본격적으로 아시아와의 관계를 새로이 구축하기 시작한 시기였으며 이는 필연적으로 일본의 아시아인식의 전환을 요구했다.

1950년대 일본의 대아시아 정책의 기조로서 제시된 '아시아와 서구의 가교(アジアと欧米との架け橋)'[1]라는 슬로건은 '아시아의 일원'

이면서 동시에 '서구의 일원'으로서 일본을 규정하고 있다는 점에서 일본의 아시아인식의 전환을 내포하는 것이었다. '아시아와 서구의 가교'라는 자기규정에 대해서는 기존 연구도 주목하고 있지만, 이들 연구는 주로 '가교'의 기능 내지는 역할에 주목하고 있는 반면 '가교' 규정이 내포하고 있는 일본의 아시아인식에 대해서는 그다지 관심을 두지 않았다.

예를 들면, 사토 스스무(佐藤晋)는 아시아 내셔널리즘이 정치적 형태를 취하고 구미제국과의 대립을 야기시킬 경우 그 온건화를 도모하면서 서구 국가들과의 타협을 '중개'(橋渡し)'하는 것이 50년대 후반 일본의 아시아정책의 기본적 스탠스였다고 하며,[2] 기시 노부스케(岸信介) 정권의 '동서의 가교' 외교란 일본이 '아시아의 일원'이란 입장을 이용하여 동남아시아 국가들에 영향력을 행사하여 내셔널리즘의 온건화를 도모함과 동시에 미국의 아시아 정책의 시정을 시도하여 양자의 접근을 획책하는 것이었다고 한다.[3] 이때 '아시아의 일원'의 내용

---

[1] 1956년 2월 일본이 국제연합 가맹시의 연설에서 외상 시게미쓰 마모루(重光葵)가 "우리나라의 오늘날의 정치, 경제, 문화의 실질은 과거 1세기에 걸친 구미 및 아시아 양문명의 융합의 산물로서 일본은 어떤 의미에서는 동서의 가교가 될 수 있는 것입니다"고 발언한 것은 50년대 중반의 일본외교의 방향을 상징적으로 보여주는 것이다(渡辺昭夫, 「二十一世紀のアジア太平洋と日米中関係」. 渡辺昭夫編, 『アジア太平洋連帯構想』 NTT出版 2005년, 5쪽). 이 밖에 波多野澄雄・佐藤晋, 『現代日本の東南アジア政策』, 早稲田大学出版会, 2007년, 제3장 참조.
[2] 波多野澄雄・佐藤晋, 『現代日本の東南アジア政策』, 早稲田大学出版会, 2007년, 55쪽.
[3] 佐藤晋, 「戦後日本の東南アジア政策(1955~1958年), 中村隆英・宮崎正康編 『岸信介政権と高度成長』, 東洋経済新報社, 2003년, 252쪽.

은 단순히 아시아 국가들과 의견의 일치를 추구하는 것이 아니라, 일찍이 서구적 근대화에 성공한 아시아의 일국으로서의 일본이 '아시아의 일원'에 속하는 입장을 활용하여 신흥 아시아 국가들의 내셔널리즘을 온건화시키는 역할을 담당하는 것이었다.[4]

한편 호시로 히로시(保城広至)는 기시 정권만이 아니라 요시다 시게루(吉田茂) 정권 말기부터 60년대 중반까지 일본의 지역주의 외교에서의 '가교'라는 자기규정의 역할을 밝히고 있다.[5] 그에 의하면 이 시기 일본의 아시아지역주의 구상의 가장 큰 특징은 미국의 자금에 의존하는 지역협력기구를 일본의 이니시어티브에 의해 구축하고자 하는 시도였다. 즉 미국의 아시아정책은 내셔널리즘으로 들끓고 있는 아시아의 심리를 잘 이해하지 못하기 때문에 아시아의 일원인 일본이 미국(내지는 서구)과 아시아 사이의 '가교'로서의 역할을 하는 형태로 미국 자본을 아시아에 도입하여 개발을 한다는 것이다. 즉 호시로에게도 가교라는 규정은 아시아 내셔널리즘을 온건하게 하거나 미국자본을 아시아에 도입하기 위한 수단적 의미를 가지는 것이다.

이처럼 기존 연구가 '가교' 규정의 기능적 측면을 주목하고 있는 반면, 본고는 가교 규정이 내포하고 있는 '아시아의 일원'이라는 규정이 구체적으로 아시아에 대한 어떤 인식을 배경으로 하고 있는지를 천착하고자 한다. 이 작업을 위해 본고는 1950년대에 〈아시아문제조사회(나중에 〈아시아협회〉)〉'가 발행하고 있던 『아시아문제(アジア問

---

4) 佐藤晋, 「戦後日本の東南アジア政策(1955~1958年)」, 258쪽.
5) 保城広至, 『アジア地域主義外交の行方 1952-1966』, 木鐸社, 2008년.

題)』라는 잡지에 게재된 논설 및 기사 등을 분석한다.『아시아문제』가 1950년대의 아시아에 대한 일본의 인식, 구상, 관여 방식을 가장 잘 정리된 형태로 보여주고 있을 뿐만 아니라,[6]『아시아문제』 편집진이 '아시아와 서구의 가교'로서의 일본이라는 역할을 민감하게 인식하고 있었기 때문이다. 즉『아시아문제』의 조사연구요강에는 "우리는 재작년 [1952년-인용자] 평화조약의 체결에 있어서 장래 국가가 걸어가야 할 길을 기본적으로 자유주의국가군 측에서 구하였지만 우리는 일본인임과 동시에 아시아인이다. 우리는 세계의 평화와 번영을 추진하기 위해서 앞장서서 아시아와 구미의 가교가 되어야 할 입장에 있음을 자각하지 않으면 안 된다"[7]고, 일본은 '아시아의 일원이면서 동시에 서구의 일원'이며 그렇기 때문에 아시아와 서구 사이를 연결해주는 존재임을 천명하고 있다. 또 하나『아시아문제』를 분석대상으로 하는 장점은『아시아문제』에는 정부 관계의 인물만이 아니라 학계, 재계, 언론계 등 다양한 부문의 사람들이 참여하고 있다는 것이다. 따라서 기존 연구가 정부의 아시아정책 배후에 있는 아시아인식에 주목하는 반면,『아시아문제』의 분석을 통해서는 정부측의 아시아인식만이 아닌 다양한 그룹의 아시아인식도 관찰할 수 있을 것으로 기대된다.

『아시아문제』는 다양한 문제를 다루고 있지만 본고에서는 특히 아시아 내셔널리즘에 대한 반응 내지는 인식, 그리고 지역협력기구의

---

6) 末廣昭, 「戦後日本のアジア研究―アジア問題調査会, アジア経済研究所, 東南アジア研究センター」, 『社会科学研究』 48巻4号, 1997년, 39쪽.
7)『アジア問題』, 1953년 9월호.

모색에서 보이는 아시아인식에 주목하고자 한다. 이것이야말로 전후의 아시아와 일본이 새로운 관계를 설정할 때 핵심이 되는 인식이기 때문이다. 내셔널리즘에 대한 대응과 지역협력구상은 서로 밀접한 관련하에 있지만, 전자가 주로 전후 아시아의 정치구조에 관한 것이라면 후자는 경제구조에 관한 것이라고 할 수 있을 것이다.

당시 아시아로의 복귀를 모색하던 일본이 아시아에서 당면한 최대의 과제는 아시아 내셔널리즘에 대한 대응이었다. 아시아 내셔널리즘은 일본이 그 일원으로서 생각하고 있는 '서구' 또는 '자유주의 진영'에 대한 반감을 표출하고 있었으며, 종종 서구측과 첨예하게 대립하고 있는 공산주의 진영에 대한 친근감을 보이곤 했다. 즉 아시아의 일원이면서 서구의 일원이라는 일본의 이중적 정체성에는 서로를 배제하려는 기제가 내포되어 있는 것이다. 『아시아문제』의 기고자들이 이 문제를 어떻게 인식하고, 어떤 해결 방법을 구상했는지, 거기서 '가교'로서의 인식이 어떤 역할을 하고 있는지를 구명하는 것은 흥미로운 문제이다.

또한 아시아로의 복귀는 무엇보다도 경제적 진출을 의미했다. 아시아의 신생 국가들이 여전히 과거의 식민지 본국과의 두터운 경제적 관계를 유지하고 있는 상황에서 아시아에 대한 경제적 진출은 용이한 상황이 아니었다. 일본은 배상문제를 해결해 가면서 미수교국과의 국교를 회복해가는 한편, 아시아의 지역협력기구 설립을 모색했다. 지역협력기구 설립 구상은 종종 일본은 아시아의 일원이라는 인식을 그 배경으로 하고 있었다. 지역협력기구의 설립 구상에 '아시아의 일원' 또는 '아시아와 서구의 가교'라는 인식이 구체적으로 어떻게 반영되고 있는지를 검토하는 것 또한 아시아인식의 실제적 의미를 살펴보는 재료가 될 수 있다.

〈아시아문제조사회〉 및 『아시아문제』에 대해서는 스에히로 아키라(末廣昭)가 '전전의 아시아연구가 전후에 어떻게 계승되었는가'라는 문제의식에서 검토한 바 있다.[8] 그에 의하면, 아시아문제조사회는 "대학교수, 관청 이코노미스트, 구만주국 관계자의 유니크한 네트워크"[9]이며, 아시아문제에는 '배상·경제개발·경제협력'을 삼위일체로 하는 아시아정책과 '내셔널리즘·근대화·경제발전'을 축으로 하는 아시아에 대한 관심이라고 하는 1950년대 일본의 대 아시아인식이 집약적으로 나타나 있다.[10] 그러나 스에히로는 지적 유산의 계승 내지는 아시아연구의 연구방법 및 연구조직 등에 관심이 있었기 때문에 기사내용의 구체적 분석은 하지 않고 있다.[11]

본고에서 다루는 〈아시아〉는 주로 동남아시아 및 남아시아를 의미함을 미리 밝혀둔다. 즉, 지금의 ASEAN 가맹국들, 버마(미얀마), 인도, 파키스탄, 방글라데시, 실론(스리랑카)을 포함하는 지역이다. 한국과 북

---

8) 末廣昭, 「戰後日本のアジア研究」;「アジア調査の系譜 - 満鉄調査部からアジア経済研究所へ」, 末廣昭編 『「帝国」日本の学知 第6巻 地域研究としてのアジア』, 岩波書店, 2006년.
9) 末廣昭, 「アジア調査の系譜」, 52쪽.
10) 末廣昭, 「戰後日本のアジア研究」, 48쪽.
11) 스에히로는 「経済再進出への道—日本の対東南アジア政策と開発体制」(中村政則ほか編, 『戰後改革とその遺産』, 岩波書店, 1995년)에서 전후 일본이 언제 어떤 형태로 '동남아시아'에의 복귀·재진출을 구상하고 있는가를 주로 1950~60년대를 중심으로 분석하면서, 아시아문제조사회 활동의 중요성을 지적하였다. 그러나 이 논문은 『아시아문제』만을 대상으로 하고 있지 않으며, 문제 관심도 당시의 대아시아 정책구상에 있기 때문에 아시아인식 문제 자체를 다루고 있지는 않다.

한, 중국, 몽고, 그리고 중동지역의 국가들은 제외된다. 이것은 『아시아문제』에서 다루고 있는 지역이 주로 동남아시아 및 남아시아에 한정되어 있기 때문이다. 한국, 북한, 중국 등 일본과 가장 밀접한 관련을 가지고 있는 동북 아시아지역에 대한 언급이 적은 것은 일견 불가사의하게 보이지만, 당시의 냉엄한 냉전구조 하에서 일본이 중국 및 북한과 교류할 수 있는 여지가 거의 없었던 현실을 반영하는 것이라고 생각된다.[12] 동남아시아뿐만 아니라 남아시아까지를 포함하고 있다는 점, 한국과 중국이 제외되는 것은 1950년대의 시대적 특징이라고 할 수 있다.[13]

2. 『아시아문제』의 발간

1) 발간 주체

『아시아문제』는 아시아문제조사회의 기관지로서 1953년부터 발

---

12) 『아시아문제』의 특집 주제로서 한국은 전혀 다루고 있지 않으며 북한은 1번, 중국은 3번 다루고 있을 뿐이다(표2 참고).
13) 1950년대 일본에서 〈동남아시아〉라는 용어는 버마 이동의 좁은 의미에서의 동남아시아와 인도, 파키스탄, 실론을 포함하는 남아시아를 포함하는 개념이었다. 〈동남아시아〉가 현재의 좁은 의미에서의 동남아시아로 수렴되는 것은 1960년대 중반 이후이다(末廣昭 「経済再進出への道」, 224쪽; 波多野澄雄・佐藤晋, 『現代日本の東南アジア政策』, 49쪽). 한편 90년대 이후 일본정부는 〈동아시아〉를 북동아시아(중국, 홍콩, 타이완, 한국, 북한)와 동남아시아(ASEAN 가맹국 등)를 포함하는 개념으로 사용하고 있으며, 연구자 중에는 이들 지역과 일본을 포함한 지역을 〈확대 동아시아〉라고 부르기도 한다(「末廣昭「アジア有限パートナーシップ論—日本の東アジア関与の新しいかたち」, 渡辺昭夫編, 『アジア太平洋連帯構想』, NTT出版, 2005년).

간되었다. 『아시아문제』에 게재된 논설 및 기사를 분석하기 전에 우선 발간주체인 아시아조사연구회의 설립 및 변천과정에 대해 살펴보기로 한다(〈부표1〉 참조).

아시아문제조사회는 1951년 12월 후지사키 노부유키(藤崎信幸)가 중심이 되어 창설되었다. 초대이사장은 가다 데쓰지(加田哲二)(慶応大学亜細亜研究所長), 사무국장은 후지사키였다.[14] 아시아조사연구회는 1953년 6월 사단법인으로 개조되어 조직을 확충하였다. 초대 회장은 오가타 다케토라(緒方竹虎, 당시 중의원의원), 이사장은 이시이 야스시(石井康, 전 필리핀대사), 후지사키는 기시 노부스케(岸信介, 당시 중의원의원) 등과 함께 상임이사가 되었다.

이시이 이사장은 6월 1일 신이사진을 위촉하고 12일 신이사진에 의한 이사회를 소집하였는데 여기서 앞으로 재계방면으로부터 정원에 달하는 범위 내에서 추가할 것, 이사 중에 재무담당자를 선임하고 재무계획 및 예산의 집행에 관해서 재무이사회에서 선처할 것. 조사연구의 구체적 방식에 관해서는 종래의 부회를 폐지하고 당분간 중국지역과 동남아시아지역의 두 그룹으로 나누어 각각의 적임자를 선정하여 연구활동의 완벽을 기할 것, 리포트는 월 1회 A5판 64페이지를 표준으로 하고 편집회의를 조직할 것, 아시아에 관한 최량의 '자료센터'가 되도록 할 것 등이 결정되었다.[15]

---

14) 창설 당시의 발기인으로 赤松要, 緒方竹虎, 加田哲二, 木村篤太郎, 松方義三郎 등 재·정·학, 언론계의 유지 30여명이 참가하였다고 하나(『アジア問題』, 1953년 7월호), 발기인 전체의 명단은 확인되지 않는다.
15) 「調査会の動き」, 『アジア問題』, 1953년 7월호. 여기서의 '리포트'는 『아시아

아시아문제조사회는 53년 7월말에 조사연구요강을 작성하였다. 「요강」은 조사연구의 '취지'와 '요령'으로 나누어져 있는데, '취지'에는 냉전 세계의 긴장완화, 아시아의 세계사적 역할, 아시아와 구미와의 가교적 역할, 최고의 권위를 갖는 조사연구 수행을 제시하고 있다. 한편 '요령'에서는 구체적인 연구방법을 제시하고 있는데, 조사연구조직의 확립, 조사연구요원의 선정 등의 사항을 정하고 있다.16)

〈아시아협회〉는 1953년 12월의 각의 결정 「아시아제국에 관한 경제협력방침」에서 "경제협력이 일본의 경제침략이라는 인상을 주는 것을 피하기" 위해 동남아시아에 관한 경제·기술협력의 창구적인 민간중앙기구로서 동 협회의 설립이 명기됨으로써, 54년 4월 설립되었다.17)동 협회는 동남아시아지역 관련의 여러 기관, 즉 〈아시아경제협력회〉, 〈아시아산업협력회〉, 〈아시아산업기술협력회〉, 〈아시아경제심의회의〉, 〈동남아시아조사회〉, 〈남양협회〉, 〈남방농림협회〉의 7단

문제』를 지칭하는 것으로, 그 이전에는 B5판 등사본으로 10 페이지 정도의 리포트가 5책 발간되었다. 따라서 최초로 활판 인쇄로 발행된 『아시아문제』 1953년 7월호는 통권 제6호로 되어 있다.

16) 「アジア問題調査会 調査研究要綱(抄)」, 『アジア問題』, 1953년 9월호.

17) 아시아협회에 대해서는 波多野澄雄·佐藤晋, 『現代日本の東南アジア政策』 73-75쪽. 末廣昭, 「戰後日本のアジア研究」, 44쪽을 참조. 아시아협회의 기원은 외무성에 설치된 민간인 참가에 의한 「アジア経済懇談会」였다(1953년 6월 12일 발족). 이 간담회는 수상을 간사장으로 하여 原安三郎, 小林中, 稲垣平太郎, 水野護, 山際正道, 河田重, 石坂泰三, 植村甲午郎, 岩田嘉男 등 재계의 중진 10명이 위원이었다. 이들 위원의 대부분은 아시아협회 설립 후 동 협회의 이사 또는 고문으로 취임하였다. 이 간담회가 배상플랜의 실시기관으로서 분산되어 있던 아시아 관계단체의 통합의 필요성을 요시다수상에 제안한 것이 아시아협회 탄생의 계기가 되었다(波多野澄雄·佐藤晋, 『現代日本の東南アジア政策』, 73쪽).

체를 규합하여 탄생한 것으로, 하였다. 명예회장은 마쓰나가 야스자에몽(松永安左エ門), 회장은 후지야마 아이이치로(藤山愛一郎), 사무국장은 이와타 요시오(岩田嘉男)였으며, 후지사키는 신설된 조사연구부장에 취임했다.

아시아협회의 주요목적은 1954년에 일본이 정식으로 가맹한 영국 주도의 콜롬보계획에 대한 협력이었다. 구체적으로는 매년 가맹국이 파견하는 기술연수생을 일본의 기업이나 정부기관이 받아들이고 동시에 일본 기술자를 파견하는 것이 주업무였다. 단 아시아협회는 콜롬보계획의 협력기관에 그치지 않았으며, 정부 배상문제의 조기해결을 포함한 대아시아정책의 자문기관으로서의 역할도 기대되었다.[18] 이러한 과정에서 후지사키가 주최하는 아시아문제조사회의 존재가 부상하여 동년 9월에 아시아문제조사회는 아시아협회에 통합되고, 『아시아문제』는 동 협회의 기관지가 되었다.

아시아협회는 1958년에 해산되어, 조사연구사업은 1958년 12월 통산성 관할 하의 〈아시아경제연구소〉(초대소장 東畑精一. 초대이사장은 小林中)[19]로, 경제기술협력에 관한 사업은 〈해외기술협력사업

18) 스에히로는 아시아협회에서 1954년 7월에 〈동남아시아경제개발연구반〉, 〈중국경제개발건설연구반〉 등의 7개의 연구분과회가 발족하였다고 하였으나(末廣昭, 「戦後日本のアジア研究」, 44쪽), 이것은 아시아문제조사회에서 조직한 연구분과회와 동일한 것이라고 생각된다. 아시아문제조사회는 1954년 2월에 전문위원회에 아시아 국제정세분석, 내셔널리즘, 아시아 사회, 중국경제건설, 동남아시아 개발, 아시아무역, 아시아농업에 관한 분과회 등 7개의 분과회를 설치하기로 하였으며(『アジア問題』, 1954년 3월호), 54년 4월에는 이시이 이사장이 각 분과회의 주사를 위촉하여 일동의 양해를 얻었다고 한다(『アジア問題』, 1954년 5월호).

단)(이후 〈국제협력사업단〉을 거쳐 현재는 〈국제협력기구〉)으로 인계되었다.

2) 아시아문제조사회의 이사진

아시아문제조사회의 가장 중요한 활동이 『아시아문제』의 발행이었기 때문에 동 조사회의 이사진은 『아시아문제』의 편집방향에 큰 영향력을 미쳤을 것으로 생각한다. 실제로 『아시아문제』의 편집은 학계 출신의 이사들이 담당하고 있었으며, 그 외의 이사들도 논설, 담화 등 여러 가지 형태를 통해 『아시아문제』에 자신의 견해를 표명했다.

아시아문제조사회가 사단법인으로 조직을 확대, 개편한 1953년 6월 1일 현재의 이사진의 경력 및 직위는 〈부표2〉와 같다.[20] 우선 주목되는 것은 전전에 구만주 내지는 중국, 일본의 식민지와 관련을 가지고 있는 인물들이 다수 참가하고 있다는 점이다. 특히 구만주국과 관련을 가지고 있는 인물은 모두 13명에 이르고 있다. 한편 중국, 식민지 조선, 남양과 관련을 가지고 있는 인물이 각각 2명, 2명, 4명이다〈표1〉.

---

19) 아시아문제조사회의 핵심 멤버인 川野重任가 전무이사, 原覚天이 초대조사 연구부장, 藤崎가 홍보출판부장, 岸幸一가 도서자료부장, 板垣與一가 연구 고문에 취임했다. 아시아문제조사회와 아시아경제연구소의 관계에 대해서는, 末廣昭, 「戰後日本のアジア研究」; 「アジア調査の系譜」를 참조.
20) 1953년 11월에는 村松祐次(一橋大)가, 12월에는 内田直作(成城大)가 이사진에 참여했다. 두 사람 모두 중국전문가이다.

〈표 1〉 아시아문제조사회 이사진의 전전 경력 및 활동분야

직책	이름	2차대전 전 관련 지역						아시아문제조사회 이사 재임시의 활동 분야					
		구만주 관계			중국	조선	남양	정치가	관료	학계	재계	언론계	기타
		만주국	만철	기타									
会長	緒方竹虎							○				△	
理事長	石井康												○
副理事長	半田敏治	○							△				○
常任理事	岸信介	○						○	△				
	笹森巽												○
	佐島敬愛		○								○		
	松方義三郎		○								○		
	三輪寿壮							○					
	藤崎信幸	○							△				○
常任監事	多田武郎										○		
理事	赤松要						○			○			
	我孫子藤吉					○		○	△				
	板垣与一						○			○			
	太田宇之助				○							○	
	加田哲二									○			
	河相達夫								△				○
	嘉治隆一		○									○	
	川野重任						○			○			
	木村剛輔									○			
	楠見嘉男	○						○	△				
	小金義照							○	△				
	佐藤慎一郎			○						○			
	鹿内信隆										○		
	斉藤音次						○		△				○
	末延一二三										○		
	曽禰益							○	△				
	平貞蔵		○							○			
	田村敏雄	○							△				○

土井章	○								○		
西村直己							○	△			
中保与作					○						○
中山優									○		
波多野乾一		○	○								○
山崎靖純											○
山本登									○		
吉田秀雄										○	
6	4	3	2	2	4	8	0(11)	10	6	5	7

※주 : △는 전전의 주요 활동분야.
※출전 : 부표 2

한편 아시아문제조사회 이사 재임시의 직업 및 주요 활동분야 별로 보면, 정치가 8명, 학계(대학교수 및 연구원 등) 10명, 실업계 6명, 언론계 5명, 기타 7명이다. 이중 전전에 관료였던 사람이 11명이다. 전직 관료와 학자들의 비중이 많은 반면 재계 인사는 6명으로 비교적 적은 점이 특징이라 할 수 있다. 학자 중에는 전시기에 남양 및 동남아시아 조사와 관련을 가지고 있는 인물과 중국 및 구만주에서의 활동 경험이 있는 인물들이 많았다. 정치가 중에는 사회당 소속의 인물이 2명 포함되어 있는 점이 눈에 띈다. 이중 미와 쥬소(三輪寿壯)는 전전 사회대중당(社会大衆党), 대정익찬회(大政翼賛会)에 참여하였으며 전후 공직추방이 해제된 후 사회당의 중의원의원으로 활약하면서 좌우 사회당의 통합에 기여했다. 소네 에키(曽禰益)는 외무성 관료출신으로 요시다의 외교노선에 대립하여 사회당(우파)에 입당한 인물로 나중에 사회당에서 분리한 민사당 결성에 참여한 인물이다. 이들의 경력에서 알 수 있는 바와 같이 이들은 우파 사회당의 중진으로서 요시다의 친미노선과 대립하여 아시아의 관계를 중시한 인물들로서 공산주의나 좌파 사회당과는 일선을 긋고 있었다.

구만주와 관련이 있는 인물이 다수 이사회에 포진하고 있다는 사실은 아시아문제조사회의 '아시아인식'에 일정한 영향을 미치고 있을 것으로 예상된다. 아시아문제조사회 설립에 중심적인 역할을 한 후지사키는 게이오대학 졸업 후 '만주'의 대동학원(大同學院)을 거쳐 만주국 관료로서의 경험을 가지고 있다.[21] 그는 중국 고전에 나오는 대동사회(大同社會)를 이상적 사회로 파악하고 만주국 건설이야말로 대동사회의 실현을 위한 장대한 실험이며, 아시아의 평화와 번영으로 연결되는 것으로 생각하였다. 그에 따르면, 만주중공업(滿洲重工業)의 개발이야말로 진정한 경제협력의 모델로서 개발계획에 있는 자금, 설비, 기술, 경영, 교육 등의 종합적 시책이 일만(日滿) 양국정부의 합의 하에 완벽한 형태로 수행되었으며, 이 계획에 참가한 사람들은 중국인도 만주인도 몽고인도, 러시아인도 일본인도 모두 진심으로 이상의 국가를 건설하고자 하는 포부에 불타고 있었다고 한다. 당연히 그는 만주건국을 제국주의의 침략으로 보는 시각에 대해 단연 반대하고 있다. 그는 전후 아시아와 일본의 관계에 대해서도, 일본기업의 이기적인 아시아 진출을 비판하면서 대동사상에 기초하여 함께 번영하는 길을 모색할 것을 주장하고 있다. 즉 동양에 대한 깊은 이해자인 일본은 아시아의 맏형으로서 아시아와 함께 번영과 행복을 추구해야 한다는

---

21) 후지사키에 관한 이하의 설명은, 板垣与一編, 『藤崎信幸追想―アジアに道を求めて―』, 論創者, 1985년,에 의거하고 있다.

것이다. 그러나 전후 일본이 아시아에서 왜 환영 받지 못하고 있는가에 대한 그의 인식은 단지 일본인의 아시아에 대한 이해가 부족하다는 점, 서구적인 경쟁원리에 의한 진출만을 하고 있다는 지점에서 그치고 있으며, 만주국 건설에 대한 성찰은 전혀 보이지 않고 있다.

후지사키 외의 구만주 관련 인물을 살펴보면, 한다 도시하루(半田敏治)는 대동학원 교수로서 후지사키에 영향을 주었으며. 사토 신이치로(佐藤愼一郎)는 대동학원 출신으로 저명한 중국전문가였다. 기시, 구스미 요시오(楠見義男), 다무라 도시오(田村敏雄)는 만주국 관료였으며, 다무라는 후지사키의 직속 상관이었다. 남만주철도 관계자에는 마쓰가타 기사부로(松方義三郎), 가지 류이치(嘉治隆一), 다이라 사다조(平貞蔵), 도이 아키라(土井章)가 있으며, 상임이사 중의 한 사람인 사지마 게이아이(佐島敬愛)는 일본육군에 의해 구만주에 설립된 특수회사인 쇼와통상(昭和通商)의 책임자였다. 22)

구만주 관련 인물로서 아시아경제조사회에 강력한 영향력을 가

---

22) 사지마는 미쓰이물산 출신으로 만주항공에서 근무하다 39년에 일본육군 주도로 설립된 국책회사 쇼와통상에 영입되었다. 쇼와통상의 임무는 중동 지방에 대한 무기수출을 하는 것으로 되어 있지만 명확하지 않다. 흥미 있는 것은 쇼와통상이 일본의 인류학, 민족학연구와 깊은 관계를 가지고 있는 점이다. 1944년 2월 민족연구소와 자매관계에 있는 서북연구소가 설립되었는데 동 연구소는 중국동북부의 대흥안령에서 중소 국경에 걸쳐 거주하는 소수 민족 조사연구, 이슬람 연구 등을 했으며, 서북연구소 연구소원은 전원 쇼와통상 촉탁의 명목으로 부임했다. 정체불명의 군부 관련 국책회사의 책임자가 아시아문제조사회의 상임이사라는 것은 아시아문제조사회의 성격의 일단을 보여주는 것이라고 할 수 있다(「アジア版 "アラビアのロレンス" 佐島敬愛」, 佐野真一, 『騎人巡礼 怪人礼讃』, 毎日新聞社, 2010년).

졌다고 생각되는 인물은 기시 노부스케다. 기시는 상공성 관료로서 1933년 상공성 차관에서 물러나 만주로 가서 신생 만주국의 산업정책을 총괄하는 지위에 있었다. 1937년 상공성 차관으로 복귀한 후 도조 히데키(東条英樹)내각에서 상공대신, 군수성 차관을 역임했다. 그는 전후 A급 전범으로 스가모(巢鴨) 구치소에 수감되었지만 불기소되어 48년 12월 출소하였다. 1952년 4월 공직추방이 해제된 후 정치활동을 재개하여 1953년 3월에는 중의원의원에 당선되고 보수합동을 주도하여 1955년에 탄생한 자민당의 초대 간사장을 지내고 1957년에는 수상에 오른 인물이다. 기시가 아시아문제조사회에 관여한 것이 언제부터인지는 명확하지 않지만, 아시아문제조사회가 53년 6월에 사단법인으로서 조직개편을 한 것은 기시의 강력한 후원에 의한 것이라고 생각된다. 아시아조사연구회의 설립자인 후지사키는 기시를 보스라고 불렀으며, 기시는 아시아문제조사연구회의 재정적 후원자이기도 했다. 아시아문제조사회에의 기시 인맥으로는 구만주 관련 인물 외에도 이시이 이사장(도쿄제국대학 동기), 미와 상임이사(제일고등학교, 도쿄제국대학 동기)가 있다. 기시는 만주 시절 관동군과도 밀접한 관계를 가지고 있었으며 아편 밀수를 통한 거액의 비자금을 운영했던 것으로 알려지고 있다.[23] 앞에서 소개한 사지마의 경우도 기시의 관동군 인맥으로 추정된다.

구만주 관련 인물 외에 아시아문제조사회에서 중요한 역할을 한

---

23) 原彬久, 『岸信介』, 岩波書店, 1995년.

그룹은 전전에 식민지경제 등을 연구, 강의하던 학자들이다. 특히 아시아문제조사회 설립 및 잡지 아시아문제의 편집에 깊이 관여했던 아카마쓰 가나메(赤松要), 가다, 이타가키 요이치(板垣與一), 가와노 시게도(川野重任), 야마모토 노보루(山本登)가 중요하다. 이 중 이타가키(히토쓰바시대학), 가와노(도쿄대학), 야마모토(게이오대학)는 『아시아문제』의 편집을 창간호부터 종간호까지 줄곧 담당하였다.

아카마쓰는 도쿄상과대학에서 〈상업정책〉을 강의하면서 〈동아경제연구소〉의 연구부장을 겸임하고 있었는데, 제2차대전 중에 군이 동아경제연구소에 협력을 요청함에 따라 그는 43년 1월 남방군 군정총감부 조사부장으로 취임하여 군정하 말레이 각지의 민족실태조사에 종사하였다.[24] 남방조사에 동원된 동아경제연구소 소속 교원 그룹 12명 중에는 이타가키도 포함되어 있었다. 이타가키는 도쿄상과대학에서 〈식민정책론〉을 담당하고 있었는데 동아경제연구소의 남방조사에서는 남방군의 영령 말레이의 민족정책에 협력하고 45년 전후에는 말레이 청년독립운동을 지원하기도 했다.[25] 이타가키의 남방조사의 경험은 전후 그에게 〈내셔널리즘과 경제개발〉이라는 새로운 과제설정을 가능케 했다.[26]

이타가키는 가다, 가와노, 야마모토와는 전전부터 대일본척식학회(大日本拓殖学会, 1942년 설립)의 회원으로서 이미 알고 있는 관계

---

24) 末廣昭, 「アジア調査の系譜」, 50쪽.
25) 末廣昭, 「戦後日本のアジア研究」, 45쪽; 板垣與一, 『アジアとの対話』(新装版), 論創社, 1988年, 158-176쪽.
26) 末廣昭, 「戦後日本のアジア研究」, 45쪽; 「アジア調査の系譜」, 51쪽.

였다. 가다는 전전 대일본척식학회의 이사였으며 전후 아시아문제조
사회 설립 당시는 게이오대학 아시아연구소장이었다. 가와노는 도쿄
대 농학부 출신의 농업경제학자로서 인도차이나를 조사한 경험이 있
으며 전후 도하타 세이이치(東畑精一)를 중심으로 한 〈농업총합연구
소〉[27]의 위탁연구협력자였다. 야마모토는 전전 게이오대학에서 식민
정책강좌를 담당하였다. 이처럼 학자 그룹의 핵심은 전전 일본의 식
민정책을 강의하고 일본군의 동남아시아 진출에 협력하던 사람들이
었다. 식민정책론은 전후 경제개발론, 세계경제론 등으로 명칭이 변
경되었는데,[28] 식민정책론적 발상이 전후에 세계경제론 등으로 어떻
게 연결 또는 단절되고 있는지는 또 하나의 흥미로운 테마이다.[29]

　이상에서 본 바와 같이 아시아문제조사회에는 구만주 관계자, 기
시 인맥, 식민지정책론 관계자 들이 특히 중요한 위치를 차지하고 있
음을 알 수 있다. 이러한 구성이 외부에서 아시아문제조사회를 '우익'
으로 간주하는 이유가 되기도 했던 것 같으며, 동 조사회는 이러한 비
판을 의식해서 조사연구의 과학적 태도를 견지할 것을 수 차례에 걸

---

27) 農業総合研究所는 전전 북경대학 농학원 및 농촌경제연구소에 있던 연구자
　를 중심으로 하여 전후 1946년 농수산성 산하에 설립된 연구소로서, 일본의
　아시아연구에서 중요한 위치를 점하고 있다(末廣昭, 「アジア調査の系譜」;
　田島俊雄, 「農業農村調査の系譜—北京大学農村経済研究所と「斉民要術」研究」,
　末廣昭編, 『「帝国」日本の学知　第6巻　地域研究としてのアジア』, 岩波書店,
　2006년). 東畑精一는 도쿄대농학부교수로서 동연구소의 초대소장이었다.
28) 原覚天, 『アジア研究と学者たち—覚天交遊録』, 勁草書房, 1985년, 120쪽.
29) 金子文夫의 논문, 「日本における植民地研究の成立事情」(小島麗逸編『日本帝
　国主義と東アジア』, アジア経済研究所, 1979년)은 일본에서의 식민지정책
　학의 성립사정에 관한 귀중한 연구성과이지만 1930년대에서 전후에 걸친
　식민지정책학의 흐름은 다루고 있지 않다.

쳐 강조하고 있다.[30]

아시아문제조사회가 1954년 9월에 아시아협회로 흡수되면서 아시아문제조사회의 이사 중에서 계속하여 아시아협회의 이사가 된 인물은 고가네 요시테루(小金義照) 뿐이다. 그러나 아시아협회의 이사가 『아시아문제』의 편집에 미치는 영향력은 미미했을 것으로 생각된다. 아시아문제의 발행은 아시아문제조사회의 가장 중요한 사업이었지만 아시아협회에서는 여러 사업 중의 하나였을 뿐이며, 아시아문제의 편집은 여전히 이타가키, 가와노, 야마모토의 세 교수가 담당하였기 때문이다. 단 아시아협회 이사들은 『아시아문제』에 대개 짤막한 제언을 통해서 자신의 견해와 견식을 피로하고 있었기 때문에 그들에 대해 간단히 살펴보는 것도 무의미하지는 않을 것이다.

아시아협회 이사진의 구성을 보면, 구만주 및 구식민지 관련 인사가 많은·점, 그리고 기시 노부스케 관련 인사가 많은 점은 아시아문제조사회 이사진과 동일하다〈부표3〉. 그러나 아시아문제조사회와는 달리 학계 인사는 거의 포함하고 있지 않은 반면, 재계 인사가 대거 참여하고 있는 점이 주목된다. 회장, 부회장, 상임이사, 이사, 감사 28명중 20명이 재계 인사이다. 고문에도 재계 인사의 비중이 크다. 이것

---

30) 1954년 1월호 '조사회 동정(調査会の動き)'란에는 "창립초기에 조사회가 우익으로 보여지거나, 일부 부외 불순분자에 의해 이용당하는 위기"에 대처하기 위해 아시아에 관한 현상분석'에 오로지 주력하고 과학적태도를 견지할 것을 천명하면서, 전문위원회의 본격적 운영이 진행되면 그 진수를 발휘할 것을 기대하고 있었다. 한편 1953년 12월호에는 상임이사인 미와가 「조사연구기관의 올바른 모습」이란 제목의 제언에서 객관적 조사를 강조하였다.

은 아시아협회가 아시아와의 경제협력을 위한 민간의 창구기관으로서 설립된 것을 반영하는 것이라고 할 수 있다.

재계 인사 중에는 〈경제단체연합회(経済団体連合会)〉 멤버[31], 그리고 명예회장인 마쓰나가가 주재하는 〈산업계획회의(産業計画会議)〉 위원[32]이 다수 참여하고 있다. 아시아협회에 참여하고 있던 재계 인사는 역대 정권의 아시아경제협력에 관련되는 각종 자문회, 위원회 등의 단골 멤버로서 정부의 대아시아 경제정책에 일정한 영향력을 가지고 있었던 것으로 생각된다.

3) 『아시아문제』의 간행

아시아문제조사회의 가장 중요한 활동은 『아시아문제』의 발행이었다. 『아시아문제』는 초기의 등사판을 제외하면 1953년 7월호(6호)부터 이후 1958년 3월까지 계 60호가 발행되었다(아시아협회로 흡수되는 과정에서 1954년 7, 8월에는 발행하지 않았음). 『아시아문제』의 편집은 전술한 바와 같이 이타가키, 가와노, 야마모토가 담당하였으며 이 외에 하라 가쿠텐(原覚天, 경제안정본부, 경제심의청)[33], 구리

---

31) 昭和鉱業, 日本郵船, 東洋紡績, 伊藤忠, 三井銀行, 三菱商事, 大洋漁業, 第一物産(三井物産), 東京銀行, 八幡製鉄의 사장 및 대표이사.
32) 久留島秀三朗 昭和鉱業社長, 山際正道 일본은행총재, 新関八州太郎 제일물산사장.
33) 하라는 전전 만철 조사부에서 근무한 경력이 있으며, 전후에는 경제안정본부, 경제기획청에서 근무했다. 그는 아시아문제조사회의 초기부터 핵심적인 멤버로 활약했으며, 아시아협회의 조사업무부문을 인계한 아시아경제연구소의 초대조사부장에 취임하였으며 동 연구소를 퇴임한 후에 간토가쿠인(関東学院)대학 교수로서 활약하였다.

모토 히로시(栗本弘, 일본ECAFE협회, 나중에 도카이(東海)대학 교수), 이시자와 호지로(石沢芳次郎, 일본무역협회조사과장, 나중에 방위대학교, 다쿠쇼쿠(拓殖)대학 교수) 등이 편집 및 교정작업에 참여하였다.

『아시아문제』는 매호 특집을 실었는데〈표2〉, 그 내용은 크게 ① 아시아현상의 파악을 목적으로 하는 특집(경제개발, 내셔널리즘, 공산주의 등), ②정책수행을 목적으로 하는 테마별 특집(배상문제, 경제협력 등), ③국가별 사정소개 등으로 나눌 수 있다.

〈표 2〉『아시아문제』특집호 일람

통권	연월	특집 제목
제6호	1953년 7월	동남아시아 무역의 현단계적 과제
제7호	1953년 8월	아시아 경제개발의 과제
제8호	1953년 9월	건설도상 신중국의 과제
제9호	1953년 10월	약진 인도의 현상분석
제10호	1953년 11월	조선 부흥에 수반하는 제문제
제11호	1953년 12월	새로운 아시아와 서구
제12호	1954년 1월	아시아 내셔널리즘의 전망
제13호	1954년 2월	아시아 통화체제의 검토
제14호	1954년 3월	아시아 농업의 특수성
제15호	1954년 4월	원료시장으로서의 아시아의 가치
제16호	1954년 5월	아시아경제와 일본의 입장
제17호	1954년 6월	아시아경제의 발전과 정체
제18호	1954년 9월	아시아를 둘러싼 국제정세의 분석
제19호	1954년 10월	아시아 디모크러시와 정치체제
제20호	1954년 11월	후진국 개발이론의 소개와 비판
제21호	1954년 12월	아시아 개발계획의 구상과 현실
제22호	1955년 1월	전후 10년의 아시아의 추이
제23호	1955년 2월	시장으로서의 동남아시아
제24호	1955년 3월	아시아에서의 경제협력 유형

제25호	1955년 4월	버마의 현상분석
제26호	1955년 5월	필리핀의 현상분석
제27호	1955년 6월	인도네시아의 현상분석
제28호	1955년 7월	콜롬보계획의 의의와 실적
제29호	1955년 8월	중국 5개년계획의 배경
제30호	1955년 9월	인도 제2차5개년계획의 제문제
제31호	1955년 10월	아시아정책에 있어서의 동서의 상극점
제32호	1955년 11월	기로에 선 인도지나 3국
제33호	1955년 12월	국제정국에서의 아시아의 위치
제34호	1956년 1월	아시아 근대화의 제문제
제35호	1956년 2월	아시아의 르포타쥬
제36호	1956년 3월	말레이의 현상분석
제37호	1956년 4월	파키스탄의 현상분석
제38호	1956년 5월	실론의 현상분석
제39호	1956년 6월	타이의 현상분석
제40호	1956년 7월	아시아제국의 통화와 금융제도
제41호	1956년 8월	배상문제와 경제협력의 방향
제42호	1956년 9월	아시아제국의 재정구조와 자본형성
제43호	1956년 10월	아시아의 수산경제
제44호	1956년 11월	아시아제국의 헌법과 정치체제
제45호	1956년 12월	아시아의 경제개발과 공산주의
제46호	1957년 1월	중국건설의 신단계
제47호	1957년 2월	중근동문제와 아시아경제
제48호	1957년 3월	배상실시상의 문제점
제49호	1957년 4월	아시아 경제외교추진의 방향
제50호	1957년 5월	아시아에서의 제외국의 경제활동
제51호	1957년 6월	아시아의 지역협력과 공동시장
제52호	1957년 7월	아시아의 경제개발과 노동사정
제53호	1957년 8월	아시아 경제협력의 신단계
제54호	1957년 9월	아시아의 무역과 국제수지
제55호	1957년 10월	아시아개발과 일본산업의 협력(1)
제56호	1957년 11월	아시아개발과 일본산업의 협력(2)
제57호	1957년 12월	아시아개발과 일본산업의 협력(3)

제58호	1958년 1월	아시아 경제안정의 제요인
제59호	1958년 2월	아시아의 교육제도와 직업훈련
제60호	1958년 3월	아시아에 대한 동서무역의 동향

※주 : 제17호(1954년 6월호)까지는 아시아문제조사회 편집,
　　　제18호(1954년 9월호) 이후는 아시아협회 편집.

『아시아문제』는 계몽적 성격을 가지고 있었으며 학술잡지의 체계를 취하지 않았다. 따라서 매호는 논설, 조사, 서평 외에도 제언, 현지보고, 아시아 동향, 시사해설, 르포타주 등 다양한 내용으로 구성되었다. 『아시아문제』는 재계, 정계, 관계, 학계, 국제기관, 언론계 등으로부터 집필자를 널리 초빙하였는데, 대체로 제언은 재계인사(아시아협회 이사), 학자나 연구기관 소속 연구원들은 논설과 조사, 신문기자는 시사해설과 아시아 동향, 국회도서관직원은 자료소개를 분담하는 식이었다.

『아시아문제』의 기고자 구성에서 주목되는 점은 관료 및 정부계 연구기관의 기고자가 많다는 것이다. 논설 112편 중 28편, 조사 346편 중 138편이 이 그룹에 의해 작성되었다〈표3〉. 이 사실은 『아시아문제』가 외무성의 외곽기관이라고 할 수 있는 아시아협회의 기관지로서 정부의 적극적 협력 하에 간행되었음을 의미하는 것으로서 『아시아문제』가 정부의 아시아 정책을 대변하고 있는 것은 아니지만, 정부의 아시아 정책 및 조사 내용의 소개자료로서의 역할은 했다고 할 수 있다. 한편 대학교수나 민간 연구기관 연구원에 의해 집필된 기사는 논문이 49편, 조사가 77편으로 특히 대학교수의 기고가 많았다. 이들의 기고 내용은 반드시 정부의 입장과 동일하지는 않았으며, 비교적 학문적,

객관적인 입장에서 기술된 것으로 볼 수 있다.

〈표 3〉『아시아문제』 게재기사의 분야별, 집필자별 분포

항목	합계	아시아협회이사	재계	관료	정치가	연구자·전문가					
						민간기업	관청·정부연구기관	대학교수	언론계	국제연합기관	기타전문가
제언	53	22	24	2	4	0	0	1	0	0	0
논설	112	2	2	12	6	6	16	43	13	5	7
조사	346	4	2	67	3	19	71	58	27	11	84
소개	44	3	1	4	0	2	11	15	2	2	4
서평	54	0	0	3	0	1	17	17	3	5	8
현지보고	24	0	1	7	1	0	3	4	4	2	2
아시아 동향	12	0	0	0	0	0	0	0	12	0	0
전문위원 메모	9	0	0	0	0	0	4	1	0	1	2
시사해설	8	0	0	0	0	0	0	0	8	0	0
강연기록	4	1	1	0	0	2	0	0	0	0	0
르포타쥬	11	0	2	0	0	0	0	1	3	0	2
담총(談叢)	11	0	1	4	3	0	0	0	0	2	1
합계	688	32	34	103	17	30	122	140	74	26	110

※자료 : 末廣, 「戰後日本のアジア研究」.
※주 : 1) 주로 집필자의 타이틀에 기초하여 분류. 재계인사는『아시아문제』의 발향주체인 아시아협회 이사를 겸임하는 경우가 많으며, 역으로 아시아협회 이사의 태반은 재계인사이다.
2) 관청, 정부연구기관으로 중요한 것은, 총리부내의 조사기관, 경제심의청, 경제기획청의 조사담당, 국회도서관, 농업총합연구소 등임.
3) 국제연합기관은 일본 에카페협회, 국제식량기구 등임.
4) 기타 전문가는 개인 외에 아시아협회사무국, 혹은 아시아문제연구회의 이름으로 집필된 보고서나 조사를 포함.
5) [전문위원 메모]는 제17호, [아시아동향(アジアの動き)]은 제18호로 중지. 대신 제19호부터 [시사해설]로 됨.
6) 소속 불명의 4명은 집계에서 제외.

아시아협회 이사나 재계인사(실업가 및 실업가단체 이사)는 주로 제언을 집필했는데(53편의 제언 중 46편), 아시아협회 이사와 재계 인

사는 중복되는 경우가 많았다. 재계인의 제언은 당시의『경단련월보(経団連月報)』에 게재된 권두언이나 좌담회와 인적으로나 내용적으로 거의 중복되는 내용이었다.[34]

3. 내셔널리즘

1) 내셔널리즘에 대한 경계

제2차대전 후 아시아 내셔널리즘의 고양은 전후 아시아에서 일어난 가장 극적이며 중대한 사건이었다.『아시아문제』기고자들도 아시아 내셔널리즘을 전후 아시아가 당면한 가장 중요한 문제의 하나로 파악하였다. 아시아문제조사회의 초대 이사장이었던 가다는 아시아의 가장 중요한 과제로서 빈곤, 공산주의와 함께 내셔널리즘을 들고 있으며[35], 1954년 1월호의 특집은 '아시아 내셔널리즘의 전망'이었다.

아시아 민족주의에 대한 권위자인 이타가키는 아시아의 내셔널리즘을 공산주의와의 관련에서 보는 일면적 파악을 경계하면서, 아시아의 내셔널리즘이 무엇보다도 '식민지 내셔널리즘'으로서의 공통의 성격과 운명을 가지고 있음을 이해하는 것이 긴요하다고 한다.[36] 그에 따르면, 식민지 내셔널리즘이란 무엇보다도 민족의 주권적 독립과

---

34) 末廣昭, 「戰後日本のアジア研究」, 48쪽.
35) 加田哲二, 「新しいアジアの課題」, 『アジア問題』, 1953년 8월호.
36) 板垣與一, 「分岐点に立つアジアのナショナリズム」, 『アジア問題』, 1954년 1월호.

국제사회에서 평등한 일원으로서 고유의 권리를 주장하는 것이다. 그러나 이타가키가 아시아 내셔널리즘을 정당하게 식민지 내셔널리즘으로 이해하고 있음에도 불구하고, 『아시아문제』의 내셔널리즘에 대한 일반적인 반응은 내셔널리즘에 대한 적극적인 이해와 공감과는 거리가 있는 것이며 다분히 경계하는 모습이었다. 아시아 내셔널리즘에 대한 경계적인 반응은 내셔널리즘이 공산주의 온상이 되고 있다는 인식 또는 내셔널리즘의 배타적 측면이 아시아의 경제개발에 대해 부정적이라는 인식에서부터 나오고 있다.

내셔널리즘이 아시아의 경제개발에 부정적 영향을 준다는 인식은 '불필요하게 강조된 내셔널리즘'이 아시아의 경제개발에 필요한 서구로부터의 자본도입에 장해가 되고 있다[37)는 점에 근거하고 있다. 이들은 "동남아시아의 내셔널리즘이 배외주의적인 것으로 생각되는 것은 콜로니얼리즘(식민주의)을 배격하기 때문이다. (중략) 식민지 민중이 (서구 국가들에 대해 - 인용자) 반감을 가지는 것은 이해할 수 있는"[38) 것이라고 내셔널리즘에 대한 이해를 보이면서도, "쓸데없이 내셔널리즘의 풍조에 지배되어 배타적 정책을 고집하는 것은 아시아로 하여금 영원히 빈곤의 질곡에서 멈추게 하는 이유"[39)라고 경고하고, 선진국과 제휴하는 "타협적 정신이야말로 아시아 발전을 위한 유일한 유인 수단이 될 수" 있으며, "값싼 센티멘탈리즘을 버리고 (중략) 선진국의 원조

---

37) 川野重任, 「アジア的経済秩序と経済開発」, 『アジア問題』, 1953년 8월호.
38) 加田哲二, 「国際政局におけるアジアの地位」, 『アジア問題』, 1955년 12월호.
39) 松永安左エ門, 「アジア諸国の指導者に寄す」, 『アジア問題』, 1955년 1월호.

와 투자가 필요함을 인식해야 한다"[40]고 충고하고 있다.

　내셔널리즘의 배타적 성격을 불필요한 것으로 보는 데에는 식민주의가 반드시 나쁜 것만은 아니라는 인식이 배경에 있음이 주목된다. 가다는 식민지 본국이 식민지를 착취만 한 것이 아니라 경제적 문화적 설영(設營)이 식민지에 이익도 가져다 주었음을 조선을 예로 하여 다음과 같이 주장하고 있다. "일한 병합 이래 40년의 일본의 설영이 얼마나 조선의 발전에 기여하였는가는 종전후 특히 조선전쟁 발발 후와 일본통치시대의 상태를 비교하면 부정할 수 없을 것이다. 나는 이것을 기록함으로써 일본이 타이완이나 조선, 가라푸토(사할린), 만주에 대해 은혜였다는 인식을 강제하려고 하는 것은 아니다. 단지 역사상의 사실을 부정해서는 안 된다고 하는 것뿐이다. 이 점은 영국, 네덜란드, 프랑스의 식민지에서 같다고 할 수 있다."[41] 유사한 사고는 아시아문제조사회의 상임이사인 기시와 다카사키 다쓰노스케(高碕達之助)[42]의 대담 중의 다음과 같은 다카사키의 발언에서도 엿볼 수 있다. 다카사키는 구보타(久保田) 망언에 대해 언급하면서 "일본인으로서는 말하고 싶은 것이겠지만 조선인이 들으면 도저히 납득할 수 없는 것이다. (중략) 그것은 부자는 가난뱅이라고 불려도 전혀 개의치 않겠지만 가난한 사람에게 가난뱅이라고 하면 도저히 참을 수 없는"[43] 것과

---

40) 加田哲二, 「国際政局におけるアジアの地位」.
41) 加田哲二, 「アジアと西欧―現在の課題―」, 『アジア問題』, 1953년 12월호.
42) 高碕는 1942년 만주중공업개발총재에 취임했으며, 전후 공직추방이 해제된 후인 1952년에 전원개발총재에 취임했다. 1954년 하토야마 내각에서 경제심의청 장관에 임명되었으며, 1958년 기시내각에서 통산성대신, 경제기획청장관을 겸임했다.

같다고 하고 있다. 즉 식민지 지배가 반드시 나쁜 것이지는 않지만 그런 말을 하면 상대방의 감정을 해치니까 해서는 안 된다는 것이다. 즉 "상대방의지를 존중"한다거나 "한 발자국 물러나 조선인의 입장에서 생각"한다는 것은 상대방 의사의 정당성을 인정하는 것이 아니라 단지 상대방의 비위를 맞추어준다는 말에 불과한 것이다.

내셔널리즘의 배타적 성격에 관한 언설에서 또 하나 주목되는 것은 아시아 내셔널리즘이 배척하는 것은 과거 이 지역의 식민지 본국이었던 서구 국가이지 일본은 아니며, 오히려 일본은 이들 지역에서 환영받고 있다는 인식이 있다는 점이다. 아시아문제조사회의 이사이며 중의원의원이었던 고가네(小金義照)는 "동남아시아에서 일본을 특히 배격한다고 하는 공기는 거의 보이지 않게 되었다. (중략) 민족간 문제로서는 오히려 '피부색이 희지 않다'고 하는 것이 무엇보다도 대단히 친근감을 주고 있는 것 같다. '일본인도 같은 아시아인'이라고 하는 의식이 결정적인 친근감을 다시 가지게 한 것이 아닐까 생각된다. (중략) 미국인의 인기는 대개 좋지 않다. 상당히 뿌리 깊은 반미의식이 싹트고 있는 것으로 보인다"[44]고 하여 인종적, 지리적 근접성에 의한 일본에 대한 친근감과 이에 대비하여 미국에 대한 뿌리 깊은 반감이 존재함을 지적하고 있다. 거의 같은 주장은 "백인의 우월감에 대한 강한 반발이 같은 동아시아의 선진국으로서의 일본에 친근감을 품게

---

43) 岸信介·高碕達之助, 「対談 アジアの経済開発とナショナリズム」, 『アジア経済』, 1954년 1월호.
44) 小金義照, 「東南アジア素描」, 『アジア問題』, 1954년 1월호.

되는 요인으로 작용하고 있는 것은 놓칠 수 없는 사실이다"[45]라고 하는 오키타 사부로(大来佐武郎)[46]의 글에서도 발견된다.

이러한 인식, 즉 동남 아시아인이 일본에 대해서 친근감을 가지고 있다는 인식을 가지게 된 이유의 하나로서 일본이 이들 지역에 대해서는 2차대전 중의 군사적 침략이나 일시적 점령은 있었지만 식민지 지배를 하지 않았기 때문에 조선이나 중국에 비해 식민지 지배를 했다는 역사적 부담이 없었던 점을 생각할 수 있다. 오히려 일본의 패망이 비록 의도한 것은 아니더라도 이 지역의 독립을 가져왔다는 의식도 『아시아문제』 기고자들이 동남아시아에 대한 부담을 느끼지 않는 배경이 되고 있을 것으로 생각된다.

또 하나의 이유로서 일본의 식민지 지배는 서구의 식민지 지배와는 다르다는 인식이 있다고 생각된다. 앞에서 인용한 기시와 다카사키의 대담에서 다카사키는 일본의 경제개발에 대해 동남아시아는 원료공급지, 일본은 공업국이라고 하는 사고 방식은 동남아시아를 여전히 식민지시 하는 것이라고 비판하면서, "만주 자신이 스스로 서서 갈 수 있도록 만주를 만든다. 만주를 독립국으로 하겠다고 하는 방침"[47] 하에 참여했던 만주국의 경험을 이상적인 모델로서 제시하고 있다.

---

45) 大来佐武郎, 「東南アジアから見た日本の印象」, 『アジア問題』, 1954년 5월호.
46) 오키타는 전전 체신성, 홍아원, 대동아성 등에서 근무하다 전후 외무성을 퇴임한 후 경제안정본부 조사과장, ECAFE사무국 경제분석과장, 경제기획청 종합계획국장 등으로 활약한 일본의 대표적인 국제파 이코노미스트로서 1979년 오히라내각에서 외무대신에 임명되었다. 하라(原覚天)는 오키타의 경제안정본부 및 경제기획청 근무시의 부하였다.
47) 岸信介・高碕達之助, 「対談 アジアの経済開発とナショナリズム」.

이러한 다카하시의 인식은 만주국 건설이야말로 대동사회의 실현을 위한 장대한 실험이며 아시아의 평화와 번영으로 연결되는 것이라는 후지사키의 생각과 일맥상통하는 것이다. 만주국을 식민지 지배로 인정하지 않는 이러한 발상은 태평양전쟁을 아시아 해방전쟁으로 인식하는 이시하라 히로이치로(石原広一郎, 아시아협회 이사)의 생각과 그리 떨어져 있는 것은 아니다. 일본 우익의 대표적 존재이며 스가모 구치소에서 A급 전범자로서 기시와 함께 수감되었던 경험이 있는 이시하라는, '대동아전쟁'의 목표는 "아시아를 해방하고 아시아인의 아시아를 건설"하는 것이며, "아시아 여러 민족과 제휴하여 자유로운 아시아를 건설하는"48) 일본의 민족적 비원이야말로 전후 일본에 부과된 책무라고 서슴없이 말하고 있다. 만주국 건설이나 태평양전쟁에 대한 이와 같은 인식에서는 일본이 아시아 내셔널리즘의 비판대상이 될 수 있다는 생각 자체가 불가능하며, 따라서 설사 아시아 내셔널리즘이 일본에 대한 비판을 하더라도 그것은 일본을 잘 알지 못하는 '오해'에서 비롯된 것으로 처리되고 만다.49)

내셔널리즘에 대해 경계하는 반응을 보이는 또 하나의 이유는 아시아의 내셔널리즘이 공산주의와 결합하는 경향이 있다는 위기감에 있다. 가다는 "공산주의가 아시아에 수용되기 쉬운 것은 아시아 지역의 대개가 서구 국가들의 식민지로서의 역사를 가지고 있어 공산주의

---

48) 石原広一郎, 「インドネシア賠償解決の基本的考え方」, 『アジア問題』, 1957년 6월호.
49) 岸信介, 「アジアに対するわが抱負」, 『アジア問題』, 1957년 8월호.

의 주장을 반제국주의로 이해하고 있는 점에 있다"고 하며 공산주의에 식민지혁명유발 이론으로서의 일면이 있음을 인정하고 있다.[50] 또한 이타가키는 "내셔널리즘과 코뮤니즘의 결합은 1920년대부터 활발해져 20년부터 30년의 10년 간은 코뮤니즘이 민족해방운동의 지도적 제일선에 서 있었으며", "제2차대전 중의 저항운동이나 전후 민주화운동의 파도를 타고 그 사회적, 정치적 영향력이 대단히 커졌다"고 하고 있다.[51]

그러나 이들은 공산주의가 아시아의 빈곤을 해결하고 아시아에 평화를 가져오리라는 데에는 부정적이다. 가다는 공산주의는 "역사적, 현실적으로 증명된 이론이 아니며 세계 현상을 폭력혁명으로써 붕괴에 이르게 하는 전략전술에 불과"하며 공산주의의 지도적 국가인 소련은 아시아를 해방시키는 것이 아니라 새로운 식민형태의 창설, 즉 "완전한 정치적 지배와 경제적 착취상태의 실현"에 다름 아니라고 단죄하고 있다.[52] 그럼에도 불구하고 해방된 아시아 국가들이 공산주의에 경도하는 이유는 무엇일까? 그것은 소네(曾禰益)의 표현을 빌자면, 내셔널리즘만으로는 '빵의 문제'를 해결할 수 없기 때문이었다.[53] 즉 아시아 국가들이 정치적 독립을 달성했어도 여전히 과거의 식민지 종주국으로부터의 경제적 독립의 달성이 곤란하기 때문에 공산주의를 반드시 원하는 것이 아님에도 공산주의에 접근할 수밖에 없는 상황에

---

50) 加田哲二, 「新しいアジアの課題」.
51) 板垣與一, 「分岐点に立つアジアのナショナリズム」.
52) 加田哲二, 「アジアと西欧—現在の課題—」.
53) 討議「新しいアジアと西欧の苦悩」, 『アジア問題』, 1953년 12월호.

있다는 것이다.

이타가키 역시 아시아에서의 공산주의 세력 증대의 원인을 "아시아 국가들의 경제가 전혀 개선되고 있지 않은 현상에 대한 불만"에서 찾고 있다.[54] 즉 아시아 국가들이 공산주의에 공명하는 것은 그 이데올로기에 공명하기 때문이 아니라 "네루가 말하는 바와 같이 아시아 전면에 걸친 빈곤과 궁핍이라고 하는 현실과 대조하여 공산주의를 바라보는 심리에 기초하고 있다"고 한다. 결국 내셔널리즘이 공산주의와 결합하는 것을 방지하기 위해서는 아시아의 빈곤을 해결해야 하지만, 아시아는 스스로 빈곤 문제를 해결할 능력이 없다. "자신의 힘으로 일어나고 싶지만, 그럴 힘이 없다 외부의 힘을 비는 것은 위험하기 때문에 가급적 관계를 갖고 싶지 않지만 그 힘을 빌지 않으면 일어서는 실마리도 찾을 수 없다"는 '운명적인 딜레마'에 빠져 있다. 이런 상황에서 서구 국가들은 여전히 식민주의에 고집하고 있던가, 원조를 하여도 냉전구도 하에 경제원조보다는 군사원조에 치중함으로써 아시아 신흥국들의 불만을 사고 있다. 이런 입장에서 공산주의의 확산을 방지하기 위해서는 아시아에 대한 경제지원 및 협력이 필요하며, 그 담당자로서는 아시아의 일원으로서 아시아를 잘 이해하는 일본이 적격이다라고 하는 논리가 도출되는 것이지만, 이 점에 대해서는 나중에 다시 살펴보기로 한다.

---

54) 板垣與一, 「分岐点に立つアジアのナショナリズム」.

2) 제3세력론에 대한 호응

『아시아문제』에는 위에서 본 바와 같이 내셔널리즘에 대해서 일반적으로 경계적인 태도를 보이는 기사가 많았지만, 내셔널리즘을 중요한 동력으로 하여 대두된 제3세력(론)에 대해서 긍정적인 반응을 보이고 그로부터 새로운 국제질서의 태동까지를 전망하고 있는 논설이나 보고도 존재한다.

제3세력, 또는 제3지역에 대한 언급이 처음 보이는 것은 1953년 12월호에 실린 토론에서이다.[55] 이 시점에서는 이미 인도 등이 미소 양진영에 종속되지 않는 독자적인 평화공존 외교를 시도하고 있었으며, 한편 〈아시아사회당회의(アジア社会党会議)〉가 53년부터 열려 아시아 각국의 사회당이 한자리에 모여 아시아에서의 사회당의 역할과 임무, 아시아와 세계평화 등에 대해 논의하기도 했다. 일본의 사회당 좌우 2파도 아시아사회당회의에 참가하고 있었는데, 사회당 참의원의원으로서 토론에 침여한 소네는 '아메리카권 아시아'(일본, 한국, 필리핀, 타이), '공산당' 아시아(중국)와 구별하여 인도, 버마, 인도네시아를 '제3지대'로서 인식하고, 일본과 이 지역을 중심으로 아시아가 진정한 민족주의를 살리면서 정치적, 문화적, 경제적으로 연대해 갈 길을 찾을 것을 제언하고 있다. 이 토의에서는 이타가키는 "제3지역론이란 외부세력에 끌려다니는 것을 경계하여 우선 자립하기 전에 호흡의 자

---

55) 討議「新しいアジアと西欧の苦悩」. 이 토의에는 아시아문제조사회의 상임이사인 佐島敬愛, 이사이면서 참의원의원(사회당)인 曽禰益, 아시하신문논설위원 福井文雄가 참가하였으며, 板垣與一가 사회를 보았다.

유"를 확보하고자 하는 움직임으로 보고 있지만, 후쿠이 후미오(福井文雄)는 아시아가 자립하기 위해서는 외부의 힘을 빌어야 하는 아시아의 딜레마 때문에 제3세력이 아시아와 세계의 평화를 증진할 것이라는 견해에 대해서는 회의적인 의견을 제시하였다.

이타가키는 1954년 1월호에 실린 논설에서 제3세력에 대한 보다 명확한 의견을 보이고 있다. 즉, 그는 "네루의 진정한 소원은 아시아에서만이 아니라 세계에서 제3세력의 증대만이 전쟁의 위기를 구할 수 있다는 것이며, 그렇게 함으로써만 인도로서도 아시아로서도 국가통일과 경제건설을 완수하고 아시아의 평화와 번영을 기대할 수 있다고 하는 것이다. (중략) 제3지역 아시아는 약하다. 그러나 그것은 국제관계가 격동하는 중에 밀어닥치는 외부의 두 세력에 대해 미약하지만 아시아 자신의 입장에서 호흡의 자유를 확보하고자 하는 방벽의 역할을 하고 있는 것이다"고 하여, 제3세력이 미소 양진영에 대해 방벽의 역할을 함으로써 세계 평화와 번영을 위해 기여할 수 있는 가능성을 보고자 했다.

1954년에 들어서면서 제3세력의 움직임은 더욱 활발해졌다. 4월에는 인도의 네루 수상과 중국의 주은래 수상 사이에 평화5원칙을 전문(前文)으로 하는 인중(印中)협정이 조인(6월 주은래의 인도 방문시 평화5원칙을 재확인)되었으며, 4월 28~5월 2일에 콜롬보에서 인도, 인도네시아, 버마, 스리랑카, 파키스탄의 〈5개국 수상 회의(콜롬보회의)〉가 열려 아시아 아프리카 각국 간의 협조, 식민주의의 반대, 대국의 간섭 배제, 아시아아프리카회의의 필요성 등이 제기되었다. 1955년

4월에는 콜롬보회의에서 제기된 〈아시아아프리카회의〉가 인도네시아의 반둥에서 29개국이 참가한 가운데 개최되어 세계의 이목을 집중시켰다. 이와 같은 제3세력의 활발한 움직임을 의식해서인지 『아시아문제』에서도 제3세력을 보다 긍정적, 적극적으로 평가하는 논설들이 나타난다.

1954년 5월에 열린 아시아사회당회의 간사회에 참석했던 소네는 같은 해 9월의 논설에서 "'제삼세력론'이란 주로 인도, 버마, 인도네시아 등의 동남아시아 신흥독립국을 중심으로 때로는 아랍 국가들을 포함한 지역에서, '미소 어느 쪽에도 속하지 않은 집단'을 표방하는 입장"으로 규정한 후, 콜롬보회의와 아시아사회당회의의 내용을 소개하면서, 동남아시아의 '제3세력론'이 "아시아는 아시아인에게 맡겨야 한다. 아시아인을 무시하고 아시아문제의 해결은 있을 수 없다"고 하는 '아시아인의 입장'을 최대공약수로 하여 내놓은 것은, 세계 역사에 하나의 에포크를 여는 것으로 특필해야 한다"[56]고 그 의의를 강조하였다. 반둥회의가 개최된 후인 1955년 10월호의 논설[57]에서 다카야마 이와오(高山岩男, 가나가와(神奈川)대학교수)는, 반둥회의를 역사상 공통의 운명과 장래의 공동의 사명에 대한 자각이 아시아 민족협조의 길을 열고 있는 징후로서 파악하고 이러한 자각을 강화할 때 고립화를 내포하고 있는 민족주의를 민족협조로 성장시킬 수 있을 것으로

---

56) 曽禰益, 「東南アジアの'第三勢力論'と安全保障問題」, 『アジア問題』, 1954년 9월호.
57) 高山岩男, 「平和共存体制とアジアの役割」, 『アジア問題』, 1955년 10월호.

전망했다. 또한 1956년 2월 아시아문제연구회의 이름으로 발표된 논설[58]에서는 인도를 중심으로 한 제3세력을 평화세력으로 파악하고 "아시아에 발생한 이 이념은 크게 세계적으로 성장시켜 그 평화이념과 수단, 그 올바른 민족주의 이념의 성장을 지도하여 안출하는 노력을 우리 아시아 민족은 하지 않으면 안 되"며, "이 민족운동을 성장시켜 배타성을 지양하고 국제적 협조, 공존공영의 원리까지 가져가면 그것이 비로소 아시아 민족들을 미국, 내지 소련에 예속 없이 성장시키는 가장 유력한 인자가 될 것"이라고 주장하였다.

그러나 이와 같이 제3세력의 역사적 의의를 높이 평가하는 기사가 나타나고 있음에도 불구하고, 이러한 아시아의 움직임에 대해 일본이 어떻게 관여 내지는 대처해야 할 것인가에 대한 논의는 기묘할 정도로 적다. 기껏해야 일본의 평화외교정책이나 경제외교에 유리하다는 인식이 있을 뿐이다. 예를 들면, 스마 야키치로(須磨弥吉郎, 중의원의원, 자민당)는 제3세력 그룹이 평화10원칙을 채용하였다는 것이 일본의 평화외교정책에 긍정적인 영향을 주는 것이라고 하고 있지만, 일본의 평화외교정책이 구체적으로 무엇을 말하는 것인지, 제3세력의 평화구상과 어떤 관련을 맺고 있는 것인지는 드러나지 않는다.[59] 오히라 젠고(大平善梧, 히토츠바시대학교수)가 "아시아를 평화지역으로서 보전하고자 하는 구상은 우리나라의 경제외교추진이라는 견지에도 불가결한 조건으로서 찬성"[60]한다고 할 때도, 평화주의에 동조하

---

58) アジア問題研究会, 「アジアにおける共産運動」, 『アジア問題』, 1956년 2월호.
59) 須磨弥吉郎, 「アジア政策における東西の相克」, 『アジア問題』, 1955년 10월호.

는 이유는 단지 평화가 경제외교추진에 유리하다는 지극히 계산적인 이해에서였다.

　물론 제3세력의 움직임에 일본이 보다 독자적인 구상이나 전략을 가지고 적극적으로 참여하지 못하고 있는 점에 대한 불만이 전혀 보이지 않는 것은 아니다. 오히라는 앞에서 인용한 논설의 마지막 부분에서 "우리나라의 평화론이 자칫하면 비무장중립론에 그치고 자국 본위여서 아시아의 평화지역 구상이나 집단적 안전보장체제의 인식이 결여되어 있는 점은 반성을 필요로 한다"고 하며, 자국 본위의 평화론에 대한 반성을 촉구하고 있다. 그러나 반성의 구체적 내용이나, 제3세계의 평화지역구상에 일본이 어떤 형태로 기여할 것인가에 대한 논의는 찾을 수 없다. 일본이 서구진영으로부터 이탈하는 것은 일미관계상 곤란하다는 것을 전제하면서도, "아시아 국가들이 피로써 얻은 자유와 독립을 어떻게 지킬 것인가, 그리고 세계 평화에 어떻게 공헌해야 하는가, 라고 하는 공통의 목표를 향하여 가는 아시아의 움직임에 일본만이 역행할 수는 없을 것"[61]이라는 마키우치 마사오(牧内政男, 교도통신사 논설위원)의 발언에서는 아시아의 움직임에 홀로 고립되어 있는 일본에 대한 초조감마저 느껴진다.

　실제로 일본은 반둥회의에 초대받았음에도 불구하고 반둥회의에서의 존재감은 극히 미미한 것이었다.[62] 일본은 정치문제에서는 처음

---

60) 大平善梧,「アジア経済外交の推進条件」,『アジア問題』, 1957년 4월호.
61) 牧内政男,「戦後十年におけるアジアの国際的地位の変化」,『アジア問題』1955년 1월호.
62) 반둥회의에 대해서는, 宮城大蔵,『バンドン会議と日本のアジア復帰 －アメ

부터 소극적인 입장으로 시종했다. 일본이 제안한 평화선언안은 처음에는 지지를 받지 못했으나 최종적으로 중국 수상 주은래의 지지로 되살아남으로써 '반둥선언'이 탄생하는 계기가 되었지만, 일본의 주장이 아시아국가들의 지지를 받은 것은 아니었다. 일본정부의 관심은 경제협력분야였다. 그러나 일본이 제안한 다각적 결제방식의 채용 등 역내 무역활성화를 위한 방안은 아시아국가들의 동의를 얻지 못하고 원칙적 합의에 그치고 말았다.

4. 지역협력구상

일본정부는 강화조약 체결 후 아시아와의 관계 복구를 위한 외교적 노력을 본격화하였다. 아시아 국가와의 관계 복구에서는 동남아시아 국가들과의 배상문제 해결과 경제적 측면에서의 지역협력기구의 설립이 중요하였는데, 배상문제는 경제협력의 일환으로서 이해되었다.[63]

지역협력기구 구상은 1952년 중반 경제안정본부의 〈동남아시아

リカとアジアの狭間で』, 草思社, 2001년; 『「海洋国家」日本の戦後史』, ちくま書房, 2008년, 제1장; 波多野澄雄・佐藤普, 『現代日本の東南アジア政策』, 제2장 참조.

63) 스에히로는 일본의 동남아시아 진출구상은 '배상·경제개발·경제협력'이 삼위일체가 되어 전개되었으며, 일본의 배상지불은 그것이 순수한 전쟁배상이 아니라 항상 경제협력이나 경제개발차관과 결합된 형태로 실시된 점이 특징이라고 지적하고 있다(末廣昭, 「経済再進出への道」, 224, 232쪽).

경제협력기구〉 안으로 거슬러 올라가지만, 구체적 구상이 나타난 것은 요시다 정권 말기에서 하토야마 정권 초기에 걸쳐서였다.[64) 하토야마 시대에는 잇달아 동남아시아개발을 주제로 하는 국제회의가 개최되는데 일본 제안의 공통점은 지역주의적인 기구설치를 전제로 아시아 역내 국가들의 상호보완적인 경제분업태세의 구축을 목표로 하는 것이었다. 이러한 제안의 핵심은 '다각적 지역주의'라고 할 수 있는데, 개발에 필요한 자본축적을 각국이 독자적으로 달성하는 것보다 선진국의 원조로 충당하고 이 경우 쌍무적인 원조방식보다 다각적 방식이 바람직하다는 발상이었다.[65)

하토야마 내각에서 제창되었던 이러한 제안은 기시 내각에서 제안된 〈동남아시아개발기금〉 구상에서도 반복되고 있다. 기시는 1957년 2월 수상이 된 후 아시아와의 경제외교 강화를 주요 외교방침의 하나로 설정하고 그 실현을 위해 동남아시아개발기금 구상을 발표했다. 〈동남아시아개발기금〉 구상에는 〈아시아개발기금〉, 〈어음재할인기구〉, 〈아시아무역기금〉이라고 하는 3종의 기구설치구상을 포함하고 있는데 그 중심인 아시아개발기금구상은 미국의 주도적 역할에 대한 아시아 국가들의 반발을 고려하여 참가국은 〈콜롬보 플랜〉 참가국, 자금은 금, 달러, 폰드 그리고 현지통화로 조달하기로 했다.

기시는 『아시아문제』에서 동남아시아개발기금 구상에 관해 직접

---

64) 波多野澄雄・佐藤晋, 『現代日本の東南アジア政策』, 37쪽; 保城広至, 『アジア地域主義外交の行方 1952-1966』, 82-84쪽.
65) 波多野澄雄・佐藤晋, 『現代日本の東南アジア政策』, 38-41쪽; 保城広至, 『アジア地域主義外交の行方 1952-1966』, 제3장.

다음과 같이 설명하고 있다. "일본은 기초산업의 확충이나 외부경제의 형성을 위해 다액의 자금을 투입하지 않으면 안 된다. (중략) 여기서 나는 미국이 아시아 국가들에게 원조해야 할 자금의 일부를 일본경제의 기초건설을 위해 융자해 줄 것을 제안하는 것이다. (중략) 미국이 상당한 자금을 (일본에-인용자) 융통해 주면 거기서 남는 일본의 자금을 아시아 개발을 위해 출자하고자 하는 구상이다".[66] 즉 '동남아시아개발기금' 구상은 동남아시아 경제개발을 위해 투자할 자금적 여력이 일본에게는 없기 때문에 미국이 일본의 경제건설을 위해 원조를 하면, 거기서 절약되는 자금으로 일본이 아시아 개발을 위해 투자하겠다는 것이다. 요컨대 미국의 자금을 일본을 통해서 아시아 경제개발에 사용하겠다는 발상이다.

언뜻 이해하기 어려운 이러한 발상, 즉 미국의 돈을 일본이 사용한다는 방식을 택하는 이유에 대해서는 다음과 같은 설명이 뒤따른다. 그것은 아시아 민중의 기분을 도저히 이해하지 못하는 미국은 일본의 협력을 희망하고 있다는 것이다. "아시아의 일원으로서 아시아를 이해하고 새로운 아시아의 건설에 가장 도움을 줄 수 있는 나라는 일본"이기 때문에 아시아에 대한 원조방법을 모르는 미국은 일본으로부터 배워야 하고 따라서 아시아에 대한 협력사업은 일미평등의 입장에서 추진해야 한다고 주장하고 있다.

호시로[67]에 의하면, 미국 자금을 이용하여 일본이 아시아의 경제

---

66) 岸信介, 「アジアに対するわが抱負」, 『アジア問題』, 1957년 7월호.
67) 保城広至, 『アジア地域主義外交の行方 1952-1966』, 木鐸社, 2008년.

개발 내지는 경제협력을 한다는 구상은 '동남아시아개발기금'에서만 보이는 것이 아니라 요시다 정권 말기에 지역협력구상이 발표된 이래 각 정권이 제안한 모든 지역협력구상에서도 공통적으로 찾아 볼 수 있는 것이라고 한다.

이러한 구상은 정부만이 아니라 재계에서도 널리 공유되고 있었던 것으로 보인다. 일본정부의 지역협력구상이 아직 구체화되지 않았던 1953년 8월의 좌담회에서 가토 유지(加藤友二) 후지제철 중역은 동남아시아 경제개발의 문제로서 동남 아시아에 투자할 자본이 부족하다는 점을 지적하면서 "그렇다면 역시 미국과 잘 얘기해서 미국의 자본을 일본을 통해 사용할 수 있는 길을 열어볼 수 없을까 하는 생각을 하게 되는데 미국 자신이 투자하기에는 현지 감정이 있기 때문에 스므스하게 되지 않을 것으로 생각한다"[68]고, 동남 아시아에서 환영 받지 못하는 미국 대신에 일본을 통해 미국의 자금을 아시아에 투자하는 방안을 제안하고 있다.[69]

'동남아시아개발기금'과 같은 지역협력구상에서 나타나는 또 하나의 아시아에 관한 인식은 일본이 지역협력기구의 주도권을 가져야 한다는 것이다. 기시는 앞에서 인용한 『아시아문제』의 기고문에서 새로운 아시아의 건설에 가장 도움을 줄 수 있는 나라는 일본이라는 확신을 강하게 피력하였는데, 중의원 외교위원회에서도 "일본이 기술면

---

68) 「討議 東南アジア経済開発の問題点」, 『アジア問題』, 1953년 8월호.
69) 미국은 환영받지 못하지만 일본에 대해서는 친근감을 가지고 있다는 인식이 당시 상당히 일반적이었음은 앞절에서도 본 바와 같다.

에서 혹은 경영 등의 면에서 협력하여 이들(동남아시아) 국가들의 경제적 기반을 강화하는 것은 일본의 아시아에서의 지위로 볼 때 당연하다"[70]고 일본의 아시아에서의 우월적, 지도적 지위를 강조하고 있다. 이러한 인식은 일본이 아시아에 대한 깊은 이해를 가지고 있을 뿐만 아니라 아시아에서의 유일한 선진국이며 맏형으로서의 위상을 가진다는 우월적 의식을 배경으로 하고 있는 것으로서 전전의 대동아공영권의 사상적 기반이었던 대아시아주의적 인식을 드러내고 있는 부분이라고 할 수 있다.[71]

그러나 한편에서는 아시아에서 일본의 지도적 역할을 강조하는 발언이 미국의 일본에 대한 평가에 크게 영향 받고 있음은 흥미롭다. 예를 들면, 미즈노 이타로(水野伊太郎, 아시아협회 이사)는 일본을 방문한 IDAB(미국국제개발고문단) 의장 에릭 존스턴(Eric Jonston)의 "역사와 실적과 논리는 일본에게 아시아개발의 지도자 역할을 요구하고 있다" 라는 말에 고무되어, "자유국가진영의 주요한 일원으로서 아시아에서의 유일한 공업국인 우리나라의 역할과 책임은 명확"[72]하다고 했는데, 당시의 존스톤 연설은 하토야마 정권 시의 지역협력구상에 큰 영향을 주었다.[73]

---

70) 1957년 4월 19일 衆議院外務委員会.
71) 保城広至, 『アジア地域主義外交の行方 1952-1966』, 142-143쪽.
72) 水野伊太郎, 「東西両陣営の経済援助政策と日本」, 『アジア問題』, 1956년 4월호.
73) 존스턴은 1956년 2월, 동경상공회희소 주최의 환영만찬회에서 동남아시아 국가의 경제개발을 위해 20년에서 30년의 장기저리 융자를 취급하는 투자금융기관을 설립하며 일본이 그 기관에서 지도적 입장에 설 수 있도록 미국은 협조해야 한다는 취지의 연설을 했다. 개인 자격의 방문임에도 불구하고

기시의 '동남아시아개발기금' 구상도 미국이 일본을 아시아의 지도자로서의 역할을 높이 평가하고 있다는 판단에서 나왔다. 후쿠다 다케오(福田赳夫, 중의원의원, 자민당부간사장)는 기시의 미국방문 성과를 설명하는 중에, 미국이 일본을 높이 평가하고 있음을 미국이 "아시아에서 오직 일본만이 이를 테면 후지산과 같이 솟아있음을 인식하고 있다"[74]고 표현하고 있다. 이와 같은 미국의 일본에 대한 높은 평가를 전제로 하여, 후쿠다는 "일본이라고 하는 아시아에서 특별한 지위에 있는 나라를 통하여 현재의 세계은행이나 미국수출입은행이 갖고 있는 기능과 효력을 한층 더 아시아 국가들의 조건에 맞출 수 있다면, 형식에 구애 받지 않고 가능한 조치를 통해 (동남아시아개발기금을 - 인용자) 구체화하지 않으면 안 된다"는 주장을 할 수 있었다. 이처럼 일본이 아시아에서의 지도적 역할을 해야 한다는 주장에는 대아시아주의적 아시아 맹주관이 친미적 내지는 미국 추종적 인식과 결부되어 있었다.

지역협력기구의 창설이 일본정부로부터 꾸준히 제창되었고 『아시아문제』에서도 정부와 같은 논조의 기사가 보이지만, 반면 지역협력기구의 필요성을 인정하면서도 그 설립은 시기상조임을 주장하는 기사도 많이 보인다.

지역협력기구 구상의 단골 메뉴라고 할 수 있는 다각적 결제기구

존스톤의 연설은 일본에서 큰 반향을 불러일으켜, 일본정부는 '아시아개발기금'이나 '아시아개발금융기관'의 설립을 미국에 제안했지만 미국의 동의를 얻지 못했다(保城, 『アジア地域主義外交の行方 1952-1966』, 106-110쪽).
74) 福田赳夫, 「日米協力の新段階」, 『アジア問題』, 1957년 8월.

설립에 대해서는 1954년 2월호의 『아시아문제』에서 이미 〈아시아 통화체제의 검토〉라는 특집으로 검토하고 있었다. 당시에 유럽결제동맹과 같은 기구를 아시아에 설립하는 것에 대해 ECAFE나 국제상업회의소에서 논의되고 있었지만, 특집의 논자들은 다각적 결제기구는 현시점에서는 낮은 역내무역비율이라든가 폰드의 자유결제기구의 존재 등으로 그 성립은 곤란하며[75], 설사 다각적 결제가 이루어진다고 해도 그것이 무역확대에 미치는 영향은 미미할 것이라는 의견이었다.[76]

결제동맹에 관해서는 1956년 7월호에서도 특집 〈아시아 제국의 통화와 금융제도〉에서 다시 다루고 있다. 이 시점은 전년에 반둥회의가 개최되는 등 아시아 국가간의 협조 기운이 전에 없이 높아진 것을 반영한 듯, 현재 다각적 결제기구의 도입은 어렵지만 앞으로도 그것이 곤란하다고 단정짓는 것은 위험하다고 하는 전향적인 전망도 제기되기도 했다.[77] 그러나 한편에서는 〈시믈러회의〉(1955년 5월)[78]에서

---

75) 赤松要, 「アジアの日本的決済機構」, 『アジア問題』, 1954년 2월호.
76) 片山謙二, 「アジアにおける多角決済をめぐる諸問題」, 『アジア問題』, 1954 년 2월호.
77) 神谷克巳, 「東南アジア通貨圏 ―貿易結合度の推移に関連して―」, 『アジア問題』, 1956년 7월호.
78) 시믈러회의는 아시아지역에 대한 미국의 특별 원조(대통령 특별기금)의 사용처를 결정하기 위해 인도의 주도하에 콜롬보 플랜 가맹국과 영국에 의해 개최된 회의였다. 시믈러회의에 참가한 일본이 스스로 제안하고 중요시 했던 것은, 미대통령 특별기금에 의한 지역내 무역촉진, '지역개발기금'의 설립, '단기결제금융기국'의 설치문제였으나 아시아 국가들의 반응은 냉담하였다. 아시아 국가들은 다각간 원조기구 설치의 필요성을 원칙적으로는 인정하였지만 당면은 이국간 방식이 바람직하다는 결론에 도달했으며 일본이 제안은 거부되었다.

지역적 협력기구의 설립을 동남아시아 국가들이 거부하고 쌍무계약을 선호하는 현실에 직면하여 다각적 결제기구의 설립은 곤란하다는 주장도 여전히 제기되고 있었다.[79]

아시아문제의 편집자이면서 당시 개발경제론의 권위자였던 야마모토는 지역협력문제에 대해 비교적 긴 논설을 세 번에 걸쳐 실었는데[80], 그 역시 당장 지역협력기구를 설립하는 것에 대해서는 회의적이었다. 그는 세계경제의 추세는 지역적 협력의 방향으로 가고 있음에도 불구하고 시믈라회의에서는 거꾸로 지역적 협력기구의 설립을 거부하고 종래대로의 양국간 협정에 의한 것이 바람직하다는 결론을 내놓은 것을, "현 단계에서는 아시아 국가 상호간에는 아직 진정한 협력체제수립에의 열의가 부족하며 더구나 불신이 깔려 있음이 폭로"[81]된 것으로 파악하였다. 이처럼 시믈라회의 결과로부터 아시아지역의 종합적·다각적 협력체제의 수립은 시기상조라는 판단은 다른 기고자들의 기사에서도 볼 수 있는데, 아시아와의 경제협력구상에서 중심적인 역할을 하여 왔던 오키타(당시 경제심의청 조사관)는 시믈러회의 이후 아시아의 지역적 협력기구의 실현에 점차 부정적인 의견을 보이고 있었으며[82], 시믈라회의에 직접 참석했던 아라카와 쇼지(荒川

---

79) 菅原藤也, 「東南アジア諸国の貿易金融」, 『アジア問題』, 1956년 7월호.
80) 山本登, 「コロンボ計画の世界経済的意義」, 『アジア問題』, 1955년 7월호; 「アジア経済協力の問題点」, 『アジア問題』, 1957년 3월호; 「アジアの地域協力と共同市場問題」, 『アジア問題』, 1957년 6월호.
81) 山本登, 「コロンボ計画の世界経済的意義」.
82) 大来佐武郎, 「195년におけるアジアの国際会議」, 『アジア問題』, 1955년 12월호. 이외에 「シムラ会議」, 『日本の経済』, 1955년 7월호도 참조.

昌二, 외무성參与)는 "하나의 지역적 경제단위를 지향하는 통합·협력 체제의 강화라고 하는 구상을 현재의 아시아지역에 적용하는 것은 아직 시기상조"[83]로 보고 있었다.

이처럼 아시아 국가들이 지역적 협력체제에 열의를 보이고 있지 않은 이유로, 야마모토는 농업국으로서의 동질성과 상호의존성의 희박이라는 의미에서의 불통일성으로 개괄될 수 있는 구조적 특질을 들고 있다.[84] 따라서 공동시장과 같은 지역협력의 구상을 세우기 위해서는 그 전단계로서 경제협력을 추진하기 위한 경제구조상의 재조정이 필요하다. 그러나 각국이 경제적 자립을 달성하기 위해 실시하고 있는 경제개발계획에는, 각국 간의 종합적인 목표라든가, 상호간 계획상의 조정이라는 '공동' 내지는 '협력' 태세가 이루어져 있지 않다. 따라서 "'균형 잡힌 다각적인 경제적 성장'이란 목표를 각국이 제각기가 아니라 아시아 국가 전체로서의 연대의식 위에서 종합적인 목표로서 인식"[85]하는 것이 바람직하지만, 유감스럽게도 현 시점의 아시아에서는 그런 연대의식이 없다. 따라서 그는 지역적 협력을 구현하기 위해서는 아시아 국가 간의 연대의식의 강화가 전제되어야 함을 주장한다.

그러나 야마모토가 지역협력을 비관적으로만 보고 있는 것은 아니다. 그는 반둥회의의 결의나, 공동시장의 창설을 지향하는 유럽의

---

83) 荒川昌二, 「経済協力へのわが国の方途」, 『アジア問題』, 1957년 3월호.
84) 山本登, 「アジア経済協力の問題点」.
85) 山本登, 「アジア経済協力の問題点」.

동향 등은 아시아에서의 지역협력 실현의 자극제가 될 수 있다고 보고 있다. 또한 전후 10년을 경과하면서 아시아 국가 간에 이질적 발전, 즉 다각화의 경향도 나타나고 있는 것도 지역협력의 가능성을 보여주는 사실로서 파악하고 있다. 따라서 일본은 장기적 과제로서 지역협력기구의 설립을 위한 노력을 계속해야 하지만, 단기적으로는 가능한 범위에서의 경제협력을 착실히 수행할 필요가 있으며 그 예로 배상을 통한 경제협력을 적극적으로 수행함으로써 경제협력 나아가서는 지역적 협력을 추진하는 장을 넓힐 수 있다고 보고 있다.[86] 이처럼 가능한 범위에서 경제협력을 착실히 수행하는 것이 바람직하다는 의견은 하라나 아라카와에서도 보인다. 하라는 시믈러회의의 결과를 분석하면서 아시아 국가간에 자급적 경제계획의 조정이 시급히 필요함에도 불구하고 '공동계획'은 없는 이유로서 아시아 민중이 지역내의 문제에 관심을 가져 온 전통이 전혀 없음을 지적하면서도 앞으로 "공동계획은 예견할 수 있는 것이며 그 첫번째 착수는 자그마한 계획부터 시작하는 것이 바람직"[87] 하다고 한다. 아라카와 역시 시믈러회의에서 아시아 각국이 쌍무적 원조관계를 선호함을 전제로 하여 경제협력의 지침으로서 '국별'로 접근할 것을 제안하였다.[88]

한편 야마모토는 지역협력기구 설립이 소수국의 이익에 편중될 우려가 있을 경우에는 국제연합의 기구를 활용하는 것이 적절하다고

---

86) 山本登, 「アジアの地域協力と共同市場問題」.
87) 原覚天, 「シムラ会議と今後の課題」, 『アジア問題』, 1955년 7월호.
88) 荒川昌二, 「経済協力へのわが国の方途」.

하고 있다. 일본은 국제연합에서의 발언권 증대에 노력해야겠지만, 아시아 지역문제에 한해서는 전 아시아 그룹의 일원으로 행동하는 것이 바람직하다고 하면서, 기시 구상의 동남아시아개발기금에 대해서도 소수국에 의지하지 말고 국제연합 산하의 지역기구로서 추진할 것을 건의하고 있다.[89]

이상과 같은 지역협력기구 설립에 대한 야마모토의 생각을 정리하면 다음과 같다.

첫째, 아시아의 경제적 자립을 위해서 각국의 경제개발계획을 조정할 수 있는 지역적 협력기구는 필요하다.

둘째, 그러나 당장 지역협력기구를 설립할 수 있는 정치적, 경제적 기반은 아시아에 존재하지 않는다.

셋째, 지역협력기구의 설립에는 아시아 각국의 연대의식의 강화가 전제되어야 한다.

넷째, 단기적으로는 배상을 통해 경제협력을 하면서 연대감을 심화, 협력의 확대를 기대할 수 있다.

다섯째, 지역협력기구의 설립은 소수국에 의존함이 없이 국제연합 산하의 기구로서 추진하는 것이 바람직하며, 일본은 전 아시아 그룹의 일원으로서 행동하는 것이 바람직하다.

야마모토의 위와 같은 인식에는 기시의 동남아시아개발기금 구상과는 상이한 아시아인식이 보인다. 기시 구상이 서구에 대응하는

---

89) 山本登, 「アジアの地域協力と共同市場問題」.

막연한 아시아라고 하는 통일체를 전제로 하고 있다면, 야마모토는 아시아를 하나의 실체로 파악할 수 있는 통일성의 존재를 부정한다. 오히려 경제적인 상호의존성이 희박한 불통일성이야말로 아시아의 특징이다. 아시아의 이질성에 대한 이와 같은 냉철한 인식은 야마모토 뿐만 아니라 다른 기고자에서도 발견된다. 예를 들어 사지마는 "유럽을 하나의 유럽으로 파악하는 것과 같이 아시아라고 하는 말로 아시아 지역을 하나로 파악할 수 있는 요소는 없다"[90]고 하고 있으며, 다카야마는 "문화적, 종교적 공동성은 아시아의 역사에는 없다"[91]고 문화적 동질성조차 부정하고 있다. 이러한 인식은 "아시아는 본래 하나의 공동체이다. 우리는 모름지기 아시아적 시야에 서서 성실과 겸허한 아시아의 양심에 따라 아시아의 문제해결에 대응해야 한다"[92]고 하는 이와타(아시아협회 부회장 겸 사무국장)의 인식과는 대조적이라 하겠다. 야마모토에 있어서 지역협력기구나 공동체 구상이 현실성을 갖기 위해서는 아시아국가 간의 경제적 상호의존성의 심화, 즉 이질적 발전에 의한 역내 분업의 심화가 전제되어야 했다.

또한 야마모토는 지역협력구상에서 일본이 지도적 역할을 해야한다는 점에 대해서도 부정적이다. 그가 소수국에 의존하는 지역협력구상을 경계하면서 일본은 전 아시아 그룹의 일원으로서 행동하는 것이 바람직하다고 한 것은, 미국에 대한 지나친 의존을 경계함과 더불

---

90) 「対談 新しいアジアと西欧の苦悩」(『アジア問題』, 1953년 12월)에서의 佐島敬愛의 발언.
91) 高山岩男, 「平和共存体制とアジアの役割」, 『アジア問題』, 1955년 10월.
92) 岩田嘉男, 「ビルマ賠償交渉の妥結を祝福する」, 『アジア問題』, 1954년 10월.

어 일본이 지역협력구상의 이니시어티브를 쥐고자 하는 것에 대한 비판이라고 생각된다. 실체도 없는 '아시아'의 일원을 자처하면서 자신의 주도하에 지역협력을 추진하겠다는 일본의 주장이 야마모토에게는 메아리 없는 혼자만의 외침으로 느껴졌던 것은 아닐까?

사실, 기시와 같이 지역협력구상을 추진하는 쪽은 자신들의 구상에 대해 아시아국가가 뜨거운 호응을 보였다고 아전인수적인 해석[93]을 하고 있는 반면, 야마모토를 비롯한 일부는 동남아시아의 관심의 결여를 정확히 인식하면서도 그것에 대한 일종의 안타까움을 느끼고 있었다. 야마모토는 "아시아를 대상으로 하는 종래 구상의 대개가 미국이나 영국 등 외부 선진세력의 주창이든가 지역내에서도 일본과 같이 이른바 선진국으로부터의 요청에서부터 나오고 있어 아시아 지역 내의 저개발국측 자체로부터의 요망으로서 제기되는 것이 적다는 사실을 주목"[94]하고 있으며, 하라도 '아시아결제동맹'이나 '동남아시아 개발기금'의 실현가능성이 있다고 보면서도 "이들의 구상은 앞서의 공동시장의 경우와 마찬가지로 그 대개가 동남아시아 자체의 구상이 아니라 미국 혹은 그 외의 선진국의 제안이며 이에 대한 아시아의 관심

---

93) 기시 수상의 동남아시아 순방에 수행했던 나카가와는 "나는 기시 총리를 수행하며 가까이서 동남아 각국의 환영 태세를 볼 수 있었지만 그것은 단순히 우호국의 수상을 맞이한다고 하는 의례적인 것이 아니라, 아시아의 일국이 같은 피가 흐르는 아시아 국가의 지도자를 환영한다고 하는 열의에 불타오르는 것이었다"고 감상을 피력하고 있다(中川融, 「戦後アジア外交の本質的変化」, 『アジア問題』, 1957년 8월). 그러나 당시의 동남아시아 각국의 기시 방문에 대한 실제의 반응은 실론과 타이완을 제외하고는 부정적이거나 무관심한 것이었다(保城広至, 『アジア地域主義外交の行方 1952-1966』, 151-157쪽).
94) 山本登, 「アジアの地域協力と共同市場問題」.

은 대단히 낮다"95)는 점을 지적하고 있다. 이런 지적은 지역협력기구가 필요함에도 불구하고 아시아 국가들이 그 점을 인식하지 못하고 있음에 대한 안타까움이며, 이런 안타까움에서 야마모토는 아시아 국가간의 '연대'를 강조하고, 하라는 아시아 국가들의 자주적 공동기구의 연구, 설립을 희망96)하였다. 그러나 이러한 안타까움이, 아시아 국가들이 공감도 요망도 하지 않는 지역협력구상을 일본이 위로부터 억지 은혜를 베푸는 듯한 방식으로 제시하는 것 자체에 대한 비판으로 발전하고 있는지는 명확하지 않다.97)

기시의 아시아 중시 외교에 대한 보다 래디컬한 비판은 사회당에서 제기되었다. 『아시아문제』에서는 드물게 사회당 참의원의원 사타 다다타카(佐多忠隆)의 기시 외교 비판98)을 게재하였는데 그 비판의 요지는 기시 외교는 대미종속적 외교라는 점이다. 즉 사타는 "미국에

---

95) 原覚天, 「アジア共同市場の構想とその成立条件」, 1957년 6월.
96) 原覚天, 「シムラ会議と今後の課題」, 『アジア問題』, 1955년 7월호.
97) 호시로에 의하면, 지역협력구상을 일본이 아시아 국가들에게 일방적으로 제시하는 것에 대한 비판이 일본 정부 내부에도 있었다고 한다. 하토야마 내각에서 이치마다 나오토(一万田尚登) 대장대신 등에 의해 제안된 지역협력구상에 대해 당시 통산대신이었던 이시바시 탄잔(石橋湛山)은 "개발계획은 오히려 원조를 받는 각국이 이를 입안해야 할 것으로 콜롬보회의에서 원조국의 입장에 선 일본이 독자의 개발계획을 정식으로 제출하는 것은 이치에 맞지 않는다" 고 반대하였는데, 주지하는 바와 같이 이시바시는 전전부터 대아시아주의에 철저히 반대하고 '만주방기론'을 비롯한 '소일본주의'를 제창한 인물이었다. 또한 대장성 내부에서도 와타나베 다케시(渡辺武, 당시 주미공사)는 "아시아 국가들의 개발은 우선 개발되어야 하는 나라들 자신의 문제이며 아무리 정치교묘한 기획이어도 피개발 국가들이 그 필요성을 통감하지 않는 한 실행될 수 없다" 는 비판적 의견을 개진하고 있었다 (保城広至, 『アジア地域主義外交の行方 1952-1966』, 104, 114쪽).
98) 佐多忠隆, 「岸内閣のアジア外交批判」, 『アジア問題』, 1957년 4월호.

대해서는 협조로 일관하고 아시아 국가들에 대해서는 여전히 후진국에 대한, 높은 곳에서 내려다보는 듯한 태도"로 임하는 것은 실로 '강자에 대해서는 비굴, 약자에 대해서는 오만'한 태도이며, 요시다 내각이래의 일본의 동남아시아 경제협력구상을 미국자본에 진출에 기대어 거기에 부수하여 가는 의존적 성격, 즉 '타력본원(他力本願)'적 성격이라고 비판하고 있다. 따라서 진실로 일본이 '동서의 가교'가 되기 위해서는 자주적인 입장에서 아시아·아프리카 국가들의 신뢰를 얻어야 하는데, 이를 위해서는 일중국교의 회복, 오키나와의 일본복귀, 불평등조약의 해소가 이루어지지 않으면 안 된다고 하고 있다. 사타의 비판은 비록 동남아시아 국가들과의 협력관계에 대한 구체적인 전망을 내놓고 있지는 않지만, 미국자본에 의존하여 아시아에 진출한다는 방침을 '타력본원'이라고 통렬히 비판하고 있는 점, 그리고 아시아·아프리카 국가들의 신뢰를 얻지 못하는 한 '동서의 가교'로서의 일본의 역할은 성공할 수 없다는 점에서는 정곡을 찌르고 있다고 할수 있다.

이상 살펴본 바와 같이 지역협력구상에는 한편에서는 지역협력기구의 설립을 통해 일본이 '동서의 가교'로서의 역할을 하겠다는 구상이 있었으며, 다른 한편에서는 장기적으로는 지역협력기구의 설립이 필요함을 인정하면서도 당장 그러한 협력기구의 설립은 곤란하기 때문에 단계적으로 협력관계를 강화하여 가자는 주장이 있었다. 전자는 요시다 내각 말기부터 기시 내각에 이르기까지의 역대 정권에서 반복되어 제기한 지역협력구상이었다. 여기에는 기시에서 가장 명확하게 나타나는 것처럼 아시아에서의 일본의 지도적 위치를 전제로 하는 아시아주의적인 발상이 여전히 존재하고 있었는데, 기묘한 것은 그러한 인식이 미국의 일본에 대한 높은 평가에 의해 고무되고 있었다는 점이다. 한편 후자를 주장하는 사람들은 학자 그룹에서 많았다. 이들은 아시아가 경제적으로나 문화적으로나 동일한 존재 또는 공동체란 주장에 동의하지 않고 있다. 그들은 아시아에는 의미 있는 협력 기구가 존재할 수 있는 경제적 기반은 없으나, 향후 '균형 잡힌 다각적 경제'의 확립을 위한 착실한 노력이 필요함을 강조하고 있다. 그들에게 아시아 공동체와 공동체의 일원으로서의 일본의 존재는 앞으로의 과제인 것이다.

5. 맺음말

전후 일본이 아시아로 복귀하는 과정에서 '아시아와 서구의 가교'라는 슬로건이 등장했다. 『아시아문제』도 '아시아와 서구의 가교'로서의 일본이라는 입장을 조사요강의 취지로서 내세웠다. 일본을 '가교'로서 인식하는 것은 전전 일본의 아시아인식의 중대한 전환을 의미할 수 있는 것이었다. 왜냐하면, '가교'로서의 규정은 아시아의 일원이면서 동시에 서구의 일원이라는 이중적 정체성에 근거하기 때문이다. 이 때 아시아의 일원의 내용이 문제가 된다. 어떤 의미에서 일본은 아시아의 일원인가? 과거의 아시아주의에서 주창되었던 아시아의 일원과는 어떻게 다른 것인가?

그러나 『아시아문제』의 기사내용을 보는 한, 일본이 스스로를 '아시아와 서구의 가교'로서 규정하는 것이 일본의 새로운 아시아인식을 의미하는 것이라고 보기에는 어려웠다. '가교'로서의 자기 규정은 무엇보다도 일본이 아시아에 경제적으로 진출하기 위한 전략적인 의미에서 사용되었다. 즉, 기시의 동남아시아개발기금에서 전형적으로 나타나는 바와 같이, 일본은 미국을 비롯한 서구 국가의 자금을 아시아 경제개발을 위해 사용하기 위한 가교로서의 역할을 하겠다는 것이다. 이런 인식에서는 여전히 일본에게 아시아는 '대상'일 뿐이며, 아시아의 지도자 내지는 맹주로서의 일본이라는 의식이 엿보이고 있다. 단, 아시아의 지도자로서의 위상이 미국의 강력한 일본 지지를 배경 내지는 전제로 하고 있는 점에서 전전의 아시아주의와 다를 뿐이다.

아시아를 여전히 대상이나 타자로서 보는 시각에서 아시아의 내셔널리즘을 정당하게 이해 못하는 것은 당연한 것이다. 내셔널리즘은 아시아의 경제발전 내지는 일본의 진출에 대한 장해요인으로서 인식되었다. 반둥회의와 같은 제3세력을 지향하는 아시아 국가들의 노력에 대한 이해도 부족하고 이것이 공산주의에 이용되는 것에 대한 경계심이 강하게 드러나고 있다. 따라서 일본은 '아시아의 일원'이며 '동서의 가교'를 자처하면서도 이러한 아시아의 움직임을 따라 가지 못하고 새로운 국제질서 구축에서 이렇다 할 역할을 하지 못했다. 아시아·아프리카 국가들의 신뢰를 얻지 못하는 한 '동서의 가교'로서의 일본의 역할은 성공할 수 없다는 사타(佐多)의 기시 외교 비판은 정당한 것이라 하겠다.

　과거의 아시아주의적 인식은 특히 후지사키나 기시와 같은 구만주 관계자 사이에서 강하게 나타났다. 이들은 일본의 식민지경영을 서구 제국의 식민지경영과는 이질적인 것으로 보고, 때로는 식민지경영이 식민지의 발전에 기여하고 있다는 주장도 하고 있다. 따라서 이들은 아시아 내셔널리즘의 비판 대상에 일본이 포함되고 있다는 사실에 믿을 수 없을 정도로 둔감하다. 이들은 일본이야말로 아시아의 훌륭한 이해자이고 아시아를 위해 기여한 경험도 있기 때문에 '동서의 가교'의 역할을 할 수 있다고 한다. 이러한 독선적 인식을 배경으로 해서 나온 지역협력구상이 아시아 국가들의 이해를 얻지 못함은 너무 당연한 것일지도 모른다.

　그러나 『아시아문제』의 모든 기고자가 '아시아주의'적 인식을 공유하고 있는 것은 아니다. 아시아의 내셔널리즘에 깊은 관심을 갖는 이타가키와 같은 학자들은 그것을 공산주의와의 관계에서만 파악하려는 태도를 경계하면서 아시아의 다양한 내셔널리즘의 양상을 실증적으로 검토하고자 했으며, 내셔널리즘을 바탕으로 하여 대두된 제3세력론에 대해 긍정적인 입장을 보였다. 또한 소네와 같이 우파 사회당 소속의 인물도 제3세력론을 '아시아인의 입장'을 최대공약수로 하여 내놓은 획기적인 역사적 사건으로서 평가하였다. 그러나 이들은 일본이 제3세력과 구체적으로 어떤 관계를 맺어가야 할지에 대한 전망을 제시하지는 못하였다.

　기시의 '동남아시아개발기금'과 같은 일본의 지역협력구상에 대해 비판적인 의견도 학자 그룹에서 발견할 수 있었다. 야마모토는 지역협력기구가 설립할 수 있는 경제적 기반도, 또 국가간의 연대의식도 당시의 동남아시아에는 존재하지 않고 있으며, 따라서 지역협력구상은 비현실적이라고 생각했다. 따라서 그들은 장기적으로는 지역협력기구의 존재가 필요하다고 생각하면서도 당장은 가능한 것부터 단계적으로 실행해 갈 것을 제안하였다. 그들은 아시아 국가들이 연대해 자주적인 협력기구를 창설하지 못하고 있는 데에 안타까움을 느끼면서, 동시에 아시아 국가들이 요망하지도 않는 지역협력구상을 일본이 은혜를 베푸는 듯한 자세로 제안하는 것에 비판적이었다. 그들에게 지역협력기구는 앞으로 이루어야 할 과제였지 당시의 현실은 아니었다.

이상, 『아시아문제』를 검토한 한에서는 1950년대의 일본에서는 아시아에 대한 새로운 인식은 일본의 아시아 전문가 및 아시아 정책 담당자 사이에서 아직 형성되지 못했다고 할 수 있다. 부분적으로는 내셔널리즘이나 제3세력의 움직임에 대한 이해가 보이며, 일본 주도의 지역협력기구 설립 이전에 아시아 국가간의 연대가 필요하며 일본은 단계적으로 해야 한다는 견해도 보였지만, 전체적으로는 전전의 대아시아주의적 아시아관이 곳곳에서 여과되지 않은 채 드러나고 있었다. 이와 같은 아시아인식의 한계는 일본이 미국의 아시아전략에 구속되지 않을 수 없었다는 점, 일본 내부에서 전전의 지배계층이 패전에도 불구하고 정계에 복귀했다는 점, 그리고 아시아 역내 상호관계가 성숙되지 않았다는 점에 규정된 것이라고 해야 할 것이다.

그렇다면 일본의 새로운 아시아인식은 언제부터 나타나기 시작했으며 그 내용은 무엇일까? 필자에게 이러한 질문에 답할 능력은 없지만, 냉전구도의 종식과 아시아 역내의 상호의존관계의 진전은 일본의 아시아인식에 큰 변화를 가져왔을 것으로 생각된다. 특히 1980년대 후반부터 급속히 진행된 중국을 포함한 아시아 국가 간의 상호의존도 심화('아시아화하는 아시아'99))는 90년대 후반부터 다시 제기되고 있는 다양한 아시아공동체론100)의 배경이 되고 있다. 현재의 아시아공동체론이 50년대의 독선적인 일본중심의 아시아인식에서 벗어나 아시아에 대한 이해를 얼마나 심화시키고 있는지는 새삼 주목되는 바이다.

---

99) 渡辺利夫,「アジア化するアジア—危機の向こうに見えるもの」,『中央公論』, 1999년 6월.

100) 일본 정부에서는 1997년의 아시아통화위기 이후 90년대말부터 2000년대 초에 걸쳐 동아시아경제권구상 등을 발표하기 시작했으며, 고이즈미수상은 2002년 1월에 싱가폴에서 '동아시아 커뮤티니' 구상을 발표했다. 한편 ASEAN 가맹국은 'ASEAN+3' 구상을 일본에 제시했으며 중국은 2003년 'ASEAN+3'를 '동아시아 서미트'로 발전시킬 것을 제안했다.

〈부표 1〉 아시아문제조사회 활동 연표(1951-58년)

	아시아문제조사회	일본	세계
1951년	12월, 藤崎信幸가 중심이 되어 「アジア問題調査会」 설립, 초대 이사장 加田哲二	9.8 対日講和条約調印	7.1 콜롬보 플랜 실시
1952년		2.15 제1차 한일회담 개시 (4.26 중시) 10.3 제4차 吉田內閣成立	1.4 영국군, 수에즈 운하 봉쇄 1.18 李承晩 라인 설정
1953년	6월, 社団法人으로 개조, 이사장 石井康 7월, 『アジア問題』를 활판 인쇄.	4.15 제1차 한일회담(7.23 自然休会, 10.6 제3차회담, 久保田発言으로 10.21 결렬) 5.21 제5차 吉田內閣 10.2~10.30 池田·로버트슨 회담	7.27 한국 휴전협정 조인
1954년	4월, 藤山愛一郎를 회장으로 하는 「アジア協会」 설립	2.23 造船疑獄 3.8 일미상호방위원조(MSA) 협정 조인	4.26 제네바 회의 개최(~7.21). 한국문제, 베트남문제 해결을 결의 4.28 동남아시아 5개국 수상회의(실론) 5.7 베트남 인민군, 디엔비엔프 프랑스군 요새 점령

			6.25 周恩来 중국수상, 인도·버마 방문. 네루 수상, 우=누 수상과 平和5原則 공동성명
		7.1 자위대 발족	
			9.6 SEATO 창설, 인도네시아, 실론은 참가거부
	9월, アジア問題調査会, アジア協会에 통합.	9.26 吉田수상, 구미 7개국 역방(~11.17)	
			11.1 알제리 民族解放戰線 무장봉기
		11.5 버마 배상 2억 달러·차관 5000만 달러의 협정 조인	
		12.1 鳩山內閣 성립	
1955년			1.1 미국, 인도지나 3국에 직접원조 개시
		3.19 제2차 鳩山內閣 성립	
			4.18 반둥에서 아시아=아프리카회의, 29개국 참가 (4.24 반둥 10원칙 채택)
			5.14 소련, 동구 8개국과 바르샤바 조약 조인
			6.1 유럽석탄철강공동체(ECSC) 특별각료회의 개최. 공동시장 창설, 원자력이용의 종합계획 등에 합의
		9.1 가트에 정식 가입	
		10.13 사회당 통일대회	
		11.15 자유민주당 결성	
		11.22 제3차 鳩山內閣 성립	
1956년	3월, 계간 영문기관지 Asian Affairs 창간		2.14 스탈린 비판 연설

	9월, アジア協会編『後進国開発理論』刊行		
		10.19 일소 국교회복에 관한 공동선언 조인	
		12.18 일본, 국제연합 가맹	
		12.13 石橋内閣 성립	
1957년	1월, アジア協会編 『アジア・ナショナリズム』刊行		
		2.25 岸内閣 성립	
			3.15 유럽 6개국, 유럽경제공동체(EEC), 유럽원자력공동체, 양조약에 조인.
		5.2 岸 수상, 동남아시아 6개국 역방(~6.4, 전후 최초의 수상의 아시아 국가 방문)	
		6.19 岸 수상, 미대통령 아이젠하워와 회담. 6.21 일미공동성명	
	6월, アジア協会編『東南アジア政治経済要覧』刊行		
		7.1 岸内閣 개조	
	8월, 藤崎, 板垣, 川野, 山本, 原(覚天)이 箱根에서 岸수상과 회담. 아시아연구 전문기관의 설립을 요망.		
		9.18 외무성, 「わが外交の近況」(이른바 「外交青書」)를 처음 발표)	
		10.1 일본, 국제연합 안보리 비상임이사국에 처음 당선	
			10.4 인도 네루 수상 방일. 日印공동성명 발표
		11.18 岸 수상, 동남아시아·오세아니아 9개국 역방(~12.8)	

		12.6 일소통상조약 조인	
			12.26 제1회 아시아=아프라키 인민연대회의 개최(카이로), 45개국 참가.
1958년	3월, アジア協会의 조사사업 예산 중단에 의해 『アジア問題』 終刊. 12월, アジア経済研究所 발족.	1.2 인도네시아와 평화조약·배상협정 조인 4.15 제4차 한일회담, 4년 반만에 개시(12月, 북송문제로 중단) 6.12 제2차 岸内閣 성립	1.1 유럽경제공동시장(EEC) 발족.

〈부표 2〉 아시아문제조사회의 이사진(1953년 6월 현재)

직책	이름	학력	전전의 경력	전후의 경력	비고
会長	緒方竹虎	早稲田大	大阪朝日新聞社, 同支那部長, 同主筆	衆議院議員, 自由党総裁, 副総理	
理事長	石井康	東大	필리핀대사	弁護士	岸信介와 一高, 東大 동기
副理事長	半田敏治	陸士, 九州大	満州国官僚, 大亜細亜協会創立委員	九州大, 評論家	7月부터 理事
常任理事	岸信介 (1896-1987)	東大法科	商工省, 満州国実業部総務次長, 商工大臣	A급 전범으로 수감, 衆議院議員, 首相	
	笹森巽		内閣技術院, 大日本産業報国会中央本部常務理事	富士物産技師長	
	佐島敬愛	위스콘신대	三井物産, 満州航空, 昭和通商	ICC日本委員会事務局長, 信越化学取締役, 渋沢敬三의 秘書, 経済評論家	昭和通商은 日本陸軍主導로 39년 설립된 軍需国策会社
	松方義三郎	京都大経済学部	満鉄, 東亜経済調査局, 同盟通信社, 満州国通	共同通信理事長	松方正義의 아들

			信社理事長		
	三輪寿壮	東大独法科	新人会, 日本社会主義同盟, 労働農民党, 日本労農党, 社会大衆党, 衆議院議員, 大政翼賛会	公職追放, *衆議院議員*, 左右社会党統一을 주도	岸信介, 我妻栄와 親友
	藤崎信幸	慶応大, 大同学院	満州国官僚	아시아경제연구소 초대 広報出版部長	
常任監事	多田武郎			*日本蓄電器専務*	
理事	赤松要	東京商科大	東京商科大, 同東亜経済研究所研究部長, 南方軍軍政総監部調査部長, 英領말레이調査	*一橋大教授*	
	我孫子藤吉	東大法科	京城米穀事務所長, 大東亜省	農林省, *元(初代)食糧庁長官*, 山形県知事, 参議院議員	
	板垣与一	東京商科大	東京商科大, 東亜経済研究所・南方調査, 大日本拓殖学会	*一橋大教授*, アジア政経学会, 亜細亜大	
	太田宇之助	早稲田大	大阪朝日新聞上海支局長, 支那派遣軍嘱託	*評論家*	『中国とともに50年』
	加田哲二	慶応大	慶応大学亜細亜研究所長, 昭和研究会, 大日本拓殖学会	慶応大, *経済学博士*	
	河相達夫	東大	外交官, 外務省情報部長, 호주 공사	戦後 情報局総裁兼外務次官으로서 終戦処理, *日豪協会会長*	
	嘉治隆一	東大	満鉄東亜経済調査局, 東京朝日新聞社	政治評論家, *朝日新聞顧問*	
	川野重任	東大農学	東京帝大, 大日本拓殖学会	*東大東洋文化研究所教授*, 同所長, アジア政経学会	農業総合研究所 그룹
	木村剛輔	東大法科		*東京教育大学助教授*, 衆議院議員(63년)	木村篤太郎의아들.

楠見嘉男		農林省, 満州国総務庁企画処長	初代農林事務次官(46-47), 農林中央金庫理事長(56・66), *参議院議員*	
小金義照	東大法科	農商務省, 商工省	*衆議院議員*, 池田内閣郵政大臣	
佐藤慎一郎	青森県師範2部	大同学院	拓殖大学外事情研究所, *中共研究家*	
鹿内信隆	早稲田大	倉敷絹織, 38陸軍経理部, 桜田武와 親交	戦後経済同友会에 参加, *日経連設立 初代専務理事*, 富士産経그룹会議議長	
斉藤音次		蘭印総領事, *外務省南洋局長*		
末延一二三			*武州青果社長*	
曽禰益 (1903-80)	東大法学部	外務省, フランス, 中国赴任, 参議院議員	片山内閣内閣官房次官, *参議院議員*(社会党), 民主社会党 結党에 참가하여 初代書記長	
平貞蔵 (1894-1978)	東大	新人会, 満鉄調査部, 昭和研究会, 昭和塾設立, 法政大	東京電気大, *アジア経済所長*	
田村敏雄		大蔵省満州国派遣団, 満州国財政部税務司長	*大蔵財務協会理事長*, 宏池会事務局長, 評論家	
土井章	大阪外大支那語学科	満鉄調査部, 東亜研究所, 昭和研究会	日本ECAFE協会調査部長, 大東文化大, *中国研究家*	
西村直己	東大法科	内務省, 官選高知県知事	*衆議院議員*, 連続10回, 第2次池田内閣防衛庁長官	「国連軽視, 発展途上国蔑視」
中保与作		外交評論家, 京城日報主筆	*中国研究家*	

中山優		東亞同文書院, 朝日新聞北京支局記者, 満州建国大学教授, 満州国公使	亜細亜大教授, *中国研究家*	「大東亜共栄権の基本理念」41年, 「韓国読本」61年
波多野乾一	東亜同文書院	大阪毎日新聞北京特派員, 北京新聞主筆	*産経新聞論説委員*	
山崎靖純		昭和研究会, 時事新聞, 読売新聞	*経済評論家*	
山本登	慶応大	慶応大〈殖民政策講座〉, 大日本拓殖学会	*慶応大教授, アジア政経学会*	
吉田秀雄		広告の鬼, 東大経済学部, 電通	*電通社長*	

※주 : 1953년 6월 1일 현재. 이탤릭체는 당시 「役員名簿」에 있었던 직명.
※출전 :『アジア問題』, 1953年 7月号.

〈부표 3〉 아시아협회 이사진(1954年9月 현재)

직책	이름	학력	전전의 경력	전후의 경력	비고
名誉会長	松永安左エ門	慶応中退	東邦電力社長, 東京電燈取締役	戦後, 電気事業再編成審議会会長, 電力中央研究所設立(理事長), 産業計画会議を主宰	
会長	藤山愛一郎	慶応中退	大日本製糖社長, 日東化学工業社長, 日本商工会会議所会頭	公職追放, 日商会頭に再任, 日本航空初代会長, 経済同友会代表幹事, 岸内閣外務大臣, 衆議院議員	
副会長	岩田嘉男(事務局長)	千葉県園芸専門学校	昭和고무社長	싱가폴協会長, 아시아会館会長	
	加納久朗	東大	横浜正金, 取締役으로서 同行北支最高責任者	公職追放, 住宅公団総裁, 千葉県知事	런던에서 吉田茂와 親交
	新海英一		古河鉱業社長	古河鉱業社長	
	永野護	東大法学部	渋沢栄一의 秘書, 番頭格, 政商的인 存在,	戦後 東洋펄프 設立(岸会長, 藤山 등 取締	永野重雄의 兄

			「番町会」멤버, 衆議院議員	役), 参議院議員, 필리핀賠償交渉全権委員, 岸信介의 측근, 第2次岸内閣運輸大臣	
	八田嘉明	東大工学部	逓信省鉄道作業局, 満鉄副総裁, 拓務大臣, 鉄道大臣, 北支那開発総裁	公職追放, 拓殖大総長	
常任理事	小出武夫				『在南洋邦人団体便覧アジア学叢書』南洋協会(1937년)
	弟子丸泰雄				
	本井田祥男	東大法学部	東京帝大教授, 中央物価委員会事務局長, 大政翼賛会経済政策部長	公職追放, 明治大教授	
理事	浅尾新輔	東大法科	옥스포드 留学, 日本郵船入社	日本郵船社長, 会長	
	阿部孝次郎	京大機械工学科	東洋紡績	東洋紡績社長, 会長, 日本紡績協会委員長	
	石井英之助		食糧管理局長官, 農林省農政局長, 蚕糸局長	農業研究所理事長	
	石原広一郎	京都法政大(立命館大의 前身)	国家主義団体의 리더, 南進論者, 2·26事件으로 逮捕, 말레이반도에서 鉱山開発을 위해 石原鉱業設立, 石原産業海運을 중핵으로 하는 石原콘체른 형성, 神武会·明倫会後援	A級戦犯으로 巣鴨수감, 石原産業社長	
	久保田豊	東大土木工学科	内務省, 久保田鉱業事務所設立, 野口遵 밑에서 日窒콘체른의 댐建設에 종사, 朝鮮電業社長	日本工営社長	日本工営은 콘설턴트회사로서 開拓政策, 電源施設工事 등에 종사. '日本産業 海外進出의 첨병 제일탄.

久留島秀三郎	九州大採鉱学科	農商務省, 満州 滞在, 多数 会社의 중역을 역임, 昭和鉱業社長	昭和鉱業社長, 産業計画会議委員	
小金義照	東大法科	農商務省	衆議院議員, 郵政大臣	
小菅宇一郎	八幡商業学校		伊藤忠社長	
佐藤喜一郎	東大経済学部	三井銀行, 帝銀発足常務	帝銀頭取, 三井銀行社長, 経団連副会長	
高垣勝次郎	東大法学部	旧三菱商事最後의 社長	新三菱商事初代社長, 貿易業輸出会議 初代会長	
豊田雅孝	東大	商工省次官	商工組合中央金庫理事長, 日本中小企業団体連盟会長, 参議院議員	
中部謙吉		林兼商店設立, 副社長	公職追放, 大洋漁業社長, 大日本水産会会長, 経団連, 日経連常任理事	
新関八洲太郎	東京高商	山下汽船, 三井物産, 同社奉天支店長	三井物産常務取締役, 第一物産社長, 産業計画会議委員, 三井物産社長	
二見貴知雄	東大	日本銀行	日銀副総裁, 東京銀行頭取, 対필리핀賠償会議全権委員	
古川義三	東大農学部林学科	필리핀 다바오에 古川拓殖設立, 마닐라 麻産業에 공헌, 商工会会長		모친의 언니는 伊藤忠兵衛의 처, 「ダバオ開拓記」
水野伊太郎		大東亜省南方事務局長(外務省南洋局長)	外務省通商局長	
山際正道	東大経済学部	大蔵省次官	公職追放, 日本銀行総裁, 産業計画会議委員	
渡辺義介	東大	農商務省, 官営八幡製鉄所, 北支製鉄設立, 社長, 鉄鋼統制会理事長, 日本製鉄社長, 統制会会長長	公職追放, 八幡製鉄社長, 日本鉄鋼連盟会長, 経団連副会長	

監事	津守豊治			東芝社長	
	野村康三			野村證券関係者	
	浜口雄彦	東大	日本銀行	東京銀行初代頭取, 国際電信電話社長	
顧問	石川一郎	東大工科大学	東大助教授, 関西硫酸販売会長, 日産化学工業社長, 化学工業統制会会長	日本産業協会会長, 経団連初代会長, 昭和電工会長, 東京電力取締役	
	石黒忠篤		農業官僚, 第2次近衛内閣農林大臣, 満州移住協会理事長, 昭和研究会	公職追放, 参議院議員	
	石坂泰三	東大法科	逓信省, 第一生命社長	第一生命辞任, 東芝取締役, 同社長, 第2代経団連会長, 産業計画会議委員	
	一万田尚登	東大政治学科	日銀理事	日銀総裁, 鳩山内閣大蔵大臣, 衆議院議員, 岸内閣大蔵大臣	
	稲垣平太郎	慶応	古河合名에 入社, 富士電機設立, 専務理事, 横浜고무社長	参議院議員, 第3次吉田内閣商工大臣, 53年選挙落選以降는 財界活動, 日本貿易会会長	
	河田重	東大	日本鋼管	日本鋼管社長, 産業合理化委員会鉄鋼部会長, 日経連経団連常任理事	
	小林中	早稲田中退	石和銀行, 富国徴兵保険社長, 「番町会」 멤버, 帝人事件連座	生命保険協会会長, 開発銀行総裁, 産業計画会議委員, 財界四天王	
	砂田重政	東京法学院(中央大)	弁護士, 立憲国民党衆議院議員, 犬飼内閣農林政務次官, 政友会幹事長, 大政翼賛会, 42	公職追放, 衆議院銀, 第2次鳩山内閣防衛庁長官, 自民党総務会長	

		南方軍軍政顧問으로서 싱가폴에 赴任		
関桂三	東大法学	大阪紡績副社長, 43年退任	東洋紡에 復帰, 同会長, 関西経済連合会会長, 日本商工会議所会頭代理	
高木陸郎		三井物産, 東亞通商会社社長, 南満鉱業会社社長, 中日実業副総裁		「日華交遊録」, 中国通
高碕達之助	水産講習所製造科	東洋製缶創立, 満州重工業開発総裁, 満州日本人会会長	中華民国資源委員会東北弁事処顧問, 公職追放, 電源開発総裁, 経済審議庁長官, 衆議院議員, 大日本水産会長, 岸内閣通産大臣	
原安三郎	早稲田大商学部	日本化薬社長	政府税制調査会会長, 日本財界의 重鎮	山本条太郎와 関係
向井忠晴	東京高商	三井物産, 39년 会長, 三井合名常務理事, 43년 辞任, 貿易庁長官	公職追放, 52第4次吉田内閣大蔵大臣	
村田省蔵	東京高商	大阪商船入社, 社長, 貴族院議員, 海運自治連盟結成, 通信大臣兼鉄道大臣, 陸軍14軍(필리핀占領軍)最高顧問	公職追放, A급전범으로 巣鴨수감, 外務省顧問, 필리핀賠償会議와 運等特命全権大使, 55년 訪中, 日中貿易協定日本側委員長	

※주 : 1954년 9월 현재.
※출전 : 『アジア問題』, 1954년 9월호.

1. 아시아문제조사회 자료

アジア問題調査会,『アジア問題』, 1953~58.

2. 단행본 및 논문

宮城大蔵,『「海洋国家」日本の戦後史』, ちくま書房, 2008.

金子文夫,「日本における植民地研究の成立事情」, 小島麗逸編,『日本帝国主義
　　　　と東アジア』, アジア経済研究所, 1979.

渡辺利夫, "アジア化するアジア―危機の向こうに見えるもの",『中央公論』,
　　　　1999년 6월호.

_____, "二十一世紀のアジア太平洋と日米中関係", 渡辺昭夫編,『アジア太
　　　　平洋連帯構想』, NTT出版, 2005.

末廣昭,「経済再進出への道―日本の対東南アジア政策と開発体制」, 中村政則
　　　　ほか編,『戦後改革とその遺産』(戦後日本―占領と戦後改革 第六巻),
　　　　岩波書店, 1995.

_____,「戦後日本のアジア研究―アジア問題調査会, アジア経済研究所, 東南
　　　　アジア研究センター」,『社会科学研究』48巻4号, 1997.

_____,「アジア有限パートナーシップ論―日本の東アジア関与の新しいかた
　　　　ち」, 渡辺昭夫編,『アジア太平洋連帯構想』, NTT出版, 2005.

_____,「アジア調査の系譜 ― 満鉄調査部からアジア経済研究所へ」, 末廣昭
　　　　編,『「帝国」日本の学知 第6巻 地域研究としてのアジア』, 岩波書店,
　　　　2006.

保城広至,『アジア地域主義外交の行方 1952-1966』, 木鐸社, 2008.

原覚天,『アジア研究と学者たち―覚天交遊録』, 勁草書房, 1985.

原彬久,『岸信介』, 岩波書店, 1995.

田島俊雄, "農業農村調査の系譜―北京大学農村経済研究所と「斉民要術」研究".
　　　　末廣昭編,『「帝国」日本の学知 第6巻 地域研究としてのアジア』, 岩
　　　　波書店, 2006.

中村隆英・宮崎正康編,『岸信介政権と高度成長』, 東洋経済新報社, 2003.

佐藤晋,「戦後日本の東南アジア政策(1955~1958), 中村隆英・宮崎正康編,『岸
　　　　信介政権と高度成長』, 東洋経済新報社, 2003.

佐野真一,『騎人巡礼 怪人礼讃』, 毎日新聞社, 2010.

竹内好, 「アジア主義の展望」, 竹内編, 『現代日本思想体系9 アジア主義』, 筑摩書房, 1963.

＿＿＿, 『日本とアジア』, ちくま書房, 1993.

樋渡由美, 「岸外交における東南アジアとアメリカ」, 近代日本研究会編, 『年報近代日本研究11：協調政策の限界 日米関係史 1905-1960』, 山川出版社, 1989.

波多野澄雄, 「＜東南アジア開発＞をめぐる日・米・英関係：日本のコロンボプラン加入(1953年)を中心に」, 近代日本研究会編, 『年報近代日本研究16：戦後外交の形成』, 山川出版社, 1994.

波多野澄雄・佐藤普, 『現代日本の東南アジア政策』, 早稲田大学出版会, 2007.

板垣興一, 『藤崎信幸追想―アジアに道を求めて―』, 論創者, 1985.

＿＿＿＿, 『アジアとの対話』全五巻, 論創者, 1988~98.

＿＿＿＿, 『アジアの民族主義と経済発展』, 東洋経済新報社, 1962.

제2부

운동과 정책

현대일본생활세계총서 **1**

전후 일본, 그리고 낯선 동아시아

일본의 우타고에운동과
사회주의권 동아시아

이지선

1. 민중, 음악, 정치, 그리고 우타고에운동

일본의 우타고에운동(うたごえ運動)은 1948년에 시작된 반핵과 평화를 추구하는 진보적인 음악운동이다. 1975년에 결정된 일본의 우타고에 전국협의회 규약 제2조에 의하면, 우타고에운동은 '합창을 주체로 한 서클활동을 기반으로 하는 대중적이고 민주적인 음악운동으로 내외의 훌륭한 음악유산을 계승하고 전문가 및 대중적인 창작활동과 결합, 협력하여 평화롭고 건강한 노래를 전 국민에게 보급하는 것'[1]을 목적으로 하고 있다.

이 운동은 1950년대 우치나다(內灘)와 스나가와(砂川) 기지반대

---

* 이 글은『음악과 민족』제41호(2011)에 「일본의 우타고에운동과 사회주의 동아시아」라는 제목으로 처음 발표된 것을 본 단행본의 취지에 맞게 수정·보완한 것이다.
1) 井上賴豊編,『うたごえよ翼ひろげて』, 新日本出版, 1978, 209쪽.

투쟁, 1960년대 안보·미이케(三池)투쟁, 1970년대 오키나와(沖縄)반환투쟁 등에 적극적으로 참가하면서 사회·노동운동과 밀접한 관련을 가지며 전개되어왔다. '함께 노래하는 모임(みんなうたう会)'을 시작으로 직장 내에 다양한 우타고에 서클을 조직하여 보급 활동을 펼쳐나갔으며, 1960년대 중반에는 문화서클운동의 고조와 함께 최성기를 맞이하였다. 오늘날에도 전국에서 천여 개의 단체가 참가하고 있는 〈우타고에제전(うたごえ祭典)〉을 중심으로 다양한 합창대회를 개최하면서 그 활동을 이어오고 있으며, 1998년부터는 일본의 우타고에 전국협의회와 한국민족음악인협회(민음협)가 교류를 시작하면서 한국의 다양한 진보적인 문화행사에도 참가해오고 있다.

　　오늘날 우타고에운동은 합창을 매개로 하는 음악운동으로 알려져 있지만 초기에는 정치적인 투쟁과 연계하면서 전개되었다. 이 운동에서 중심적인 역할을 담당한 것은 지도자인 세키 아키코(關鑑子)[2]와 일본청년공산동맹(이하 청공) 중앙합창단이다. 1946년 일본공산당에 의해서 조직된 청공은 노동운동이 활발하던 전후 사회정세 속에서 청공중앙합창단을 조직하고, 직장과 지역의 공산당원을 중심으로 하는 서클활동을 통해 우타고에운동을 전개해갔다.[3]

　　1950년대 중반 우타고에운동은 전국적으로 유행했던 '함께 노래

---

2) 전전 일본프롤레타리아음악동맹(P·M)의 초대 위원장을 지낸 프롤레타리아음악운동의 중심인물로, 전후에는 공산당의 핵심이었던 구라하라 고레히토(藏原惟人)에 이끌려 우타고에운동에 참가하게 되고 이후 지도자로서 우타고에운동을 이끌어갔다.

3) 朝日新聞社編, 『日本共産党』, 朝日新聞社, 1973, 119쪽.

하는 찻집', 즉 우타고에찻집(歌声喫茶)에도 영향을 주었다. 우치나다와 스나가와 기지반대투쟁이 한창이던 당시, 노동운동, 학생운동이 고조되면서 사람들의 연대감을 불러일으키는 우타고에찻집이 인기를 끌었고, 여기에서 러시아민요, 노동가, 반전·평화의 노래 등 우타고에운동의 레퍼토리가 합창으로 불려졌다.[4] 이 운동은 아쿠타가와 야스시(芥川也寸志) 등 일본의 대표적인 작곡가들의 지지를 받으면서[5] 진보적 사회운동에서 대중적인 합창운동으로 발전하지만 좌파적인 정치색으로 인해 정부와 미디어로부터 비판당하기도 했다.[6]

이렇듯 우타고에운동은 대중들에 의한 사회운동의 성격, 서클·취미활동의 일환으로 전개된 음악운동의 성격, 공산당의 정치적 투쟁수단의 성격이 모두 공존하는 복잡한 형태를 띠고 있다. 본고에서는 이러한 복합적인 성격의 우타고에운동에 대해서 발생초기부터 1950년대 중반까지를 중심으로 그 배후에 있었던 일본공산당, 그리고 이들과 소련 및 사회주의권 동아시아 국가와의 관계를 통하여 고찰하고, 나아가 우타고에운동 속에서 보이는 동아시아 인식에 대해서 살펴보고자 한다.

지금까지 우타고에운동에 관한 연구로는 당시 관계자들을 중심으로 우타고에운동의 과정이나 회고록 등을 서술한 글이 대부분이고,

---

4) 丸山明日果, 『歌声喫茶「灯」の青春』 集英社新書 0166B, 集英社, 2002, 17쪽.
5) 出版刊行委員会編, 『芥川也寸志 その芸術と行動』, 東京新聞出版局, 1990, 86-88쪽.
6) 「官民 '우たごえ'合戦, "左翼だ" "いや違う" 流行する青年歌集 文部省が対抗企画」, 『読売新聞』, 1955년 8월 31일자 석간.

본격적인 연구로는 長木誠司(2004, 2005), 草野滋之(1983), 寺田眞由美(2003), 임경화(2007)[7] 등의 논문이 있다. 이 연구들은 우타고에운동의 전개를 전후 음악사 속에서 정위(定位)하려는 것, 당시 청년의 자기교육운동과 관련지어 연구한 것, 우타고에운동에서 민요가 도입된 경위와 의의에 대해서 논한 것 등이다. 하지만 기존연구에서는 우타고에운동을 소련 및 사회주의권 동아시아 국가와의 관련에서 고찰한 것은 없고, 우타고에운동의 동아시아 인식에 대해 규명한 것도 없으며, 무엇보다도 이 운동의 필수 가창곡집인『청년가집(靑年歌集)』에 대해서 분석한 것도 찾아볼 수 없다. 『청년가집』(제1~10편, 약800여곡 수록, 1951~1969)은 노래 보급을 용이하게 하기위해서 출판된 우타고에운동의 교재로, 1955년까지 발행부수 70만부 이상을[8] 기록한 노래책 중의 베스트셀러이다. 이렇듯 『청년가집』은 우타고에운동의 경전과 같은 존재임에도 불구하고 지금까지의 연구에서는 이에 대한 분석은 시도되지 않았다.

본고에서는『청년가집』10권 중 1950년대 중반까지 집중적으로 출판된 제1편부터 제5편(1951년~1956년)까지를 대상으로 삼고자 한

---

7) 長木誠司,「運動(ムーヴマン)としての戰後音楽史 1945~ ⑨~⑭：うたごえ運動Ⅰ~Ⅵ」,『レコ-ド芸術』53(9)~(12), 54(1)~(2), 音楽之友社, 2004, 2005. 草野滋之,「うたごえ運動と青年の自己形成」,『人文学報・教育学』18, 首都大學東京國立情報學研究所, 1983. 寺田眞由美,「うたごえ運動における民謡の意義-昭和30年代の≪木曽節≫を例として」,『表現文化研究』3-1, 神戸大学表現文化研究会, 2003. 임경화,「'우타고에'운동의 전후사 : 민족과 민요의 발견」,『일본문화학보』제32집, 한국일본문화학회, 2007.
8)「うたごえ運動をめぐって」,『文化と教育』6(9), 静岡大学, 1955, 28쪽.

다. 1950년대 중반 이전은 일본공산당의 정책 노선이 '대미 유화노선'에서 '무력투쟁'으로 바뀌는 일대 전환기로, 우타고에운동의 발생 배경과 성격을 파악하는 데 중요한 시기이다.

『청년가집』의 제1권부터 제5권까지에는 25개국의 노래가 수록되어 있다. 이중 일본 악곡의 분석과 더불어 아시아 국가, 특히 많은 악곡을 싣고 있는 중국과 조선에 주목하여 이들 국가의 어떠한 노래가 우타고에운동에 선택되었으며, 그 속에서 중국과 조선은 어떻게 인식되고 있는지에 대해서 살펴보려고 한다. 다만 1950년 전후의 중국과 (북)조선, 그리고 일본공산당은 소련의 영향을 강하게 받았기 때문에 우선 소련의 문예정책과 악곡의 성격을 살펴보고, 다음으로 중국과 조선, 그리고 일본에 관해서 고찰할 것이다.

우타고에운동은 일본의 다양한 진보적인 운동에 영향을 끼쳤고 음악운동의 선구적인 역할을 했다는 점에서 일본의 민주운동사에서 중요한 위치를 차지하고 있다. 따라서 우타고에운동의 성격과 배경을 주변국가와의 관련을 통해 알아보고, 그 속에서 동아시아에 대한 인식을 찾아보는 것은 일본의 민중문화운동의 역사를 이해하고 전후 일본의 동아시아 인식의 단면을 파악하는 데 일조하는 작업이라고 하겠다.

2. 『청년가집』

『청년가집』은 전술한 바와 같이 우타고에운동의 필수 가창곡집으

〈그림 1〉『청년가집』

로, 1948년 첫 간행을 시작으로 1951
년 제1편의 재판본이 출간된 이후,
1969년까지 제10편이 청공중앙출판
부의 간행으로 출판되었다. 이 가집
은 청공중앙합창단의 레퍼토리를 정
리한 것으로, 학습의 효율성과 보급
의 편리함을 추구하기 위해 낱장 악
보가 아닌 책 형태로 제작된 것이다.
편집방침은 첫째, 일본 인민의
현대의 투쟁과 생활의 노래, 둘째,
일본 민요와 근대의 뛰어난 가곡, 셋째, 세계 각국의 민요, 노동가와
근대의 뛰어난 음악작품으로, 이것은 중앙합창단의 기획방침과 같았
다.9) 투쟁가로서는 전전(戰前) 프롤레타리아음악운동에서 사용된 〈인
터내셔널(インターナショナル)〉이나 〈시바우라(芝浦)〉10) 등을 시작
으로 다양한 곡이 수록되어 있고, 일본 민요는 청공중앙합창단이 데
뷔곡의 하나로서 부른 〈기소부시(木曾節)〉를 포함하여 각 지역에 전
하는 향토민요가 실려 있으며, 근대 가곡으로서는 야마다 고사쿠(山
田耕筰)나 히라이 고자부로(平井康三郎)와 같은 근대 작곡가의 작품

---

9) 藤本洋, 「一人の心臓のときめきを万人の鼓動に」, 井上頼豊編, 『うたごえよ
　　翼ひろげて』, 新日本出版, 1978, 44쪽.
10) 『プロレタリア歌曲集』, 無産社, 1930. 日本プロレタリア音樂家同盟, 『プロ
　　レタリア歌曲集』, 戰旗社, 1930. 槇本楠郎, 『赤い旗』, 紅玉堂書店, 1930. 『プ
　　ロレタリア歌集』, 大衆党事業部, 1931.

등이 수록되어 있다. 외국 노래는 민요나 가곡뿐 아니라 소련, 중국, 조선의 노래를 중심으로 혁명가, 투쟁가, 노동가도 많은 악곡수를 차지하고 있다.

〈표 1〉에서 보는 바와 같이, 『청년가집』에는 일본, 소련, 구미 18개국, 아시아 5개국의 악곡이 수록되어 있다. 국가별 악곡수를 살펴보면 일본이 155곡으로 가장 많고, 다음이 소련 78곡, 미국 33곡, 독일 32곡, 영국과 이태리가 각각 19곡, 그리고 중국이 17곡, 조선이 15곡의 순으로 높은 분포를 보이고 있다. 여기서 눈에 띠는 점은 중국과 조선의 악곡이 미국과 독일을 제외하면 유럽 국가들과 비슷하거나 더 많은 수를 보이고 있다는 것인데, 이것은 우타고에운동 속의 아시아의 인식에 관한 시사점을 보여주는 듯 하다.

주지하다시피 전전 일본은 유럽과 아시아라는 이분법에 따라 소위 '앞선' 유럽과 '뒤떨어진' 아시아라는 인식을 갖고 있었다. 유럽 자본주의 문명을 정점으로 하고 아시아 후진 제국을 아래에 두는 국제적 계층 질서관으로, 일본은 스스로를 유럽과 동일시하며 아시아 미개국을 지도한다는 태도를 지니고 있었다. 그런데 이러한 전전 일본의 아시아인식과는 달리 우타고에운동에서는 중국과 조선이 유럽과 거의 동등하게, 혹은 더 중요하게 취급되고 있는 것처럼 보인다. 다만 악곡 수만으로는 쉽게 판단할 수 없으므로 이에 관해서는 뒤에서 『청년가집』의 분석을 통하여 상술하기로 한다.

국 가			제1편	제2편	제3편	제4편	제5편	합계
일본			25	32	37	33	28	155
소련			20	18	16	11	13	78
구미		미국	10	6	5	6	6	33
		독일	6	8	8	4	6	32
		영국·스코틀랜드·아일랜드	5	2	3	4	5	19
		이태리	7	3	3	3	3	19
		프랑스	2	1	1	2	3	9
		스위스	-	1	-	-	1	2
		스페인	1	-	1	1	2	5
		헝가리	-	1	-	1	1	3
		보헤미아(체코)	-	-	1	4	1	6
		루마니아	-	-	-	-	2	2
		폴란드	-	-	2	-	4	6
		핀란드	-	-	1	-	1	2
		노르웨이	-	-	-	-	1	1
		덴마크	-	-	-	1	-	1
		스웨덴	-	-	-	1	-	1
		네덜란드	-	-	-	1	-	1
		브라질	-	-	-	1	-	1
		멕시코	-	-	-	-	1	1
		미상	5	-	-	-	-	5
아시아		중국	2	5	3	3	4	17
		조선	4	3	3	3	2	15
		인도네시아	-	-	-	2	-	2
		베트남	-	-	-	1	1	2
		인도	-	-	-	-	1	1
합 계			87	80	84	82	86	419

3. 우타고에운동과 소련

우타고에운동에서 불린 소련노래에 대해서 알아보기 전에 그 배

---

11) 關鑑子編, 『靑年歌集』 1~5, 音樂センター, 1951~1956.

경이 된 소련의 문예정책과 당시 창작된 소비에트가곡의 성격에 대해서 간단히 살펴보겠다. 소련의 문예정책은 사회주의 리얼리즘으로 대표된다. 1934년 소련의 제1차 작가총회에서 사회주의 리얼리즘이 공포되는데, 이에 의하면 '사회주의 리얼리즘은 예술가들이 현실의 혁명적 발전 속에서 현실을 진실하고도 역사적이며 구체적으로 묘사할 것을 요구한다. 이때 예술적 서술의 진실성과 역사적 구체성은 사회주의의 정신 아래 근로인민을 사상적으로 개조시키고 교육하는 과제와 결합되어 있어야만 한다'[12]고 정의하고 있다. 리얼리즘 앞에 붙은 '사회주의'라는 수식어는 작가와 예술가들이 어떻게, 무엇을, 누구에게, 누구를 위해 작품을 써야하는가를 말해주는 것으로, 여기에서 사회주의 리얼리즘의 이념적 기초라고 할 수 있는 당파성, 계급성, 인민성[13]의 원칙이 나오고, 예술은 정치와 불가분의 관계를 가지게 된다. 한편, 사회주의 리얼리즘의 또 하나의 특징은 전통을 중시하는 데 있다. 1934년 작가총회에서 문학 분야의 대표자 격인 고르키는 민속 재료와 과거 전통의 중요성을 강조하고 있고[14], 작곡가 동맹이 세운 지침에서는 민요를 거부하는 특성을 지닌 모더니즘을 사회주의 리얼리즘의 반대 개념으로 사용하고 있다[15].

이러한 정책이 음악 창작으로서 나타난 것이 소비에트가곡이다.

---

12) 문성호, 「소련의 음악정책과 사회주의 리얼리즘」, 『낭만음악』 제13권 제2호, 낭만음악사, 2001, 134쪽.
13) 陳繼法 저, 총성의 역, 『사회주의 예술론』, 일월서각, 1979, 138쪽.
14) 문성호, 앞의 글, 133쪽.
15) 문성호, 앞의 글, 150쪽.

소비에트가곡은 글자 그대로 소련사회에서 발생하여 소련의 현실을 반영하고 있는 노래로, 당시 민요와 함께 대중들이 가장 많이 부른 노래이다. 소비에트가곡의 세부 장르는 혁명가, 노동가, 인민 생활의 노래, 조국과 영웅 찬가 등이 주류를 이루고 있다. 사회주의 리얼리즘의 창작원리에 따라 노동자 인민의 삶과 경험, 그리고 혁명적으로 발전하는 현실을 낙관적으로 그려내는 노래가 요구됨으로써 대중의 생활과 가곡의 관련은 더욱 깊어졌다.

그럼 『청년가집』에 수록된 소련노래는 실제 어떤 모습을 보이고 있는지 살펴보기로 하겠다. 〈표 2〉는 『청년가집』에 수록된 소련의 민요와 소비에트가곡을 나타낸 것이다. 표에서 '민요'는 『청년가집』에 '러시아민요'로 명시된 것으로 작곡자가 불분명한 노래이고, 민요 외의 악곡은 모두 '소비에트가곡'으로 분류했는데 이러한 가곡은 작곡자가 명시되어 있는 곡이다.

〈표 2〉 『청년가집』에 수록된 소련 악곡

청년가집		수록곡	곡수
제1편	민요	스텐카라진(ステンカラージン), 볼가를 내려가며(ヴオルガ下り), 트로이카(トロイカ), 빨간 사라판(赤いサラファン), 보리수나무(ぐみの木), 바이칼호숫가(バイカル湖のほとり), 초원에(草原に), 먹구름(黒き雲), 칼린카(カリンカ)	20
	소비에트가곡	일의 노래(仕事の歌), 우리의 동료(我等の仲間), 바르칸 별 아래에(バルカンの星の下に), 카추샤(カチューシャ), 아름다운 봄의 꽃이여(美わし春の花よ), 누가 알까(誰が知ろうか), 연갈색 아가씨(小麦色の娘), 길(道), 샘가(泉のほとり), 항로(航路), 뱃사람(船のり)	
제2편	민요	트로이카(トロイカ), 우편마차꾼(郵便馬車の馭者), 행상인의 노래(行商人の歌)	18

	소비에트 가곡	친우의 노래(親友の歌), 오카리나의 꽃이 핀다(おおカリーナの花が咲く), 사과꽃 필 무렵(リンゴの花咲く頃), 등불(灯), 지구리(ジグーリ), 에르베강(エルベ河), 작은 강 건너 물가(小川の向う岸), 수확의 노래(收穫の歌), 조국의 노래(祖国の歌), 오월의 모스크바(五月のモスクワ), 평화의 노래(平和の歌), 인터내셔널(インターナショナル), 열어가는 역사(開けゆく歷史), 증오의 도가니(憎しみのるつぼ), 전 세계민주청년의노래(全世界民主青年の歌)	
제3편	민요	나는 대장장이(俺は鍛冶や), 집 앞에서(お家の前で), 검은 눈동자의(黒い瞳の)	16
	소비에트 가곡	밤의 꾀꼬리(夜の鶯), 라일락꽃(リラの花), 봄의 행진곡(春の行進曲), 떡갈나무(樫の樹), 저녁모임(夕べの集い), 등불(灯), 모스크바 행진곡(モスクワ行進曲), 호응계획의 노래(呼応計画の歌), 시베리아대지의 노래(シベリア大地の歌), 콤소몰의 노래(コムソモールの歌), 우리의 평화를 위해서(我等平和のために), 나라의 구석구석으로부터(国の隅々から), 인터내셔널(インターナショナル)	
제4편	민요	스메하(スメハ)	11
	소비에트 가곡	세계의 청춘(世界の青春), 촌인의 합창(村人の合唱), 볼가의 노래(ヴォルガの歌), 오늘은 모스크바(今日はモスクワ), 아름다운 모스크바(美わしモスクワ), 종이 울리면(鐘が鳴れば), 카추샤(カチューシャ), 들 지나 산 넘어(野こえ山こえ), 제비꽃 눈동자(すみれの瞳), 숲의 단풍나무(森のかえで)	
제5편	민요	저녁의 종(夕べの鐘), 볼가의 뱃노래(ヴォルガの舟唄)	13
	소비에트 가곡	우의의 왈츠(友誼のワルツ), 강가의 벤치에서(川岸のベンチで), 레닌의 언덕(レーニンの丘), 너를 기다리고 있다(お前を待っている), 대지의 노래(大地の歌), 노동자 찬가(労働者の讚歌), 피오네르는 나무를 심는다(ピオネールは木を植える), 조국(祖国), 만주의 언덕에 서서(満洲の丘に立ちて), 탄갱부행진곡(炭坑夫行進曲), 아무르강의 파도(アムール河の波)	
합계			78

〈표 2〉의 소비에트가곡의 성격에 대해서는 『소비에트합창곡집』 과 『러시아가곡전집』[16]을 참고하고, 『청년가집』의 해설 및 가사의

---

16) 井上頼豊編, 『ソヴェト合唱曲集』, 筑摩書房, 1953. 박정순 편, 『러시아가곡

내용을 통하여 파악해 보려한다. 『청년가집』의 제3편에 실린 〈봄의 행진곡〉은 1947년의 음악희극영화 〈봄〉의 주제가로, 전후의 봄과 자유로운 조국을 찬양하는 내용이다. 이러한 '조국찬가'로는 이 곡 외에도 〈오월의 모스크바〉, 〈평화의 노래〉, 〈모스크바행진곡〉, 〈시베리아 대지의 노래〉, 〈콤소몰의 노래〉, 〈볼가의 노래〉, 〈오늘의 모스크바〉, 〈아름다운 모스크바〉, 〈레닌의 언덕〉, 〈대지의 노래〉, 〈조국〉 등이 있다. 이 중 〈레닌의 언덕〉과 〈조국의 노래〉는 조국 예찬과 더불어 지도자 레닌과 스탈린 찬양의 내용을 담고 있다.

〈인터내셔널〉은 1944년까지 소련의 국가로서 사용된 노래이다. 가사는 "깨어라 노동자의 군대 굴레를 벗어 던져라. 정의는 분화구의 불길처럼 힘차게 타온다. 들어라 최후 결전 투쟁의 외침을. 민중이여 해방의 깃발 아래 서자. 역사의 참된 주인 승리를 위하여"로, 민중 해방의 내용을 담은 '투쟁가'이다. 이와 같은 성격의 노래로는 〈열어가는 역사〉, 〈증오의 도가니〉, 〈전 세계민주청년의 노래〉, 〈나라의 구석구석으로부터〉 등이 있다.

〈종이 울리면〉은 적군가(赤軍歌)이다. "종이 울리면 단결하고 전진하여 승리를 이루자"는 내용으로, 노동자와 농민의 군대인 적군(赤軍)의 사기를 고양시키고 있다. 이러한 '군가'로는 〈들 지나 산 넘어〉도 있는데, 이 노래는 "빨치산 부대가 태평양을 향해 적의 요새를 향해간다"는 내용을 담고 있다.

전집』, 현대음악출판사, 1998.

〈호응계획의 노래〉는 1932년 영화 〈호응계획〉의 주제가이다. 스탈린의 5개년 계획을 기간 이전에 수행하기 위해서 노동자들이 세운 계획을 호응계획이라고 하는데, 영화는 소련 건설의 의의를 이해하지 못한 한 노동자가 점차 호응계획의 수행자로 변모해가는 과정을 그리고 있다. 이와 같은 노동의 찬미, '노동가'라 할 수 있는 곡은 이 외에도 〈일의 노래〉, 〈노동자 찬가〉, 〈피오네르는 나무를 심는다〉, 〈탄갱부 행진곡〉 등이 있다.

이 외에 〈바르칸별 아래에서〉, 〈카추샤〉, 〈누가 알까〉, 〈샘가〉, 〈사과꽃 필 무렵〉, 〈밤의 꾀꼬리〉, 〈떡갈나무〉, 〈제비꽃 눈동자〉, 〈숲의 단풍나무〉, 〈강가의 벤치에서〉, 〈아무르강의 파도〉 등은 계절이나 풍경, 사랑 등을 노래한 '서정가'로 볼 수 있다.

『청년가집』에 수록된 소련의 노래는 민요를 제외하면 내용상으로 '조국찬가', '지도자찬가', '투쟁가', '군가', '노동가', '서정가' 등으로 구분된다. 서정가가 비교적 많은 수를 차지하고 있지만, 조국의 대자연에 대한 환희, 조국 건설에 대한 열정, 그리고 인민해방을 이룩해준 레닌과 스탈린에 대한 찬양도 큰 비중을 보이고 있다. 이 노래들은 앞서 서술한 사회주의 리얼리즘의 원칙에 따라 창작된 소비에트가곡의 특징, 노동자들의 삶과 경험, 새로운 국가에 대한 환희, 발전하는 현실에 대한 낙관 등이 잘 묘사되어 있다.

이러한 소련노래가 우타고에운동의 레퍼토리로 도입된 것은 시베리아 억류자의 귀환과 억류되어 있는 동안에 소련음악에 열중했던 음악가들의 귀국이 큰 역할을 했던 것으로 보인다. 특히 1949년에 귀환한 기타가와 다케시(北川剛)와 이노우에 요리토요(井上賴豊)는 일본에 소련의 민요와 소비에트가곡을 알리는데 중심적인 역할을 담당했다. 기타가와는 음악학교의 졸업과 동시에 군대에 입대하였고 일본의 패전으로 1945년 소련의 포로가 되었다. 시베리아에 억류되어 수용소에서 생활하면서 노동자와 농민이 부르는 노래에 접하였고, 이노우에를 포함하여 포로로 잡혀있는 일본군 내의 음악 전공자들과 함께 실내악단인 연해주악극단을 조직하여 수용소 중심으로 순회공연을 펼쳐나갔다. 공연 레퍼토리 중에는 소련노래가 압도적으로 많아, 이때 체득한 곡이 일본에 전해준 소련노래의 중심 레퍼토리가 된 것으로 보인다.[17] 기타가와는 귀국 후, 바로 중앙합창단에서 합창단원을 지도하며 우타고에운동에 관여하게 되고, 그가 억류 당시에 습득한 소련노래는 자연스럽게 우타고에운동의 중요한 레퍼토리로 되었다.[18] 또한 이노우에는[19] 기타가와가 지휘자로 있던 합창단 백화(白樺)와 협력하여 소련노래의 보급에 큰 역할을 담당했고, 이들은 억류 중의 문화경험을 통하여 소련이 그들의 음악을 어떻게 창작, 발전시켜왔는지를 소개했다.

---

17) 北川剛, 『ロシヤ民謠, わが生涯』, 藝術現代社, 1986, 8-20쪽.
18) 기타가와 다케시는 연주와 더불어 러시아민요의 연구서와 합창곡집 등의 출판활동에도 힘을 기울였는데, 그의 주요 저서로는 『やさしい合唱講座』(飯塚書店, 1955), 『若人の合唱曲集』(音樂之友社, 1956), 『ロシヤ民謠アルバム』(音樂之友社, 1959), 『合唱のともしび』(国際音樂出版社, 1961), 『ロシア民謠の歷史—民族と風土のうたごえ』(音樂之友社, 1968) 등이 있다.
19) 이노우에 요리토요는 『ロシアの民謠』(筑摩書房, 1951), 『ソヴェト合唱曲集』(筑摩書房, 1953) 등을 저술했다.

4. 우타고에운동과 사회주의권 동아시아

1) 우타고에운동과 중국

소련에서 주창된 사회주의 리얼리즘은 그리 큰 시간적 편차를 두지 않고 중국에 곧바로 수용되었다. 다만 이 이념은 중국 현실에 부합되는 변형의 과정을 거쳤는데, 그 결과는 모택동의 「연안문예강화(延安文藝講話)」(이하 강화) 속에 그대로 담겨져 있다.[20] 「강화」는 모택동이 1942년 5월 연안문예좌담회에서 발표한 연설로, 주요 내용 중 몇 가지를 요약하면 다음과 같다. 첫째는 무산계급의 문학예술은 무산계급의 모든 혁명사업의 일부분으로 정치와 예술은 통일되어야 한다는 것이고, 둘째는 문학예술은 인민대중을 위한 것으로 각종 간부, 부대 전사, 공장의 공인, 농촌의 농민을 위해 창작되어야 한다는 것이다. 셋째, 문학예술은 무산계급과 인민대중의 입장에 서서 인민군중에 위해가 되는 모든 세력에 대해서는 반드시 폭로를, 인민군중의 혁명투쟁 모두에 대해서는 반드시 칭송해야 한다고 하고 있다. 「강화」의 내용은 실질적으로 소련의 문예관을 본받은 것이지만 동시에 모택동 자신의 개성적인 이론으로 일컬어지고 있다. 모택동의 「강화」는 1949년 7월에 개최된 중화전국예술공작자대표대회에서 문예공작자의 실천방향으로 삼을 것이 결정되었고, 이후 중국 문예정책의 경전적인 위치를 차지하게 된다.[21]

---

20) 김종현, 「중국 당대문학의 사회주의 리얼리즘에 관한 연구」, 『중국현대문학』 제10집, 한국중국현대문학학회, 1996, 611쪽.

그럼 이러한 중국의 문예창작 원칙이 실제 노래에서는 어떻게 반영되었는지 그리고 어떠한 노래가 일본의 우타고에운동에서 채택되었는지에 대해서 살펴보기로 한다.

『청년가집』에 수록되어 있는 중국의 악곡은 총 17곡으로 그 곡명은 표 3에서 보는 바와 같다. 이 곡들은 크게 민요와 창작가곡으로 구분할 수 있는데, 민요로는 〈초원정가〉와 〈꽃놀이〉, 〈백성은 즐거워〉, 〈아라무한〉, 〈달이 뜰 무렵〉이 있다. 이중 〈초원정가〉와 〈꽃놀이〉는 각각 청해와 하북지방에서 전하는 전통 민요이지만 나머지는 민요풍으로 작곡된 소위 창작민요이다.

<표 3> 『청년가집』에 수록된 중국 악곡

청년가집	수록곡	악곡수
제1편	의용군행진곡(義勇軍行進曲), 보위황하(保衛黃河)	2
제2편	백성은 즐거워(百姓はたのし), 희아의 노래(喜児の歌), 넘어지고 굴러도(けつまずいてもころんでも), 전 세계 인민의 마음은 하나(全世界人民の心は一つ), 노동자는 강하다(労働者は強い)	5
제3편	초원정가(草原情歌), 물레질(糸つむぎ), 찬양하자 조국(たたえよ祖国)	3
제4편	꽃놀이(花あそび), 승리의 얀코(勝利のヤンコ), 전차병과 트럭운전사(戰車兵とトラクター手)	3
제5편	아라무한(アラムーハン), 달이 뜰 무렵(月がのぼるとき), 양치기 소녀(羊かいのむすめ), 동방홍(東方紅)	4
합계		17

---

21) 이충양, 「중국의 문예정책」, 『중소연구』 제14권 제4호, 한양대학교 아태지역연구센터, 1990, 38-40쪽.

전후 일본, 그리고 낯선 동아시아

〈의용군행진곡〉은 1934년경부터 동북군민 사이에서 유행되었던 곡으로 현대 중국의 국가(國歌)이다. "깨어나라 노예가 되기를 거부하는 인민들이여 (중략) 중화민족 앞에 위험이 닥쳤다 가자 가자 우리 인민의 벽력같은 외침을 들으라 깨어나라 적의 포화에 맞서 전진 전진"이라는 가사를 가진 곡으로, 1935년 항일구국을 소재로 한 영화 〈풍운아녀(風雲兒女)〉의 주제가가 되면서 중국 대중에게 널리 퍼졌고, 항일투쟁을 하는 투사들과 군인들이 즐겨 부르는 노래가 되었다. 이후 이 곡은 1949년 중화인민공화국이 탄생하면서 국가로 정식 채택되었다. 이 곡 외에 〈승리의 얀코〉도 투쟁가의 성격이 강한 곡이다.

〈보위황하〉는 1939년 작품으로, 8곡으로 이루어진 대곡 〈황하대합창(黃河大合唱)〉의 제7곡이다. 중일전쟁 시기를 배경으로 하는 노래로, 중국의 생명의 강, 어머니 강으로 불리는 황하의 거센 흐름을 빌려서 항일전쟁에 나선 중국 인민의 영웅적인 모습과 투쟁정신을 담고 있다. 이 곡을 작곡한 승성해(冼星海)는 모택동과 함께 지냈던 연안(延安)의 동굴생활 중에 〈황하대합창〉을 창작했으며 중일전쟁의 시작과 함께 〈항일전가(抗日戰歌)〉 등 많은 구국가곡을 만들었다.

〈넘어지고 굴러도〉는 중국인민해방군의 군가이다. "넘어지고 굴러도 다시 일어나라 죽든 살든 다시 일어나라 하늘이 암흑이라도 무슨 상관이랴 넘어지고 굴러도 다시 일어나라"라는 가사로, 7전8기로 일어나 전진하라는 의미를 담고 있다.

〈전 세계 인민의 마음은 하나〉는 지도자 모택동을 찬양하고 있는 노래이다. "승리의 깃발 펼쳐지고 천만인의 목소리 울려 퍼진다 모택동

스탈린 모택동 스탈린 빛나는 태양이다"로 시작하는 이 노래는 모택동을 스탈린과 함께 찬양하며 인민이 하나가 되어 민주를 쟁취하자는 내용을 담고 있다.

모택동을 찬양하는 노래로는 〈동방홍〉도 있다. "동쪽이 붉고 태양이 떴다 중국은 모택동을 낳았다 그분은 인민을 구하는 별 새 중국을 이룩하는 길을 이끄는 사람 공산당이 있

〈악보 1〉 『청년가집』에 수록된 중국악곡
〈전 세계 인민의 마음은 하나〉

는 곳이라면 어디라도 인민은 해방을 얻는다"는 가사를 가진 곡으로, 모택동을 해에 비유하고 신생국의 밝은 미래를 그리고 있다.

〈찬양하자 조국〉은 원 제목이 〈가창조국(歌唱祖國)〉으로 중화인민공화국의 건국 이듬해인 1950년에 작곡된 곡이다. "휘날리는 우리 국기 오성의 붉은 깃발 드넓은 야산에 승리의 노래 울린다 찬양하자 우리 조국 태양은 떠오른다 우리 조국은 번영해 간다 위대한 모택동 빛나는 길을 이끈다"의 가사로 된 이 곡은 새로운 시대를 연 모택동과 밝아오는 조국에 대한 찬양을 노래하고 있다. 오늘날에도 이 곡은 국가인 〈의용군행진곡〉과 더불어 애국심을 고취하는 국가행사에서 자

주 불리고 있다.

〈희아의 노래〉는 모택동 집권시기의 중국의 대표적인 혁명가극인 〈백모녀(白毛女)〉의 주제가이다. 〈백모녀〉의 주제는 '국민당 지배하의 구 사회는 사람을 요괴로 만들지만 공산당에 의한 새로운 사회는 요괴를 사람으로 만든다'는 것으로 당시 체제에 대한 찬미의 내용을 담고 있다.

〈노동자는 강하다〉는 '노동자의 힘으로 낡은 세계를 완전히 바꾸고, 조국의 해방을 위해서 땀을 흘리자'는 내용으로, 항일과 노동자 해방의 노래를 많이 작곡한 마가(馬可)의 작품이다. 노동자를 그리고 있는 노래로는 〈전차병과 트럭운전사〉도 있다.

이 외에, 〈물레질〉은 집과 마을에서 물레질하는 모습을 그리고 있고, 〈양치기 소녀〉는 산에서 소녀가 양치는 모습을 담고 있는 서정적인 노래이다.

이상에 살펴본 악곡들을 주제별로 정리해보면, 〈전 세계 인민의 마음은 하나〉와 〈동방홍〉은 모택동을 찬양한 노래로서 '지도자찬가'이고, 〈찬양하자 조국〉과 〈희아의 노래〉는 '조국찬가'이며, 〈넘어지고 굴러도〉는 '군가'이다. 또한 〈의용군행진곡〉, 〈보위황하〉, 〈승리의 양코〉는 '투쟁가', 〈노동자는 강하다〉와 〈전차병과 트럭운전사〉는 '노동가'로 볼 수 있고, 〈물레질〉과 〈양치기 소녀〉는 '서정가'이다. 그런데 이러한 노래는 앞서 살펴본 소련노래의 성격과 매우 유사하여 주목된다. 소련노래도 민요와 서정가를 제외하면, 지도자찬가, 조국찬가, 군가, 투쟁가, 노동가로 분류되었는데, 중국노래 또한 이와 같은 양상을 보이고 있는 것이다. 따라서 1950년대 초에 우타고에운동을 위해 일본에서 수집한 중국노래는 소련의 영향을 많이 받은, 소련의 노래를 본떠 만든 곡들이 대부분임을 알 수 있다.

2) 우타고에운동과 조선

우타고에운동에서 불린 조선의 노래는 민요 3곡을 제외하면 모두 북한에서 창작된 곡들이다. 이것으로 보아 우타고에운동에서 말하는 '조선'이란 한반도 전체라기보다는 '북한'을 지칭하는 것이라 할 수 있다. 따라서 우타고에운동에서 불린 조선노래의 배경과 관련해서는 북한의 문예정책에 대해 살펴보기로 한다.

해방 후 한국전쟁 이전까지의 북한의 문예정책은 '민족문화예술건설'이라는 이름 하에 진행되었다. 1946년 김일성은 연설에서 "문화예술인들은 문화전선의 투사로서 반동세력을 물리쳐야 할 책임이 있고 민족문화를 발전시켜 인민대중을 애국주의와 민주주의 정신으로 교양할 책임이 있다.[22] 음악은 민족적 특성을 살리면서 혁명의 요구에 맞게 발전시켜야 하며 인민의 환희와 기쁨, 자부심, 혁명적 열정을 반영한 그야말로 인민적이며 혁명적인 것이어야 한다[23]"라며 예술인의 자세와 음악의 역할에 대한 교시를 내렸다.

이에 따라 1947년에는 노동당 중앙위원회 상임위원회에서 다음

---

22) 사회과학원력사연구소 편,『조선전사』24권 현대편, 평양 : 과학백과사전출판사, 1981, 385쪽.
23) 리히림,『해방 후 조선음악』, 평양 : 문예출판사, 1979, 20쪽.

과 같은 내용을 채택하였다. 첫째, 문화예술은 당과 인민의 이익을 위해 복무해야 하고, 둘째, 근로 대중을 선진의식으로 교양하는 사상적인 무기가 되어야 하며, 셋째 당과 국가 정책을 올바르게 반영해야 한다. 넷째, 민족문화의 전통을 계승하고 진보적 문화유산을 창조적으로 발전시켜야 하며 다섯째, 부르주아 사상을 반대하는 투쟁을 강력히 전개하고 사회주의적 내용에 부합되는 새로운 민족적 형식을 찾아 창작 방법을 구사해야 한다. 이것은 당성, 계급성, 인민성과 전통문화 중시라는 사회주의 리얼리즘 특징을 그대로 정착화 한 것으로,[24] 1950년대 중반 김일성 주체사상에 입각한 문예정책으로 대치될 때까지 북한의 기본적인 문예노선이 되었고, 해방 후 북한음악의 성격을 규정짓는 결정적인 요인이 되었다.

그럼 이러한 문예정책이 반영된 북한의 노래는 일본의 우타고에 운동에서 어떠한 모습으로 나타나는지 살펴보기로 한다. 『청년가집』에 수록되어 있는 조선의 악곡은 총 15곡으로 그 곡명은 표 4에서 보는 바와 같다.

〈표 4〉 『청년가집』에 수록된 조선 악곡

청년가집	수록곡	악곡수
제1편	김일성장군의 노래(金日成将軍の歌), 농민가(農民歌), 건설(建設), 빛나는 조선(輝く朝鮮)	4
제2편	도라지(ドラジ), 아리랑(アリラン), 인민유격대의 노래(人民遊撃隊の歌)	3
제3편	밭으로 가자(畠へ行こう), 민주의 봄(民主の春), 씨 뿌리러 갑시다(種まきに行きましょう)	3

24) 북한연구소 편, 『북한총람 1945~1982』, 북한연구소, 1983, 1122-1123쪽.

제4편	봄의 소리(春の声), 보리타작노래(麦打ちの唄), 샘물터에서(泉のそばで)	3
제5편	아름다운 나의 고향(美しき我が故郷), 양양팔경(壤陽八景)	2
합계		15

〈김일성장군의 노래〉는 북한의 대표적인 혁명가로, 김일성을 우상화한 노래이다. 리찬이 작사하고 김원균이 작곡한 곡으로 1947년에 발표된 이래로 북한에서는 공식 국가보다 더 많이 부르고 있는 것으로 알려져 있다. 가사는 김일성의 항일무장투쟁 내력과 북한의 최고 지도자로서의 활동을 찬양하는 내용이다. 『청년가집』의 일본어 가사는 북한자료의 원곡 가사와 대부분 일치하지만, 2절에서 원곡의 "만고의 빨찌산"은 "만고의 역사"로 개사되어 있어, 공산당과 직접적으로 관련된 용어는 삼가고 있는 것을 알 수 있다. 『청년가집』에 수록된 조선노래는 대부분 전조(轉調)하여 기재하고 있는데 반하여 〈김일성장군의 노래〉는 악보 2에서 보는 바와 같이 완전히 같은 모습이다.

〈악보 2〉 『청년가집』과 『조선음악전집』에 수록된 〈김일성장군의 노래〉

〈농민가〉는 조선가곡으로 기재되어 있지만 지금까지 조사한 북한자료[25]에 수록된 3000여 곡 중에서는 찾을 수 없어 작곡 경위 등은 알 수 없다. '밝고 박자에 잘 맞추어' 부르도록 지시된 이 노래는 "エヘヤエヘヤディヤ エヘヤエヘヤディヤ サネドドルレド セサギウムドゴ インミンギナルリヌン セサギラネ アンマウルパックスバン ディンマウルキムスバン モヒゴムンチョソ セナウルマチセ ドゥンドゥンシル セナリワンネ(에헤야 에헤야디야 에헤야 에헤야디야 산에도 들에도 새싹이 움트고 인민기 날리는 세상이라네 앞마을 박서방 뒷마을 김서방 모이고 뭉쳐서 새날을 마치세 둥둥실 새날이 왔네)" 와 같이 조선노래 중 유일하게 가사를 한국식 발음으로 써놓고 있는 점이 특이하다. 악보와 더불어 가사의 대략적인 뜻(大意)으로 '산에도 들에도 새싹이 움트고 공화국의 깃발이 날리는 세상이 왔다. 목이 마른 사람에게는 물을 주고, 토지가 없는 사람에게는 토지를 주자. 지금까지의 가을을 위한 힘든 생활도 떡과 술로 살아가보자. 앞마을 박씨 뒷마을 김씨 함께 모여 새로운 세상을 맞이하자'와 같이 기재하고, 이와 별도로 '북조선에서는 토지개혁으로 토지를 농민에게 주고 노예와 같은 농민이 해방되었는데 이 노래는 그 쇠사슬로부터 해방된 기쁨을 표현한 것'이라는 해설을 덧붙이고 있다. 이렇듯 가사의 의미 설명에서 원 가사에는 없는 북한의 토지분배와 풍족한 생활, 농민해방을 설

---

25) 문예출판사 편, 『조선음악전집』 제1~6권, 평양 : 문예출판사, 1982, 1983. 문학예술출판사 편, 『조선노래대전집』, 평양 : 문학예술출판사, 2002. 예술교류출판사 편, 『조선민족음악전집』 1~4, 평양 : 예술교류출판사, 1999.

명하고 있어, 우타고에운동에서는 이 노래를 통해 사회주의국가로 태어난 북한의 인민정책에 대해 소개하고 있음을 알 수 있다.

〈건설〉은 조선노래로 분류되어 있기는 하지만 조선에서 만들어진 곡이 아니라 일본의 악단카추샤(樂團カチューシャ)에 의해서 작사, 작곡된 곡이다. 악단카추샤는 청공중앙합창단, 합창단 백화 등과 함께 우타고에운동을 이끈 음악단체이다. 이 노래는 "올해도 풍작 황금들녘 풍요로운 조선 자유의 조선 (중략) 서로 부르는 동료들의 밝은 미소 2개년 계획 달성하자 풍요로운 조선 자유의 조선"의 가사로서, 풍요롭고 자유로운 조선의 모습과 2개년 계획을 성공적으로 달성하기 위해 즐겁게 일하는 사람들의 모습을 담고 있다. 북한은 경제계획으로서 1947년과 1948년에 각각 1개년 계획을 추진하였고, 1949년에는 2개년 계획을 착수했던 바, 이 노래는 1949년경에 만들어진 것임을 짐작할 수 있다. 전술한 〈농민가〉의 경우와 같이 이 곡을 통해서도 새로운 북한의 정책에 대해 알리려 하고 있음을 알 수 있다.

〈빛나는 조선〉도 악단카추샤에 의해 일본에서 작사, 작곡된 노래이다. "우리들 공장은 즐거운 것 빛나는 조선이 떠오른다 (중략) 자유와 평화의 이 나라에서 그렇다 힘이다 건설이다 조선이 떠오른다 아름다운 산과 바다 태양이 떠오른다"의 가사로 된 이 노래는 북한을 '태양이 떠오르는 자유와 평화의 국가'로 그리고 있어, 앞의 〈건설〉의 내용과 유사하다. 국가를 위해 노동자의 힘을 강조하고, 새로운 국가에 대한 찬미의 내용을 담고 있는 〈건설〉과 〈빛나는 조선〉은 일본인에 의해서 만들어진 곡이라고 보기는 힘들만큼 북한 문예정책의 창작방법, 즉 예술은 당성과 인민성을 중심으로 근로대중을 교화시키는 사상적 무기로 복무해야한다는 방침에 잘 따르고 있다.

〈도라지〉와 〈아리랑〉은 주지하다시피 예부터 내려오는 전통민요로 경기 지역에서 발생한 노래이다. 〈양양팔경〉[26]은 강원도민요로 쓰여 있지만 전통민요가 아니라 민요풍으로 새롭게 작곡된 악곡이다.

〈인민유격대의 노래〉는 조선가곡으로 쓰여 있지만 조사한 북한 자료에서는 찾아볼 수 없다. "오대산 봉우리부터 제주도까지 숲 속을 지나 고개를 넘어 조국의 자유를 피로 지키자 우리는 유격대 조선의 자식 침략의 적 무찌르는 인민의 총칼(하략)"의 가사 내용으로 미루어 보아 남로당에서 불린 노래로 추측되기 때문에 북한 자료에는 수록되지 않은 것으로 생각된다. 가사 중 '적'은 후술하는 〈보리타작노래〉(풍년맞이도리깨)에서도 보듯이 미군을 가리키는 것으로 보인다. '힘 있게' 부르도록 지정된 이 노래는 선율과 리듬이 전형적인 행진곡풍의 혁명가이다.

〈밭으로 가자〉는 『청년가집』에는 조선민요로 기재되어 있지만 1947년에 작곡된 창작곡으로, 원 제목은 〈밭갈이노래〉[27]이다. 일본어로 번역된 노래의 가사는 "백두산에 학이 날고 숲에서는 뻐꾸기가 운다 (중략) 냇가의 버들은 바람에 나부끼고 술통에는 소리가 가득가득 에루화 데루화 밭으로 가자"로 한가롭고 풍요로운 농부의 모습을 그

---

26) 예술교류출판사 편, 『조선민족음악전집』 4, 평양 : 예술교류출판사, 1999, 194쪽.
27) 문예출판사 편, 『조선음악전집』 제1권, 평양 : 문예출판사, 1982, 128쪽.

리고 있지만, 원 노래는 "백두산 말기에 백학이 너울너울 해방된 강산에 뻐꾸기 뻐꾹뻐꾹 아 장군님 주신 땅 에루화 데루화 밭갈이 가세 주인된 새 땅엔 기쁨도 넘실넘실 (중략) 장군님 은덕에 천만년 보답하세 아 장군님 주신 땅 에루화 데루화 충성의 한마음 밭갈이 가세"이다. 이렇듯 일견 유사하지만 원곡에서 표현하고자 하는 것은 '김일성의 은덕으로 토지를 분배받았으니 보답하기 위해 충성스럽게 일하자'는 내용으로, 이 곡은 김일성과 조국에 대한 찬미를 나타내고 있는 노래임을 알 수 있다.

〈악보 3〉『청년가집』의 〈밭으로 가자〉와 『조선음악전집』의 〈밭갈이노래〉

〈민주의 봄〉과 〈씨 뿌리러 가자〉는 북한자료에서는 아직 찾지 못한 악곡들이다. 〈민주의 봄〉은 "라라라 춤추자 작은 새는 노래한다 우리도 소리 맞춰 노래하자 인민도 우리도 노래하자 민주의 봄을 우리의 봄을 건설의 봄을 소리 높여 찬양하자 민주의 봄을"이라는 가사로, 희망찬 모습으로 북한을 그리고 있는 조국찬가이다. 〈씨 뿌리러 가자〉는 "봄이 왔다 우리의 산하에 수려한 봄이 왔다 밭에 가자 우리의 밭에 씨를 뿌리자 너도 나도"라는 가사로, 밝고 경쾌하게 부르는 민요풍의 노래이다.

〈봄의 소리〉는 원 제목이 〈봄노래〉[28]이다. 1952년에 작곡된 곡으로, 조국에 대한 예찬을 담고 있다.『청년가집』의 곡과 북한자료의 곡은 내용적으로 대략 유사하지만 공산주의에 관한 직접적 표현은 수정되었다. 예를 들어, "조국으로 진군하던 빨찌산대원들"은 "들녘에 높이 솟은 나무여"로 바뀌었고, 원곡에서 "빨찌산의 이야기 담겨진 이 샘물"로 시작하는 3절은『청년가집』에는 수록되지 않았다.

〈보리타작노래〉는 북한자료에 의하면 원제목이 〈풍년맞이도리깨〉[29]이다. 제목으로 보면 농사지을 때 부르는 민요와 같은 인상을 받지만, 내용은 '보리타작하면서 기른 힘으로 침략자 미국을 무찌르자'는 투쟁가의 성격을 가진 곡이다.『청년가집』의 대부분의 조선노래는 일본어 가사가 원곡의 가사와 거의 유사한 반면에 이 노래는 원 가사가 대폭 바뀌었다. 예를 들어, 〈풍년맞이도리깨〉의 가사 "전선에서 미국놈과 그 앞잡이를 죽어라 치면 후방에선 신나게 치는 도리깨장단 인민의 영웅된 수길이형도 도리깨 잘 치는 농민의 아들 미국놈 땅크를 열대나 쳐부신 그 힘을 길러준 도리깨란다 도리깨치던 힘 수류탄 던지니 미국놈 땅크가 공중에 날렸네"는 〈보리타작노래〉에서 "전선에

---

28) 문예출판사 편, 앞의 책, 181쪽.
29) 문예출판사 편, 앞의 책, 163쪽.

서 침략자와 그 앞잡이를 타파하자 후방에서는 보리타작으로 조국을 지키자 쳐라 쳐라 쳐라 보리를 치자 침략자를 쫓아내자 보리를 치자 적을 무찌르자 보리를 치자 적을 무찌르자 조국의 토지 지켜내자"로 개사되었다. GHQ 점령 하에 있던 일본의 상황에서 미국 타도에 대한 직접적인 표현은 쓸 수 없었을 것이고, 이에 따라 '미국'은 '침략자' 또는 '적'으로 애매하게 사용되었고 전체적으로 다소 완곡한 어감으로 표현되었다.

〈샘물터에서〉는 조선민요로 기재되어 있지만 1952년에 작곡된 창작곡이다. '밝고 경쾌하게' 부르도록 지시되어 있는 이 노래는 '샘물터에 나온 군인들의 빨래와 쌀을 씻어주고, 전선으로 떠나는 이들에게 승리를 부탁한다'는 내용이다. 서정가의 성격을 띠면서도 내용적으로 보면 군인을 주인공으로 하여 그들을 잘 보필하고 승리를 기원하는 후방 인민의 임무를 그리고 있다.

〈아름다운 나의 고향〉은 원제목이 〈아름다운 고향〉[30]으로 1953년에 작곡된 곡이다. 이 노래의 대략적인 내용은 '풍요로운 고향과 은혜로운 조국을 빛내어 가자'는 것이지만, 원곡의 가사는 일본어로 되면서 다소 변형되었다. 예를 들어, 원곡의 "수령님의 해빛 아래 행복 넘치고"와 "수령님의 손길따라 만풍년으로"는 "해가 찬란한 봄이 오면"과 "녹음이 풍요로운 가을이 오면"으로 바뀌어, 김일성을 찬양하는 표현이 조국의 풍요로움에 대한 찬양으로 개사되었다.

---

30) 문학예술출판사 편,『조선노래대전집』, 평양 : 문학예술출판사, 2002, 1091쪽.

지금까지 살펴보았듯이 『청년가집』에 실린 조선노래는 민요 3곡을 제외하면 모두 북한 악곡임을 알 수 있다. 비록 북한자료에서 찾지 못하여 창작 경위가 불명확한 곡도 있지만 내용상으로 본다면 남한에서 만들어진 곡이라고는 보기 힘들다. 또한 연도가 확인된 곡은 모두 북한 정부가 세워진 시기 직전부터 1950년대 초반에 작곡된 노래이다. 『청년가집』(제1~5편)이 1951년에서 1956년 사이에 출판된 자료라는 점에서 보면, 대부분의 악곡은 북한에서 창작되어 얼마의 시간을 두지 않고 바로 우타고에운동에서 불렸음을 알 수 있다.

창작곡에 등장하는 주인공은 김일성, 인민, 군인이고, 가창방법으로는 대부분 '밝게, 경쾌하고, 힘 있게' 부르도록 지시하고 있다. 노래의 성격을 보면 〈김일성장군의 노래〉는 지도자 김일성에 대한 찬양, 〈건설〉, 〈빛나는 조선〉, 〈밭으로 가자〉, 〈봄의 소리〉, 〈아름다운 나의 고향〉, 〈농민가〉〈민주의 봄〉은 희망찬 조국과 이런 국가를 열어주었다는 김일성에 대한 찬양, 〈인민유격대의 노래〉는 군가, 〈보리타작노래〉는 투쟁가, 〈씨 뿌리러 가자〉와 〈샘물터에서〉는 서정가로 볼 수 있다. 그런데 이러한 조선노래는 앞서 살펴본 소련노래와 매우 유사한 성격을 띠고 있다. 즉 『청년가집』의 소련노래는 민요를 제외하면, 지도자찬가, 조국찬가, 군가, 투쟁가, 노동가, 서정가로 이루어졌는데, 조선노래 또한 이러한 모습을 보이고 있는 것이다.[31] 조선의

---

31) 1949년 북조선음악동맹이 편집한 『조소 100곡집』(1949)에는 조선곡 64곡과 소련곡 36곡이 실려 있는데, 각 곡의 제목을 보면 조선곡이 소련곡을 본떠서 만들어졌다는 것을 알 수 있다. 와다 하루키 지음, 서동만·남기정 옮김, 『북조선』, 돌베개, 2002, 136-137쪽.

문예정책은 소련의 사회주의 리얼리즘을 기반으로, 당성, 계급성, 인민성의 내용을 담아내는 것을 기본으로 하고 있는데, 그러한 정책을 충실하게 실천하고 있는 북한의 노래가 일본의 우타고에운동에서 채택되어 불리고 있었다는 것을 알 수 있다.

3) 우타고에운동의 동아시아 인식

우타고에운동 속에 나타난 중국과 조선에 대한 인식을 파악하기 위해 먼저 전전 일본의 아시아인식과 국제공산당의 일본 인식에 관해 간단히 살펴보기로 한다.

주지하다시피 일본은 1931년 만주사변을 시작으로 1937년 중일전쟁, 1940년대 태평양전쟁을 일으키고, 전쟁확대를 합리화하기 위해 일본의 아시아지배에 대한 슬로건으로 '대동아공영권'을 발표한다. 대동아공영권은 일본에 의해 주도되고 서방 세력에 독립된 아시아 각국의 블록을 만들어내려는 욕망을 표현한 것이었다. 당시 일본의 아시아 인식은 아시아의 바깥에서, 즉 서구를 의식하면서 아시아를 바라본다는 것이 특징이었다. 일본은 약하고 후진적인 아시아보다는 그 반대의 속성들을 갖는 서양과 자신을 동일시해왔는데, 이러한 생각의 기저에는 메이지시대 이래 일본인의 아시아 경시가 깔려 있었다.[32] 탈아론으로 잘 알려진 후쿠자와 유키치(福澤諭吉)는 유럽은 문명, 아시아는 반개(半開), 아프리카는 미개(未開)로 보고,[33] 중국과 조선이

---

32) 김경일, 「대동아공영권의 '이념'과 아시아의 정체성」, 『동아시아의 지역질서 -제국을 넘어 공동체로-』, 창비, 2005, 235-236쪽.

라는 '악우'와 일본을 동일시하는 것은 불행한 일이므로 탈아(脫亞)하여 서양문명국과 진퇴를 함께 할 것을 주창하였다.[34] 유럽 자본주의 문명을 정점으로 하고 아시아 후진제국을 밑에 두는 국제적 계층질서관의 이념은 아시아 멸시관을 강화하여 아시아 여러 민족에 대한 일본의 사명감을 강조하는 역할을 수행하였다. 아시아 멸시관 중 가장 첨예한 것이 조선 멸시관이었다.[35]

한편, 전전의 일본공산당은 창립 초기에 극동혁명의 주체로 인식될 만큼 코민테른으로부터 큰 관심과 기대를 받았고, 중국과 조선, 몽골 수억 인의 운명이 일본 프롤레타리아 혁명에 달려있다고 인식되었다.[36] 1932년 코민테른에 의해서 결정된 테제(「32년테제」)는 당시 일본사회를 애국주의와 천황주의의 기초가 붕괴되어 가까운 장래에 위대한 혁명이 일어날 것이라는 예견을 근거로 모든 운동을 제국주의 전쟁에 대한 반대, 천황제에 대한 반대에 초점을 맞출 것을 강조하였다. 그러나 일본사회는 「32년테제」가 분석한 것처럼 제국주의 전쟁을 내란으로 바꿀 수 있는 '혁명 전야 상황'이 아니었고, 잘못된 상황판단으로 '가공의 혁명'에 매달려 공산당의 활동은 현실에서 완전히 유리되었다.[37] '사회주의 혁명'을 목표로 천황제를 부정하는 운동을 전개

---

33) 다케우치 요시미 지음, 서광덕·백지운 옮김, 『일본과 아시아』, 소명출판, 2004, 193-194쪽.
34) 武藤秀太郎, 『近代日本の社会科学と東アジア』, 藤原書店, 2009, 71쪽.
35) 윤건차, 「일본의 동아시아 인식 -대동아공영권론에서 이시하라 발언까지-」, 『역사비평』 53, 역사문제연구소, 2000, 40쪽.
36) 정혜선, 「일본공산당의 형성과 그 성격」, 『일본역사연구』 제5집, 일본사학회, 1997, 126-131쪽.

해 갔던 일본공산당은 결국 붕괴되었고 검거자의 거의 대부분이 전향함으로써 혁명은 현실화되지 못한 채 이상으로 끝나고 말았다.

이러한 전전 '일본의 아시아인식'과 '아시아에서의 일본공산당의 기대'는 전후 우타고에운동 속에서 전혀 다른 모습으로 나타난다. 일본 제국주의는 패망하였고, 한편으로 사회주의 국가를 만들겠다는 일본공산당의 혁명도 이루지 못했다. 반면에 일본의 사회주의자가 보기에 조선과 중국은 각각 식민지와 반식민지에서 벗어났으며, 노동자·농민 혁명이 성공했다는 전제 하에 사회주의 국가를 건설했다. 이렇듯 전전의 일본은 자신들이 우월한 시각을 가지고 중국과 조선을 인식했다면, 이와는 대조적으로 우타고에운동에서의 중국과 조선은 자신들이 실패한 사회주의국가를 이룩한 이상적인 국가의 모습으로 그려지고 있다.

이와 같은 인식은 1948년 북한정권 수립을 축하하는 노사카 산조(野坂参三)의 연설[38]에서도 엿볼 수 있고, 앞에서 살펴본 『청년가집』에 수록된 중국과 조선의 노래 속에서도 잘 나타나 있다. 우타고에운동에서는 중국과 조선에 대해, 착취에서 해방된 노동자와 인민이 주

---

37) 정혜선, 「전전 일본공산주의운동의 굴절과정」, 『일본학보』제33집, 한국일본학회, 2000, 637-640쪽.

38) '진정 세계의 행복을 바란다면 전 노동 인민은 북조선을 지지해야 한다. 진정한 공존공영은 자본주의 국가끼리는 불가능하다. 노동자, 농민의 손에 의한 인민의 국가 간이 아니면 절대 할 수 없다. 불행하게도 일본에서는 아직 민자당이 정권을 잡고 있지만 우리들은 반드시 일본에 인민공화국을 수립할 것이다.' 「両民族の真の握手-日鮮に人民政府ができたときこと-」, 『アカハタ』, 1948년 10월 18일자. 朴慶植編, 『日本共産黨と朝鮮問題』朝鮮問題資料叢書 제15권, アジア問題研究所, 1991, 441쪽.

인공으로 그려지며 그들의 영웅적인 모습, 새롭게 태어난 사회주의국가의 풍요로운 모습으로 소개되고 있다. 이렇듯 우타고에운동이 중국과 조선의 공산정권을 예찬하고 있는 악곡을 선별한 점, 더욱이 북한을 찬미하는 노래를 일본인이 직접 작사, 작곡하여 노래집에 수록하고 있는 점에서 우타고에운동의 지도자들이 갖고 있던 전후 동아시아에 대한 인식을 파악할 수 있다.

5. 우타고에운동과 일본

『청년가집』에 실린 일본의 노래는 성격상 민요, 가곡, 투쟁가·노동가·평화의 노래로 구분할 수 있다. 〈표 5〉는 『청년가집』(제1편~제5편)에 수록된 일본의 악곡을 나타낸 것이다.

〈표 5〉『청년가집』에 수록된 일본의 악곡

청년가집		수록곡	악곡수	
제 1 편	민요	소란부시(そーらん節), 도쫏토후낫토(どじょっとふなっと), 아이즈반다이산(会津磐梯山), 야기부시(八木節), 치치부온도(秩父音頭), 사쿠라(さくら), 에도자장가(江戸子守唄), 기소부시(木曽節), 사도오케사(佐渡おけさ), 수비병의 노래(防人の歌)	10	25
	가곡	유바리아가씨(夕張娘), 꽃(花), 폭풍우여 불어라(嵐よ吹け), 유망의 곡(流亡の曲)	4	
	투쟁가· 노동가· 평화노래	아름다운 조국을 위하여(美しき祖国のために), 젊은이여(若者よ), 시바우라(芝浦), 어영차 살아가고 있다(どっこい生きてる), 평화의 목소리(平和の声), 화창한 5월(晴れた五月), 세계를	11	

		이어라 꽃 바퀴로(世界をつなげ花の輪に), 거리로부터 마을로부터 공장으로부터(町から村から工場から), 동지여 굳게 단결하라(同志よ固く結べ), 난가쓰노동자의 노래(南葛労働者の歌), 민족독립행동대의 노래(民族独立行動隊の歌)	
제 2 편	민요	오지마부시(大島節), 다이료부시(大漁節), 즈이즈이즛코로바시(ずいずいずっころばし), 도키와탄갱부시(常磐炭坑節), 미이케탄갱부시(三池炭坑節), 멧돼지노래(お猪の子唄), 오에도니혼바시(お江戸日本橋), 기소부시(木曽節)	8
	가곡	이른 봄 배달(早春賦), 고향의(ふるさとの), 봄의 노래(春のうた), 여름은 오지 않고(夏は来ぬ), 고추잠자리(赤とんぼ), 낮(昼), 산장의 등불(山小舎の灯), 아침(朝), 사길의 노래(捨吉の歌)	9
	투쟁가・노동가・평화노래	동료들(仲間達), 마음의 노래(心の歌), 한번만으로 좋아(一度でよい), 어머니와 같은 고향(母なる故郷), 이것이 두 사람의 사랑이야(これが二人の恋さ), 일어나라 젊은이여(立てよ若人), 우리들의 나라(俺達の国), 겨울에서 봄으로(冬から春へ), 무기와 자유의 노래(武器と自由の歌), 우리들은 노래한다(我等は歌う), 평화온도(平和音頭), 투쟁 속으로(たたかいの中に), 민족해방의 노래(民族解放の歌), 적기(赤旗), 화창한 오월(晴れた五月)	15
			32
제 3 편	민요	아키타온도(秋田音頭), 모가미강의 뱃노래(最上川の舟唄), 소마봉우타(相馬盆唄), 때까치가 고목에서(もずが枯木で), 공놀이노래(手まり歌), 이쓰키의 자장가(五木の子守唄), 시바의 방아찌기노래(椎葉の稗つき歌), 탄차메의 모래사장(谷茶前の浜)	8
	가곡	모심기노래(田植唄), 강(川), 요람(ゆりかご), 벌레소리(虫の声), 작은말(小馬), 오뚝이(だるま), 뻐꾸기(かっこう)	7
	투쟁가・노동가・평화노래	조국의 산하에(祖国の山河に), 평화를 지켜라(平和を守れ), 동료들(仲間達), 조국(祖国), 사랑하는 거리(愛する街), 모두 친구들(皆んな友達) 우치나다카조에우타(内灘かぞえ歌), 우치나다소란부시(内灘そーらん節), 어머니의 소망(母の願い), 주부의 우타고에(主婦のうたごえ), 공장으로부터(工場の中から), 게이힌노동자(京浜労働者), 압연온도(圧延音頭), 탄갱바야시(炭坑ばやし), 국철노동조합가(国鉄労働組合歌), 전전통조합가(全電通組合歌), 전일통조합가(全日通組合歌), 국제학생연맹의 노래(国際学生連盟の歌), 우타고에여 내일을 위해(うたごえよ明日のために), 사명(使命), 조국의 젊은이(祖国の若者), 민족독립행동대의 노래(民族独立行動隊の歌)	22
			37

제4편	민요	원도심구(遠島甚句), 이나부시(伊那節), 떡방아춤(もちつきおど り), 나무베기노래(木びき唄), 물 위의 갈매기에게(沖の鷗に), 하코네팔리(箱根八里)	6	
	가곡	요사코이(よさこい), 자장가(子守唄), 만월온도(月の輪音頭), 저 아이(あの子), 개불알풀(いぬふぐり)	5	
	투쟁가·노동가·평화노래	원폭 용서하지 않으리(原爆を許すまじ), 동경-북경(東京-北京), 나가노평화온도(長野平和音頭), 우치나다 오이와케(内灘追分), 평화구도키(平和くどき), 평화야말로 우리들의 것(平和こそ我 らのもの), 맹세(誓い), 활발한 아이(元気な子供), 나는 백성(俺 は百姓), 소생하는 히로시마(甦える広島), 지켜라 묘기(守れ妙 義), 수폭희생자를 잊지 말아라(水爆犠牲者を忘れるな), 네가 잡혀서(きみ囚われて), 우리들은 깃발(俺達は旗), 우리들의 노 래(ぼくらの歌), 힘을 합하면 철로도 움직인다(力を合わせりゃ 鉄路もゆれる), 나는 노동자(俺は労働者), 밤낮으로 가챤코(よ るひるガチャンコ), 방적여공은 더 이상 울지 않아(紡績女工は もう泣かないよ), 진주물온도(珍鋳物音頭), 청년행동대의 노래 (青年行動隊の歌), 아시아평화행진곡(アジア平和行進曲)	33 22	
제5편	민요	구로다부시(黒田節), 사이타로부시(斉太郎節), 이소부시(磯節), 모심기소리(田植歌), 벌목노래(刈上げ唄)	5	
	가곡	마쓰시마온도(松島音頭), 일곱 살 아이(七つの子), 꾸중 듣고(叱 られて), 저녁노을(ゆうやけこやけ), 야자열매(椰子の実), 개구 리합창(蛙の合唱), 합창찬가(合唱讃歌), 자장가(子守唄)	8	
	투쟁가·노동가·평화노래	행복의 노래(しあわせの歌), 조국(祖国), 우리들의 언덕으로(僕 らの丘に), 불(火), 언제라도 노래를 잊지 말기를(いつでも歌を 忘れずに), 호적소리 멈추지 않고(号笛なりやまず), 희망의 노 래(希望の歌), 푸른 산하(緑の山河), 젊은이(若きもの), 후지에 다가가다(富士によす), 죽은 여자아이(死んだ女の子), 광산의 동료(鉱山の仲間), 봄의 왈츠(春のワルツ), 쓰루데쓰노동조합가 (鶴鉄労働組合歌), 청년행진곡(青年行進曲)	28 15	
합계			155	

　　민요는 일본 각지에서 전해 내려오는 노래로서 『청년가집』에 '일
본민요', 혹은 '○○민요'(長野民謠 등)와 같이 기재된 경우를 말한다.

우타고에운동의 지도자인 세키 아키코는 전전 프롤레타리아음악운동의 중심인물이기도 했는데, 전전의 활동에서는 민요나 전통적 요소의 음악을 사용한 경우가 거의 없었다. 그런데 전후 이러한 진보적인 합창운동에 민요가 등장한 것은 당시 공산당의 방침 전환과 깊은 연관을 갖고 있다.[39] 1946년 '민주인민전선'을 슬로건으로 한 공산당의 노선은 1948년 민주주의와 민족독립을 보장하고 민족을 파멸로부터 구한다는 '민주민족전선'으로 전환되었고,[40] 이에 따라 당의 문화정책도 '민족주의'로 바뀌게 된다. 이러한 공산당의 방침 전환에 따라 전 인민, 민족 전체를 투쟁에 참가시키는 방법으로서 민족의 노래 '민요'가 등장하게 되었던 것이다.[41] 이렇듯 우타고에운동에 민요가 사용된 것은 '민주민족전선'이라는 일본공산당의 정책 전환이 결정적으로 작용했다고 할 수 있지만,[42] 이밖에 소련을 중심으로 한 동아시아 사회주의 국가와의 관련으로 우타고에운동에 민요가 도입된 점도 간과할 수 없다. 앞서 살펴보았듯이 소련 및 중국, 조선의 문예정책에서는 사회주의 리얼리즘의 원칙으로서 당성, 계급성, 인민성과 함께 '민속과 전통'이 중시되었고 이에 따라 혁명가·노동가 등과 함께 민요가 적극적으로 불리게 되었는데, 이러한 사회주의 국가의 문예정책이 우타고에운

---

39) 長木誠司, 「運動(ムーヴマン)としての戦後音楽史 1945～ ⑩ : うたごえ運動Ⅱ」, 『レコ-ド芸術』 53(10), 音楽之友社, 2004, 79쪽.

40) 日本共産黨中央委員會, 『日本共産黨の六十年 : 1922-1982』, 日本共産黨中央委員會出版局, 1982, 107, 118쪽.

41) 長木誠司, 앞의 글, 80쪽.

42) 임경화, 「'우타고에'운동의 전후사 -민족과 민요의 발견-」, 『일본문화학보』 제32집, 한국일본문화학회, 2007, 309쪽.

동의 정책에도 작용하여 민요 도입에 영향을 끼쳤다고 하겠다.

『청년가집』에 수록된 가곡은 편집방침에 '근대의 뛰어난 가곡'이라고 제시되어 있는 곡을 가리킨다. 야마다 고사쿠, 히라이 고자부로, 모토오리 나가요(本居長世) 등과 같이 근대의 전문 작곡가에 의해서 작곡된 곡으로, 서정성이 강한 노래나 창작곡 중에서 이념적인 색채가 없고 일상의 정서를 담고 있는 노래를 말한다. 이러한 노래들은 『청년가집』뿐만 아니라 1950년대 당시 출판된 일반 가곡집에도 수록된 악곡들이다.

투쟁가·노동가·평화의 노래는 『청년가집』의 편집방침에서 제시하고 있는 '인민의 투쟁가, 노동가'를 가리킨다. 『청년가집』 제1편의 목차에는 각 나라의 악곡명과는 별개로 '노동가'라는 항목을 만들어 투쟁가·노동가의 성격을 띤 노래를 기재하고 있고, 제2편에서는 이러한 노래들을 '평화의 노래'라는 항목에 넣고 있으며, 제3편부터는 이러한 구분 없이 일본노래에 포함시키고 있다. 제1편의 '노동가'나 제2편의 '평화의 노래'로 구분된 악곡을 보면 프롤레타리아음악운동에서 불렸던 노래나 투쟁가의 성격이 강한 노래들이다. 따라서 본고에서는 이러한 성격의 노래들을 '투쟁가·노동가·평화의 노래'로 분류했다. 장르가 명시되어 있지 않은 경우에는 가사로서 그 성격을 파악했다.

투쟁가·노동가·평화의 노래의 가사 내용을 자세히 살펴보면, 〈아름다운 조국을 위하여〉, 〈조국의 산하에〉, 〈사랑하는 마을〉, 〈조국의 젊은이〉, 〈조국〉, 〈후지에 다가가다〉 등은 '조국찬가'이고, 〈화창한 오월〉, 〈동지여 굳게 단결하라〉, 〈민족독립행동대의 노래〉, 〈무기와 자유의 노래〉, 〈투쟁 속으로〉, 〈민족해방의 노래〉, 〈적기〉, 〈사명〉, 〈우리들은 깃발〉 등은 '투쟁가'로 볼 수 있으며, 〈난가쓰노동자의 노래〉, 〈공장으로부터〉, 〈게이힌노동자〉, 〈압연온도〉, 〈탄갱바야시〉, 〈국철노동조합가〉, 〈나는 노동자〉, 〈방적여공은 더 이상 울지 않아〉, 〈쓰루데쓰노동조합가〉 등은 노동자 해방과 인권을 주장하는 '노동가'라 할 수 있다. 또한 〈세계를 이어라 꽃 바퀴로〉, 〈평화온도〉, 〈평화를 지켜라〉, 〈우치나다카조에우타〉, 〈원폭 용서하지 않으리〉, 〈평화구도키〉, 〈소생하는 히로시마〉, 〈수폭희생자를 잊지 말아라〉, 〈아시아평화행진곡〉 등은 반전(反戰)의 메시지를 담은 '평화의 노래'이다.

그런데 이러한 성격의 노래는 앞서 살펴본 소련, 중국, 조선의 노래와 유사한 성격을 띠고 있다. 소련의 영향을 받은 중국과 조선의 노래는 민요와 서정가를 제외하면 지도자찬가, 조국찬가, 군가, 투쟁가, 노동가로 구성되었는데, 일본의 경우도 민요와 가곡을 제외한 곡들이 조국찬가, 투쟁가, 노동가, 평화의 노래로 이루어진 것이다. 우타고에 운동의 지도자들은 전전 프롤레타리아음악운동의 핵심인물이고, 우타고에운동이 공산당의 지도를 받고 있던 음악운동이라는 점에서 소련 및 중국과의 영향관계를 짐작할 수 있는데, 실제로 위에서 살펴본 바와 같이 일본의 투쟁가·노동가 등이 중국 및 조선의 혁명가풍의 노래를 답습하고 있는 것이다. 다만, 일본공산당은 소련이나 중국, 조선과 같이 사회주의 혁명의 구심점이 되는 절대적 지도자를 배출하지 못했기 때문에 우타고에운동에서 불린 일본노래에서는 지도자찬가는 찾아볼 수 없다.

『청년가집』은 1955년까지 발행부수가 70만부 이상에 달할 정도로 인기가 높았기 때문에 당시 이를 모방한 많은 가곡집이 출판되었다. 그러나 일반 가곡집에는 투쟁가, 노동가풍의 악곡은 수록되어 있지 않아, 투쟁가나 노동가의 레퍼토리는 『청년가집』과 우타고에운동의 성격을 파악할 수 있는 중요한 요소임을 알 수 있다. 1955년 문부성에서는 우타고에운동을 '공산당운동'이라고 비판하며 『청년가집』과 함께 우타고에운동의 확산에 대항하기 위해 『청년가집 문부성판』을 발행하려는 계획까지 세우기도 했다[43].

투쟁가·노동가·평화의 노래는 '표 5'에서 보듯이 제1편부터 제5편까지의 일본 악곡 총 155곡 중 85곡으로 55%를 차지하고 있다. 제1편은 일본곡 25곡 중 11곡(44%), 제2편은 32곡 중 15곡(47%), 제3편은 37곡 중 22곡(59%), 제4편은 33곡 중 22곡(67%), 제5편은 28곡 중 15곡(54%)이 투쟁가·노동가·평화의 노래로, 민요나 가곡보다 압도적으로 높은 비율을 보이고 있다.

전술했듯이 투쟁가나 노동가풍의 노래가 우타고에운동의 특징적 요소라는 점은 일반 가곡집과의 레퍼토리 비교에 의해서도 알 수 있다. 하지만 왜 이러한 악곡이 『청년가집』의 수록곡 반 이상을 차지하며 우타고에운동의 주요 레퍼토리가 되었을까? 그리고 왜 『청년가집』은 1950년대 중반 이전에 집중적으로 출판되었을까?[44] 이러한 의문은

---

43) 「官民 'うたごえ'合戦, "左翼だ" "いや違う" 流行する青年歌集 文部省が対抗企画」, 『読売新聞』, 1955년 8월 31일 석간.

44) 『청년가집』은 제1편이 1951년 재간(1948년 첫 간행)된 후 제5편까지 1956년 이전에 발행되었고, 제6편부터 제10편까지는 4년 후인 1960년부터 1969년

우타고에운동의 배후에 있었던 일본공산당의 노선 전환과 관련지어 생각할 수 있다. 일본공산당은 전후 GHQ 점령 하에서도 평화적으로 인민정권을 수립할 수 있다는 '평화혁명론'을 전개해 왔는데, 이러한 대미 유화노선은 1950년 1월 6일 코민포름 기관지『영구평화와 인민민주주의를 위하여』에 게재된「일본의 정세에 대하여」라는 논문에 의해서 비판된다. 또한 같은 해 1월 17일 중국공산당 기관지『인민일보』는 사설「일본인민의 길」을 통하여 코민포름의 논평을 지지하며 일본공산당이 대미투쟁으로의 전환할 것을 촉구하였다.[45]

이러한 비판을 받아들인 일본공산당은 궤도 수정에 착수하여 '무력혁명'을 목적으로 한 군사방침을 추진해갔다. 1951년 2월에 비합법적으로 개최된 제4회 전국협의회(4전협)에서는 중핵자위대, 독립유격대의 조직, 유격대 투쟁, 인민의 무력투쟁의 필요성을 강조하는 군사방침이 결정되었고, 같은 해 10월에 개최된 제5회 전국협의회(5전협)에서는 '51년 강령'이 채택되어 무력투쟁을 통한 '폭력혁명'이 정식화되었다.[46]

일본공산당의 노선이 1951년 '무력투쟁'으로 전환됨으로써 문화정책도 이를 따르게 되는데, 이것이 일본공산당의 문화공작 활동의 하나로 전개되었던 우타고에운동에 투영되어 나타난 것이다.『청년가집』이 '무력투쟁'을 기치로 한 1950년대 중반 이전에 집중적으로 출판

까지의 10년에 걸쳐 발행되었다.
45) 兵本達吉,『日本共産党の戦後秘史』, 産經新聞社, 2005, 75-76쪽.
46) 兵本達吉, 앞의 책, 97-101쪽.

된 점이나 투쟁가나 노동가풍의 악곡이 『청년가집』 레퍼토리의 중심 (55%)을 이루고 있는 점은 우타고에운동이 적어도 1950년대 중반까지 일본공산당의 무력투쟁 노선의 실천 수단으로서 활용되었다는 점을 극명하게 보여주고 있는 것이라고 하겠다.

6. 동경의 시선 속 동아시아

지금까지 소련과 중국, 조선, 일본공산당 관계의 연장선상에서 1950년대 중반 이전의 우타고에운동에 대해서 살펴보고, 이들 사회주의 국가들과 일본의 관계를 통해 전후 일본의 동아시아 인식을 도출해 보았다.

1950년대까지 소련 문예정책의 기본이 된 창작원리는 사회주의 리얼리즘으로, 이에 따라 예술은 정치의 수단으로서 인민들을 이념적으로 교육하는 역할을 담당하였다. 사회주의 리얼리즘은 중국에 바로 수용되었고, 중국 현실에 부합되는 변형의 과정을 거쳤다. 그 결과는 1942년 모택동의 「강화」로 나타나는데, 주요 내용은 인민 해방투쟁을 위해서 문화전선은 군사전선만큼 중요하다는 것, 정치와 예술은 통일되어야 하고 예술은 인민을 대상으로 하며 인민투쟁을 칭송하는 내용을 담을 것 등이다. 조선(북한)의 문예정책은 1946년 민족문화예술건설이라는 이름하에 진행되었다. 예술은 국가정책을 반영하고 당과 근로인민을 위해 복무하며 인민을 교육시키는 사상적 무기로서의 역할을 수행할 것, 민족문화 전통을 계승하고 사회주의적 내용을 민족적 형식에 도입할 것을 주요 내용으로 하고 있다. 이것은 당성, 계급성, 인민성과 전통 중시라는 사회주의 리얼리즘 특징을 그대로 정착화 한 것으로, 1950년대 중반 김일성 주체사상에 입각한 문예정책으로 대치 될 때까지 북한의 기본적인 문예노선이 되었다.

이러한 문예정책에 입각하여 창작된 소련, 중국, 조선의 노래는 일본의 우타고에운동에서 채택되었다. 『청년가집』에 수록된 소련노래는 크게 민요와 소비에트가곡으로 구분되는데, 소비에트가곡은 내용상 조국찬가, 지도자찬가, 투쟁가, 군가, 노동가, 서정가로 세분된다. 이 곡들은 레닌과 스탈린에 대한 찬양, 조국의 대자연에 대한 환희, 노동자·농민·군인의 찬미, 혁명적으로 발전하는 현실, 사회주의 조국건설에 대한 열정을 담고 있다. 『청년가집』의 중국노래도 민요와 창작곡으로 구분되는데, 창작곡은 모택동 찬가, 조국과 현 체제에 대한 찬양, 항일투쟁과 인민해방투쟁을 담은 노래, 해방군 군가, 근로인민을 위한 곡, 서정가곡 등으로 소련노래와 매우 유사한 모습을 보이고 있다. 조선의 노래는 남북에서 모두 불린 민요와 남로당 노래를 제외하면 모두 북한의 악곡이다. 내용은 김일성 찬양, 조국 예찬, 노동자·군인 찬미, 적(미국)에 대한 투쟁 등으로, 조선노래 또한 소련 및 중국 노래의 성격과 맥을 같이 하고 있다. 이러한 소련, 중국, 조선(북한)의 악곡은 예술이 국가의 정책을 반영하고 인민을 기초로 해야 하며 그들을 교육시키는 무기로 사용되어야 한다는 사회주의 문예정책을 그대로 따르고 있는 것으로, 이러한 곡들이 일본의 우타고에운동에 채택되어 불린 것은 우타고에운동이 추구했던 바가 무엇인지를 잘 나타내고 있다고 하겠다.

소련 및 동아시아 사회주의 국가의 악곡 성격은 일본의 노래에서도 답습되어 나타난다. 『청년가집』의 일본노래는 민요와 서정가곡을 제외하면, 프롤레타리아음악운동에서 불렸던 혁명가, 민족독립과 노동자 해방을 요구하는 투쟁가, 노동자의 인권을 주장하는 노동가, 반전의 메시지를 담고 있는 평화의 노래로 분류되어, 소련·중국·조선의 투쟁·노동가풍의 노래를 답습하고 있음을 알 수 있다. 민요가 우타고에운동에 도입된 것은 1948년 일본공산당의 방침 전환과 밀접한 관련이 있다. '민주민족전선'으로 방침이 전환됨에 따라 미국의 문화 침략에 대한 민족독립투쟁이 강화되었고, 민족·전통을 중시하는 사회주의 문예정책의 영향도 작용하여 민요가 민족의 노래로서 우타고에운동에 도입된 것으로 보인다. 『청년가집』은 1950년대 중반 이전에 집중적으로 발행되었고, 수록곡 중 투쟁가나 노동가풍의 노래가 그 레퍼토리의 중심을 이루고 있는데, 이러한 점은 1951년부터 1955년까지 일본공산당의 노선이 '무력투쟁'으로 전환한 것과 깊은 연관이 있는 것으로 보인다. 우타고에운동은 적어도 1950년대 중반까지 노동투쟁의 장에서 투쟁가·노동가를 확산시키면서 일본공산당의 '무력투쟁' 방침의 실천 수단으로서 활용되었다고 하겠다.

1950년대 당시 우타고에운동에서 보이는 사회주의권 동아시아 국가에 대한 인식은 전전과 대조적인 모습을 보인다. 전전 일본은 미개한 아시아인들을 지도해야한다는 주인의식을 갖고 있었고, 한편으로 일본공산당에 의한 혁명은 극동혁명의 열쇠로 여겨지며 코민테른의 절대적인 기대를 받았다. 그러나 일본제국주의는 패망하였고, 자신들의 손으로 일본 제국주의를 타파하여 사회주의국가를 만들겠다는 공산당의 혁명도 실패하였다. 반면에 조선과 중국은 식민지, 반식민지에서 벗어났으며, 노동자·농민혁명이 성공했다는 전제 하에 사회주의 국가 건설을 이룩했다. 이러한 당시의 상황은 우타고에운동에서 그대로 반영되어 나타난다. 우타고에운동에서는 중국과 조선에 대해 해방된 노동자와 인민이 주인공으로 그려지며 그들의 영웅적인 모습, 새롭게 태어난 사회주의국가의 풍요로운 모습, 평화로운 산하의 모습으로 소개되고 있다. 이렇듯 '전전'의 일본은 자신들이 우월한 시각을 가지고 조선과 중국을 지도하거나 해방시켜주어야 한다고 인식하고 있었던 반면, '전후'의 우타고에운동에서는 중국과 조선에 대해서 자신들이 실패한 사회주의 국가를 이루어냈다는 동경의 시선이 작용하고 있다는 것을 알 수 있다.

http://www.

참고문헌

김경일, 「대동아공영권의 '이념'과 아시아의 정체성」, 『동아시아의 지역질서
    -제국을 넘어 공동체로-』, 창비, 2005.
김종현, 「중국 당대문학의 사회주의 리얼리즘에 관한 연구」, 『중국현대문학』
    제10집, 한국중국현대문학학회, 1996.
다케우치 요시미 지음, 서광덕·백지운 옮김, 『일본과 아시아』, 소명출판,

2004.

리히림, 『해방 후 조선음악』, 평양 : 문예출판사, 1979.

문성호, 「소련의 음악정책과 사회주의 리얼리즘」, 『낭만음악』 제13권 제2호, 낭만음악사, 2001.

문예출판사 편, 『조선음악전집』 제1~6권, 평양 : 문예출판사, 1982, 1983.

문학예술출판사 편, 『조선노래대전집』, 평양 : 문학예술출판사, 2002.

박정순 편, 『러시아가곡전집』, 현대음악출판사, 1998.

북한연구소 편, 『북한총람 1945~1982』, 북한연구소, 1983.

사회과학원력사연구소 편, 『조선전사』 24권 현대편, 평양 : 과학백과사전출판사, 1981.

예술교류출판사 편, 『조선민족음악전집』 1~4, 평양 : 예술교류출판사, 1999.

와다 하루키 지음, 서동만·남기정 옮김, 『북조선』, 돌베개, 2002.

윤건차, 「일본의 동아시아 인식 -대동아공영권론에서 이시하라 발언까지-」, 『역사비평』 53, 역사문제연구소, 2000.

이충양, 「중국의 문예정책」, 『중소연구』 제14권 제4호, 한양대학교 아태지역연구센터, 1990.

임경화, 「'우타고에'운동의 전후사 -민족과 민요의 발견-」, 『일본문화학보』 제32집, 한국일본문화학회, 2007.

정혜선, 「일본공산당의 형성과 그 성격」, 『일본역사연구』 제5집, 일본사학회, 1997.

_____, 「전전 일본공산주의운동의 굴절과정」, 『일본학보』 제33집, 한국일본학회, 2000.

陳繼法 저, 총성의 역, 『사회주의 예술론』, 일월서각, 1979.

「官民 '우타고에'合戦, "左翼だ" "いや違う" 流行する青年歌集 文部省が対抗企画」, 『読売新聞』, 1955년 8월 31일자 석간.

「うたごえ運動をめぐって」, 『文化と教育』 6(9), 静岡大学, 1955.

『プロレタリア歌曲集』, 無産社, 1930.

『プロレタリア歌集』, 大衆党事業部, 1931.

關鑑子, 『歌ごえに魅せられて』, 音樂センター, 1993.

關鑑子編, 『青年歌集』 1~5, 音樂センター, 1951~1956.

武藤秀太郎, 『近代日本の社会科学と東アジア』, 藤原書店, 2009.

朴慶植編, 『日本共産黨と朝鮮問題』 朝鮮問題資料叢書 제15권, アジア問題研

究所, 1991.

兵本達吉, 『日本共産党の戦後秘史』, 産經新聞社, 2005.

北川剛, 『ロシヤ民謠, わが生涯』, 藝術現代社, 1986.

寺田眞由美, 「うたごえ運動における民謠の意義-昭和30年代の≪木曽節≫を例として」, 『表現文化研究』3-1, 神戸大学表現文化研究会, 2003.

日本共産黨中央委員會, 『日本共産黨の六十年：1922-1982』, 日本共産黨中央委員會出版局, 1982.

日本プロレタリア音樂家同盟, 『プロレタリア歌曲集』, 戦旗社, 1930.

長木誠司, 「運動(ムーヴマン)としての戦後音楽史 1945～⑨~⑭：うたごえ運動Ⅰ~Ⅵ」, 『レコード芸術』53(9)~(12), 54(1)~(2), 音楽之友社, 2004, 2005.

槇本楠郎, 『赤い旗』, 紅玉堂書店, 1930.

蔵原惟人, 『文化革命の基本的任務』, 日本民主主義文化連盟, 1947.

井上頼豊編, 『うたごえよ翼ひろげて』, 新日本出版, 1978.

＿＿＿＿, 『ソヴェト合唱曲集』, 筑摩書房, 1953.

朝日新聞社編, 『日本共産党』, 朝日新聞社, 1973.

草野滋之, 「うたごえ運動と青年の自己形成」, 『人文学報・教育学』18, 首都大學東京國立情報學研究所, 1983.

出版刊行委員会編, 『芥川也寸志 その芸術と行動』, 東京新聞出版局, 1990.

丸山明日果, 『歌声喫茶「灯」の青春』, 集英社新書 0166B, 集英社, 2002.

04 동아시아 냉전과 일조우호운동의 태동

박정진

1. 동아시아 냉전, 그리고 한반도/ 일본

동아시아 냉전질서의 잔존은 한반도의 분단으로 상징되고 있다. 여전히 부침을 거듭하고 있는 남북관계의 현실과 북한문제가 이를 대변하고 있다. 하지만 탈냉전 이후 한반도의 분단을 극복하기 위한 시도가 부단히 존재했고, 실제로 일정한 진전이 있었다는 점은 부정할 수 없다. 무엇보다 한국 내 냉전적 반북이데올로기가 상대적으로 약화된 점은 분명한 사실이다. 그런데 이러한 경향에 역진하는 사태가 최근 일본 안에서 나타난 바 있다. 일본인 납치 문제와 더불어 등장한 북한 네거티브 이미지가 그 것이다. 이는 6.15 남북공동성명과 비견되

---

* 이 글은 『국제정치논총』 제51집 2호(2011.6)에 「일조협회의 결성과 일조우호운동의 태동」이라는 제목으로 처음 발표된 것을 본 단행본의 취지에 맞게 수정·보완한 것이다.

던 2002년 북일 '평양선언'의 역사적 의의를 일거에 후퇴시킬 정도의 반전을 동반한 것이었다. 그 위력은 냉전시대 한국의 반북이데올로기를 능가하는 양상을 보이기도 했다. 과거 일본의 한반도 인식을 반추해 보면 그 변화의 진폭은 더욱 커진다. 냉전시대 일본 사회의 한반도에 대한 인식은 다양한 요인에 의해 변화했다. 여기서 국내적 요인만을 두고 보면, 보수와 혁신 간의 정치적 역관계가 중요한 역할을 했다고 할 수 있다. 한반도에서의 분단과 마찬가지로 일본에서의 보수와 혁신 간의 대립구조는 냉전의 산물이다. 이 보혁 간의 공존과 갈등, 즉 55년체제는 주지하다시피 전후 일본정치의 키워드이기도 하다. 냉전기 이 체제가 유지되어 오는 동안, 일본 정부는 공식적으로 한국 우선의 정책을 지속했었다. 그 시작은 1965년에 이루어진 한일 국교정상화였다. 이후 한반도와 일본 간의 관계는 한일관계가 북일관계를 압도하는 형태로 전개되어 왔다. 그렇다면 일본사회의 한반도 인식, 나아가 일본사회와 북한과의 관계도 그러했을까?

과거 한반도와 일본 간의 관계는 냉전 구도 속에서 전개되었지만, 그 구체적인 양상은 냉전 질서를 그대로 반영하지는 않았다. 기미야 타다시(2003)[1]의 논의를 빌리자면, 국제냉전과 양국관계의 연계가 차단되는 현상, 즉 냉전의 '국지화 구조'가 한반도와 일본 사이에도 존재했었기 때문이다. 이를 확인하기 위해서는 동아시아 '지역정치'의 양태를 살펴볼 필요가 있다. 이는 국가 대 국가, 그리고 국가 대 사회

---

1) 木宮正史, 『韓国—民主化と経済発展のダイナミズム』, 東京 : ちくま新書, 2003, 51-52쪽.

가 교차하면서 입체적으로 나타났다. 냉전기 한일관계는 결국 한국과 일본 보수정치와의 관계였다고 할 수 있다. 그리고 1965년 한일국교 정상화는 미국을 중심으로 한 동아시아의 적대적 동맹질서의 등장을 보여 준다. 하지만 1965년 이전, 즉 동아시아의 냉전적 질서가 드러나지 않고 있던 시기에는 북일관계가 한일관계를 일시적으로 역전하기도 했다. 해방 이후부터 1965년까지의 한반도와 일본 간의 관계는 경로가 미정이었던 가능성의 시기였다고도 할 수 있다. 이 시기를 국가 대 사회의 관점으로 확대시켜 보면, 북한에 대한 이미지가 한국의 그것보다 우월했던 국면도 확인할 수 있다. 당시 북일관계는 국가 간의 관계 외에, 북한과 재일조선인운동, 그리고 북한과 일본 혁신운동진영과의 관계가 중요한 축을 이루며 매우 적극적으로 전개되어 왔다. 그리고 이 관계는 1965년 이후 북일 간의 국가 간 관계가 제약되는 와중에서도, 국제공산주의 및 사회주의 운동의 변화를 배경으로 역동성을 잃지 않고 진행되었다. 본고가 주목하는 부분은 여기에 있다.

동아시아 냉전질서의 각론을 보다 구체적으로 확인하기 위해서는 관계의 시야를 확대시킬 필요가 있다. 먼저 북한과 재일조선인운동 간의 관계에 관해서는 실증연구가 선행된 바 있다. GHQ의 재일조선인 정책이라는 관점에서 연구한 김태기(1997)[2]와 6·25전쟁을 매개로 한 일본 국가의 아이덴티티 형성의 맥락에서 연구한 남기정(2000)[3]

---

2) 金太基, 『戰後日本政治と在日朝鮮人問題—SCAPの対在日朝鮮人政策 1945-1952 年』, 勁草書房, 1997.
3) 南基正, 「朝鮮戦争と日本-「基地国家」における戦争と平和」, 東京大学大学院総合文化研究科博士論文, 2000.

등이 그것이다. 특히 남기정의 연구는 재일조선인운동을 국제공산주의운동과 일본공산당과의 관계라는 차원에서 분석하고 있고, 북한과의 관계도 일부 다루고 있다. 본고는 이들 연구 성과에 의거하는 한편, 여기에 더해 북한이라는 요인을 보다 적극적으로 개입시키고, 논의의 공백상태에 있던 일본 사회당 및 범혁신운동 진영과의 관계를 드러내고자 한다. 이를 통해 북한과 일본 혁신진영과의 관계는 동아시아 냉전질서 형성의 또 다른 한 축인 국제공산주의 및 사회주의 운동의 변화가 한반도와 일본 간의 관계에 어떻게 투영되었는지를 구체적으로 확인하고자 하는 것이 본고의 목표이다. 이에 대한 분석은 곧 북일관계의 역사적 기원에 대한 기초 작업의 일환으로서의 의미도 가진다.

북한과 일본 혁신진영을 매개했던 것은 〈일조협회(日朝協会)〉라는 조직이었다. 그리고 일조협회의 실천은 '일조우호운동(日朝友好運動)'이라는 방식으로 표출되었었다. 그러나 일조협회의 결성 시기는 물론 일조우호운동의 태동과 관련해서는 아직 역사적 사실의 확인조차 이루어지지 않은 상태이다. 따라서 본고에서는 역사적 접근을 주된 방법론으로 삼아 논의를 전개하고자 하며, 분석대상 또한 일단 일조협회의 결성과 일조우호운동의 태동기(1945-54년)에 한정한다.

2. 패전 후 평화옹호운동의 전개와 일조협회의 결성

1) 세계평화옹호대회와 일·중소(친선)협회

한반도의 남과 북에 단독정부가 수립될 무렵, '평화'를 슬로건으로 한 최초의 국제적 좌파운동 연합체가 등장하고 있었다. 1948년 8월에 폴란드에서 〈국제지식인평화연락위원회〉가 설치되고, 여기서 세계평화옹호대회의 개최의 결정 및 이 대회에 대한 세계 각국의 관련 단체의 참가를 호소하는 결의가 이루어진 것이다[4]. 이 호소에 호응해, 북한에서는 1949년 3월에 〈평화옹호전국민족위원회(조평위)〉가 결성되었고, 위원장인 한설야를 필두로 한 대표단이 제1회 세계평화옹호대회 참가를 위해 파리와 프라하로 향했다[5]. 제1회 세계평화옹호대회는 4월 20일부터 25일에 걸쳐 진행 되었다. 미군 점령 하에 있던 일본으로 부터의 대표단 파견은 봉쇄된 상태였지만[6], 동년 7월에 발족한 〈평화를 지키는 모임(平和を守る会)〉을 중심으로 일본 평화옹호운동이 본격적으로 개시되고 있었다.[7] 일본혁신계의 이러한 움직임은 곧이어 전후 북한과 일본 간의 접점이 만들어 질것을 예견하게 하는 것이었다.

---

4) 社会運動調査会編, 『左翼団体事典』, 東京 : 武蔵書房, 1963, 35쪽, 312쪽.
5) 조선중앙통신사, 『조선중앙년감 1959년 판』, 평양 : 조선중앙통신사, 1959, 157쪽; 公安調査庁, 『朝鮮関係団体要覧』 未刊, 1982, 164쪽.
6) 日刊労働通信社編, 『戦後日本共産主義運動』, 東京 : 日刊労働通信社, 1955, 549-550쪽.
7) 社会運動調査会, 『左翼団体事典』, 35쪽.

일본의 평화옹호운동은 1948년 이래로 일본공산당이 주창해왔던 민주주의민족전선의 형성이라는 문맥을 가지고 있었다. 이 노선은 노사카 산조(野坂参三)의 평화혁명론에 근거하고 있었다. 평화혁명론은 얄타체제에 근거한 소련공산당의 대미협조노선에 입각한 것으로, 이를 구체화하기 위해 노사카와 북한의 김일성 간에 의견조율이 있기도 했다[8]. 그 연장선상에서 일본에서 추진되었던 것이 민주주의옹호동맹의 결성이었다. 전술한 평화를 지키는 모임의 조직화를 주도하고 있었던 것도 민주주의옹호동맹이었다[9]. 하지만 6·25전쟁을 앞두고 이루어진 국제공산주의운동 진영의 노선변화에 의해 일본공산당의 주도성은 빠른 속도로 약화되어 갔다. 코민포름으로부터 평화혁명론은 부정되었고, 6·25전쟁 직후에 취해진 공산주의자들에 대한 추방

---

8) 노사카는 일본 패전 직후 모스크바에서 소련당국과 비밀 회담을 가진 뒤, 평양에서 아시아 태평양 지역에 대한 소련 공산당의 정책, 즉 얄타회담에 근거한 미소협력 견지라는 입장을 김일성과 박헌영에 전달하고 이를 한반도와 일본에서 구체화하기 위한 방침을 논의한 바 있다(和田春樹, 『歴史としての野坂参三』, 平凡社, 1996, 144-157쪽). 북한이 1948년 9월 9일에 발표한 '조선민주주의인민공화국정강'에 대미 적대의 표현이 삭제된 배경에는 노사카와의 논의가 반영된 것으로 볼 수 있다. 보다 자세하게는 朴正鎭, 「冷戦期日朝関係の形成(1945-65年)」, 東京大学大学院総合文化研究科博士論文(2009), 25-27쪽을 참조할 것.
9) 社会運動調査会(1963), p.549. 일본공산당의 이와 관련한 방침은 1950년 1월 18일 부터 3일 간 개최되었던 제18회 확대중앙위원회에서 결정되었다. 이는 도쿠다 서기장이 발표한 일반 보고 「승리를 위한 긴급임무」를 기초로 한 것이다. 이 보고에서 도쿠다는 "민주민족전선을 확대하기 위해 민주주의옹호동맹이 주요 간부대(幹部隊)가 되어 (중략) 평화를 지키는 모임을 민주주의옹호동맹 보다 크고 광범위하게 확대하지 않으면 안 된다"라고 강조했다(社会運動調査会, 『左翼団体事典』, 551쪽).

조치, 즉 레드퍼지로 인해 일본공산당 지도부는 합법공간에 있어서 중심적인 위치를 상실해 갔다. 뒤이어 도쿠다 큐이치(德田球一) 서기장 등 당내 주류파는 1951년 10월 이른바 「51년 강령」을 채택해, 폭력혁명론을 전면에 내세우게 된다.[10] 이 강령은, 와다 하루키 교수가 지적한 대로, "소련제"였다[11]. 그리고 그 주력부대는 일본 공산당의 지도를 받고 있던 재일조선인들이었다.

반면, 일본사회당(사회당)은 평화문제를 중심으로 혁신계를 대표하는 정치세력으로서 합법공간을 장악해 가고 있었다. 이는 1950년 1월의 제5회 당 대회에서 결정된 전면강화, 중립견지, 군사기지 및 군사협정 반대 등의 「평화3원칙(平和三原則)」으로 외화 되었다[12]. 하지만 이 원칙은 6·25전쟁의 발발을 직면하면서 부터 이미 흔들리기 시작했다. 동년 7월에 개최된 사회당 중앙위원회는 「조선문제와 사회당의 태도」를 채택했다. 이는 전쟁의 원인이 북한의 무력침공에 있으며, 유엔에 의한 법과 질서의 유지에 대해 지지한다는 내용이었다.[13] 이러한 태도에 근거해, 사회당은 6·25전쟁에 대비한 경찰예비대의 설치에 찬성하는 방침을 결정하기에 이르게 된다.[14] 평화3원칙과 6·25

---

10) 일본공산당의 무장혁명노선과 관련한 구체적인 논의는 南基正「朝鮮戦争と日本－「基地国家」における戦争と平和」, 213-219쪽을 참조바람.
11) 和田春樹, 『朝鮮戦争全史』, 岩波書店, 2002, 324-325쪽.
12) 「講和問題に対する基本方針(1950年1月16日・4月3日)」(日本社会党四十周年記念出版刊行委員会編, 『資料 日本社会党四十年史』, 東京：日本社会党中央本部, 1986), 214-215쪽.
13) 「朝鮮事態に対する党の態度(1950年7月8日)」(日本社会党四十周年記念出版刊行委員会, 『資料 日本社会党四十年史』), 222-223쪽.
14) 日本社会党五〇年史編纂委員会編, 『日本社会党』, 東京：社会民主党全国連

전쟁에 대한 사회당의 이러한 태도와 방침은 분명 모순된 것이었다. 당시 사회당의 당면한 주요의제는 일본의 강화조약 체결방식과 관련한 것이었다. 이에 대한 기존의 방침은 "전면강화"의 관철이었지만, 6·25전쟁 중에 이루어진 일본의 강화조약 체결을 앞두고 사회당은 결국 분열하게 된다.

이처럼 6·25전쟁을 거치면서 일본공산당과 사회당이 각각 고립과 분열을 겪게 되면서, 일본 혁신운동 전체를 대표하는 정치적 구심의 등장이 늦추어지고 있었다. 이 연대의 공백을 아우르는 형태로 전개되고 있었던 것이 일본평화옹호운동이었다. 사실 전술한 민주주의 옹호동맹에는 미야모토 겐지(宮本顕治)가 참가하고 있었지만, 조직운영 및 운동노선이 전적으로 일본공산당에 의해 좌우되고 있던 것은 아니었다. 지부도부의 핵심인물은 미국 망명생활을 마치고 막 귀국한 노동농민당위원장 출신의 오야마 이쿠오(大山郁夫) 와세다 대학 교수와, 전전의 일본자본주의 논쟁의 중심인물이었던 히라노 요시타로(平野義太郎)였다[15]. 특히 6·25전쟁의 발발에 자극을 받은 오야마와 히라노 등은 1950년 8월 6일에 〈평화간담회〉를 개최하고, 〈평화를 지키는 모임〉을 대체하는, 보다 국제적인 연대성을 띤 조직으로서 〈평화옹호일본위원회〉를 새롭게 조직했다. 이는 제2회 세계평화옹호대회

盟, 1996, 192-194쪽. 한국전쟁에 대한 사회당의 입장에 대해서는 피터 듀라나, 「일본 사회당의 한반도 정책의 원류와 전개」, 국민대학교 일본학연구소 편『외교문서 공개와 한일회담의 재조명 1 - 한일회담과 국제사회』, 서울 : 선인, 2010, 161-163쪽을 참조바람.
15) 그 외 재일조선인연맹(조련)의 대표로서 신홍식이 합류하고 있었다(社会運動調査会, 『左翼団体事典』, 550쪽).

의 개최를 대비한 조치였다.

1950년 11월에 개최된 제2회 세계평화옹호대회에서는, 6·25전쟁 문제가 주요의제로 대두되는 가운데, 평화운동의 세계적 통일조직으로서 〈세계평화평의회〉가 새롭게 구성되었다. 이 평의회는 약 50개국으로 부터 선발된 222명의 평의원으로 이루어졌으며, 그 중 2명의 일본대표는 다름 아닌 오야마와 히라노였다[16]. 이후 오야마와 히라노는 1951년 1월 15일에 〈전면강화애국운동협회(전애협)〉의 결성을 주도했다. 또한 6월에는 〈평화옹호일본위원회〉가 〈일본평화위원회〉로 개칭되었다[17]. 7월 12일에는 사회당과 총평이 중심이 되어 〈일본평화추진국민회의〉가 추가적으로 결성되었지만[18], 사회당은 10월의 제8회 대회를 거치면서 결국 좌우로 분당했다. 이후 일본 혁신계의 평화옹호운동은 〈일본평화위원회〉와 〈전애협〉의 공동투쟁의 형태로 나타나기 시작한다.

〈전애협〉에는 아사히신문 모스크바 특파원 출신의 하타나카 마사하루(畑中政春) 등 〈일소친선협회〉 성원들이 새롭게 가세해 있었다. 〈일소친선협회〉는 이미 1947년 11월경부터 주일 소련대표부 제레비안코(K. Derevianko) 중장(中将)의 제안으로

〈그림 1〉 하타나카 마사하루 (畑中政春) 일조협회 이사장

16) 社会運動調査会, 『左翼団体事典』, 312-312쪽.
17) 日刊労働通信社, 『戦後日本共産主義運動』, 554쪽.
18) 日本社会党五〇年史編纂委員会編, 『日本社会党』, 210쪽.

그 결성을 위한 움직임이 시작되어, 〈일소문화연락협의회〉, 〈소비에트문화연구자협회〉 등 관련 120여개 단체들의 참여와 협조 속에 1949년 4월 22일 결성되었다[19]. 이날은 레닌의 탄생일이었으며, 동시에 전술한 제1회 세계평화옹호대회가 진행되던 시점이었다. 한편 〈일본중국우호협회(일중우호협회)〉도 제1회 세계평화옹호대회 직후인 10월 10일에, 히라노와 야마우치 모토조(山内元造)등이 중심이 되어 조직화 준비에 착수해, 1950년 10월 1일에 정식 결성되었다[20]. 즉, 사회주의 국가와의 친선단체의 결성과 평화옹호운동의 개시는 하나의 문맥 속에 있었던 것이다. 따라서 〈일소친선협회〉와 〈일중우호협회〉의 지도부 및 성원들은 자연스럽게 중복되는 경향을 보이고 있었다. 당연히 그들은 한반도와 일본 간의 친선단체도 결성하고자 했다. 하지만 일조(친선)협회의 결성은 〈일소친선협회〉나 〈일중우호협회〉의 그 것과 달리 매우 복잡한 단계와 과정을 거치고 있었다. 그 구체적인 경위에 대해서는 최근까지 밝혀지지 않고 있었다.

2) 두 번의 일조친선협회준비회

〈일조협회〉의 결성과 관련한 최초의 기록은 일본공산당 기관지 『아카하타(アカハタ)』에서 확인된다. 이에 의하면, 최초의 〈일조친선협회준비회〉가 개최된 것은 1949년 4월이었다. 준비회의 이사로서 참가했던 것은 전술한 히라노, 오가타를 비롯해 마츠모토 마사오(松本正

---

19) 社会運動調査会, 『左翼団体事典』, 263쪽.
20) 社会運動調査会, 『左翼団体事典』, 244쪽.

雄), 호리에 무라이치(堀江邑一), 야마노우치 이치로(山之内一郎) 등 〈일본평화위원회〉 또는 〈일소친선협회〉 및 〈일중우호협회〉의 지도부들이 주류를 이루고 있었다. 재일조선인 조직인 〈재일본조선인연맹(조련)〉의 대표로서 평화옹호운동에 관여해왔던 신홍식과 조희준이 참여하고 있었다. 〈일조친선협회〉 설립의 취지는 "일조 양 민족의 상호이해와 친선을 깊이" 하는 수준이었지만, 친선의 대상인 "조선"은 "인민민주주의 국가", 즉 북한임을 분명히 하고 있어 확실한 정치적 입장을 드러내고 있었다.[21] 준비회 이후 〈일조친선협회〉의 정식발족은 5월 14일 오후 산별회관(産別会館)에서 이루어질 예정이었다. 하지만 발족식은 예정대로 이루어지지 못한 채 계속 뒤로 미루어지고 있었다.

〈일조협회〉 측의 공식 자료에 의하면, 동 협회가 공식적으로 발족식을 한 것은 1952년 6월이었다.[22] 약 3년간의 공백이 있었던 것이다. 게다가 일조협회 측의 자료에서는 전술한 1949년 4월의 일조친선협회준비회의 존재조차 등장하지 않는다. 그 대신, 일조협회 측은 일조친선협회준비회의 개최를 1950년 11월 30일로 규정하고 있다. 동 준비회는 산별(産別) 상임간사인 스즈키 지로(鈴木二郎)가 발의를 하고

---

21) 당시 일조친선협회준비회 개최의 표면적인 계기는 '4·24 교육기념투쟁'의 진상조사단에 참여했던 후세 다쓰지 변호사(布施辰治)의 제안에 의한 것이었다. 「日朝親善協会生る」, 『アカハタ』 1949년 4월 21일.

22) 日朝協会, 『日朝友好運動一〇年のあゆみ』, 東京 : 日朝協会, 1960, pp.5-6; 日朝協会, 「日朝関係一五年誌」, 『最近の日朝問題』 11月号, 1970, 147쪽; 日朝協会, 「日朝協会一五年の活動と若干の教訓」, 『最近の日朝問題』 10月号, 1971, 83쪽.

히라노 요시타로, 오가타 쇼지, 야마우치 이치로 등의 "찬동 하에"에 이루어진 것으로 되어있다[23]. 그리고 후세 다쓰지(布施辰治)를 위원장으로 하는 〈일조친선협회결성준비회〉 이사회가 결성되었다고 기술되어 있다. 즉, 기존의 〈일조협친선협회준비회〉를 주도했던 〈일본평화위원회〉측으로 부터 양해를 얻어 새롭게 조직이 재편되었음을 알 수 있다. 일조협회 측의 자료에는 당시에 재구성된 〈일조친선협회결성준비회〉 이사회가 "선진적 노동자와 평화 운동가를 중심으로 만들어졌다"라고 서술하고 있다[24].

여기서 "선진적 노동자"는 일본공산당을 지칭한 것으로 판단된다. 당시 일본공산당은 일조협회에 대한 지도와 재편을 추진하고 있었다. 실제로 두 번째 준비회의 개최를 발의한 스즈키 지로는 다름 아닌 일본공산당 당원이었다. 이는 약 3개월 전인 9월 3일에 일본 공산당이 채택한 중앙지도부 지령 제415호 '재일조선인운동에 대하여'라는 통달(通達)에 기초한 것이었다. 이 지령은 당초 〈조국방위위(대)〉를 중심으로 6·25전쟁에 독자적으로 대응하기 시작한 재일조선인공산당원에 대한 지도의 강화를 목적으로 이루어진 것으로, 지령의 내용에는 "〈일조친선협회〉를 담당할 계(係)를 각 기관별로 설치하도록 한다."라는 항목이 포함되어 있었다.[25] 일본공산당은 재일조선인운동에

---

23) 日朝協会, 『日朝友好運動一〇年のあゆみ』, 5-6쪽.
24) 日朝協会, 「日朝協会一五年の活動と若干の教訓」, 83쪽.
25) 「指令第415号, 在日朝鮮人運動について－日共臨時中央指導部より各地方, 府県地区委員会宛に(1950월 9월 3일)」, (朴慶植編, 『朝鮮問題資料叢書』第15巻, 調布：アジア問題研究所, 1991, 121-122쪽).

대한 영향력을 재확인하는 한편, 이를 기반으로 일조(친선)협회의 결성 및 운영을 주도하고자 했음을 알 수 있다. 그 구체적인 행동이 이미 진행 중에 있던 〈일본평화위원회〉측에 의한 일조협회 결성의 흐름을 재편하는 것으로 나타난 것이다.

당시에 작성된 GHQ 민생국(GS)의 보고서도 이러한 정황을 뒷받침 하고 있다. 이 보고서에서는 상술한 중앙지도부 지령 제415를 거론하면서 일본공산당이 〈일조친선협회〉에 대한 본격적인 지도를 시도한 것으로 분석하고 있다. 하지만 보고서는 이에 덧붙여 각 지방에는 이미 자발적으로 조직되고 개별적으로 활동을 전개하고 있던 다수의 유사 조직 및 단체들이 산재해 있으며, 이들을 지도하고 있는 전국적인 조직은 존재하지 않고 있었다는 점도 지적하고 있었다. 두 번에 걸친 〈일조친선협회준비회〉는 아직 중앙 수준의 움직임이었던 것이다. 1952년 2월의 시점에서, GHQ가 파악하고 있던 각 지방 수준의 대표적인 관련단체는 주로 아이치(愛知) 현에 집중되어 있었음이 확인된다. GHQ는 당시 각 지역별 조직의 간부규모를 60명 정도로 추정하고 있었다. 그리고 이들에 대해 가장 영향력을 가지고 있었던 인물로서, 히라노 요시타로와 더불어, 조련의 기관지 『해방신문(解放新聞)』의 주필이었던 박원준을 지목하고 있었다. 또한 각 지역 단위에서 일조친선 관련단체를 적극적으로 지원 또는 개입하고 있던 것도 조련이었던 것으로 파악하고 있다[26]. 후술하겠지만, 양자 간의 이러한 관계는

---

26) GHQ가 파악하고 있던 대표적인 지방의 관련단체는 다카츠(高津)일조친선협회(가나가와현 가와시키시 히사모토(久本)소재, 1950년 5월 설립), 코로모

조련의 후속조직인 〈재일조선인통일민주전선(민전)〉의 시기에도 이어지게 된다. 일조(친선)협회의 발생은 재일조선인운동의 일환으로서의 의미도 가지고 있었던 것이다.

이 후 "오사카, 교토, 후쿠오카, 가와사키 등의 지역에서 일조친선운동과 그 조직화가 각각의 지역별로 독자적인 이니셔티브로" 진행되었다[27]. 하지만 이러한 지역별 일조친선운동 및 조직화도 일조(친선)협회의 발족으로 수렴되지는 않고 있었다. 각 지역별 조직화가 구체적으로 어떠한 형태를 띠고 있었는지는 확인되지 않고 있지만, 〈일조협회〉측의 자료에 서는 최초의 〈일조친선협회〉설립의 움직임으로서 1949년경 부터 "조선사 연구자이자 나고야 대학 교수인 시가타 히로시(四方博)를 중심으로 〈일조친선협회준비회〉의 조직화"가 있었다고 기록하고 있다[28]. 그 설립 시기는 기술되어 있지 않다. 이와 관련해 시가타는 1960년대 초반에 발행된 것으로 보이는 〈일조협회〉아이치현 연합회 사무소 명의의 『일조협회 안내서(日朝協会のしおり)』라는 팸플릿에 "회장"으로 명기되어 있다. 그리고 아이치현 〈일조협회〉

쵸(擧母街)일조친선협회(아이치현 니시키모시 코로모쵸 소재, 설립시기 불명), 히지이(尾西)지방일조친선협회(아이치현 이치노미야시 하나네 토오리(花根通り)소재, 설립시기 불명), 조일친선협회(아이치현 니시키모시 코로모쵸 소재, 설립시기 불명), 일조친선협회(아이치현 나고야시 토요쵸(東陽町)소재, 1950년 3월 설립) 등이었다. "Niccho Shinzen Kyoukai (Japan Korean Amity Association)", Government Section (GS), General Headquarters/Supreme Commander for Allied Powers(GHQ/SCAP) File No.30, Box no. 2275HH, NA.

27) 日朝協会, 「日朝関係一五年誌,」, 146쪽.
28) 日朝協会, 「日朝関係一五年誌,」, 146쪽.

의 결성은 1951년 6월로 되어 있다[29]. 아이치현 〈일조협회〉는 결국 상술한 GHQ 민생국 보고서에 등장하는 아이치현의 각 지역별 일조친선 유관단체가 통합된 것으로 추측된다.

아이치현 일조협회 결성의 당사자인 시가타의 회상에 따르면, 당시에는 "조선에 연고가 있는 자들, 특히 조선에 대하여 일종의 향수와 같은 센티멘털을 가지고 있는 사람들에게 참여를 호소해" 회원을 모집했다고 한다. 그리고 협회에 모인 사람들은 "조선에 대하여 일종의 보호자적 태도를 가지고 있었고, 조선인들은 자신들이 이끌고 가지 않으면 안 되는 사람들이라는 태도를 가지고 참가한 사람들이 상당수 있었다."고 기억하고 있다.[30] 아이치현 〈일조협회〉의 경우, 결성당시의 명칭이 실제로 일조협회였는지, 일조친선협회였는지 분명하지 않다. 다만, 아이치현의 일조(친선)협회에 모인 일본인들의 대부분은 식민지시대의 조선관에 근거하고 있었고, 남북조선 모두를 친선의 상대로서 생각하고 있었다고 판단된다. 시가타 히로시의 증언을 종합해보면, 적어도 같은 시기 동경에서 개최되었던 〈일조친선준비회〉와는 별개의 움직임이었음은 확실한 것으로 보인다.

3) 두 개의 일조협회

〈일조협회〉측이 말하는 최종적인 〈일조협회〉 발족식 전에도, 실

---

29) 日朝協会愛知県連合会事務所 『日朝協会のしおり』 同所, 발행일 불명.
30) 四方博, 「愛知における日朝友好運動の歩み」, 『日朝協会愛知県連合会配布資料』, 1998.(大学大原社会問題研究所所蔵向坂文庫)

은 또 하나의 〈일조협회〉가 전혀 다른 흐름 속에서 등장해 있었다. 이는 일본 공안 측 자료에서 확인된다. 이에 의하면, 1951년 9월 2일에 도쿄 다이토구에 소재한 뉴스타일사(ニュースタイル社)라는 곳에서 다이쇼 대학 교수 이타도 도모미(板戸智海)와 재일조선인 승려인 이영표(도센사(東鮮寺)의 주지승)가 중심이 되어 '종교가 교육 간담회'가 열렸고, 여기서 이영표의 제안으로 일조협회 발기인대회가 동시에 이루어졌다 이 일조협회는 아사쿠사의 만류사(浅草万隆寺)의 주지승이었던 구루마 다쿠도(来馬琢道)(전 참의원 의원)를 회장으로 하고, 제안자인 이영표를 부회장으로 해서, 동월 10일에 정식으로 발족했다[31]. 이처럼 불교도들이 나서게 된 것은 관동대지진 당시 학살된 조선인 위령회(慰霊会)나 장례행사에 각 지역의 사찰 관계자들이 참가했었던 경험이 주된 계기가 되어 있었다. 그 외 한반도와 일본의 불교가 역사적으로 깊은 관계가 있었다는 역사적인 인식이 작용했을 가능성도 없지 않다[32].

　일본의 불교도들은 6・25전쟁 당시 인도주의적 입장에서, 이 〈일조협회〉를 조직적 기반으로 해 전쟁 피해자들에 대한 구원운동에 나서고자 했다. 불교도들의 이러한 활동은 이미 전국적으로 진행되고 있었다. 예를 들면, 교토지역의 일조친선운동에 관여했었던 와다 요이치(和田洋一)의 회상에 의하면, 교토의 〈일조친선협회〉는 1954년

---

31)　坪井豊吉, 『在日朝鮮人運動の概況』法務研究報告書(部外秘), 第46集第3号, 1959, 544-545쪽.
32)　李尚珍, 「日朝協会の性格と役割」, 高崎宗司・朴正鎮編著, 『帰国運動とは何だったのか－封印された日朝関係史』, 東京：平凡社, 2005, 237쪽.

봄에 민전의 제안이 계기가 되어 결성되었지만, 그 간의 불교도들의 활동을 존중해, 회장에는 교토 불교도 회의 상임이사였던 야마구치 고에(山口光円)가 취임했다[33]. 〈일조협회〉의 결성시기를 논하는데 있어 미미하게 남아있는 관련문헌 및 연구들 사이에 혼란과 사실의 확인이 이루어지지 않고 있는 것은, 일본 공안 측의 자료에는 전술한 최초의 〈일조친선협회준비위원회〉에 관한 사항이 빠져있고, 일조협회 측의 자료에는 불교도 주도의 〈일조협회〉 조직화 움직임에 대한 서술이 누락되어 있는 것과 관련이 있는 것으로 생각된다.[34]

일본공산당 및 평화운동진영에서도 불교계의 이러한 움직임을 고려하지 않을 수 없었을 것이다. 종래의 〈일조친선준비위원회〉가 곧장 발족식을 갖지 못했던 것도 이유는 여기에 있었다고 볼 수 있다. 〈일조협회〉측 자료에 기록된 1952년 6월 2일의 발족식에 구루마 다쿠도(회장), 이영표(부회장), 이타도 도모미(이사장) 등, 돌연 불교계의 인물들이 지도부에 포진하고 있었던 것도 같은 이유였다[35]. 이영표는 이후 〈민전〉과도 직접적인 연계를 가져가며 활동했다[36]. 그 외 일본공산당

---

33) 和田洋一・林誠宏, 『「甘やかされた」朝鮮』, 東京 : 三一書房, 1982, 38-39쪽.
34) 일본 공안 측의 쓰보이 도요키치(坪井豊吉)의 보고서에 근거해 일조협회 결성 시기를 논한 것으로는, 전준, 『조총련 연구』 제2권, 서울 : 고려대학교 아세아문제연구소, 1972, 81쪽. 한편, 공안 측의 자료 중에서도 일조협회의 결성을 1951년 6월 10일로 기술한 것도 있다(内閣官房内閣調査室, 『朝鮮要覧―南鮮・北鮮・在日朝鮮人運動』(未刊, 1960), 182-183쪽; 社会運動調査会編, 『左翼団体事典』, 235쪽; 公安調査庁, 『朝鮮関係団体要覧』, 93쪽). 이는 '1952년'을 잘못 기술한 것으로 보인다.
35) 日朝協会, 『日朝友好運動一〇年のあゆみ』, 6쪽; 日朝協会, 「日朝関係一五年誌」, 147쪽.
36) 坪井豊吉, 『在日朝鮮人運動の概況』, 521쪽.

과 관련을 가지고 있던 마츠이 가쓰시게(松井勝重)가 사무국장으로 취임했고, 조선 역사학자인 하타다 다카시(旗田巍)와 〈일중우호협회〉에 참여했던 미부 쇼준(壬生照順) 등이 중요회원으로서 참여하고 있었다.[37] 당시의 정황과 관련해 미부 쇼준은 "일조 양국의 불교도가 회합해, 양국의 우호친선을 위한 〈일조친선협회(일조협회-필자)〉를 만들었다. (중략) 이것이 현재 〈일조협회〉의 전신이다"라고 증언하고 있다[38].

즉 불교도에 의해 이미 결성된 〈일조협회〉에 〈일조친선협회준비위원회〉가 합류하는 형식을 띄고 있었던 것이다. 조직의 명칭을 일조친선협회가 아니라 일조협회로 한 것도 이와 같은 경위가 일부 반영된 것으로 생각된다. 새롭게 발족한 일조협회는 기관지 『일본과 조선(日本と朝鮮)』을 발행했고, 활동방침으로서 '조선'의 사정에 대한 소개와 친선을 도모하는 동시에, 재일조선인에 대한 억압에 반대하는 것 등을 들고 있었다. 여기서 말하는 '조선'이 남과 북 어느 쪽을 지칭하고 있었는지는 분명하지 않다[39]. 한편, 일본공산당도 일조협회의 정식발족에 즈음해, 동 협회조직의 중앙 및 지방에 G조직(당 조직)을 확립하는 한편, 일본공산당의 지도내용을 담은 비공식 기관지 『도라지 통신(とらじ通信)』을 발행했다.[40] 일조협회의 실제적인 운영은 민전과 불교도의 가교역할을 하고 있던 이영표와 일본공산당과의 연계 하에 혁신계 불교운동을 전개하던 마츠이 가쓰시게가 담당하고 있었다.[41]

---

37) 日朝協会(1960), 6쪽; 日朝協会(1970), 147쪽.
38) 壬生照順, 「日本人としての反省」, 『統一評論』統一評論社(1977), 27쪽.
39) 壬生照順, 「日本人としての反省」, 27쪽.
40) 坪井豊吉, 『在日朝鮮人運動の概況』, 544-555쪽.

그 후 지역별 일조(친선)협회는 〈일소친선협회〉, 〈일중우호협회〉와의 연대 하에 도쿄의 〈일조협회〉 산하조직으로서 통합되어 갔다. 대표적인 사례로서 오사카 지역의 경우, "오사카부 직원조합의 성원들이 주도가 되어 1954년 1월에 〈일조친선협회오사카부준비회〉를 결성"했다[42]. 1955년 3월에 이루어진 〈일조친선협회오사카부연합회〉 결성식에는 일본공산당 오사카본부 외에, 주요노조, 민주단체의 적극적인 참여와 지원이 있었다.[43] 게다가 초기에 결성되었던 아이치현의 사례와는 대조적으로, 친선의 상대를 북한으로 한정하고 있었고, 일본공산당 및 기타 친선단체와도 밀접한 관계를 가지고 있었고, 특히 〈민전〉과의 관계가 농후 했다[44]. 〈일조협회〉가 지방의 일조(친선)협회를 통합해가는 과정에서, 일본인 고유의 친선단체로서의 독자적 조직력은 역으로 약화되는 경향을 보이고 있었음을 알 수 있다.

〈일조협회〉가 발족된 후, 〈민전〉은 1952년 11월 제3회 전체대회에서 "국제연대와 일조친선운동의 강화"를 활동방침으로서 채택했

---

41) 쓰보이의 조사에 의하면, 마츠이 가쓰시게가 정식으로 일조협회에 입회한 것은 1953년 4월이었고, 이때부터 일조협회는 민전의 제반 투쟁결성에 따라는 경향이 강해졌다고 한다(坪井豊吉, 『在日朝鮮人運動の概況』, 545쪽).
42) 大阪社会運動史編纂委員会, 『大阪社会運動史―高度成長期(上)』 第四巻, 大阪 : 大阪社会運動会, 1991, 890쪽.
43) 大阪社会運動史編纂委員会, 『大阪社会運動史―高度成長期(上)』, 891쪽; 『解放新聞』 1954년 2월 25일.
44) 결성당시 일조친선협회오사카부 연합회의 역원명부를 보면, 회장은 미정이었고, 부회장에 후지타 토시(藤田寿)(부인민주클럽)와 김민화(조선민보)가 나란히 취임해 있었고, 부이사장에도 강철(조선민보)이 함께하고 있었다. 특히 사무국장에 문장희(조선민보)가 취임해 실무를 책임지고 있었다. 조선민보는 민전의 기관지였고 여기에 소속된 인물들은 민전의 핵심간부였다.

다[45]. 〈일조협회〉도 재일조선인 자제들의 민족교육활동운동에 지지를 보이는 것을 시작으로, 점차 민전이 제기하던 각종 대중운동에 보조를 맞추어가기 시작했다[46]. 따라서 그 활동도 점차 정치색이 짙어졌고, 이에 반발해 중앙조직의 경우 임원의 대부분이 탈퇴하는 상황에 이르렀다. 이들이 탈퇴한 공백은 1952년부터 53년 사이 소련과 중국으로 부터 일본으로 귀국한 '문화인들', 즉 혁신계 지식인들이 대거 입회함으로서 채워진 것으로 알려져 있다. 이 때문에 〈일조협회〉의 주요 성원들이 〈일소친선협회〉나 〈일중우호협회〉의 성원으로서 겸직을 취하는 경향이 강해졌다[47].

〈민전〉은 1954년 2월에 개최된 제14회 중앙위원회에서 "『일본과 조선』의 배포강화를 결정"하는 등, 〈일조협회〉의 사업에 대한 개입을 확대해 갔다[48]. 특히 〈일조협회〉에 있어 민전활동가들의 역할은, 오사카의 사례와 같이, 지방조직에서 두드러지는 양상을 보였다. 오사카에서 일조친선운동에 관여했던 호리에 무라이치(堀江邑一)에 의하면, 〈일조협회〉 결성 후 멤버의 약 "60%가 조선인"이 되었다고 회고하고 있다. 호리에는 일조협회 안에서 민전의 역할이 확대된 이유로서 일본공산당의 태도를 비판적으로 지적하고 있다. 즉, 일본공산당은 "일중, 일소협회 그리고 일본평화위원회 사업에는 열심이었지만, 일

---

45) 大阪社会運動史編纂委員会, 『大阪社会運動史—戦後編』第三巻, 大阪 : 大阪社会運動会, 1983, 1277쪽.
46) 坪井豊吉, 『在日朝鮮人運動の概況』, 544쪽.
47) 社会運動調査会編, 『左翼団体事典』, 182-183쪽.
48) 坪井豊吉, 『在日朝鮮人運動の概況』, 544쪽.

조(협회)사업은 무시"하는 경향이 있었다는 것 이다[49]. 일본공산당은 〈일조협회〉에 대한 지도의 중요성을 강조하고 있었지만, 이를 재일조선인에 대한 지도 및 일소, 일중우호사업의 연장으로 이해하고 있던 측면이 강했음을 드러내는 대목이다.

〈도표 1〉 평화옹호운동의 전개와 일조협회의 결성 (1949~52년)

세계평화옹호운동	일본평화옹호운동	대 중소 친선단체	일조협회의 결성
제1회 세계평화옹호대회 (1949.4) : 국제지식인평화연락위원회	평화를 지키는 모임 (平和を守る会) (1949.7)	일소친선협회 결성 (1949.4)	일조친선협회준비회①(1949.4)
	⇩		↓ 일본공산당의 개입 ↓
제2회 세계평화옹호대회 (1950.11) : 세계평화평의회	평화옹호일본위원회 (1950.8) ↓ 일본평화위원회 (1951.7)	일중우호협회 결성 (1950.10)	일조친선협회준비회②(1950.11)
			일조친선협회준비 ⇩ 회②+불교계 일조협회 합류
아태지역 평화회의 (1952.10) : 아태지역 평화연락위원회	일본평화연락회 (1952.11)		일조협회 결성 (1952.6)

※ 범례 : (-) 수직적 연계, (…) 수평적 연계, (⇩/↓) 조직 발전과정

---

49) むくげの会, 「大阪日朝友好運動(堀江邑一との雑談回想)」, 『むくげ通信』, 1974년 7월 14일.

3. 혁신계의 방북과 일조우호운동의 태동

1) 아태지역 평화회의와 조선정전축하사절단 파견운동

한편, 〈일조협회〉의 발족을 둘러싼 우여곡절이 진행되는 동안, 평화옹호운동진영에서는 새로운 움직임이 일고 있었다. 1952년 6월 3일 북경에서 개최된 〈아시아태평양지역평화회의(아태지역 평화회의)〉의 준비위원회에서 북한대표인 조선로동당중앙위원회 부위원장 박정애와 일본대표로서 참석한 좌파사회당 중의원의원 호아시 게이(帆足計)가 자리를 같이했다[50]. 해방 후 최초의 일본 혁신계와 북한 측과의 만남이었다. 게다가 이 날은 〈일조협회〉가 발족한 바로 다음 날이었다. 북경에서 양자가 별도의 의제로 개별회담을 나눈 흔적은 아직 확인되지 않는다. 하지만 이 회의를 출발점으로 해서 북한은 일본 혁신세력과의 새로운 관계모색을 시도하기 시작했다는 점에서 주목할 필요가 있다.

호아시는 〈아태지역 평화회의〉 준비위원회에 '아시아태평양지역평화회의에 대한 요망'이라는 제안문을 제출하고, 여기서 "평화, 우애, 호혜, 평등의 입장에서 아시아 제 국가들과 평화를 유지하고, 경제협력을 절실히 요망"한다고 표명했다[51]. 당시 호아시는 옵서버 자격을 고수하고 있었다.[52] 좌파사회당이 아직 평화옹호운동진영에 적극적

---

50) 帆足計, 『ソ連・中国紀行』, 東京：河出書房, 1952, 310쪽.
51) 「(帆足計提出)広範なる平和戦線を－アジア太平洋地域平和会議に対する要望」
(帆足計, 『ソ連・中国紀行』), 317-318쪽.
52) 帆足計, 『ソ連・中国紀行』, 305쪽.

으로 발을 담그고 있지 않은 상황이었다는 점, 그리고 이즈음부터 사회주의국가, 특히 중국과의 경제관계에 적극성을 보이고 있었다는 점이 확인된다. 한편, 호아시의 제안문에는 아직 북한이 구체적으로 언급되지 않고 있었다. 이 제안문이 제출될 당시, 북한에 대한 연합군의 폭격이 절정에 달하고 있었기 때문에, 어떤 의미에서는 당연한 것이었다. 당시 일본국내에서는 북한에서의 이러한 정세의 영향으로 재일조선인들이 '해방전쟁 2주년 기념 구국월간'투쟁을 전개하고 있었다. 일본공산당의 「51년 강령」하에서 민전의 실력투쟁이 고조되고 있었던 것이다[53].

〈그림 2〉호아시 게이(帆足計) 귀국장면 (1952.7)

호아시는 중국과 최초로 '일중무역협정'을 체결했지만, 결국 〈아태지역 평화회의〉에는 참석하지 않고 1952년 7월에 귀국했다. 동월 7일의 '호아시 게이 환영보고대회'에는 약 5000명이 참가해, 경찰과 격렬한 충돌을 일으켰다. 그 결과 269명이 체포되었는데, 그 중 150명이 〈민전〉계열 재일조선인이었다[54]. 이는 일본의 평화옹호운동이 재차 국제공산

---

53) 일본공산당의 「51년강령」하의 무장혁명론과 재일조선인운동과 관련해서는, 南基正,「朝鮮戦争と日本－「基地国家」における戦争と平和」, 196-276쪽을 참조하기 바람.
54) 和田春樹,『朝鮮戦争全史』, 東京 : 岩波書店, 397쪽.

주의운동의 일환으로 위치지어지고 있음을 보여주는 사례라고 할 수 있다. 전술한 대로 무력을 동반하던 민전의 투쟁이 그 근거로 삼고 있던 일본공산당의 「51년강령」은 국제공산주의운동노선의 산물이었기 때문이다. 한편, 10월에 개최된 〈아태지역 평화회의〉에서는 〈아시아태평양지역평화연락위원회(아태지역평화연락위원회)〉가 설립되었다. 이에 따라 일본에서도 11월 1일에 〈아시아태평양지역일본평화연락회(일본평화연락회)〉가 결성되었다[55]. 북경에 아시아 평화옹호운동의 새로운 거점이 만들어지자, 북한과 일본 양국 간에도 드디어 논의의 장이 만들어지게 된다. 이를 향한 움직임은 한반도의 정전무드에 맞추어 나타났다.

1953년 5월, 〈아태지역평화연락위원회〉가 〈일조협회〉, 〈일본평화위원회〉, 〈일본평화연락회〉, 〈민전〉 등을 포함한 7개 단체 앞으로 서간을 보냈다. 서간에는 "조선전쟁의 즉각적인 전면해결을 위해 일본의 평화세력이 궐기할 때가 왔다"라며, "일본평화세력의 친선강화를 위해, 조선민주주의인민공화국에 일본평화사절단을 보내자"는 제안이 담겨 있었다.[56] 이 서간의 발송자는 가메다 도고(亀田東伍)였다. 북경에서 중국공산당과 일본공산당과의 연락활동을 하고 있던 가메다는 호아시 대신 제1회 아태지역 평화회의의 일본대표로서 참석했었다. 그리고 회의 이후에도 〈아태지역 평화연락위원회〉 부위원장으로서 북경에 잔류하고 있었던 것이다. 주목할 것은 가메다 서간의 발송

---

55) 日刊労働通信社編, 『戰後日本共産主義運動』, 560쪽.
56) 「朝鮮へ平和使節団を 亀田氏から7団体へ訴え」, 『アカハタ』, 1953년 5월 27일.

시점이, 북한의 〈조국통일민주주의전선(조국전선)〉의 호소에 응해, 민전이 한일회담저지투쟁을 시작한 국면에 맞추어져 있었다는 점이다. 이는 가메다의 제안이 사전에 북한의 의사가 북경에 전달된 결과였음을 시사한다.[57] 정전을 앞두고, 한일회담에 대한 견제와 대일접근을 준비하던 북한이 일본 혁신계와 새로운 연계의 채널을 만들고자 시도하기 시작한 것이다.

가메다 서간에 가장 적극적으로 호응한 것은 조직화된 지 얼마 되지 않은 〈일본평화연락회〉이었고, 그 중심에는 사무국장을 맡고 있던 하타나카 마사하루가 있었다. 하타나카는 1953년 7월 9일 〈일중우호협회〉의 다나카 도시오(田中稔男), 〈일조협회〉의 마츠이 가쓰시게, 민전의 고성호 등 주요 단체 대표들을 소집해 북한 사절단 파견문제를 논의하고, 이를 추진하기 위해 발기인회를 만들 것에 합의했다[58]. 뒤이어 하타나카는 "조선의 휴전을 축하할 사절단을 일본에서 조선민주주의인민공화국에 직접 보내자"라는 슬로건을 내세웠고, 이 슬로건 하에 각지에 축하단파견추진을 중심으로 각종 일조친선 및 우호운동이 전개되었다[59]. 이 운동에는 〈일본평화연락회와〉의 연계 하에, 〈일

57) 이 전달 작업을 담당한 것은 가메다 토우고와 더불어 아시아태평양지역평화회의에 재일조선인 대표로서 참석한 후, 북경에 잔류해 있던 민전 소속의 황봉구에 의해 이루어진 것으로 추측된다. 황봉구는 민전 해체된 뒤 재일본조선인총연합(조총련) 결성된 이후에도 북경에 체류하면서 재일조선인운동 내부의 한덕수 중심으로 '조국파' 그룹과 북한의 김일성을 연결하는 연락책으로서 활동하기 시작한다. 이와 관련한 보다 구체적인 논의는 朴正鎭, 「冷戰期日朝關係の形成(1945－65年)」, 57-60쪽을 참고바람.
58)「朝鮮へ平和使節 平和連絡会よびかけ」,『アカハタ』, 1953년 7월 27일.
59)「各地に平和の話しあい運動 朝鮮に使節団を送れ」,『アカハタ』, 1953년 8월

조협회〉가 최선두에 섰다. 그리고 이 때 이후 하타나카는 〈일조협회〉의 핵심인물로 부상하기 시작한다. 현재 〈일조협회〉는 당시의 운동을 "일조왕래실현을 위한 최초의 투쟁"으로서 그 의의를 부여하고 있다[60]. 지방의 일조(친선)협회가 친 북한의 색깔을 보다 선명하게 띠기 시작한 것도 이 운동이 계기가 되고 있었다.

일조우호운동의 전국화의 성과로, 1953년 9월 도쿄의 오차노미즈 잡지기념관에서 제1회 조선정전축하평화친선사절단파견실행위원회가 개최되었고[61], 동년 11월에 사절단이 공식 결성되었다. 사절단은 혁신계를 대표하는 주요인물 15명으로 구성되었다[62]. 평화운동진영에 있어 북한이 차지하는 비중이 일거에 확대된 것이다. 이후 사절단은 외무성에 대해 공식여권의 교부를 수차례 요구하였지만, 예외 없이 거부되었다. 이미 동년 10월에 제3차 한일회담이 구보다 발언 문제

30일.

60) 日朝協会, 「日朝関係一五年誌」, 84쪽.

61) 朝鮮休戦祝賀平和親善使節団派遣運動実行委員会発行『ニュース』第3号(1953년 10월 2일)(法政大学大原社会問題研究所所蔵向坂文庫).

62) 구루마 다쿠도(일조협회 회장), 야마하다 히데오(山花秀雄, 사회당 중의원 의원), 요시오카 긴이치(吉岡金市, 농학박사), 유아사 가쓰에(湯浅克衛, 작가), 히라구리 긴이치(平栗欣一, 자유당 당원), 난바 지로(難波四郎, 칸사이 일중무역촉진위원회 부회장), 기타 코우쇼(喜多幸章, 농민운동가, 일농(日農)소속), 우에키 센지로(直木仙次郎, 국철히로시마지방 위원장), 쓰즈미 신이치(堤信一, 치바현 내외제철노동조합부위원장), 가미야마 난요(上山南洋, 홋코쿠신문 부주필), 코스기 도시아키(古杉敏秋, 시즈오카 시의원), 이가라시 사부로(五十嵐三郎, 전산노조 중앙집행위원장), 야마노우치 이치로(도쿄대 교수), 쿠시다 후키(부인민주 클럽), 이호연(민전 의장단) 등, 그 면면을 보면 혁신계를 대표하는 인물들이 대거 참여하고 있었음이 확인된다(『解放新聞』1953년 11월 25일).

로 결렬된 직후였기 때문에, 일본정부로서는 그 이상 한국정부를 자극하지 않는다는 방침이었다.[63] 결국, 일본으로부터 직접파견 및 도항은 실현되지 못했고, 당시 헬싱키 세계평화평의회에 참석하고 있던 오야마 이쿠오·오야마 료코(大山柳子) 부부와 단 도쿠사부로(淡德三郎)일소협회 이사, 그리고 북경에 있던 가메다 등 4인이 정전축하사절단(오야마 사절단)으로서 평양을 방문하게 된다.[64]

2) 오야마 사절단 : 최초의 방북

1953년 11월 5일에 평양에 도착한 오야마 사절단을 위해 7일에 환영대회가 개최되었다. 평양시민의 성대한 환영을 받으며 연단에 오른 오야마 이쿠오는 "지금까지 조선에서는 일본의 제국주의자가 침략만을 목적으로 해왔을 뿐, 일본국민의 대표가 조선인민과 친선의 손을 내민 적이 한 번도 없었다."는 자기반성에서부터 연설을 시작했다[65]. 오야마의 발언대로, 이 사절단의 방북은 일본과 한반도 관계에 있어서 획기적인 것이었고, 그 만큼 북한의 대응도 적극적이었다. 9일에 있은 김일성과의 회견석상에서는 홍명희 부수상 외에, 박정애, 한설야, 남일 등, 이후 북한의 대일인민외교의 주역들이 자리를 함께했다. 여기서 김일성은 "일본인민이 외래제국주의자와 자국의 반동적 매국지배층에 반대해 의연한 투쟁을 전개하고 있다"고 지적하고, "조

63) 『第十七回国会衆議院外務委員会議事録』 第6号(1953년 11월 7일).
64) 外務省亜五課, 「訪鮮邦人一覧表(1955년10월31일)」, 일본 외무성 문서, 분류번호 0120-2001-00988, 릴 번호 A'-393.
65) 『로동신문』, 1953년 11월 8일.

일양국의 호상이혜가 이 처럼 분명해진 만큼, 양국인민 사이의 국제적 친선은, (중략) 더욱 발전하게 될 것이다"라고 낙관적인 견해를 표명했다[66].

오야마 사절단과의 회견당시, 김일성은 매우 바쁜 외교일정을 수행 중에 있었다. 소련 공식방문(1953년 9월1~29일)을 막 마친 상황이었고, 사절단과의 회담 다음날에는 중국으로 공식방문 길에 올랐다. 각각의 방문은 전후복구를 위한 경제협력이 주된 내용이었지만, 중소 양국의 새로운 외교정책, 그 중 대일정책에 관한 의견교환 또한 수반되었을 것임은 상상하기 어렵지 않다. 이 와중에 김일성과 일본혁신계 간의 최초의 만남이 이루어진 것이고, 특히 그 상대가 스탈린상 수상자이자, 일본평화옹호운동의 상징적인 인물이었던 오야마였다는 점도 당시의 회견이 가지는 중요성을 시사한다. 오야마는 귀국 후에 전국 각지에서 보고대회를 개최했다[67]. 주목할 것은 보고대회에서 "일본정부는 이승만 괴뢰문제를 (북한과의) 협의로서 해결하라"라는 구호가 대대적으로 등장한 점이다.[68] 오야마 사절단의 방북 후, 일조 우호운동에 있어 한일회담이 중요한 현안으로 떠오른 것이다.

한편, 김일성은 오야마 사절단과의 회견 중에 "재일조선동포와

---

66) 「조선정전축하일본인민친선사절단 접견 석상에서 한 김일성원수의 연설 (1953년 11월 9일)」, 『로동신문』, 1953년 11월 10일.
67) 오야마 일행의 귀국 후의 회견 및 활동을 정리한 것으로는, 大山郁夫, 「平和の使を果たして」, 『中央公論』 2月号(1954), 18-31쪽.
68) 『解放新聞』 1954년 1월 19일. 북한의 공식문헌에는 나타나지 않고 있지만, 평양에서 김일성과 오야마 사절단 간의 회견에서는 한일회담에 관한 논의도 포함되어 있었을 가능성을 시사하는 대목이다.

평화를 사랑하는 일본국민이 더욱더 국제적 단결을 강화해, 미국과 이승만 일파에 반대하고, 조국의 평화통일을 위해 영광스러운 투쟁을 전개할 것으로 바라마지 않는다."는 메시지를 전했다.[69] 이 메시지는 통역을 위해 북경으로 부터 가메다와 더불어 합류했던 황봉구에 의해 민전 측에 전달되었다. 1954년도는 민전과 일본공산당 간에 '3반(반미, 반요시다, 반군비)' 또는 '4반(+반이승만)'투쟁을 둘러싸고 갈등이 본격화된 시기이다. 김일성의 메시지에는 '4반'의 내용, 즉 '반이승만'을 언급한 것으로 3반을 주장하던 일본공산당에 대한 비판이 담겨져 있었던 것이다. 이는 북한이 재일조선인운동에 대한 일본 공산당의 지도를 부정하기 시작했음을 의미하는 것이었다.

재일조선인을 대표하던 황봉구의 평양에서의 활동은『해방신문』에 총 4회에 걸쳐 연제되었다[70]. 이에 의하면, 황봉구는 오야마 사절단의 통역 외에, 민전이 산하단체로서 소속되어 있던 〈조국전선〉과도 별도의 일정을 가지고 있었음이 확인된다. 조국전선중앙위원회에 초청된 황봉구는, 당시 민전에서 조국복구자금 캠페인이 시작되었다는 점과 조국해방전쟁축하재일동포사절단 파견이 준비되고 있다는 점 등을 보고했다. 민전의 상황에 관한 자료는 "재일동지의 지원을 얻어 모았다"라고 하고 있으나, 그 구체적인 경위는 드러나 있지 않다. 이 자리에서 황봉구는 〈조국전선〉으로 부터 재일조선인운동노선과 관련한 직접지도를 받았다. 그리고 오야마 사절단과의 동행을 마친 후에

---

69)『解放新聞』, 1954년 1월 19일.
70)『解放新聞』, 1954년 1월 7일, 9일, 12일, 14일.

도 북경에 잔류했다. 그 후 이 북경을 거점으로 민전의 후신인 조총련과 북한을 매개하는 역할을 하게 된다[71].

3) 구로다 방북단 : 교류의 전조

오야마 사절단의 방북이후, 1954년에는 혁신계에 의한 두 차례의 방북이 뒤를 이었다. 1월 26일에는 빈에서 열린 세계평화대회에 참가했던 노농당(労農党) 중의원 의원인 오카다 하루오(岡田春夫)와 부인 민주클럽 위원장 구시다 후키(櫛田ふき)가 귀국도중 북경을 경유해 방북했다. 이즈음부터 제3국을 경유한 일본인의 방북루트가 정착해 간다. 8월 14일에는 스톡홀름에서 개최된 세계평화옹호회의에 참가했던 30여명의 일본대표단 중, 구로다 히사오(黒田寿男) 노농당 중의원 의원을 필두로 한 총8인이 귀국 도중 평양을 방문해 10일 동안 체류했고, 각 분야별 북한 당국자들과 접촉했다(구로다 방북단)[72]. 일본혁신계의 방북단으로서는 당시까지 최대 규모였다.

---

71) '3반' 또는 '4반'투쟁 노선을 둘러싼 일본공산당과 재일조선인운동 진영 그리고 북한 당국 간의 논쟁 및 대립과 관련해서는 朴正鎮, 「冷戦期日朝関係の形成(1945－65年)」, 61-65쪽.

72) 방북단은 단장인 구로다 히사오를 비롯해, 일본평화위원회 위원장직을 맡고 있던 히라노 요시타로(일중우호협회 부회장 겸임), 과거 일조친선협회준비위원회에 관여했었던 야마노우치 이치로 도쿄대 교수(일소친선협회 이사장), 호리 마코토(堀眞琴, 노농당 참의원의원), 후쿠시마 요이치(福島要一, 일소친선협회 및 일중우호협회 이사), 시무라 히로시(志村寛, 일중무역촉진회 상임간사) 등으로 구성되었다(外務省亜五課. "北鮮の対日動向について(秘)(1955年10月31日)," 일본 외무성문서, 분류번호 0120-2001-00988, 릴 번호 A'－393; 「日本平和代表 朝鮮民主主義人民共和国を訪問,"『アカハタ』, 1954년 8월 27일.

구로다 방북단의 활동에서 특기할 것은 방북단의 일원이었던 히라노 요시타로와 시무라 히로시(志村寬)가 중심이 되어 북일 간 경제교류의 가능성을 처음으로 타진했다는 점이다. 당시의 상대역은 북한의 무역성이었다. 무역성과의 회담에 참여했던 히라노는 귀국 도중 단독으로 북경을 방문했고, 북경체류 중에 평양에서의 활동경위를 정리해 일본의 〈일중무역회〉(1952년 결성) 앞으로 송신했다. 그 내용의 일부는 1954년 9월 16일자 『해방신문』 사설에 소개되어 있다. 여기서는 북한 무역성 측과의 회담에서 무역상품, 결제방법 등 교역방식 및 조건들이 매우 구체적으로 논의되었음을 확인할 수 있다. 히라노에 의하면, 당시 북한 무역성 측은 "일본과 국교가 아직 없는 현재에 있어서도 무역은 가능하며, 이를 방해하는 세력이 존재한다고 해도 노력에 의해 극복할 수 있다"라는 견해를 보였다고 한다.[73]

한편 히라노가 요시타로가 평양채류 후 귀국하기 전에 북경을 경유한 것은, 북일 간의 무역개시에 수반한 상세한 절차상의 문제를 일중 간에 이루어진 선례를 토대로 해서 추진하기 위해서였다. 일본과 중국은 1952년 5월에 호아시 게이 등에 의해 제1차 일중무역협정이 체결된 이래 민간수준의 교역이 이미 개시된 상황이었기 때문이다. 더욱이 동년 3월 북경에서 중국 〈홍십자위원회(中國紅十字会)〉와 일본의 민간 3단체(일본적십자사, 일중우호협회, 일본평화연락회)간에 '재중일반일본인의 귀환문제에 관한 공동성명'이 체결된 후, 일본 국

---

73) 『解放新聞』, 1954년 9월 16일.

내에서는 평화옹호운동 진영을 넘는 폭 넓은 친중 우호의 분위기가 형성되고 있었다.[74] 이를 상징하는 것이 1954년 9월의 초당파 방중의원단의 결성과 방중활동이다. 이를 주도한 것은 좌파사회당이었다[75].

1954년 10월 11일 초당파 방중의원단은 북경에서 주은래와 회담을 가졌다. 마침 그 다음날에 중소 양국의 일본에 대한 국교정상화 제안을 내용으로 하는 '대일 공동선언'이 발표되었다. 이 선언에 대해 좌파사회당의 가츠마다 세이이치(勝間田淸一) 총무국장이 "일본 측으로서는 일소, 일중 국교회복의 장애가 되는 문제들을 해결해야만 한다."라는 내용의 담화를 발표했다[76]. 적어도 중소 양국의 대일접근에 대해 좌파사회당은 우파의 그것보다 적극적이었음이 확인된다.[77] 이와

---

74) 3단체에 의한 일중 민간교섭에 대해서는 大澤武司, 「在華邦人引揚交涉をめぐる戰後日中關係, 日中民間交涉における「3団体方式」を中心として」, アジア政經學會編, 『アジア研究』 第49巻 3号, 2003을 참고하기 바람.

75) 좌파사회당 중앙집회위원회는 이미 독자적으로 대표단의 중국파견을 추진해 동년 6월에 중국정부로 부터 양해를 얻은 상태였다. 하지만 일본정부가 초당파대표단이 아니면 여권을 발급하지 않는다는 입장이었기 때문에, 새롭게 대표단이 구성된 것이다. 그 구성을 보면, 좌우 사회당에서 각각 5인, 자유당 7인, 개진당(改進党) 5인, 분파 자유당, 노농당, 일본공산당 각각 1인의 의원이었다. 이 중 좌파사회당에서는 스즈키 무사부로(鈴木茂三郎), 사사키 코죠(佐々木更三), 야스히라 시카이치(安平鹿一), 사타 타다다카(佐多忠隆), 나카타 요시오(中田吉雄) 등이, 노농당에서는 나카하라 켄지(中原健次)가 참여하고 있었다. 日本社会党五〇年史編纂委員会編, 『日本社会党』, 286쪽.

76) 반면, 우파 사회당의 아사누마 이나지로(浅沼稲次郎) 서기장은 "중소 양국은 일본은 가상적으로 규정하고 있는 중소우호동맹조약을 파기해야만 한다."라고 논평했다. 日本社会党五〇年史編纂委員会編(1996), 286-287쪽.

77) 이와 관련해, 당시까지 정리된 좌파사회당의 강령에서는 "중국, 소련, 버마, 인도네시아, 필리핀 등과 국교회복, 전면강화의 달성" 등을 들고 있었다(「日本社会党綱領 いわゆる 『左社綱領』(1954年1月23日)」, 日本社会党四十周年記念出版刊行委員会編, 『資料 日本社会党四十年史』, 277쪽).

관련해, 중소의 대일 공동선언이 발표될 당시, 북경에는 김일성과 북한대표단이 일본의 초당파 방중의원단과 함께 하고 있었음을 상기할 필요가 있다. 양자 간에 구체적으로 어떠한 접촉이 있었는지는 알려지지 않고 있다. 다만, 그 직전에 북한 측의 대일무역재개 의사가 히라노 요시타로에 의해 북경에 전달된 상태였다. 즉 좌파사회당으로서는 중소양국의 대일접근과 더불어 북한의 대일접근 또한 고려하지 않을 수 없는 상황이었다고 할 수 있다.

좌파사회당은 북한과의 교류 및 교역과 관련한 당 차원의 움직임을 보이지 않고 있었지만, 혁신계 내에서는 관련한 움직임이 본격적으로 일어나기 시작했다. 그 대표적인 사례가 1954년 9월 23일 〈일본국제무역촉진회〉의 결성이었다.[78] 기존의 일중무역회가 더 이상 대사회주의국가와의 경제교류에 있어 구심체가 되지 못한다고 판단한 것이다. 이러한 판단의 직접적인 계기는 북한 측의 대일무역 개시의 움직임이었다. 구로다 방조단의 일원으로서, 히라노와 더불어, 북한무역성 관계자들과 적극적으로 접촉한 바 있던 시무라 히로시가 일본국제무역촉진회의 상임이사로 취임한 것은 이 때문이었다.

한편, 히라노의 경우 귀국 후 혁신계 단체를 순회하며 평양방문 당시에 이루어진 북일무역 개시와 관련한 협의내용에 대한 보고활동을 전개했다. 히라노의 보고에 자극받은 재일조선인 업자들은 〈조선인평화경제간담회〉를 조직했고, 일본의 업계 내에서도 점차 북한과의

---

78) 社会運動調査会編, 『左翼団体事典』, 213쪽.

무역에 대한 관심이 일기 시작했다. 이러한 분위기를 반영해 〈일본국제무역촉진회〉의 이시카와 현 지국에서는 평양의 〈조선국제무역사〉에 직접 교역가능성을 타진하기도 했다[79]. 고베에서 활동 중이던 재일조선인 업자들도 "경제교류에 의해 조국의 평화적 통일 사업을 촉진하자"라는 슬로건 하에, 자본금 1억 2천만 원으로 〈중외통상주식회사(中外通商株式会社)〉를 설립해 북한과의 무역개시에 대비했다[80]. 혁신계의 방북이 시작된 후 가장 먼저 북일 간 경제교류의 맹아가 태동하기 시작하고 있었다. 북일관계의 서막이 열린 것이다.

4. 북일관계의 서막 : '일조인민연대'로

이상에서 본고는 일조우호운동의 발생이라는 관점에서 국제공산주의 및 사회주의 운동과 북한, 일본혁신계 운동 간의 관계의 형성과정을 살펴보았다. 그 개요를 논의의 초점이었던 일조협회의 결성과정을 중심으로 정리하면 다음과 같다. 패전 후 일본 혁신계는 평화옹호운동을 개시했고, 이는 대내적으로 일본공산당의 통일전선운동과 연대, 대외적으로는 국제평화운동에 호응하는 형태로 전개되어 갔다. 북한과 일본 혁신계 간의 접점은 이 과정에서 만들어 지기 시작했다. 그 매개였던 〈일조협회〉의 결성은 크게 두 단계를 거치면서 전개 되

---

79) 『解放新聞』, 1954년 12월 28일.
80) 『解放新聞』, 1954년 12월 28일.

었다. 첫째, 세계평화옹호대회가 시작되면서 일본혁신운동이 〈평화옹호일본위원회〉로 집결되고, 〈일소친선협회〉 및 〈일중우호협회〉 등 대 사회주의 국가와의 친선단체들이 본격적으로 조직화된 시기이다 (1949-50년). 일조(친선)협회의 결성과정은 일본공산당의 조직적인 개입이 중첩되는 등, 여전히 준비 단계를 벗어나지 못하고 있었다. 둘째, 중국에 아시아·태평양지역의 국제 평화옹호운동의 거점이 만들어지고, 일본의 평화옹호동이 〈일본평화연락회〉를 중심으로 재편되면서 〈일조협회〉의 공식적인 결성이 이루어진 시기이다(1950-52년). 이 또한 불교계의 독자적인 조직화에 종래의 일조친선협회준비위가 가세하는 형태로 이루어지면서, 복합적인 양상으로 진행되었다.

이 처럼, 일조협회의 결성과정이, 〈일소친선협회〉 및 〈일중우호협회〉의 그것과 시간차를 가지면서, 불연속적이며 비조직적인 모습을 보인 데에는 한반도의 남과 북에 두 개의 정부가 등장했다는 점과 더불어 식민지 시대의 조선인과 일본인 간의 특별한 경험, 일본국내에 형성되어 있던 재일조선인 사회와 재일조선인운동, 그리고 재일조선인운동과 일본공산당간의 특수 관계, 나아가 평화옹호운동진영에 있어 중소 양국과 '조선'에 대한 인식의 격차가 복합적으로 작용했다. 일조협회를 중심으로 한 일조우호운동이 가시화 된 것은 6·25전쟁이 종전을 맞이하면서 부터이다. 북한은 종전과 더불어 아태지역평화연락위원회를 통해 일본에 대표단 파견을 요청했고, 이에 〈평화옹호일본위원회〉와 〈일조협회〉가 적극적으로 호응했다. 이후 〈일조협회〉를 거점으로 한 정전축하사절단파견운동이 전개되면서 일조우호운동이 본격적으로 개시되었다. 그 결과로 이루어진 오야마 사절단, 구로다 방북단 등의 활동은 일본 혁신계와 북한의 최초의 만남이자 북일 민간교류의 시작을 알리는 것이었다. 하지만 일조협회는 결성이후에도 전국적이고 통일적인 지도력이 부재한 상태에서 지역적 편중과 저조한 조직화를 보였으며, 재일조선인운동의 잔재로 인해 일본인에 의한 친선단체로서의 면모를 보이지 못하고 있었다.

〈그림 3〉 재일조선인 귀국선 승선장면
(1959.12)

〈일조협회〉가 중앙지도부와 전국조직을 가지고 "일본인에 의한" 독자적인 일조우호운동을 개시한 것은 1955년 10월 제1회 전국대회에서 이었다. 이를 가능하게 한 것은 동년 2월의 남일성명으로 시작된 북한의 대일접근이었다. 북한의 대일 접근은 당시 "평화공존"을 슬로건으로 한 국제공산주의운동진영의 혁명전술의 변화를 배경으로 하고 있었다. 이는 동아시아 지역에 있어 앞서 다룬 중소 양국의 대일 공동선언(1954년 10월)과 〈일소협회〉, 〈일중우호협회〉의 재편으로 이어지는 대일 인민외교로 나타났다. 〈일조협회의〉 전국조직화도 그 연장이었다. 북한의 대일인민외교는, 60만 재일조선인이라는, 중소 양국의 그것보다 견고한 채널을 추가적으로 가지고 있었다. 북한은 남일성명과 더불어 재일조선인운동 노선의 전환과 〈재일본조선인총연맹(조총련)〉의 결성(1955년 3월)을 추진했고, 이를 통해 일본 국내에 있어 일조인민연대를 현실화 시키고자 했다. 조총련의 재일조선인운동과 일조협회의 일조우호운동은 북한의 대일 인민외교의 구체적인 현실태이었던 것이다. 일조협회와 조총련 간의 연대에 대한 연구는 아직 시작단계에 있다.

일조우호운동은 1958년부터 61년 사이에 전개되었던 '재일조선인귀국협력운동'을 통해 일대 고양기를 맞이하게 된다. 이 운동의 위력은 일본 사회의 압도적 지지를 불러일으켰고, 이는 곧 일본정부가 '귀국사업'을 단행하게 한 국내적 동력이 되었다. 그리고 재일조선인들의 귀국문제, 소위 '북송문제'는 북한과 일본 간에 국가 간 공식교섭을 실현시켰으며, 한일관계를 역전시키는 것에 까지 나아가게 했다[81]. 이는 전후 북일관계 형성의 중요한 전환점이 된다. 한편, 이 시기 일본 시민사회 내 북한과 한국의 이미지는 현재의 그 것과 극적인 대조를 이룬다. 〈일조협회〉 내부에는 사회당과 일본공산당이 세력균형을 이루고 있었고, 일조우호운동의 부흥은 안보투쟁을 전후로 한 혁신 진영의 전성기와 맥을 같이했다. 그리고 재일조선인운동과의 공동투쟁은 북한과의 '일조인민연대'의 실현으로 이어졌다. 일조인민연대의 주체는 〈일조협회〉에서 〈일한문제대책연락회의〉, 〈재일조선인

---

81) 혁신계의 귀국협력운동과 관련해서는 박정진, 「재일조선인 '북송문제'와 일본 혁신계의 '귀국협력운동'」, 한국사회사학회·서울대학교 일본연구소 공동 학술대회 『한국과 일본 100년』 발표논문(2010)을 참조바람.

귀국협력회〉, 〈일한회담대책연락회의〉 등 구체적인 연대조직의 형태
로 진화하게 된다. 이 과정에 대한 분석은 일본 혁신계의 통일전선체
인 〈국민회의〉 주도의 '일한회담반대통일행동'의 전개를 재평가하기
위한 사전작업으로서의 성격을 가진다. 일조인민연대의 발전이라는
관점에서, 그 간에 누락되어 왔던 안보투쟁과 일한회담반대투쟁 간의
관계에 대한 논의는 별도의 과제로 삼고자 한다.

참고문헌

1. 정기간행물
『アカハタ』, 『로동신문』, 『解放新聞』, 『むくげ通信』.

2. 자료 및 문헌
"Niccho Shinzen Kyoukai(Japan Korean Amity Association)", Government
　　　Section (GS), General Headquarters/ Supreme Commander for Allied
　　　Powers (GHQ/SCAP) File No.30, Box no. 2275HH, NA.
外務省亜五課 "北鮮の対日動向について(秘)(1955年10月31日)." 일본외무성 문
　　　서. 분류번호 0120-2001-00988. 릴 번호 A'-393.
外務省亜五課 "訪鮮邦人一覧表(1955年10月31日)," 일본외무성 문서. 분류번호
　　　0120-2001-00988. 릴 번호 A'-393.
『第十七回国会衆議院外務委員会議事録』 第6号(1953년 11월 7일).
朝鮮休戦祝賀平和親善使節団派遣運動実行委員会発行 『ニュース』 第3号(1953
　　　년 10월 2일)(法政大学大原社会問題研究所所蔵向坂文庫).
日朝協会愛知県連合会事務所 『日朝協会のしおり』(발행일 불명)(法政大学大
　　　原社会問題研究所所蔵向坂文庫).
四方博. 1998. "愛知における日朝友好運動の歩み." 『日朝協会愛知県連合会配
　　　布資料』(法政大学大原社会問題研究所所蔵向坂文庫).

3. 국문 단행본 및 논문

박정진, "재일조선인 '북송문제'와 일본 혁신계의 '귀국협력운동'" 한국사회사
학회 · 서울대학교 일본연구소 공동학술대회 『한국과 일본 100년』
발표논문, 2010.

전준, 『조총련 연구』 제2권, 서울 : 고려대학아세아문제연구소, 1972.

조선중앙통신사, 『조선중앙년감 1959년 판』 평양 : 조선중앙통신사, 1959.

피터 듀라나, "일본 사회당의 한반도 정책의 원류와 전개" 국민대학교 일본
학연구소 편 『외교문서 공개와 한일회담의 재조명 1 - 한일회담과
국제사회』 서울 : 선인, 2010.

公安調査庁, 『朝鮮関係団体要覧』, 미공간, 1982.

金太基, 『戦後日本政治と在日朝鮮人問題—SCAPの対在日朝鮮人政策 1945~
1952年』 勁草書房, 1997.

内閣官房内閣調査室, 『朝鮮要覧—南鮮 · 北鮮 · 在日朝鮮人運動』, 미공간, 1960.

南基正, "朝鮮戦争と日本—「基地国家」における戦争と平和" 東京大学大学院
総合文化研究科博士論文, 2000.

大阪社会運動史編纂委員会, 『大阪社会運動史—高度成長期(上)』 第四巻, 大阪
社会運動会, 1991.

―――――――――――, 『大阪社会運動史—戦後編』 第三巻, 大阪社会運動
会, 1983.

大山郁夫, "平和の使を果たして" 『中央公論』 2月号, 1954.

大澤武司, "在華邦人引揚交渉をめぐる戦後日中関係, 日中民間交渉における「3
団体方式」を中心として" アジア政経学会編, 『アジア研究』第49巻3号,
2003.

木宮正史, 『韓国—民主化と経済発展のダイナミズム』, ちくま新書, 2003.

朴慶植編, 『朝鮮問題資料叢書』 第15巻, アジア問題研究所, 1991.

朴正鎮, "冷戦期日朝関係の形成(1945-65年)" 東京大学大学院総合文化研究科博
士論文, 2009.

帆足計, 『ソ連 · 中国紀行』, 河出書房, 1952.

社会運動調査会編, 『左翼団体事典』, 武蔵書房, 1963.

李尚珍, "日朝協会の性格と役割" 高崎宗司 · 朴正鎮編著, 『帰国運動とは何
だったのか—封印された日朝関係史』, 平凡社, 2005.

日刊労働通信社編, 『戦後日本共産主義運動』, 日刊労働通信社, 1955.

日朝協会, "日朝関係一五年誌"『最近の日朝問題』11月号, 1970.

_____, "日朝協会一五年の活動と若干の教訓"『最近の日朝問題』10月号, 1971.

_____, "日朝友好運動一〇年のあゆみ", 日朝協会, 1960.

日本社会党五〇年史編纂委員会編, 『日本社会党』, 社会民主党全国連盟, 1996.

日本社会党四十周年記念出版刊行委員会編, 『資料 日本社会党四十年史』, 日本社会党中央本部, 1986.

壬生照順, "日本人としての反省"『統一評論』, 統一評論社, 1977.

坪井豊吉, 『在日朝鮮人運動の概況』法務研究報告書(部外秘), 第46集第3号, 1959.

和田春樹, 『朝鮮戦争全史』, 岩波書店, 2002.

_____, 『歴史としての野坂参三』, 平凡社, 1996.

和田洋一・林誠宏, 『「甘やかされた」朝鮮』, 三一書房, 1982.

일본 자민당 정치세력의 동아시아관
- 1960년대와 1990년대의 비교 -

박철희

1. 자민당 정치세력내의 대립적 동아시아관

　　일본 자민당(自民黨)이 정권 여당으로서 일본 정책결정의 중추에 서있던 시기, 보수 정치세력인 자민당내 주요멤버들이 어떠한 동아시아관을 가지고 있었는가 하는 점은 일본과 동아시아와의 관계를 조망함에 있어 매우 중요한 의미를 가진다. 이 논문은 1960년대 중후반과 1990년대 중후반에 자민당 내부에서 동아시아국가들과의 관계설정을 둘러싸고 벌어진 의견 대립과 정치적 갈등을 비교분석함으로써, 일본 보수정치세력의 동아시아관이 어떻게 변화해 왔는가를 조망해 보고자 한다. 1960년대는 일본이 안보투쟁을 거치면서 미일동맹을 안정궤

---

　*　이 글은『일본연구논총』제33호(2011.6)에「일본 자민당 정치세력의 동아시아관 : 1960년대와 1990년대의 비교」라는 제목으로 처음 발표된 것을 본 단행본의 취지에 맞게 수정·보완한 것이다.

도에 진입시킨 이후, 동아시아국가들과의 관계 개선을 모색하는 움직임이 본격화된 시기였다. 대외노선에 있어서 동아시아문제를 둘러싼 보수 우파들의 정체성이 확립되기 시작한 것도 이 시기였다. 반면, 1990년대는 냉전질서의 붕괴 이후 일본이 동아시아국가들과의 역사화해 조치를 통해 동아시아와의 적극 외교를 시도한 시기였다. 아울러, 자민당내 보수 우파들이 일본의 자긍사관(自矜史觀)에 기초하여 사죄외교와 자학사관(自虐史觀)으로부터 벗어나자는 목소리를 높여간 것도 이 시기였다. 바꿔 말하자면, 1960년대와 1990년대는 자민당 정치세력 내부에서 동아시아에 대한 다원적인 발상이 이념적으로 형상화되는 시기였다.

일본 자민당세력의 동아시아관을 분석함에 있어 본 논문은 다음의 세 가지 점에 분석 초점을 맞추고 있다. 먼저, 이 논문은 시기적으로 1960년대와 1990년대라는 두 시기에 초점을 맞추고자 한다. 동아시아에 대한 접근을 구체화하기 시작한 1960년대와, 동아시아관이 이원적인 대립관계를 이루면서 기존의 온건한 노선이 퇴조하게 되는 1990년대의 비교를 통해, 일본의 동아시아관의 변화를 추적하고자 한다. 둘째, 이 논문에서는 일본의 정치사회세력 전반의 움직임을 포괄적으로 다루기보다는, 보수 세력, 그 중에서도 자민당 정치세력 내부의 동아시아를 둘러싼 갈등과 대립에 초점을 맞추고 있다. 셋째, 자민당 정치세력의 동아시아관을 살펴봄에 있어서, 개별 정치인의 정치사상보다는 유사한 생각을 공유한 정치세력을 집단으로 구분하여 이들간 논쟁적 담론분석을 통해 동아시아관의 변화를 추적하고자 한다.

1960년대와 1990년대 일본 보수세력의 동아시아관 분석을 통해, 본 논문에서는 아래와 같은 주장을 펴고자 한다. 첫째, 일본의 보수와 혁신세력간에는 평화헌법과 미일동맹을 둘러싼 외교안보노선 갈등이 기본적인 이념적, 정책적 대립축을 구성하고 있었지만, 보수세력 내부, 특히 자민당 정치세력안에서는 동아시아문제를 둘러싼 외교노선이 갈등의 축을 이루었다. 일본 정치의 대립축을 상정함에 있어 주로 미일동맹과 평화헌법을 둘러싼 보·혁간의 갈등을 중시한 나머지, 동아시아를 둘러싼 정책노선의 갈등이 보수세력 내부를 갈라놓았다는 사실을 간과하고 있다. 둘째, 자민당내 보수세력의 동아시아관의 차이는 자민당내 주도권을 장악하기 위한 그룹간 항쟁과 밀접하게 연관되어 있었다. 1960년대에는 미국일변도의 외교를 전개하고자 하는 자민당내 주도세력에 대해, 자민당내 보수 리버럴 세력이 결집하여 중국과의 국교정상화를 전면에 내세우면서 주류세력에 대항하고자 하였다. 중국문제는 사토(佐藤) 정권을 이어받으려는 다나카(田中)와 후쿠다(福田)간의 항쟁의 근간을 구성하였다. 반면, 1990년대에는 동아시아국가들과의 역사화해와 관계진전을 주장하는 자민당내 온건보수세력에 대해, 급진 보수 내지 보수 우파가 야스쿠니신사(靖国神社) 참배, 종군위안부, 역사교육 문제를 전면에 내세우면서 대항축을 형성하였다. 즉, 전자의 시기에는 보수 리버럴들이 동아시아와의 화해를 위해 미국일변도 외교에 도전한 반면, 1990년대에는 보수 우파들이 동아시아에 대한 자주외교를 내세우면서 동아시아국가들과의 역사화해에 견제를 가한 시기였다. 셋째, 1960년대 자민당 내부의 동아시아관을 둘러싼 대립과 갈등이 당내 주도권 획득을 위한 경쟁과 연계되었던 반면, 1990년대의 동아시아를 둘러싼 갈등과 대립은 자민당의 틀을 넘어서서, 리버럴한 세력의 연합형성에 대해 보수 우파가 여야를 넘어선 보수파 연합을 시도하려는 움직임과 밀접하게 연관되었다. 다시 말해서, 1990년대에 이르면, 동아시아를 보는 대립적 시각은 자민당 내부에서의 파벌간 갈등을 넘어서서, 정계 전반에서 보수 우파와 보수 리버럴간의 주도권 다툼으로 바뀌면서 일본 정치 전체를 보수화하는 계기로 작용하였다.

2. 기존연구의 비판적 검토와 분석적 대안
-보수세력 내부의 대립적 동아시아관-

　　현대 일본정치를 분석함에 있어 외교안보노선이 정치세력간 갈등의 핵심적인 축을 형성하고 있었다는 점은 누누이 지적되어 왔다.[1] 일본의 재군비 문제, 미일동맹의 연장문제, 그리고 미국에 대한 기지제공문제는 보수세력과 혁신세력간의 갈등의 한가운데 놓여 있었다.[2] 전후 체제의 출발점부터 평화와 민주주의의 문제는 직결된 문제

---

1) Gerald Curtis, *The Japanese Way of Politics,*(New York : Columbia University Press, 1988); 大嶽秀夫, 「日本政治の対立軸」, 東京 : 中公新書, 1999.
2) Hideo Otake, "Defense Controversies and One Party Dominance," in T.J. Pempel. ed. *Uncommon Democracies*, Ithaca : Cornell University Press, 1990. pp.128-161; 佐道明広, 「戦後政治と自衛隊」, 東京 : 吉川弘文館, 2008.

로서, 원하지 않는 전쟁에 휘말려 들어가지 않으려는 혁신세력과 강국에 버림받지 않으려는 현실주의를 택한 보수세력간에는 외교안보를 보는 기본 시각의 차가 메워지지 않을 만큼 컸다.[3] 사회당을 중심으로 한 혁신세력의 관심은 평화노선의 유지에 있었고, 이들은 미일동맹 반대, 자위대 부정, 원자력 발전에 대한 반대 등으로 일본의 평화를 유지할 수 있다고 믿었다.[4] 반면, 자민당을 중심으로 한 보수세력은 냉전하의 양극체제에서 미국과의 동맹을 통해 일본의 안전을 확보하고, 안보에 대한 부담을 줄이는 경무장 노선을 통해 경제통상국가로 세계에 다시 나가는 것이 현실주의적 선택이라고 간주하였다.[5] 따라서, 평화헌법과 미일동맹, 그리고 기지문제에 초점을 맞춘 보혁간 갈등구조를 보면, 동아시아문제는 정치세력간 갈등의 변방에 놓여져 있었다.

사실상 미일안보조약을 둘러싸고 안보투쟁을 경험한 1960년대 초반까지 평화헌법 수호와 개정문제, 미일동맹의 유지와 반대, 일본의 자주적인 외교선택의 가능성 모색 등은 보수와 혁신간의 대립은 물론, 보수 세력 내부에서도 보수 우파와 온건보수간 대립의 가장 중요한 축을 형성하였다. 미일동맹을 중심으로 경제성장에 매진하려는

---

3) 北岡伸一, 「自民党ー政権党の30年」, 東京 : 読売新聞社, 1995; 田中明彦, 「安全保障」, 東京 : 読売新聞社, 1997.
4) 原彬久, 「戦後史の中の日本社会党」, 東京 : 中公新書, 2000.
5) Michio Muramatsu, Michio and Eliss Krauss. 1987. "The Conservative Policy Line and the Development of Patterned Pluralism," in Kozo Yamamura and Y. Yasuba. eds., *The Political Economy of Japan Vol. 1.*, Stanford : Stanford University Press, 1987.

온건보수파의 기본노선, 흔히 보수본류로 불리는 이른바 요시다(吉田) 노선이 제도화되는 것은 이케다(池田) 수상이 집권한 이후 저자세의 정치, 관용과 화합의 정치를 강조하면서부터였다.6) 요시다없는 요시다주의의 정착이 이루어지는 것은 1960년대에 접어들어서부터였다7)(添谷 2005). 따라서, 외교안보노선 분석에 있어서 평화헌법과 미일동맹에 초점을 두는 시각의 팽배는 결코 비현실적인 것은 아니었다. 다만, 1960년대 중반 이후 본격화되는 동아시아외교를 둘러싼 보수세력 내부의 갈등을 조망하지 못한 것은 보·혁 갈등에만 주목하는 분석적 관성과 미일문제를 중심으로 외교를 이해하고자 했던 시각의 편향성에서 유래하고 있다.

보수와 혁신간의 기본 쟁점이 1960년대 이후에도 평화헌법 개정과 미일동맹의 강화에 놓여 있었다면, 미일안보체제가 정착하기 시작한 1960년대 초반 이후 보수 세력 내부의 외교문제를 둘러싼 갈등의 핵심에는 동아시아의 문제가 있었다. 샌프란시스코 조약을 통한 점령의 종식과 미일안보조약을 통한 미일관계의 확립, 하토야마(鳩山)에 의한 소련과의 국교정상화로 양극체제의 양대 쟁점을 해결한 일본에게 있어, 미수교상태이거나 정상적 관계회복에 실패한 동아시아 국가들과의 외교문제가 정치적 쟁점의 가운데 서게 된 것이었다.

일본정치학자들에 의한 일본의 동아시아 관련 분석은 세 갈래로

---

6) Sun Ki Chai, "Entrenching the Yoshida Defense Doctrine," *International Organization* 51 : 3., Summer 1997, pp.389-412.
7) 添谷芳秀, 「日本のミドルパーワ外交」, 東京 : ちくま新書, 2005.

분류될 수 있다. 이가라시 다케시(五十嵐武士)의 미일관계와 동아시아에 대한 분석은 미일관계가 구조적으로 변용해 가는 과정에서 동아시아의 국제질서를 어떻게 구상했는가에 초점이 놓여 있다(五十嵐武士 1999). 이가라시에게 있어 동아시아는 미일관계의 하부구조로서 위치지어져 있으며, 미일안보체제의 재정의에 따라 변화하는 동아시아의 위상을 다루고자 하였다. 소에야 요시히데(添谷芳秀)·다도토로 마사유키(田所昌幸)나 이노구치 다카시(猪口孝)에 의한 일본의 동아시아 구상은 주로 일본의 정치, 경제, 사회문화적 교류의 변화를 통해 본 동아시아국가들과 일본의 관계 변화, 또는 일본의 아시아태평양 전략의 하부로서의 동아시아에 대한 정책구상을 분석하고 있다.[8] 이 연구들은 일본정치세력의 동아시아를 둘러싼 갈등과 대립을 분석하는 본 연구와는 달리, 주로 외무성을 중심으로 한 동아시아구상에 초점을 맞추고 있다. 리버럴의 입장에서 동아시아의 과거와 미래를 분석한 와다 하루키(和田春樹)는 동아시아 화해를 통한 신지역주의 구성이라는 관점에 서서 동북아의 집 구상을 제창하고 있지만, 이는 학술적인 분석이라기 보다는 이상주의적 제언에 가깝다.[9]

본 논문이 초점을 두고 있는 일본 보수세력의 동아시아관에 중점을 둔 연구는 아주 드물다. 가장 독보적인 것은 「아사히신문(朝日新聞)」의 와카미야 요시부미(若宮啓文)가 「전후보수의 아시아관」이라는

---

8) 添谷芳秀·田所昌幸, 「日本の東アジア構想」, 東京 : 慶應義塾大學出版会, 2004; 猪口孝, 「日本のアジア政策」, 東京 : NTT出版, 2003.
9) 和田春樹, 「東北アジア共同の家」, 東京 : 平凡社, 2003.

책을 통해 보수정치인들의 아시아를 둘러싼 사죄와 망언을 연대기적으로 분석한 것이었다.[10] <무라야마담화(村山談話)>라는 역사적 조치를 통해 아시아와의 화해를 시도한 리버럴의 아시아관을 분석하고, 동시에 이에 반대하는 보수 우파들의 망언의 구조를 세심하게 분석한 역작이었다. 와카미야는 2006년 이 책을 보완하여「화해와 내셔널리즘」이라는 저작으로 출간하였다. 전후 보수의 아시아관을 전후정치사의 맥락에 대입하여, 역사화해를 추구하는 세력과 민족주의를 추구하는 세력간의 간극을 통해 역사화해의 가능성을 추구하는 리버럴의 반격을 시도한 저작이었다.[11] 아사히신문은 또한 아시아외교라는 관점과 야스쿠니 신사참배라는 쟁점을 통해 보수 리버럴들의 반격의 논리와 반대의 쟁점을 구체화시키는 저작들을 발표했다.[12] 언론계 내부의 리버럴들을 중심으로 한 일본 보수세력의 동아시아관에 대한 분석은 기본적으로 냉전 이후 나타난 혁신세력과 보수 리버럴들의 역사화해 움직임과 이에 대한 반론으로 나타난 보수 우파들의 망언의 내용과 논리를 기록한 것들이 대부분이다. 이들 저작들은 보수세력 내부가 보수 우파와 보수 리버럴로 나뉘어져 있어 대립을 계속하고 있다는 점에 착목하고, 대립의 한 축이 아시아외교였다는 점을 일깨워준 점에 있어서 학문적 가치가 높다. 하지만, 와카미야를 중심으로 한 리버

---

10) 若宮啓文,「戰後保守のアジア觀」, 東京 : 朝日選書, 1995.
11) 若宮啓文,「和解とナショナリズム」, 東京 : 朝日新聞社, 2006; 와카미야 요시부미・김충식,「화해와 내셔널리즘」, 서울 : 나남, 2007.
12) 論座編集部,「リベラルからの反撃」, 東京 : 朝日新聞社, 2006; 若宮啓文・渡辺恒雄,「靖国と小泉首相」, 東京 : 朝日新聞社, 2006.

럴들의 보수 우파 망언 분석은 보수 우파의 이념적 지속성과 동아시아에 대한 편견에 분석의 중점을 놓여 있어, 일본 정당정치의 전개와의 연관성을 체계적으로 분석하는 데까지 이르지 못했다. 특히, 중국문제를 둘러싼 보수파내 갈등이 사토정권 이후의 흐름을 좌우한 점, 무라야마담화 이후 보수 우파의 활성화가 사회당은 물론 자민당내 보수 리버럴의 약화와 연결되는 점 등 보수 우파가 확장해가는 변화의 역학을 충실하게 엮어내지 못했다. 김호섭 등에 의한 일본우익 연구도 일본 우익의 역사적 연원 및 성향분석을 통해 일본의 우경화 추세를 잘 분석하고 있다.[13] 다만, 일본 우익을 일체화된 행위자로 분석하는 가운데, 혁신세력 및 보수리버럴 등 다른 정치세력과의 상호작용을 통해 현대 일본정치가 변화해 가는 양상을 추적하지 못한 점은 아쉬움이 남는다.

일본 보수세력의 동아시아관을 분석함에 있어, 이 논문은 다음과 같은 세 가지 문제의식을 발판으로 기존 연구와의 차별화를 시도하고자 한다.

첫째, 자민당내 정치세력 움직임을 분석함에 있어 파벌이라는 단위를 중심으로 분석하던 기존의 접근법을 넘어서고자 한다. 그러나, 본 연구는 파벌연구에 대한 대체라기보다는 보완적 접근이다. 자민당은 파벌의 연합체라고 불릴 만큼, 파벌의 존재와 이들의 합종연합에 의한 세력변화는 자민당 지도부는 물론 일본 정계 전체의 변화에 직

---

13) 김호섭 · 이면우 · 한상일 · 이원덕, 「일본 우익 연구」, 서울 : 중심, 2000.

결되는 것이었다.[14] 그러나, 일본의 정치적 주도세력을 결정짓는 정치세력간 연합의 근저에 '정치적 아이디어(political ideas)'를 둘러싼 대립과 갈등이 존재했다는 점에 주목하는 연구는 많지 않다. 즉, 파벌간의 이념없는 권력투쟁, 숫자 꿰어 맞추기 정도로 자민당 세력변화를 보는 경향이 아주 강했던 것을 부정할 수 없다. 그러나, 국제질서의 변환기에 새로운 정치외교적 쟁점이 등장하면서 이에 대한 적응 내지 대응 과정에서 일본 보수 세력의 중심에 섰던 자민당 내부가 조정과 타협보다 논쟁과 갈등으로 점철된 시기가 있었다. 자민당내 정치세력들이 동아시아를 둘러싸고 갈등하고 대립했던 시기에 분석의 초점을 둠으로써, 정치세력의 주도권을 둘러싼 항쟁의 밑바탕에는 정치적 이념과 아이디어를 둘러싼 대립이 존재하였음을 밝히고자 한다. 일찍기 챨스 틸리(Charles Tilly)와 시드니 태로우(Sidney Tarrow)는 정치의 본질이 서로 다른 아이디어를 가진 정치 집단간의 논쟁과 대립이었다는 점을 일깨워주었다.[15] 이 글에서는 이들의 관점을 원용하여, 서로 대립적인 정치적 아이디어의 결집이 현실 정치세력간의 항쟁의 수단이었음을 밝혀내고자 한다.

둘째, 반일정서를 바탕에 깔고 있는 한국에서 일본 자민당 세력을 조명하는 경우, 자민당 내부의 다원적인 목소리와 복합성에 주목하기 보다는, 보수우익이라는 개념하에 자민당을 혁신세력과 대별되

---

14) 渡辺恒雄, 「派閥 : 保守党の解剖」, 東京 : 弘文堂, 1958; 内田健三, 「派閥」, 東京 : 講談社, 1983.

15) Charles Tilly and Sidney Tarrow, *Contentious Politics,* Boulder : Paradigm Publishers, 2007.

는 보수 세력으로만 치부하는 경향이 강하다. 즉, 자민당 내부의 아이디어의 다원성은 사상한 채 보·혁 대결에만 분석의 초점을 둠으로써, 보수세력 내부의 다원성에 대한 분석을 게을리 하는 경우가 많다. 평화주의적 성향을 가지고 역사문제에 대한 반성을 전면에 내세운 혁신세력에 주목해왔던 분석적 경향의 연장선상에서, 자민당을 단지 혁신세력과 대별되는 보수 세력이라고 치부하는 관성이 작용하곤 한 것이다. 그러나, 본 논문이 시도하는 바와 같이, 자민당에 속해 있다고 해서 모두가 같은 정치적 이념과 외교적 성향을 공유한 것은 아니었다. 오히려, 자민당 정치세력도 대외노선, 특히 동아시아를 바라보는 눈에 있어서는 보·혁의 거리만큼이나 내부적 차이가 존재했다는 사실에 이 논문은 주목하고자 한다. 그런 점에서, 본 논문은 보수 세력을 보수 우파와 중도 보수, 보수 리버럴로 구분하여, 보수세력 내부의 대립과 충돌에 주목하고자 한다.16)

셋째, 일본 보수 정치세력내에서 동아시아를 바라보는 시각은 미일동맹 문제에 못지않게 첨예한 대립축의 하나였던 점을 부각시키고자 한다. 미일동맹문제와 군사안보문제를 중심으로 한 논쟁이 일본 정계의 핵심적 대립축을 이루던 1960년대초까지만 해도 동아시아문제는 정계의 관심에서 뒷자리에 머물러 있었다. 그러나, 1960년대 안보투쟁을 거치면서 미일동맹이 안정적 자리를 찾고, 일본이 경제성장

---

16) 이와 같은 시각의 단초는 다음의 저작들에 제시된 바 있다. 內田健三, 「現代日本の保守政治」, 東京 : 岩波書店, 1989; 若宮啓文, 「戰後保守のアジア觀」, 東京 : 朝日選書, 1995; 富森叡児, 「戰後保守党史, 東京 : 岩波書店, 2006.

하면서 동아시아에 대한 관심은 증대되어갔다. 보수와 혁신진영간의 대립의 축이 헌법질서, 미일동맹과 자위대 등 안보이슈를 중심으로 전개된 것이었던 데 반해, 미일동맹이 안정기조에 접어든 이후, 보수세력 내부의 외교안보를 둘러싼 대립의 중심에는 동아시아문제가 놓여 있었다. 1960년대 중반에서 1970년대 초반에 이르는 기간동안 자민당 세력내의 대결의 핵심에는 중국과 어떤 관계를 가져갈 것인가라는 논쟁이 자리잡고 있었다. 1990년대 중반 이후 종군위안부 문제 처리와 역사인식을 둘러싼 정치적 항쟁은 단지 자민당 내부에서의 의견충돌에 한정되지 않고, 새로운 정당간 연합 구도 창출과 긴밀하게 연계된 보수세력 전반의 대결로 확산되게 된다. 이 과정을 통시대적으로 분석해 보면, 일본 보수세력 내부의 동아시아관이 변화해가는 양상을 극명하게 드러내 볼 수 있다.

3. 1960년대 중국문제를 둘러싼 자민당 내부 갈등
-〈아시아·아프리카연구회〉를 중심으로-

1945년 패전에서 1960년 안보투쟁에 이르기까지 일본 전후 정치세력에게 있어 가장 중요한 문제는 연합국 점령상태의 종식과 이에 따른 국내 정치적 질서의 재조정이었으며, 여야간 갈등의 초점은 일본의 평화문제, 안전보장문제, 경제부흥문제 등 거시적 국가전략의 재구성에 있었다.[17] 외교안보분야에 있어서도 일본이 미국과의 관계를 어떻게 가져갈 것인가 하는 데 논란의 초점이 있었다. 즉, 평화문제 간담회와 사회당 인맥을 중심으로 한 야당 세력은 미소냉전에 대비되는 평화, 미일안보체제에 가름하는 중립, 역코스 및 개헌운동에 대비되는 평화헌법 수호, 그리고 독점자본에 대항하는 생활옹호 등 주로 미국을 중심으로 한 국제질서에 대한 대응과 국내질서의 재편을 중심으로 정치문제를 제기했다.[18] 반면, 자민당을 중심으로 한 보수세력은 미국과의 동맹관계를 구축하고 그 질서속에서 경제성장을 지속적으로 추구하려는 요시다 중심의 온건보수파와 전전질서에 대한 향수를 안고 개헌과 군사력 증대를 꾀하는 우파적 성향의 보수세력이 존재하고 있었다. 따라서, 아시아에 대한 접근과 화해의 문제는 정치적 공간에서 뒷전에 밀려난 반면, 미일동맹과 헌법의 질서를 옹호할 것인가, 아니면 이에 대한 반대로 일관할 것인가 하는 문제에 논란이 집중되었다.

1960년 미일안보조약의 개정을 둘러싼 이른바 '안보투쟁'은 보수 우파세력과 혁신진영과의 전면적인 대결이 국민운동의 형태로 나타난 것으로써, 기시(岸)를 중심으로 한 보수 우파는 미일안보조약 개정을 통해 상대적으로 대등한 미일관계의 정립과 미국의 안보 공약 재확인에 성공하였지만, 일반 유권자들로 하여금 이데올로기 정치에 대한 거부감을 가져오도록 하는 계기로 작용하였다. 보·혁간 정치적 갈등의 원천으로서의 안보문제는 남아 있었지만, 미국과의 동맹문제는

---

17) Richard Samuels, *Securing Japan*, Ithaca : Cornell University Press, 2007.
18) 原彬久, 「戰後史の中の日本社会党」, 東京 : 中公新書, 2000, 67쪽.

일반 유권자들의 첨예한 관심사로부터는 멀어져갔다. 이는 미일동맹 반대라는 교조적인 이데올로기에 집착한 사회당과 획을 그으면서 보다 현실적인 안보정책을 채택하기 시작한 중도정당의 등장, 특히 민사당의 사회당으로부터의 이탈로 그 계기가 마련되었다. 1960년 안보투쟁을 거친 일본이 이데올로기 정치에 대한 혐오감과 피로감을 보이면서 경제성장에 매진하면서 일본은 급속하게 세계무대에 경제국가로서의 면모를 드러내게 된다. 또한, 일본내 정계는 '요시다라인'으로 불리는 정책노선이 주류노선으로 정착되어 가면서, 전전(戰前)으로의 회귀에 대한 노스탤지어에 함몰되거나 이데올로기적인 우익에 편향되지 않으면서, 경제대국 건설을 추구하는 현실주의로의 전환이 이루어졌다. 또한, 1960년대 초반 일본을 둘러싼 국제환경의 변화도 아시아에 대한 적극적인 접근을 재촉하는 상황을 조성하게 된다. 우선, 일본의 경제력 향상에 따른 새로운 시장과 투자지역의 필요성에 직면하게 되었다. 또한, 미국이 냉전 상황이 엄연히 존재하는 가운데 개발도상국에 대한 원조를 급속히 줄여가는 가운데 동맹 및 우방에 대한 군사적, 경제적 지원을 상호 연계시켜야 할 필요성이 증대하게 된다.[19) 미국이 한국과 일본간의 적극적인 연계를 종용하는 것은 이러한 배경에서였다. 한일관계 정상화는 식민지배의 합법성과 강제성을 둘러싼 논란 때문에 일본으로서는 쉽지 않은 협상의 과정을 거쳤지만, 한국과의 관계를 정상화해야 한다는 점에 대해서는 보수 세력내에서 커다

---

19) Robert Packenham, *Liberal America and the Third World.*, Princeton : Princeton University Press, 1977.

란 이견이 없었다. 한국이 일본과 더불어 미국의 동맹국으로서 공산권에 대한 안보부담을 같이 짊어진 국가라는 정체성의 유대가 존재하였다. 또한, 반공 질서속에서 권위주의적 체제를 가지기는 하였으나. 경제성장노선을 걷고자 하는 한국은 일본의 경제적 진출의 기회를 확장시킬 수 있는 새로운 가능성을 안고 있는 시장이었다. 따라서, 보수세력내 주도권 경쟁은 있었으나, 한국과의 관계정상화 자체를 원천적으로 거부하는 세력은 적었다.

동아시아 신질서 구축과정에서 일본과의 관계 재정립이 필요한 대표적인 나라로 중국이 부각된 것은 이즈음이었다. 자민당 내부에 조직된 〈아시아·아프리카연구회(アジア·アフリカ研究会; 통칭 AA研)〉는 중국과의 국교정상화를 주장하는 대표적인 그룹으로서, 중국문제를 정치적 쟁점화하는 첨병역할을 하였다. 자민당내에 〈아시아·아프리카 연구회〉가 조직된 것은 1965년 제2회 아시아·아프리카회의가 연기된 이후였다. 1955년 인도네시아 반둥에서 비동맹 세력의 회의체로 출범한 아시아·아프리카회의는 당시 인도와 중국, 버마 등 동아시아 중견국가들을 포함하면서 미국과 소련을 중심으로 한 양대 세력권으로부터 거리를 두고 비동맹 중립노선을 통해 국제질서에 적응하려는 제3세력이었다. 반둥회의 10년차를 맞는 1965년 제2회 아시아·아프리카회의를 개최하려던 계획은 이를 급진적으로 추진하던 중국, 인도네시아와 제2차 AA회의 개최 연기를 주장하던 온건노선의 아랍연합과 인도의 대립속에 결국 연기되었다.[20] 1965년 알제리아에서 일어난 쿠데타를 계기로 비동맹지역에서 일본의 발언력을 높이는

동시에, 대미 추종외교라고 비판받는 외교방침으로부터 벗어나 아시아 · 아프리카지역에서의 대중국 대응책을 부심하기 시작한 것이 〈아시아 · 아프리카연구회〉 발족의 배경이었다.

〈아시아 · 아프리카연구회〉는 1965년 1월 28일 아시아 · 아프리카 각국 정세를 연구하고, 연구 성과를 당 외교조사회에서 활용하는 것을 목적으로 설립되었다.[21] 이 모임은 무라마츠 겐조(村松謙三), 후지야마 아이이치로(藤山愛一朗), 우츠노미야 도쿠마(宇都宮德馬) 등 24명이 발기인이 되고, 74명이 출석한 가운데 첫 총회가 열렸다. 설립총회에서 이 연구회는 다음의 여섯 가지를 연구주제로 삼았다.[22] 첫째, 제2회 아시아 아프리카회의에 대한 일본의 태도, 둘째, 아시아 아프리카 각국에 대한 일본의 무역 및 경제협력, 셋째, 인도차이나문제, 넷째, 중국, 북한, 북베트남 등 국교 미회복 국가와의 국교 조정 및 경제교류문제, 다섯째, 중국의 유엔가입문제, 여섯째, 말레이지나 분쟁문제 등이었다. 아시아 · 아프리카문제, 중국 문제, 미수교국가 등 기존의 자민당 보수세력이 관심을 보이지 않던 지역에 대한 새로운 조명을 주장한 것이다. 그 중에서도 가장 초점이 놓여 있는 지역은 중국이었다.

1966년경부터 자민당내 정치세력은 중국문제에 대해 이견을 표면화하기 시작했다. 자민당내 우파는 당 안보조사회를 중심으로 「안

---

20) 「아사히신문」, 1966년 2월 28일.
21) 「아사히신문」, 1965년 1월 28일.
22) 「아사히신문」, 1965년 1월 28일.

전보장에 관한 중간보고」를 제출하면서, 미일안보조약을 10년 연장하고, 그 후에도 5년간 자동으로 연장하는 것을 제안하는 등 미국과의 동맹외교 강화에 주력하였다. 반면, 사토(佐藤)내각의 대중정책에 비판적이었던 무라마츠 등은 중국 방문 등을 통해 정체된 일중관계 타개를 모색하였다.[23] 전자의 그룹은 〈아시아문제연구회(アジア問題研究会)〉를 조직하여 당 안보조사회의 입장을 지지하는 한편, 무라마츠 등의 중국 방문에 반대하였다. 반면, 무라마츠(村松)의 방중을 적극 지지하는 자민당내 리버럴 그룹은 〈아시아·아프리카연구회〉를 통해 대중 관계 개선을 촉구하는 입장을 취하였다. 후자는 1966년 5월 11일부터 13일까지 중국문제 공청회를 열면서 이 문제를 부각시켰다. 자민당 리버럴 그룹을 중심으로 20여명이 참석한 이 공청회에서, 후루이 요시미네(古井喜実)는 '일본의 대중정책은 남에게 맡긴 것에 불과하다. 미국이 이 문제를 해결해 줄 거라는 발상에 근거해 있다'라고 비판하였다.[24] 공청회 두 번 째날, 이 그룹 핵심 인물의 하나인 우츠노미야 도쿠마(宇都宮徳馬)는 "미일안보조약이 중국을 가상적으로 하고 있는 이상, 미중간 유사시 일본도 핵전쟁의 위협을 당할 수 있다. 따라서, 중국을 유엔에 가입시켜 중국을 포함한 핵군축을 실현할 수 있도록 노력해야 한다"는 주장을 폈다.[25] 무라마츠 겐조(村松謙三)는 일중관계 타개를 위한 구체적인 조치로서, 일중간 기술자 교환과 일중간

---

23) 「아사히신문」, 1966년 5월 8일.
24) 「아사히신문」, 1966년 5월 12일.
25) 「아사히신문」, 1966년 5월 13일.

항공로 개설을 주장하기도 했다.[26] 무라마츠와 더불어 사토내각에 비판적이던 후지야마 아이이치로(藤山愛一朗) 경제기획청 장관은 "자민당내에서 중국문제를 연구하는 게 '적색파'라는 시대착오적 발상을 버려야 하며, 만국박람회에 중국 참여를 적극 검토해야 한다"는 전향적인 발언을 하여 자민당내에 파문을 일으켰다.[27] 이와 같이, 〈아시아·아프리카연구회〉 멤버는 중국문제에 대해 반공(反共)의 자세를 견지하고 있던 〈아시아문제 연구회〉와는 달리, 적극적으로 일중관계 타개를 주장하고 나섰다. 1966년 9월에는 후루이 후생상, 고사카(小阪) 전외상, 후쿠다 통산상, 에자키(江崎) 방위청장관 등 각료경험자 4명이 방중하면서, 사토의 대중정책에 비판적 태도를 연출하기도 했다. 〈아시아·아프리카연구회〉 멤버들은 중국의 유엔 대표권문제에 대해, 중국의 유엔 가입을 위해 노력해야 한다고 주장하였다.[28]

1966년 실시된 자민당 총재선에 후지야마는 사토에게 도전장을 내밀었다. 후지야마, 무라마츠 등 〈아시아·아프리카연구회〉 중추 멤버들에게 있어서, 중국문제는 사토 총리에 대한 대항축을 구성하기 위한 정치적 아이디어의 하나였다. 그러나, 사토 수상이 자민당 총재선에서 재선되자, 〈아시아·아프리카연구회〉를 중심으로 한 대중 접근 움직임은 둔화되었다. 한편, 사토정권을 지지하던 〈아시아문제연구회〉 소속 멤버들은 미국과의 긴밀한 연계를 주장하였지만, 이들은

---

26) 「아사히신문」, 1966년 6월 4일.
27) 「아사히신문」, 1966년 6월 11일.
28) 「아사히신문」, 1966년 9월 26일.

정권의 중추부에서 주류세력을 차지하고 있었던 관계로 눈에 띠는 활동을 하지 않았다.[29] 반대로, 〈아시아 · 아프리카 연구회〉는 사토정권의 정책, 특히 대중정책에 대한 불만을 토로하면서 자신들의 존재감을 드러내고자 하였다. 이들의 움직임이 다시 활발해 진 것은 미국의 대중접근이 적극화된 1971년경부터였다.

1969년 12월 사토 수상은 총선거 유세중에 "장소를 가리지 않고, 일중회담 실현을 바란다"며 중국문제에 전향적인 태도를 표명하였다. 하지만, 선거가 끝난 후에는 중국문제는 1970년대의 과제라고 한발 물러섰다.[30] 수상으로 재선출된 사토 수상은 오키나와(沖縄) 반환 협상에 주력하였다. 그러나, 1971년을 즈음하여, 중국문제를 둘러싼 국제정세는 숨가쁘게 돌아갔다. 자민당내에 당의 중국정책을 검토하기 위해 노다 다케오(野田武夫)를 위원장으로 하는 〈중국문제위원회〉가 발족하였다. 1971년 5월 오키나와 반환 협정 교섭이 끝나고, 미일 양국이 조인한 6월 17일을 전후하여 자민당에는 일중 국교회복 촉진 의원연맹을 중심으로 〈유엔문제위원회(国連問題委員会)〉가 발족되어 정부의 중국정책 전환을 요구하였다. 그러는 가운데, 미국의 닉슨(Nixon)대통령은 1971년 7월 15일 이듬해에 중국을 전격 방문하겠다고 발표하였고, 1971년 10월 26일에는 알바니아의 제안이 받아들여져, 중국의 유엔 가입이 결정되었다. 미국에만 의존하던 일본의 대중외교가 일본의 머리를 넘어선 미중관계 개선에 충격을 받은 것은 말할 나위도 없었다. 당

---

29) 필자의 고노 요헤이(河野洋平) 인터뷰. 2011년 2월 24일.
30) 「아사히신문」, 1971년 10월 28일.

시, 「아사히신문」의 여론조사에 의하면, 중국과 국교정상화교섭을 시작해야 한다는 의견에 63%가 찬성하였고, 반대는 11%에 불과했다. 하지만, 사토 정권하에서는 전환이 무리일 것이라는 예측도 36%에 달하였다.[31] 이같이 일본의 대중접근에 대한 여론이 비등하고 있을 즈음에도, 사토수상은 '대만지역에 있어서 평화와 안전 유지가 일본의 안정에 아주 중요한 요소다'라고 하며 대만의 중요성을 들고 나왔다.[32]

중국의 유엔가입에 반대 입장을 표명함으로써 국제사회의 흐름에 역행하였다는 이유를 들어 야당은 1971년 10월 28일 후쿠다 외상에 대한 불신임안을 제출하였다. 후지야마 등 자민당내 〈아시아·아프리카연구회〉 소속 12명이 야당에 동조하면서 결석하였지만,[33] 외상 불신임안은 부결되었다. 하지만, 이들의 찬성표로 일중간의 국교회복을 권고하는 일중결의안이 성립되기에 이르렀다. 1971년 11월 11일에는 후쿠다파를 제외한 자민당 의원 47명이 집행부에 대중정책 전환을 요구하는 결의안을 냈다.[34]

1972년에 접어들자, 사토내각의 입장에 비판적인 움직임은 더욱 거세졌다. 우츠노미야를 대표로 하는 〈아시아·아프리카연구회〉는 3

---

31) 「아사히신문」, 1971년 9월 21일.
32) 「아사히신문」, 1971년 10월 28일.
33) 이들 12명은, 사카모토 산쥬지(坂本三十次), 시오야 가즈오(塩谷一夫), 가와사키 슈지(川崎秀二), 고노 요헤이(河野洋平), 다가와 세이치(田川誠一), 후지야마 이치로(藤山愛一朗), 후루이 요시미(古井喜美), 우츠노미야 도쿠마(宇都宮德馬), 야마구치 도시오(山口敏夫), 구지라오카 효스케(鯨岡兵輔), 니시오카 다케오(西岡武夫), 간나미 시게루(菅波茂) 등이었다. 「아사히신문」, 1971년 11월 13일.
34) 「아사히신문」, 1971년 11월 11일.

월 27일과 28일에 「미중회담 이후의 중국정책」이라는 명칭의 공청회를 열었다. 부제를 「신정권이 나아갈 길」이라고 닮으로써, 사토 내각 이후에는 일중우호내각이 될 것을 전제로 주의를 환기시켰다. 좌담회에서 사카모토 요시카즈(坂本義和) 도쿄대 교수는 "중소대립을 이용해서 소련에 접근해 중국에 대한 힘을 키우려는 19세기적인 발상이 아니라, 반대로 일중간에 긴장을 완화하고, 중국과 관계가 잘 되었다는 것을 전제로 소련에 대한 교섭능력을 강화하여 일소, 중소관계 개선에 임해야 한다"며 일중우호가 일본 평화전략의 전제임을 강조하였다.[35] 3월 29일 공청회에서는 그로미코(Gromyko) 소련 외상 방일을 계기로 소련과의 접근을 심화시켜가는 정부외교에 대한 경고가 주를 이루었다. 마츠모토 겐이치(松本建一)는 "일소관계 심화를 위해서도 중국과의 국교 회복이라는 큰 틀을 먼저 이루어야 한다"고 주장하였다.[36] 다카노 준이치(高野俊一)는 공청회에서 "일 대만간 조약은 폐기시켜야 한다"고 까지 주장하였다.[37]

1972년 4월 25일 방중을 마치고 돌아온 미키 다케오(三木武夫)가 "중국 대표권을 정한 유엔 결정이 나온 이상, 일·대만 조약은 해소시켜야 한다"고 주장하자, 후쿠다 외상은 중국이 국교정상화의 3원칙으로서, 중국이 유일한 정통 정부이고, 대만은 불가분의 영토이며, '일·대만조약(日'華平和條約)은 폐기해야 한다는 입장을 견지하고 있다면

35) 「아사히신문」, 1972년 3월 19일.
36) 「아사히신문」, 1972년 3월 29일.
37) 「아사히신문」, 1972년 3월 29일.

서, '일·대만 조약'을 바로 폐기하는 것은 곤란하다고 언급하였다.[38] 그 다음 날인 4월 26일에 중국을 다녀온 후지야마 전 외상과 미키는 대담을 통해, 일중 국교정상화를 위해서는 먼저 자민당내 합의가 필요하다는 입장을 피력하였다. 미키는 "중국문제는 해결해야 할 최대 현안"이라고 하면서, 다음 총재선에 나오는 사람은 입장을 확실히 해야 한다고 주장하였고, 후지야마는 "적어도 일중 정상화는 미국보다 먼저 해야 한다"는 의견을 피력하였다.[39]

1972년은 사토 수상의 3선 임기가 끝나갈 무렵이어서, 차기 자민당 총재 자리를 놓고 후쿠다와 다나카가 격돌하기 시작한 시점이었다. 실제로, 1972년 5월 10일 다나카 지지그룹은 후쿠다와의 대결을 선명히 하기 위하여 81명이 참가하는 중핵부대의 깃발을 올렸다.[40] 당시 자민당내 파벌세력의 분포를 살펴보면, 다음의 표와 같았다.

〈표 1〉 자민당내 파벌세력

영수	중의원		참의원	
사토(佐藤)	다나카(田中)계	36	후쿠다(福田)계	30
	호리(保利)계	14	다나카(田中)계	32
	중간	11	중간	11
오히라(大平)		43		20
미키(三木)		41		13
후쿠다(福田)		36	구(旧)고노(河野)	6
나카소네(中曾根)		34		
기타				
계		298		134

※출처 : 「아사히신문」 1972년 5월 16일.

---

38) 「아사히신문」, 1972년 4월 25일.
39) 「아사히신문」, 1972년 4월 26일.
40) 「아사히신문」, 1972년 5월 10일.

1972년 5월 26일에는 〈아시아·아프리카연구회〉, 〈중국문제 의원간담회〉, 그리고 〈일중 국교회복 촉진 의원연맹〉이 합동회의를 열어, 국회 종료후 수상의 퇴진을 주장하였다.[41] 일중관계 개선에 적극성을 보이지 않던 다나카는 자민당내 흐름이 대중 우호편으로 흐르자, 중일관계 개선에 우호적인 입장으로 선회하였다. 그러면서, 중국에 부정적이던 후쿠다에 대항하는 다나카, 미키, 오히라, 나카소네 등 네 파벌의 연합이 형성되었다. 그 중 나카소네는 공식적으로 다나카 지지를 표명하였고, 1972년 7월 3일 다나카, 오히라, 미키 등 세 파벌은 반후쿠다 정책협정을 맺었다. 이 문서는 "중화인민공화국 정부가 중국을 대표하는 유일의 합법정부라는 인식하에, 다음 정권안에 평화조약 체결을 목표로 교섭한다"는 공통의 인식을 확인하였다.[42] 이같은 흐름의 연장선상에서, 다나카(田中)는 1972년 7월 5일 자민당의 새로운 총재로 선출되었다. 1차 투표에서 다나카 156표, 후쿠다 150표, 오히라 101표, 미키 69표였던 것이 결선투표에서 오히라, 미키가 물러나고 다나카를 지지함으로써, 다나카가 282표를 얻어 190표를 얻은 후쿠다를 압도하고 총재에 당선되었다.

다나카 내각에서 외상이 된 오히라는 "사토시대를 넘어서자"고 하면서 일중 정상화에 박차를 가하였다. 다나카정권은 정권 출범 직후인 1972년 9월 25일 일중정상회담을 열고, 국교정상화를 단행하였다. 일중관계의 급속한 정상화가 이루어지자, 후쿠다파에서는 〈일중

---

41) 「아사히신문」, 1972년 5월 26일.
42) 「아사히신문」, 1972년 7월 3일.

문제연구부회〉를 설치하여 타이완 중시론을 부각시켰다. '대만의 취급은 국제적인 신의를 저버리지 않도록 신중하게 배려해야 한다'는 것이 그들의 주장이었다.[43] 후쿠다 본인도 타이완 버리기에 반대하며, '타이완을 잘라버려서는 안 된다'고 주장하였다.[44] 이같이 반중, 친타이완의 입장에 서 있던 후쿠다파를 중심으로 대만과의 의리를 중시하는 〈세란카이(靑嵐会)〉가 조직된 것은 결코 우연한 일이 아니었다. 1973년 1월 17일 만들어진 〈세란카이〉는 다나카 수상이 타이완과의 연을 끊고 중국과의 국교정상화를 한 것과 그가 추진한 일본열도개조계획 및 오일쇼크의 영향으로 일본의 물가가 앙등하는 데 대한 반발을 정치적으로 표현하고자 한 집단적 움직임이었다.[45] 그러나, 이들의 대부분은 후쿠다를 지지하는 성향이 강한 인물들로서 이른바 '친대만파'이자 후쿠다파의 별동대였다. 〈세란카이〉의 발족 취지서에 쓰여진 구성이유는 다음과 같았다. 첫째, 자유사회를 지키고, 외교는 자유주의국가군과의 친밀한 연대를 견지한다. 둘째, 국가 도의의 고양을 위해 교육의 정상화를 단행한다. 셋째, 근로를 존중하고 새로운 사회 정의확립을 위해 불로소득을 배제한다. 넷째, 평화국가건설을 위해 국민들에게 국방과 치안의 필요성을 호소하고 이 문제를 적극적으로 제기한다. 다섯째, 새로운 역사에 있어서 일본민족의 참된 자유, 안전, 번영을 도모하기 위해 자주독립의 헌법을 제정한다. 여섯째, 당의 운

---

43) 「아사히신문」, 1972년 8월 20일.
44) 「아사히신문」, 1972년 9월 6일.
45) 川内孝, 「血の政治 : 靑嵐会という物語」, 東京 : 新潮新書, 2009, 27쪽.

영은 안이한 타협, 관료화 등 종래의 폐습을 타파한다.[46] 〈세란카이〉 발족 당시 멤버는 중참의원을 합쳐서 31명이었다. 이들은 후쿠다파 10명, 나카소네파 9명, 시나(椎名)파 4명, 미즈다(水田)파 3명, 미키(三木)파 1명, 무파벌 4명 등으로 구성되어, 다나카파와 오히라파가 한 명도 참가하지 않은 것이 특징이었다. 이 모임의 대표는 나카가와 이치로(中川一郎)였고, 이시하라 신타로(石原慎太郎), 와타나베 미치오(渡辺美智雄), 나카오 에이치(中尾栄一), 후지오 마사유키(藤尾正行), 하마다 고이치(浜田幸一) 등 우파성향의 정치인들이 주를 이루었다.[47] 이들이 주장한 자주헌법 제정, 국민교육의 정상화, 국가도의 고양과 같은 주장이 1990년대 후반 보수 우파들의 주장에 연결되는 것은 우연이 아니었다.

이와 같이 1960년 후반에서 1970년대 초반에 이른 국제정치의 격동기에, 중국 문제는 일본의 보수정치세력인 자민당 내부를 갈라놓는 가장 첨예한 이슈로 자리잡았다. 사토에 이어 미일동맹을 강화하면서 대중 견제책에 나섰던 후쿠다가, 다나카를 중심으로 한 친중 연합에 밀려 자민당 총재선거에서 패배한 것은 반중 그룹에 대한 친중그룹의 승리를 말해준다. 그러나, 후쿠다파를 중심으로 한 반중, 친타이완그룹이 〈세란카이(青嵐会)〉를 조직하여 다나카에 대한 대항전선을 마련하는 것은 정치적 아이디어를 통해 정치대결의 선명성을 높이려는 상징적인 시도였다.

---

46) 위의 책, 35-36쪽.
47) 위의 책, 37-39쪽.

4. 1990년대 역사인식문제를 둘러싼 자민당내 대립

  -보수 우파의 움직임을 중심으로-

중국과의 국교정상화 이후 다시 뒷전으로 물러났던 아시아문제가 일본정치의 전면에 등장하게 된 것은 1990년대에 접어들어서부터였다. 중국과의 국교정상화문제가 1960년대 후반 자민당 보수세력을 양분시켰다고 한다면, 1990년대초 종군위안부문제를 중심으로 한 역사해석문제는 일본정계의 보수세력을 다시 둘로 갈라놓았다. 한편으로는, 종군위안부문제를 중심으로 아시아에 대해 반성과 사죄를 통한 적극적인 외교적 편입을 통해 아시아국가의 일부로서 일본을 자리매김하려는 움직임이 일어났고, 다른 한편으로는, 반성적, 사죄중심형 외교에 기반을 둔 아시아에 대한 접근에 반기를 들면서, 미국을 중심으로 한 국제질서에 동승하여 중국과 한국, 북한을 견제하려는 탈(脫)아시아적 사고방식도 전면에 등장하였다. 즉, 후자의 탈아시아적 사고는 전자인 아시아 편입주의에 대한 안티테제로서 대두되었다.

냉전이 종식되고 난 후 국제사회에서의 새로운 질서에 대응할 필요성이 증대되면서, 일본은 동아시아에서의 다자안보협력체제구상과 더불어 아시아 국가들과의 역사화해를 추구하는 경향을 드러냈다.[48] 하지만, 일본 정치세력의 아시아에 대한 전향적인 화해 제스쳐는 자민당내에서는 물론 일본 정치세력 전반에서 합의를 바탕으로 추진한

---

48) Patrick Cronin and Michael Green, *Redefining U.S.-Japan Alliance*, New York : Diane Publishing Co., 1994.

것은 결코 아니었다. 아시아국가들과의 역사화해 움직임은 특정한 정치적 조건하에서 가능했다. 우선, 한국과 중국, 필리핀 등 아시아 국가들사이에서 종군위안부라는 인도적 피해를 입은 여성들의 주장이 제기되면서, 국제사회에서 이를 변호하기 힘든 입장에 처하게 되자, 일본 정부는 전향적인 화해제스처로 대응에 나섰다.[49](吉見 1995). 이를 가능하게 했던 것은 당시 자민당 수상이었던 미야자와(宮沢), 관방장관이었던 고노(河野)와 가토(加藤) 등이 보수세력 중에서도 리버럴한 입장을 위하는 오히라(파의 후계자였다는 점이었다. 자민당이 하야한 이후에도 호소카와(細川) 수상 본인이 리버럴한 성향을 가지고 있었던 점에 더하여, 사회당이 연립 여당의 다수파를 점함으로써 아시아와의 평화적 연대 및 역사문제 청산에 무게가 실렸다. 1993년 8월 15일 호소카와 수상은 "과거 우리나라의 침략행위와 식민지지배 등이 많은 사람들에게 참을 수 없는 어려움과 슬픔을 가지게 한 것에 대해 다시 깊은 반성과 사과의 심정으로 말씀드리며, 앞으로 더욱 세계평화를 위해 기여함으로써 우리의 결의를 보여나가겠다"는 담화를 발표하였다.[50]

「호소카와담화」가 발표된 직후인 1993년 8월 23일 자민당내부에는 〈모두가 야스쿠니신사에 참배하는 국회의원의 모임(みんなで靖国神社に参拝刷る国会議員の会)〉, 〈유가족 의원협의회(遺家族議員協議会)〉, 〈영령에 대답하는 의원협의회(英霊に答える議員協議会)〉 등 보

---

49) 吉見義明, 「從軍慰安婦」, 東京 : 岩波新書, 1995.
50) 「아사히신문」, 1995년 8월 16일.

수 우파 성향의 세 단체가 모여 〈역사검토위원회(歷史檢討委員会)〉를 설치하고, 호소카와 총리가 제2차대전을 '침략전쟁'이라고 언급한 것에 반발하여, "호소카와의 발언은 일방적인 자학적 역사관의 횡행에 불과하다. 우리들은 대동아전쟁을 어떻게 총괄할 것인가를 주제로 연구회를 열고자 한다"라는 취지서를 발표하였다(歷史檢討委員会 1995：444). 이들이 자학사관이라고 표현하고 '대동아전쟁'을 긍정적으로 보는 움직임은 후에 도쿄대 후지오카 노부카츠(藤岡信勝) 교수를 중심으로 자유주의사관으로 표현된 바 있다. 이들은 1993년 10월부터 1995년 2월까지 20회에 걸치는 위원회를 개최하고 우파 성향의 지식인들을 초청하여 역사문제에 대한 재인식을 주창하였고, 1995년 8월 15일에 「대동아전쟁의 총괄(大東亜戦争の総括)」이라는 책을 발간하였다. 이 책자에는, 대동아전쟁은 침략전쟁이 아니라, 자위를 위한 전쟁이자 아시아 해방 전쟁이었으며, 남경대학살, 종군위안부 등 가해는 말도 안 되고, 일본은 전쟁범죄를 저지르지 않았다는 관점에서 침략과 피해만을 부각시키는 교과서는 고쳐져야 한다고 주장하고 있다.[51] (具裕珍 2006：50-51).

호소카와 총리의 담화를 비판하던 자민당 보수 우파는 자민당이 정치적 적대관계에 있었던 사회당과의 편의적 연합을 통해 정권을 다시 찾아오면서 복잡한 심경에 처했다.[52] 특히, 사회당은 자신들이 견

---

51) 具裕珍, 「新しい歴史教科書を通して見る歴史認識の日本政治」 ソウル大学 国際大学院修士論文, 2006년 8월, 50-51쪽.
52) Gerald Curtis, *The Logic of Japanese Politics*, New York：Columbia University Press, 1999.

지해오던 외교안보정책을 갑자기 180도 전환하면서 정체성위기에 빠졌으나, 아시아국가들과의 역사화해를 전면에 들고 나오면서 무너진 정체성의 일부를 보완하고자 하였다. 무라야마(村山) 총리는 1994년 8월 15일 "깊은 반성의 심정에 입각하여 부전의 결의하에…"라고 표현된 '부전결의(不戰決意)'를 발표하였고, 〈아시아여성기금(アジア女性基金)〉의 설립에 적극적으로 나섰다.

자민당내 보수 우파들은 이러한 사회당 총리의 입장에 비판적인 입장을 표명하였다. 보수파의 논객이던 나카소네는 사회당과의 연립을 해소하고 "신보수, 자유주의, 중도세력에 의한 정권을 수립해야 한다"고 주장하였다.53) 1995년 7월 23일 실시된 참의원 선거에서 자민당이 46석, 야당인 신진당이 40석을 얻은 데 반해, 사회당은 16석밖에 획득하지 못해 과거 최저의 기록을 보이자,54) 무라야마 수상의 교체를 바란다는 의견이 52%에 이르렀다.55) 이런 가운데, 1995년 8월 9일 문부상이던 시마무라 요시노부(島村宣伸)가 전쟁에 대해 "침략인가 아닌가는 사고방식의 문제"라고 하면서, "도대체 언제까지 사죄해야 하는가"라는 발언을 함으로써 물의를 일으켰다. 김영삼 대통령은 이에 대해 이례적으로 일본은 "바른 역사인식을 확립해야 하며 과거 역사를 직시해야 한다"고 강조하였다.56) 이와 같이 자민당 우파와 사회당 집행부간에 의견이 대립하는 가운데, 1995년 8월 15일 무라야마 총리

---

53) 「아사히신문」, 1995년 7월 20일.
54) 「아사히신문」, 1995년 7월 24일
55) 「아사히신문」, 1995년 7월 26일.
56) 「아사히신문」, 1995년 8월 9일.

는, "우리나라는 머지않은 과거의 한 시기에 국책을 잘못해서 식민지 지배와 침략에 의해 많은 나라, 특히 아시아 여러 나라 사람들에게 다대한 손해와 고통을 끼쳤다. 나는 의심할 수 없는 이 역사의 사실을 겸허히 받아들여 여기서 다시 통절한 반성의 뜻을 표하고 마음으로부터의 사죄의 기분을 표명한다"는 담화를 발표하였다.[57] 하지만, 같은 날, 자민당의 〈모두가 야스쿠니신사 참배하는 국회의원의 모임〉과 야당인 신진당의 〈야스쿠니참배의원연맹(靖国参拝議員連盟)〉 소속 의원 59명이 야스쿠니 신사를 참배하였다.[58] 이들 중에는 9명의 각료가 포함되어 있었다. 「무라야마담화」에 대한 명백한 반대의사 표명이었다.

이 즈음, 자민당과 사회당은 모두 내부적인 변화를 겪었다. 사회당은 9월 21일 열린 당대회에서 신당추진파와 신중파 사이의 골이 깊어졌다. 노선상으로도 제3의 길을 모색하는 그룹과 호헌입장을 견지하는 파로 나뉜 것이다.[59] 참의원에서의 사회당 참패가 내부분열을 촉진하는 효과를 가져왔다. 반면, 자민당은 고노(河野)에 이은 신총재를 뽑는 선거에서 하시모토(橋本)가 304표를 얻어 87표를 얻은 고이즈미(小泉)를 누르고 새로운 총재가 되었다.[60]

하시모토의 등장은 자민당의 보수적 분위기를 고양시켰다. 무라야마 총리는 1995년 10월 참의원 본회의 답변에서 "한일병합조약은

---

57) 「아사히신문」, 1995년 9월 16일.
58) 「아사히신문」, 1995년 8월 16일.
59) 「아사히신문」, 1995년 9월 22일.
60) 「아사히신문」, 1995년 9월 23일. 총재였던 고노(河野)는 자신이 속한 미야자와파의 가토(加藤)가 하시모토를 지지하자 출마를 포기하였다.

당시의 국제관계 등 역사적 사정안에서 법적으로 유효하게 체결되어 성립한 것으로 인식하고 있다"고 답변하자, 김영삼 대통령이 "역사를 왜곡하는 발언을 되풀이하면 안 된다"는 강한 입장을 표명하기도 했다.[61] 하지만, 다음달인 11월 8일 에토 다카미(江藤隆美) 총무처장관이 "식민지시대 일본이 한국에도 좋은 일도 했다"는 발언이 동아일보에 소개되자,[62] 김영삼 대통령이 "일본인들의 버르장머리를 고쳐놓겠다"는 격한 반응을 보였다. 결국, 에토장관은 11월 13일밤 사임하였고, 그 다음날인 11월 14일에 무라야마 총리가 김영삼 대통령에게 '병합조약은 제국주의시대의 조약'이라는 편지를 보내 수습하였다.[63]

무라야마는 1996년 1월 5일 수상직에서 스스로 물러났고, 자민당의 신총재인 하시모토(橋本)가 1월 11일에 새로운 내각을 구성하였다. 하시모토수상은 사회당 및 사키가케(さきがけ) 등 연립여당과의 조정역인 간사장에 가토를 임명하는 한편, 관방장관에는 보수연합파인 가지야마 세이로쿠(梶山静六)를 임명하여 자민당내 두 가지 다른 기류를 인사에 반영하였다. 가지야마는 나카소네와 연계하면서 오자와가 이끄는 신진당과의 '보·보연합(保·保連合)'에 관심을 보였다. 사회당과의 연합이 지속되었지만 보수적 이미지의 하시모토가 총재가 되자, 자민당내 보수 우파들이 목소리를 높이기 시작했다. 1996년 6월 4일 〈밝은 일본 국회의원연맹(明るい日本国会議員連盟)〉이 결성되었

---

61) 「아사히신문」, 1995년 10월 13일, 10월 15일.
62) 「동아일보」, 1995년 11월 8일.
63) 「아사히신문」, 1995년 11월 15일.

다. 오쿠노 세이스케(奧野誠亮)를 회장으로 하는 이 모임은 일본을 침략국가로서 죄악시하는 자학적인 역사인식이나 굴욕적인 사죄외교에 동조할 수 없다는 입장을 밝혔다.[64] 하시모토 수상 자신도 1996년 7월 29일 야스쿠니 신사참배를 하고 내각총리대신이라고 기명하였다.[65] 1996년 10월에는 자민당과 신진당의 야스쿠니 신사참배파 의원들이 모여서 46명이 함께 신사를 참배하였다. 야스쿠니 신사참배라는 보수적 아젠다에 여야가 따로 없다는 점을 어필하는 정치적 행위였다. 그 자리에서 무라카미(村上)의원은 '우리 정치인들의 참배까지 반대한다면 내정간섭이다'라고 하면서, 한국을 비롯한 아시아국가들의 반대를 봉쇄하고자 하였다.[66] 이같은 움직임은 총선에서 보수층을 결집시키기 위한 포석인 동시에, 보수연합을 추진하기 위한 준비 작업이기도 했다.

1996년 10월 21일 실시된 중의원 총선에서, 자민당 239석, 사민당 15석, 사키가케 2석, 민주 52석, 신진 156석, 공산 26석, 기타 10석으로 자민당이 단독과반수 획득에 실패했지만, 1993년 총선에 비해 16석이 늘어났다는 이유로 가토 간사장 등 당 집행부는 유임되었다.[67] 하지만, 선거에서 참패한 사회당과 사키가케가 각외협력(閣外協力) 노선으로 전환하면서 연립 여당을 제외한 자민당 단독내각이 수립되었다. 각외협력 방식의 채택은 이전에 여당 간사장이 연립 여당간 의견을

---

64)「아사히신문」, 1996년 6월 5일.
65)「아사히신문」, 1996년 7월 29일.
66)「아사히신문」, 1996년 10월 18일.
67)「아사히신문」, 1996년 10월 21일.

조율한 다음 자민당 총무회가 사후 승인하는 방식으로부터, 대부분의 정책과제를 자민당 정책조사회 부회(部會)에서 논의하는 실질적인 '자민당 주도형' 방식으로 전환시켰다. 자민당 단독 내각이 구성되자, 자민당 총무회 분위기는 급변하기 시작했다. 역사교과서에 실린 종군위안부 기술을 비판하는 발언이 늘어나고, 개헌을 당 운동방침으로 확인하는 방향으로 전환하였다. 유족회와 깊은 관련이 있는 이타가키(板垣)의원은 '집행부가 정권 운영을 위해 사민당 등에 배려하는 것은 알겠는 데, 나라의 역사와 전통을 위해 당의 얼굴이 보이는 방법이 있어야 당연하다'고 하면서 역사문제와 독도를 둘러싼 김영삼 대통령에게 비판적인 발언을 내보였다.[68] 1997년 1월 25, 26일 양일간에 걸쳐 열린 하시모토-김영삼 정상회담 전날에, 가지야마 (梶山) 관방장관이 종군위안부문제와 관련하여 '당시 공창제도가 있었다'라고 발언한 데 대해, 하시모토(橋本) 수상은 벳푸(別府) 정상회담자리에서 김영삼 대통령에게 정중하게 사과하고 반성한다는 발언을 하고나서야 사태를 수습할 수 있었다.[69]

자민당 보수 우파를 중심으로 보수파 연합을 염두에 둔 움직임이 1997년 들어 활발해지기 시작했다. 타이완문제, 야스쿠니신사 참배문제, 종군위안부문제 등이 보수 우파의 본질을 보여주는 이슈로 전면에 부각된 것도 이 즈음이었다.[70] 1997년 2월 5일에는 자민당내 〈일·

---

68)「아사히신문」, 1997년 1월 22일.
69)「아사히신문」, 1997년 1월 26일.
70)「아사히신문」, 1997년 2월 4일.

대만관계의원간담회(日華関係議員懇談会); 山中貞則, 202명))과 신진당의 〈일·대만의원연맹(日華議員連盟; 小沢辰男, 67명))이 통합을 결정했고, 자민당과 신진당에 나뉘어져 있던 〈모두가 야스쿠니신사에 참배하는 국회의원의 모임(みんなで靖国神社に参拝する国会議員の会; 小淵恵三, 209명))과 〈야스쿠니신사참배의원연맹(靖国神社参拝議員連盟; 渡部恒三, 71명))도 4월 2일에 통합하면서, 4월 22일에 합쳐진 의원조직을 대표하여 150명이 야스쿠니 신사에 참배하였다.[71] 또한, 종군위안부문제에 비판적인 시각을 가진 자민당의 〈밝은 일본 국회의원 연맹(明るい日本国会議員連盟; 奥野誠亮))와 신진당의 〈바른 역사를 전하는 국회의원 연맹(正しい歴史を伝える国会議員連盟; 小沢辰男))도 교류를 깊여가기로 하였다. 자민당과 신진당 양당으로 나뉘어 있던 보수 우파의원들이 공동 보조를 취하는 형태로 사회당과 보수리버럴들에게 압박을 가하는 형세였다. 1997년 2월 27일에는 자민당내 당선 4회 이하의 국회의원들이 모여서 〈일본의 전도와 역사교육을 생각하는 젊은 의원들의 모임(日本の前途と歴史教育を考える若手議員の会))을 결성하였다. 나카가와 쇼이치(中川昭一)가 대표를 맡고, 아베 신조(安倍晋三)가 사무국장을 맡은 이 모임은 '역사교육이란 일본

---

71) 「아사히신문」, 1997년 4월 23일. 당시 자민당의 노나카(野中) 간사장 대리는 이같은 움직임을 보고, '보수파 연합의 냄새가 난다. 자민당·사회당·사키가케 정권유지를 위한 환경조성을 해온 사람으로서 이런 정치색 짙은 움직임에 이용당하고 싶지않다'고 하면서 야스쿠니 신사참배의원연맹을 탈퇴하는 일도 벌어졌다. 자민, 신진 양당에 나뉘었던 야스쿠니 신사참배 관련의원들의 합동이 보수파연합을 통해 사회당과의 연립파를 견제하려고 했다는 것임을 잘 보여주는 사례였다.

인의 자부심과 아이덴터티에 관한 문제'라고 모임의 취지를 밝혔다.72)
이들은 1997년 6월 자신들의 운동 방침을 두 가지라고 발표하였다. 하
나는, 고노 관방장관 담화의 재검토를 수상관저와 집행부에 진언하는
것이고, 다른 하나는, 종군위안부 기술 삭제를 문부성에 요구한다는
것이었다.73)

1997년 4월 5일에는 오자와 신진당 대표와 하시모토 수상이 현안
이었던 오키나와의 '주류군용지 특별조치법'에 합의함으로써 보수파
연합의 가능성을 더욱 강화해 주었다.74) 1997년 5월 1일 처음 경시청
이 발표한 북한에 의한 요코타 메구미(橫田めぐみ) 씨 납치의혹 제기
는 보수파들을 가깝게 하는 다른 소재를 제공해 주었다.75) 당시, 가토
간사장과 노나카 히로무(野中広務) 간사장 대리를 중심으로 한 자민
당내에서 사회당과의 연립을 중시하는 그룹은 북한에 대한 지원과 관
계정상화에 적극적으로 나서고 있었다. 북한의 수해 이후 식량지원의
확대 및 북핵문제 해결을 위한 4자회담이 진행되면서 일본도 북한과
의 관계 개선을 모색하던 시기였다. 하지만, 일본인 납치의혹 제기는
이들의 움직임을 견제하는 절호의 공격재료가 되었다.

사민당과의 연립파였던 가메이 시즈카(亀井静香) 건설상은 이 즈
음 보수연합파로 입장을 바꾸었다. 나카소네(中曽根) 직계인 요사노

---

72) 「아사히신문」, 1997년 2월 27일.
73) 「아사히신문」, 1998년 8월 1일. 나카가와는 오부치 내각에서 농상으로 임명
된 직후 기자회견에서 '2차대전중 종군위안부문제를 역사교과서에 올리는
것에 의문을 가지고 있다'고 발언한 후, 비판이 일자 이를 철회하였다.
74) 「아사히신문」, 1997년 4월 5일.
75) 「아사히신문」, 1997년 5월 1일.

가오루(与謝野馨) 관방부장관과 더불어 50여명의 연구회를 조직하고, 9월에 예정된 자민당 총재선에서 가토 등 사민당과의 연립파를 압박해 나가기로 했다.[76] 가메이는 자신이 보수연합 중시파로 입장을 바꾼 데 대해, "안전보장이나 행정개혁 등 국가적인 정책수행에 사민당이 따라오지 않는다. 사회당, 사키가케와의 연립만으로 정국 운영이 안 된다는 것은 삼척동자도 안다"라고 자신의 행동을 정당화하였다.[77] 보수연합 강화론자들은 총재선을 한달 정도 앞둔 8월 22일에 〈일본의 마음과 활력을 높이는 모임(日本の心と活力を高める会)〉를 만들어 당내 리버럴들을 더욱 압박해 나갔다. 파벌을 초월한 의원연맹이었지만, 기본적으로 나카소네파를 이어받은 와타나베(渡部)파와 후쿠다파를 이어받은 미츠즈카 히로시(三塚博)파 의원이 주를 이루었다.[78] 이 모임에 참가한 의원들은 세 가지 점에 공통점이 있었다. 첫째, 행정개혁과 유사법제 등 주요법안 통과를 위해 사민당과의 연립에는 한계가 있다고 생각하는 보수파의원들이 대부분이었다. 둘째, 에토 전 총무처장관처럼 역사문제에 있어서 중국 및 한국의 반발을 산 의원들이 다수 참가하였다. 셋째, 가토 고이치, 야마자키 다쿠(山崎拓), 모리 요시로(森喜朗) 등 파벌내 세대교체를 원하는 세력에 대해 이론을 제기하는 원로의원들이 많았다. 이들 중장년층 의원들의 모임과는 별도로, 가토가 추진하는 사회당과의 연립노선에 비판적인 중견 및 젊은 의원

---

76) 「아사히신문」, 1997년 7월 27일.
77) 「아사히신문」, 1997년 7월 25일.
78) 「아사히신문」, 1997년 8월 23일.

들은 8월 28일 '21세기의 일본을 만든 모임(21世紀の日本を創る会)'을 만들었다. 히라누마 다케오(平沼赳夫), 요사노(与謝野), 아소 다로(麻生太郎) 등을 포함한 35명의 의원이 주축을 이루었다.[79]

이와 같이, 보수연합파 의원들이 무리를 지어 하시모토(橋本)를 중심으로 한 당집행부에 압력을 가했음에도 불구하고, 하시모토는 1997년 9월 8일 실시된 자민당 총재선거에서 무투표 재선되었다. 하시모토가 총재로 재선출되기 직전인 9월 6일에 한사람씩 야당의원들을 자민당에 입당시켜 중의원 과반수인 251명을 달성해 낸 것도 주효하였다.[80] 가토 간사장은 유임되었지만, 30여명으로 구성된 자민당 총무회에는 가메이, 가지야마, 츠카하라 준페이(塚原俊平) 등 보수연합파 의원들이 잔뜩 포진하여 집행부에 비판적인 목소리를 높였다. 이 시기 신진당은 오자와를 중심으로 보수연합을 추진하려는 세력과 가노 미치히코(鹿野道彦)를 중심으로 신진당의 정체성을 살리려는 그룹으로 나뉘어 내분이 일어났고, 공명당도 신진당과의 협력여부를 둘러싸고 내분에 휩싸였다. 결국, 신진당은 1997년말 당을 해산하면서 분열하게 되었다.

신진당의 분열은 보수파 연합을 실질적으로 어렵게 만들었다. 하지만, 자민당 집행부도 중의원 단독 과반수 회복 이후 사민당과의 협력을 재고하기 시작했다. 미일동맹 강화의 일환으로 〈주변사태법(周邊事態法)〉 등 안보관련 법안에 사민당이 반발하고 나섰기 때문이었

---

79) 「아사히신문」, 1997년 8월 29일.
80) 「아사히신문」, 1997년 9월 6일.

다. 사민당과의 연립유지파였던 가토 간사장은 1998년 3월 15일 구 공명당과의 연계를 우선하겠다는 방침을 공표하였다.[81] 이에 대해, 7월로 예정된 사민당은 참의원 선거전에 각외협력을 해소하고 여당에서 이탈하겠다는 뜻을 밝혔다.[82]

1998년 7월 12일에 실시된 참의원 선거에서 자민당과 사회당은 경제실정에 대한 비판을 견디지 못하고 참패하였다.

〈표 2〉 1998년 참의원 선거 결과

정당명	당선자수	선거이전	비개선의석	의원 총수
자민당	44	(61)	58	102
민주당	27	(18)	20	47
공산당	15	(6)	8	23
공명당	9	(11)	13	22
사민당	5	(12)	8	13
자유당	6	(5)	6	12
기타				
무소속	20	(6)	6	29
계	126			252

하시모토 총재와 가토 간사장은 참의원 선거 패배의 책임을 지고 물러났다. 1997년 7월 24일 치러진 자민당 총재선거에서 오부치(小淵)가 225표를 얻어, 102표를 얻은 가지야마, 84표를 얻은 고이즈미(小泉)를 누르고 새로운 자민당 총재가 되었다. 사회당과의 연립정권 유지파의 전면적인 패배이자, 보수연합파의 승리로서, 자민당이 사민당과의 연립을 종식시키고, 오자와의 자유당과 공명당과의 연립으로 나아

---

81) 「아사히신문」, 1998년 3월 15일.
82) 「아사히신문」, 1998년 5월 6일.

가는 발판을 마련한 중요한 총재선거였다. 이후, 자민당은 공명당과의 연립을 통해 중참 양원에서의 과반수를 확보하면서 보수적인 성향을 법안들을 차례차례로 통과시켜 나갔다.

위에서 살펴본 바와 같이, 자민당내 보수 우파세력의 성장은 1990년대 중반 이후 활발해졌다. 보수 우파 의원들은 주로 아시아 국가들에 대한 굴욕적인 사죄외교에 반대하면서, 특히 종군위안부 기술을 둘러싼 문제에 비판의 화살을 맞추면서, 야스쿠니 신사참배를 통해 자신들의 정체성을 강화해 나갔다. 자민당내 리버럴한 세력인 미야자와, 고노, 가토 등이 무라야마를 중심으로 한 사회당과의 연립을 통해 정권에 복귀한 것을 자민당 정체성에 대한 망각으로 보고, 이들에 대한 집중적인 공격을 통해 보수 우파세력을 결집하고자 하는 과정에서 자민당내 보수 우파세력의 탈아시아적 시각은 보다 분명하게 부각되었다. 자민당과 신진당을 포함하는 보수성향의 의원들이 당적을 넘어서서 연대 움직임을 보이고, 사회당과 리버럴의 자세에 비판적인 자세를 취한 점은 주목할 부분이다. 1960년대 중국문제가 자민당 내부의 노선대립과 파벌투쟁의 연장선상에 있었던 반면, 1990년대 동아시아, 특히 역사문제는 자민당내 사회당과의 연립유지파와 보수연합파간의 대립의 정가운데에 위치한 문제인 동시에, 정치세력 전반에 걸쳐 보수 우파와 리버럴한 세력을 갈라놓는 대표적인 정치적 갈등 이슈였다.

5. 일본 보수 세력을 갈라놓은 동아시아관

이 논문은 1960년대 자민당내 〈아시아·아프리카 연구회〉가 제기한 중국과의 구교정상화문제, 그리고 1990년대 자민당 내 온건보수파와 보수 우파간의 동아시아관의 차이를 비교 분석함으로써 일본 정치세력의 동아시아관의 변화를 재조명하였다.

일본의 보수 정치세력, 특히 자민당 정치세력이 동아시아를 둘러싸고 대립과 갈등을 벌인 양 시기에 대한 분석은 아래와 같은 점을 시사해 준다.

첫째, 일본 보수 정치세력에 있어서 동아시아는 두 시기에 걸쳐 논쟁과 대립의 한복판에 놓여 있었다. 동아시아는 자민당 보수 세력에게 있어 뜨거운 감자였다. 자민당은 냉전적 질서하에서 미국과 동맹을 맺고 이를 유지하기 위해 이에 대항하는 사회당 등 혁신세력과의 정치적 대결을 펼쳐왔다. 따라서, 미국과의 동맹, 주일미군기지문제, 방위력 증대 등은 보수와 혁신을 갈라놓는 기본적 대립축이었다.[83] 즉, 방위문제를 중심으로 한 외교안보노선은 1955년 체제의 핵심적 쟁점사안이었다. 그러나, 이같은 보수적 정체성을 가진 자민당 내부에서도 동아시아를 보는 눈은 동일하지 않았다. 오히려, 자민당 내부에서 동아시아를 둘러싼 서로 다른 시각은 자민당 내부를 때로는 갈라놓고 당내 세력간 경쟁을 주도하는 논쟁적 쟁점을 제공해 주었

---

83) 大嶽秀夫, 「日本政治の対立軸」, 東京 : 中公新書, 1999.

다. 다시 말해서, 미일동맹과 자위대를 둘러싼 보혁간의 정책대립이 주로 냉전구도하에서의 현실주의(realism)적 전략적 제휴에 관한 것이었다면, 보수세력 내부의 대립은 동아시아국가들과의 관계설정을 둘러싼 아이디어(idea)와 자기정체성(identity) 구성에 대한 시각차에 기인한 것이었다. 그 결과, 가치관, 규범, 인식 등 복합적인 요소가 정치세력간 대립의 전면에 부각되는 것은 피할 수 없는 일이었다.

둘째, 냉전기였던 1960, 1970년대의 동아시아를 둘러싼 자민당내 세력다툼은 주로 중국과 언제, 어떤 방식으로 관계를 정상화할 것인가 하는 대외정책 문제에 초점이 놓여 있었다. 미일관계와 미중관계의 정합성과 균형을 둘러싼 논쟁이었던 관계로 미국과의 외교는 논쟁의 중심에 서 있었다. 미국 일변도의 외교에 대한 저항으로 동아시아문제가 제기되었기 때문이다. 그러나, 미국이 일본에 앞서 중국과의 국교 정상화에 나섬으로써, 자민당 내부의 논쟁은 결과적으로 미일관계를 보완하는 역학으로 작용하였다. 〈아시아·아프리카연구회〉가 주장한 중국과의 관계 개선은 미국과의 동맹관계를 저해하지 않는 방향에서 순차적으로 해결될 수 있었다. 따라서, 변화하는 국제질서의 와중에 일본의 보수 세력이 중국과의 관계를 선제적으로(proactive) 개선하려던 움직임이었던 동시에, 미국의 움직임에 반응적으로(reactive) 적응하는 과정의 일부였던 것이다. 반면, 탈냉전기에 해당하는 1990년대 동아시아와의 관계설정을 둘러싼 자민당내 대립과 갈등은 외교 사안에 국한하지 않고, 국내정치적 갈등 및 논쟁(domestic controversy)과 밀접하게 맞물려 들어갔다. 미국과 무관하게, 아시아국가들로부터의 압력에 대응하는 과정에서 나타나기 시작한 대립적 논쟁점은 일본 보수 세력에게 순응적 반응만을 유도해내기 보다는 대립적이고 충돌적인 요소를 아울러 만들어냈다.[84] 동아시아국가들을 포용하려는 자민당과 연립정당들의 리버럴한 움직임에 대해, 자민당내 보수 우파는 물론 자민당 외부의 보수 우파 및 시민사회까지 연합하여 반발하였다.

셋째, 1960년대와 1990년대의 비교분석은 일본의 보수 세력내에서 점차 보수 리버럴의 입지가 좁아지고 보수 우파의 영향력이 확대되는 과정이 진행되었음을 보여주고 있다. 1960년대 아시아·아프리카 연구회의 도전에서 볼 수 있듯이, 자민당내 주류세력에 대해 보수 리버럴이 새로운 쟁점과 시각을 제공하였고, 이들의 활동의 연장선상에서 다나카(田中)가 중국과의 관계 개선에 적극 나서게 되는 계기가 마련되었다. 보수 리버럴의 영향력이 일본 정계의 주도적 흐름을 견인하고 나설 수 있을 만큼 정계내 입지가 확보되었던 것이다. 오히려, 강한 보수 우파적 경향을 가진 〈세란카이(青嵐会)〉은 보수 리버럴에 대한 소수파 대항세력으로 자신들을 위치매김해야만 했다. 반면, 1990년대 초반 주도권을 장악했던 자민당내 보수 리버럴들이 사회당과의 연합을 통해 동아시아 국가들과의 의미있는 역사화해의 멧세지를 만들어낼 수 있었지만, 동시에 역설적으로 보수 우파들이 결집할 수 있는 구실을 마련해 주기도 하였다. 보수 우파성향을 가진 젊은 의원들을 중심으로 일본 국가의 정체성을 전면에 내세워 초당파적 연대를 확대해

---

84) 박철희, "일본의 대외정책 결정패턴의 변화," 이면우 엮음, 「일본의 국가재정립」, 서울 : 한울아카데미, 2006, 174-205쪽.

나간 점은 1960년대의 세력다툼이 기본적으로 자민당 내부의 항쟁이었던 것과 대조적이다. 결국, 자민당 리버럴의 외부 연합세력이었던 사회당과 사키가케가 정치적 침체와 약체화의 길을 걸으면서, 자민당 내부의 보수 리버럴들도 함께 입지가 약화되는 결과를 낳았다. 1990년대 후반에 이루어진 일론 정계내 보수 우파의 강화는 자민당 리버럴들이 연합했던 사회당의 급속한 세력 약화가 가져온 반사이익이었다.

참고문헌

김호섭·이면우·한상일·이원덕, 「일본 우익 연구」, 서울 : 중심, 2000

박철희, "일본의 대외정책 결정패턴의 변화," 이면우 엮음, 「일본의 국가재정립」, 서울 : 한울아카데미, 174-205쪽, 2006.

와카미야 요시부미·김충식, 「화해와 내셔널리즘」, 서울 : 나남, 2007.

具裕珍, 「新しい歴史教科書を通して見る歴史認識の日本政治」, ソウル大学 国際大学院修士論文, 8月, 2006.

吉見義明, 「従軍慰安婦」, 東京 : 岩波新書, 1995.

内田健三, 「現代日本の保守政治」, 東京 : 岩波書店, 1989.

_____, 「派閥」, 東京 : 講談社, 1983.

論座編集部, 「リベラルからの反撃」, 東京 : 朝日新聞社, 2006.

大嶽秀夫, 「日本政治の対立軸」, 東京 : 中公新書, 1999.

渡辺恒雄, 「派閥 : 保守党の解剖」, 東京 : 弘文堂, 1958.

富森叡児, 「戦後保守党史」, 東京 : 岩波書店, 2006.

北岡伸一, 「自民党ー政権党の30年」, 東京 : 読売新聞社, 1995.

若宮啓文, 「和解とナショナリズム」, 東京 : 朝日新聞社, 2006.

_____, 「戦後保守のアジア観」, 東京 : 朝日選書, 1995.

若宮啓文·渡辺恒雄, 「靖国と小泉首相」, 東京 : 朝日新聞社, 2006.

歴史検討委員会, 「大東亜戦争の総括」, 東京 : 展轉社, 1995.

五十嵐武士，「日米関係と東アジア」，東京：東京大学出版会, 1999.

原彬久，「戦後史の中の日本社会党」，東京：中公新書, 2000.

猪口孝，「日本のアジア政策」，東京：NTT出版, 2003.

川内孝，「血の政治：青嵐会という物語」，東京：新潮新書, 2009.

田中明彦，「安全保障」，東京：読売新聞社, 1997.

佐道明広，「戦後政治と自衛隊」，東京：吉川弘文館, 2008.

添谷芳秀，「日本のミドルパーワ外交」，東京：ちくま新書, 2005.

添谷芳秀・田所昌幸，「日本の東アジア構想」，東京：慶應義塾大学出版会, 2004.

和田春樹，「東北アジア共同の家」，東京：平凡社, 2003.

Chai, Sun Ki. "Entrenching the Yoshida Defense Doctrine," *International Organization* 51：3. Summer. pp.389-412, 1997.

Cronin, Patrick and Michael Green. *Redefining U.S.-Japan Alliance.* New York：Diane Publishing Co., 1994.

Curtis, Gerald. *The Japanese Way of Politics.* New York：Columbia University Press, 1988.

Muramatsu, Michio and Eliss Krauss. "The Conservative Policy Line and the Development of Patterned Pluralism," in Kozo Yamamura and Y. Yasuba. eds., *The Political Economy of Japan Vol.1.*, Stanford：Stanford University Press, 1987.

Otake, Hideo. "Defense Controversies and One Party Dominance," in T.J. Pempel. ed. *Uncommon Democracies.* Ithaca：Cornell University Press. pp.128-161, 1990.

Packenham, Robert. *Liberal America and the Third World.* Princeton：Princeton University Press, 1977.

Samuels, Richard. *Securing Japan.* Ithaca：Cornell University Press, 2007.

Tilly, Charles and Sidney Tarrow. *Contentious Politics.* Boulder：Paradigm Publishers, 2007.

제3부

표상

현대일본생활세계총서 **1**

전후 일본, 그리고 낯선 동아시아

1960년대 오시마 나기사(大島渚) 영화 속의 재일조선인·한국인 표상

신하경

1. 일본 영화 속 재일조선인·한국인 표상의 과거와 현재

2005년 개봉된 이즈츠 가즈유키(井筒和幸) 감독의 〈박치기(バッチギ)〉는 동년 일본아카데미 우수상, 『키네마 준보』 선정 베스트 1위에 뽑히는 등 작품성 측면에서 크게 인정받았다. 1968년 교토를 배경으로 교토 부립 히가시(京都府立東) 고교와 조선고 학생들 사이의 갈등과 화해를 주된 갈등축으로 전개되는 이 영화는 다음의 몇 가지 측면에서 크게 주목된다.

먼저 1960년대의 일본 포크 그룹 〈포크 크루세더스(フォーク・クルセイダーズ)〉의 노래 〈임진강(イムジン河)〉을 주제곡으로 삽입

---

* 이 글은 『日本文化學報』 제45집(2010.5)에 「1960년대 오시마 나기사 영화 속의 재일조선인 표상」이라는 제목으로 처음 발표된 것을 본 단행본의 취지에 맞게 수정·보완한 것이다.

하고 있다는 점이다. 이 노래를 통해 영화는 38도선을 가르는 임진강이 남북 분단의 비극을 나타내고 있음을 보여주며, 남북통일에 대한 갈망을 애절한 멜로디로 부르는 이 노래가 영화 속에서는 교토의 가모가와(鴨川)를 분기점으로 대립하는 일본인/재일조선인의 관계로 병치된다. 그 속에서 일본제국주의에 의해 야기된 한국의 분단역사, 재일조선인의 기원과 강제동원 등을 서술함으로써, 일본의 역사인식 문제와 '타자'에 대한 망각과 무관심을 고발한다. 그리고 그에 대한 극복 과정이 마쓰야마(松山)라는 대표적 일본인(교토의 승려의 아들)이 노래를 통해 경자에게 다가간다고 하는 다수자에 의한 소수자 이해로 진행된다.

둘째로 〈박치기〉는 다수자가 소수자를 일방적으로 이해(위의 〈임진강〉적인 접근)하는 것만으로는 진정한 화해는 이루어지지 않는다고 말한다. 히가시고와 조선고 학생들이 '박치기'하는 것, 즉 다수자와 소수자가 동등한 인간으로서 정면에서 맞부딪힘으로써, 때리는 자도 맞는 자도 함께 고통을 느끼는 과정이 동반되어야만 서로가 서로를 이해하고 화해할 가능성이 열린다는 것이다. 이러한 인식은 2000년대 일본의 내셔널리즘적 경향이 확대되는 과정에서 북한을 마녀사냥적으로 몰아가는 일본 사회·정치에 대한 영화적 비판이, 1968년이라는 시점, 즉 서로가 이해하기 위해 투쟁(폭력)도 불사하였던 시점을 설정함으로써 간접적으로 비판되고 있는 것이다.

셋째로 〈박치기〉는 무엇보다도 일본의 1968년을 배경으로 한다는 점에서 주목된다. 영화는 전편에 걸쳐 베트남 반전운동과 전공투에 의한 학원분쟁, 그 사상적 배경으로서의 모택동주의나 '프리섹스' 등 기존의 가치관을 전복하려는 운동을 보여주면서, 반제국주의 운동이 '제3세계'의 발견과 이해로 나아가는 과정을 보여준다. 주인공 마쓰야마가 경자에게 다가가는 과정과 마찬가지로 '타자'의 목소리에 응답하는 과정1)은 수많은 사회제도적, 인식적 장애물을 극복해야 하는 과정이며 그 출발점을 영화는 1960년대 후반으로 보고 있는 것이다.

하지만 이러한 일본인과 재일조선인 사이의 갈등과 화해를 보여주는 청춘드라마는 어디까지나 현재적인 관점에서 제작된 것이라는 사실을 잊어서는 안 된다. 프랑스 문학에서 출발하여 현대사상과 1960년대 재일조선인 문제에 관여해가는 스즈키 미치히코(鈴木道彦)는 "과거 우리가 1960년대에 그토록이나 조소받고, 이해받지 못하면서 고립무원 상태에서 해 왔던 일들이, 그 심각한 본질은 바뀌지 않았음에도 훨씬 가볍게 그려지는 것을 보고 나는 깜짝 놀랐다. 특히 〈박치기〉는 김희로 사건과 같은 1968년을 설정하면서도, 그 속에 흐르고 있는 밝은 분위기는 믿을 수 없을 정도였다"2)고 지적한다. 이 스즈키의 지적은 1960년대 후반과 현재의 40여 년간, 재일조선인·한국인 표상을 둘러싼 근본적인 문제의 성격은 변화하지 않았음에도 불구하고 표현 방법에 있어서는 큰 차이를 보이고 있다는 점에 대한 지적일 것이다.

실로 1960년대는 일본에서 재일조선인 인식에 관하여 큰 변화가 일어난 시기라고 할 수 있다. 일본어로 쓰여진 일본문학의 조선 표상

---

1) 高橋哲哉, 『戰後責任論』, 講談社学術文庫, 2005년.
2) 鈴木道彦, 『越境の時——一九六〇年代と在日』, 集英社新書, 2007년, 245쪽.

을 계보적으로 추적한 와타나베 가즈타미(渡邊一民)는 전후에서 1980년대에 이르는 재일조선인 표상을 정리하여, 1. 전후~1960년 : 전전부터 연속된 재일조선인 표상, 2. 1960~1970년 : 안보투쟁에서 전공투까지 : 일본의 침략전쟁에 대한 비판과 제3세계에 대한 재인식, 3. 1973년 김대중 납치사건 이후 : 남북에 대한 인식 역전으로 시기 구분한다.[3] 즉, 1960년대는 베트남 전쟁과 한일수교(1965년)라는 국제정치, 외교적 사건 이외에도 본문에서 다룰 고마츠가와(小松川) 사건(이진우 사건)과 김희로 사건 등을 통해 전후와는 본질적으로 다른 조선인식이 나타나는 시기인 것이다.

이 논문에서는 오시마 나기사(大島渚)의 1960년대 영화를 분석대상으로 삼을 것이다. 이에는 몇 가지 이유가 있다. 무엇보다도 오시마의 영화는, 1960년대에 '제3세계'로서 조선이 새롭게 인식되고 논의되어가는 과정을 '타자/당사자'라는 일관된 인식틀 속에서 지속적으로 조명한다. 또한 오시마는 당시의 정치세력들, 즉 일본공산당이나 안보투쟁을 이끌었던 〈전학련(전일본학생자치회총연합)〉, 〈베헤렌(베트남에 평화를! 시민연합)〉 등에 때로는 찬성하고 때로는 반대하면서, 교조적인 좌파지식인과는 일정한 거리를 유지해 왔다. 따라서 좌파지식인의 천편일률적인 조선관과는 다른 관점을 제시해 준다. 그리고 위에서 언급한 〈박치기〉는 오시마의 영화와 깊은 관련을 보여주고 있다는 점에서 1960년대와 현재와의 연속 관계를 확인할 수 있다.

---

3) 渡邊一民, 『〈他者〉としての朝鮮、文学的考察』, 岩波書店, 2003년, 특히 4장과 5장 참조.

이 논문에서는 〈잊혀진 황군(忘れられた皇軍)〉(1963년), 〈윤복이의 일기(ユンボギの日記)〉(1965년), 〈일본춘가고(日本春歌考)〉(1967년), 〈교사형(絞死刑)〉, 〈돌아온 주정뱅이(帰ってきたヨッパライ)〉(1968년) 등 일련의 TV 다큐멘터리 및 영화를 오시마의 인식과정의 변화에 따라 '타자/당사자'라는 분석틀을 통해 살펴봄으로써 오시마 영화의 달성점에 대해 조명해 보고자 한다.

2. 조선의 재발견

1) 〈잊혀진 황군〉 이전

1963년 오시마 나기사는 일본국적을 취득하지 못해 일본의 사회보장 제도 밖으로 제외되어 거리에서 구걸 생활을 하는 구 일본군 조선인 상이군인의 이야기를 담은 TV 다큐멘터리 〈잊혀진 황군〉을 계기로 본격적으로 조선에 대한 관심을 표현하게 된다. 오시마는 후일 자신의 조선에 대한 관심을 회상하면서 이러한 관심이 시작된 계기에 대해 다음과 같이 말한다. "조선인이란 것에 대한 시선, 체온 같은 것. 〈청춘 잔혹 이야기(青春残酷物語)〉(1960년)에도 한국 학생혁명(4.19혁명-필자주)의 뉴스 영상을 주인공이 보고 있는 장면을 넣었고, 〈태양의 무덤(太陽の墓場)〉(동년)에도 조선인이 등장한다. 내가 살았던 교토의 집 근처에 '조선부락'이 있었고, 동급생 중에도 조선인이 있었다. 내 증조부는 메이지 유신의 지사로 정한론을 주장했던 사람이었는데,

그 사실이 어린 시절부터 머릿속 어딘가에 남아 있었다. 게다가 한국을 공격했던 사람이라고 생각하면 끔찍하기도 해서 내 속에 있는 한국에 대한 원죄의식 같은 것 때문에 나도 모르게 그 사실을 생각하게 된다"[4]고 말하며, 또 다른 곳에서는 "어린 시절 교토의 서민촌에서 접했던 한국인은, 접촉하기 싫은, 옆을 지나칠 때면 빠르게 통과해 버리는 존재여서, 성장하고 난 후 오히려 흥미가 생겨났다. 〈잊혀진 황군〉도 그 때까지 내가 한국인에 대해 가지고 있던 이미지를 증폭시킨 측면이 있다"[5]고 회고한다.

　　이 오시마의 두 가지 언급은 조선인이라는 '타자'에 대한 오시마의 상반되는 두 가지 인식과 전략을 잘 표현하고 있다고 할 수 있다. 즉, 1932년 교토 태생인 오시마는 성장기인 전중, 전후기에는 일본 사회의 하층에 편재되어 있는 조선인에 대해 일본 사회의 공통적인 시선을 공유하면서도 내적으로는 갈등(원죄의식)하고 있었다. 그리고 교토부 전학련 위원장을 거치고 쇼치쿠 오후나(松竹大船)에 입사하여 20대 후반에 영화감독으로 데뷔하였을 때, 일본 사회의 기성 가치관에 반기를 드는 문제작들을 발표해 가는 과정에서 그러한 일본사회의 조선인에 대한 고정관념을 '역으로' 이용해 갔던 것이다. 이하에서 밝히는 바와 같이, 1960년대의 오시마는 조선에 대한 일본사회의 '타자' 의식을 역으로 이용해 가는 과정에서 그것이 내포하는 내적 모순을 폭로하게 되고, 그 결과로서 일본인의 아이덴티티와 결부되어 있는

---

　4) 大島渚, 『大島渚1968』, 靑土社, 2004년, 43-44쪽.
　5) 大島渚, 『大島渚1968』, 49쪽.

'당사자' 의식으로까지 확대해 간다. 이 소절에서는 먼저 〈태양의 무덤〉에 나타나는 조선인 표상을 중심으로 분석함으로써 〈잊혀진 황군〉 이후로 나아가는 오시마의 조선인식을 살펴보고자 한다.

여기서 먼저 지적하고 싶은 점은, 오시마 영화의 조선 표상을 말할 때, 그것이 오시마 평생의 영화적 주제인 국가권력과 성, 범죄 등 여타 주제군과 밀접하게 관련되어 있다는 사실이다. 1960년대 오시마의 등장은 일본의 사회적 조건과 밀접한 관련을 맺고 있으며, 오시마는 '사회참여'적인, 혹은 사회적 여론을 선도하는 역할을 적극적으로 담당해 갔다. 즉 오시마의 조선 표상은 1960년대적 투쟁 과정의 산물인 것이다.

1960년 오시마의 데뷔작인 〈사랑과 희망의 거리(愛と希望の街)〉가 부르주아 계급과 프롤레타리아 계급 사이의 화해할 수 없는 격차와 "소외된 인간상황에 대한 무지를 규탄"[6]하는 영화로 높은 평가를 받은 이후, 제2작인 〈청춘 잔혹 이야기〉는 당시에 유행하던 '태양족 영화'[7]와는 다르게 청춘 군상이 성과 폭력으로 비뚤어져 가는 상황을 그리면서도 그 원인이 시대 상황적 폐쇄성에 있음을 지적하면서, "지금의 상황이 이토록이나 어둡다, 무겁다, 질식하겠다는 것 자체를 표

---

6) 松田政男,「同時代者としての大島渚」,『世界の映画作家6大島渚』, キネマ旬報社, 1970년, 50쪽.

7) 이시하라 신타로(石原慎太郎)의 아쿠타가와상 수상작 〈태양의 계절(太陽の季節)〉을 계기로 시작된 '태양족' 붐에 편승한 영화군. 이사하라 유지로(石原裕次郎)의 데뷔작 〈태양의 계절〉, 그가 첫 주연을 맡은 〈미친 과실(狂った果実)〉, 이치가와 콘 감독의 〈처형의 방(処刑の部屋)〉 등 청춘의 성과 폭력, 좌절을 그리는 장르로 1950년대 말 유행하였다.

현하는"[8] 영화로 제작된다. 비정치적인 남녀 주인공이 범죄와 파멸로 나아갈 수밖에 없는 시대적 분위기의 폐쇄성과 그에 대한 저항으로서 일본의 안보투쟁이 그려지고, 그 하나의 성공 사례로서 한국의 4·19 혁명에 대한 뉴스 영상이 삽입되는 것이다.

〈청춘 잔혹 이야기〉에 처음으로 등장하는 오시마의 조선 표상은 일본의 1960년적 시대상황의 폐쇄성, 혹은 저항의 폭발성을 보충하는 단편일 뿐 영화 전체적으로는 큰 의미를 지니지는 못한다. 하지만 연이어 제작된 〈태양의 무덤〉에서부터 오시마의 조선인식이 본격적으로 나타나기 시작한다.

〈태양의 무덤〉은 〈청춘 잔혹 이야기〉의 흥행 성공에 따라 그 속편 성격으로 제작된 영화다. 이 영화는 60년 6월 안보투쟁이 실패로 돌아간 후 7월부터 촬영되어 8월에 개봉한다. 오사카의 가마가사키 (釜ヶ崎)라는 일본의 대표적인 슬럼가를 배경으로 야쿠자 조직의 암투 과정에서 표출되는 최하층 노동자의 비참한 상황과 그들의 삶에 대한 에너지를 묘사하는 이 영화에 대해, 오시마는 "가마가사키는 전후의 암시장과 같은 성질의 장소이다. 혁명적 에너지는 1960년 시점에서는 이미 일반 노동자에게는 없어진 상태라고 생각하고 있었다. 안보투쟁을 전학련이 주도하고 노동조합이 뒤따라 왔다는 사실에서도 알 수 있듯이, 노동조합에는 이미 혁명적 에너지는 없다고 생각했기 때문에, 혹시 그러한 힘이 있는 곳은 이 가마가사키 같은 곳이 아

---

8) 大島渚, 『大島渚1960』, 青土社, 1993년, 130쪽.

닐까 하고 생각했다. (중략) 일본을 다시 한번 전후 암시장으로 돌려놓고 싶었다. 일본에 혁명이 가능했다면 전쟁이 끝난 직후 밖에는 없었다고 생각한다"[9]고 가마가사키를 선택한 이유를 밝히고 있다.

이 영화는 군중극의 형태를 띠며 매우 다양한 이야기의 갈래를 포함하기에 이 글에서 그 전체를 다루기는 어려우나, 이 글의 논지와 관련되어 주목되는 점은 '일본 호적을 매매하는 조선인'의 존재이다. 이 조선인은 야쿠자 조직의 이권 다툼이 본격적으로 전개되는 과정에서 돌연 영화 속에 등장하여, 생계 유지의 힘을 잃어버린 일본인에게 거금을 제시하며 호적을 팔 것을 종용한다. 그 일본인은 결국 목을 매달아 자살하게 되며, 또 다른 자는 호적을 파는 댓가로 잠시 홋카이도의 탄광에서 몸을 숨기고 있으라는 지시를 받고 가마가사키를 일단 떠나지만, 자신이 속은 것은 아닌가 하는 의심에서 돌아와 일대풍파를 일으키게 된다.

영화 속의 이후 에피소드는 여기서는 다루지 않는다. 문제는 과연 그 조선인은 누구이며, 영화 속에는 등장하지 않는 그 일본인 호적을 사는 자는 누구인가 하는 점이다. 그들은 두말할 필요도 없이 1960년 현재 애매한 법적 상황에서 삶을 강요당하고 있던 재일 조선인들인 것이다. 잘 알려진 바와 같이, 식민지 시대에는 일본신민으로서 위치지어지고 있었던 재일조선인은 1952년 샌프란시스코 강화조약의 효력 발생과 함께 일본 국적을 상실하게 되고, 이 상태는 1965년 한일

---

9) 大島渚, 『大島渚1960』, 191-192쪽.

기본조약과 더불어 성사되는 '재일 한국인의 법적 지위에 관한 협정' 체결[10] 때까지 지속된다. 오구라 무시타로(小倉虫太郎)가 지적하는 바와 같이, 〈태양의 무덤〉에 등장하는 "일본인 호적을 사려는 재일조선인은, '법률 밖'에서 과감히 폭력적으로 '법률 안'으로 진입하려고 한다. 그리고 자신의 호적을 판 일본인 하층민 남성은 실로 전전에 강제연행되어 온 조선인들처럼, 탄광노동(사회의 가장 주변부)을 명령받는 것이다"[11]

이 단편적인 오시마의 조선인 표상은 그러나 이후에 전개될 그의 인식의 원점에 해당하는 부분으로서 중요시된다. 오시마 영화의 최대 후원자인 전투적 영화비평가 마쓰다 마사오(松田政男)는 다음과 같이 기록한다.

'정치와 영화가 하나인 시대'는 분명히 끝나고, 새로운 시대가 열렸다. 자신의 내부의식으로 하강하는 칼날을 갈아 마침내 그 의식의 가장 밑바닥에 칼날이 꽂혔을 때, 우리들은 사회의식의 최하층부에 침잠하는 무수한 침묵에서 발산되는 최하층 프롤레타리아의 기분 나쁜 응시에 대해서도 움츠러들지 않는 자신을 발견할 수 있다. 그리고 영화와 정치는 그렇게 대응하지 않으면 안 된다. 그리고 한걸음 더 나아가, 지금까지 지극히 실제적으로 지리적, 시간적 이동으로

---

10) 강재언, 김동훈, 『재일 한국·조선인-역사와 전망』, 소화, 2005년, 160쪽.
11) 小倉虫太郎, 「「以前」の回帰」, 『ユリイカ』 2000년 1월호, 208쪽. 오구라의 〈태양의 무덤〉 평은 오시마가 조선에 대한 시선을 획득해 가는 논리를 분석하는 면에서는 정확하다고 할 수 있으나, 그것이 '타자/당사자'라는 인식 틀에서 오시마 영화를 전체적으로 조망하고 있지는 않다는 한계를 보인다.

밖에는 인식되지 않았던 공간과 역사의 문제를 일거에 종합하는 곳에 도착하게 된다. 즉, 이름 없는 자의 세계적 동일성으로서 〈제3세계〉의 '대지의 저주받은 사람들'을 발견한 것이다.[12]

이 마쓰다의 오시마 평은 오시마 나기사가 베트남 전쟁이 격화되는 과정을 목격하면서, 일본의 정치운동의 허위성을 인식하고, 프란츠 파농의 '제3세계'론을 참조하면서 조선에 대한 인식을 심화시켜가는 1960년대 후반의 상황을 설명하고 있다. 하지만 이미 부분적으로 설명한 바와 같이, 〈태양의 무덤〉에서도 그와 같은 의식은 맹아적 형태이지만 분명히 나타나는 것이다. 즉, 오시마는 혁명적 에너지를 그리려는 욕구 속에서 하층 프롤레타리아 속으로 들어가 그 속에 혼재되어 있는 조선인을 묘사하게 되며, 그 과정을 통해 일본 국가의 폭력성과 기만을 고발하게 된 것이다. 이러한 오시마의 논리는 이후의 영화에서 더욱 확대되게 된다.

하지만 〈태양의 무덤〉에 나타난 조선 표상이 본질적이며, 의식적이었는가에 대해서는 의문이 남는다. 이하에서도 밝히겠지만, 오시마의 이후 영화나 평론 속에는 조선인에 대해 더럽고, 가난하고, 과장되며, 무서운 등등의 수식어가 붙는 사회적 통념, 혹은 생활감각은 여타의 일본인과 별반 다를 바 없이 발견되며, 〈태양의 무덤〉의 조선인 표상은 줄리아 크리스티바가 명명한 '애브젝트(abject, 혐오스러운 것)'[13]

---

12) 松田政男, 『世界の映画作家6大島渚』, 53쪽.
13) 줄리아 크리스테바는 『공포의 권력』(동문선)에서, '애브젝트(abject)'란 동일성이나 조직, 질서를 방해하고, 경계나 장소나 규칙을 무시하는 것으로서,

의 일종으로서 철저한 '타자' 표상에 불과한 것이다.

2) 〈잊혀진 황군〉과 조선 체험

오시마 나기사는 〈태양의 무덤〉 다음에 발표한 〈일본의 밤과 안개〉가 정치적 사건에 휘말리며 조기 종영되자, 그에 대한 항의로서 쇼치쿠사를 퇴사하게 된다. 그 후 오시마는 창조사(創造社)라는 독립 프로덕션을 설립하여, 후일 일본의 인디 영화 부흥으로 이어지게 되는 선구적인 영화 제작을 실행하게 되는데, 〈잊혀진 황군〉은 그 창조사 시절, '니뽄TV'의 PD 우시야마 준이치(牛山純一)의 의뢰로 제작한 TV 다큐멘터리이다. 오시마가 이 작품에 대해 "〈잊혀진 황군〉을 일단 찍었다는 것은, 그 주제적 무게와 거기서 발견된 방법적 무게가 내 속에서는 잊혀질 수 없는 것이어서, 그것으로부터 금방은 멀리 갈 수 없었다. 무엇을 하더라도 그것이 붙어 온다고 할까, 그 후 갑자기 그 문제에 집중하게 되었다"[14]고 언급하는 바와 같이, 오시마가 '조선' 문제를 본격적으로 다루게 되는 계기가 되는 작품이다.

구체적으로는 오물, 폐기물, 고름, 체액, 시체 등이 해당된다고 설명한다. 그와 마찬가지로, 사기, 교활, 비겁, 위선 등을 이용하여 법률의 취약성을 드러내는 범죄자, 죄의식이 없는 강간자 등도 해당된다. 이 애브젝트는 주체성이 형성되기 위해 어떻게 부적합하고, 더럽고, 무질서한 것들을 그 사회가 배제해 가는가를 분석하는 개념으로 유용하다고 할 수 있다. 오시마의 전 영화적 작업이 일본 사회의 '애브젝트'를 성과 범죄를 통해 고발하고 있다고 말 할 수 있으나, 〈태양의 무덤〉은, 오염된 하천, 불결한 땀, 피의 밀매, 동물의 내장, 버려진 시체, 충동적인 야쿠자의 강간과 살인, 호적 매매 등 일본 사회의 '애브젝트'로 가득찬 영화라고 할 수 있다.
14) 大島渚, 『大島渚1968』, 43쪽.

〈잊혀진 황군〉에 대해 먼저 지적하지 않으면 안되는 사실은 우시야마와 그에 의해 진행된 〈논픽션 극장(ノンフィクション劇場)〉의 성격에 대해서이다. 〈논픽션 극장〉이 1963년에서 64년에 걸쳐 총 12회 동안 국철 직원의 파업, 정부가 추진하는 댐건설에 반대하는 주민의 항의, 인종차별에 의해 마을에서 떠날 수밖에 없는 일가의 수난 등을 그렸다[15]는 데에서도 알 수 있듯이, 〈잊혀진 황군〉의 제작은, 앞 절에서 지적했던 '하층 프롤레타리아'에서 '민족문제'로 시선이 확장되어가는 동시대적 감각을 오시마와 우시야마가 공유하였기에 가능했던 것이다.

　　　〈논픽션 극장〉은 1962년 1월에 시작하여, 나도 〈얼음 속의 청춘(氷の中の青春)〉을 발표했다. (중략) 그리고 우시야마가 다시 나에게 작품 의뢰를 해 왔다. 태평양전쟁에 일본인으로 종군하고, 다시 한국전쟁에도 조선인으로서 종군한 후 지금은 일본에 거주하는 조선인을 찾고 있던 니뽄TV 직원인 노구치 히데오(野口秀夫)가 좋은 제재를 발견해 왔다. 태평양전쟁에 일본인으로서 종군했음에도 전후 한국국적으로 국적이 바뀌었기 때문에 일본의 사회보장을 충분히 못 받으면서, 지금은 백의의 상이군인으로 거리에서 구걸을 하는 한국인들의 이야기가 그것이었다. 그 발견의 감동을 그대로 촬영으로 옮겼다. 청원하면서 걷는 그들의 하루 동안에 초점을 맞추자는 하야사카 아키라(早坂暁)의 제안에 찬성하여 4대의 카메라로 그들을 쫓았다.[16]

15) ルイ・ダンヴェール, 『ナギサ・オオシマ』, 風媒社, 1995년, 117쪽.
16) 大島渚, 『日本の夜と霧 / 大島渚作品集≪増補版≫』, 現代思想社, 1966년.

이 오시마의 언급에 나타나는 〈구 일본군 재일한국인 상이군인회〉의 발견은 작게는 한 편의 TV 다큐멘터리의 제재 발견을 의미하지만, 오시마의 필모그래피를 볼 때 '조선'이라는 큰 주제의 발견이며, 크게는 전후 일본 사회의 조선 재발견[17]을 의미한다고 할 수 있다.

〈잊혀진 황군〉은 재일한국인 상이군인회의 하루를 추적하면서, 일본 국가의 전후 처리와 일본인의 무관심을 '고발'한다. 영상은 처음부터 충격적으로 시작된다. 백의에 군모, 검은 안경, 절단된 한쪽 팔에, 피폭을 당한 입에서는 불분명한 구걸의 말이 흘러나오고, 전차 속 시민들은 지극히 무관심한 표정을 보인다. 이러한 영상을 배경으로 매우 침착한 내레이션이 부가된다. "전쟁이 끝난 지 18년, 지금도 이러한 모습을 보아야만 하는 것은 우리들에게 유쾌한 일은 아니다. 혹은 우리들과는 아무런 관련이 없는 일이다. 그러니까 우리들은 아무것도 모른다. 비록 이들이 한국인이라 하더라도. 그렇다. 이들은 전쟁 중 일본인으로서 일본을 위해 싸우고, 전후 격변 속에서 한국국적으로 돌아간 한국인인 것이다." 이후 영상은 시부야 광장에 모인 상이군인회 12인의 그로테스크한 신체와 무관심한 시민의 시선을 교차시킨다. 그들은 '군인은급(軍人恩給)'을 청원하기 위해 수상관저, 국회의사당, 외무성을 차례로 방문하나 일본국의 논리는 전후처리는 한국정부와 협

---

17) 이 시기 일본의 식민지 지배와 전후 민족차별을 고발하는 영화가 몇 편 제작된다. 그 중에서도 조선인차별에 대한 분노와 조국건설을 위해 북조선으로 귀환하는 조선인에 대한 공감을 그린 〈キューポラのある街〉(浦山桐郎, 1962년), 조선인 종군위안부가 굴욕을 극복하고 살아가려는 의지를 표명하는 〈春婦伝〉(鈴木清順, 1965년)이 주목된다.

의하여 일괄 처리할 것이기 때문에 이 건은 한국정부에 청원하라는 것이며, 한국대표부를 방문해 보아도 그들은 일본군으로 전쟁에 참여하였기에 그들의 상해에 대한 책임은 한국정부에 없으며, 따라서 보상은 일본정부에 청원하라는 말만을 듣는다. 마지막으로 신바시 역 광장에서 시민들에게 직접 호소해 보아도, 시민들의 무관심한 시선, 혹은 노숙자의 영상 등이 삽입되며, 그것은 의미없는 행위로 비춰진다. 아무런 소득 없이 하루를 보낸 그들은 저녁 식사 자리에서 취하게 되고 '군가'를 부른다. 그리고 그들 사이에서 언쟁이 벌어지게 되고, 검은 안경을 쓰고 있던 서낙원(徐洛源)의 실명한 눈에서 눈물이 흐르는 장면이 클로즈업(그림1)된다. 그와 동시에 "서낙원, 눈이 없는 눈에서도 눈물이 흐른다"는 내레이션이 부가된다. 이후 서낙원이 전시중 폭격으로 실명한 일본인 아내와 살아가는 생활고가 그려진 후, 마지막으로 내레이션이 선동적인 어투로 "일본인이여, 우리들이여, 이 상태로 괜찮은 것인가, 이 상태로 괜찮은 것인가?"로 말하며 〈잊혀진 황군〉은 마무리된다.

이 다큐멘터리에서 무엇보다도 주목되는 점은 '보는 자와 보이는 자'의 관계, 조금 구체적으로 말하면, '시청자(영상 속 시민 포함)-매개자(카메라와 내레이터)-피사체'의 관계라고 할 수 있다. 내레이터는 영상 도입

〈그림 1〉 〈잊혀진 황군〉에서 서낙원이 눈물을 흘리는 장면

부분에서는 일반적인 일본인의 음성을 대표하는 듯 침착함을 위장하지만, 영상의 후반부로 갈수록 피사체에 근접하여 그들의 비참한 처지를 고발하는 톤으로 격앙되어 간다. 상이군인들의 절규나 호소, 사무적인 정부 직원의 위선적 태도, 시민들의 무관심한 시선들을 차례로 목격한 '시청자(=일본인=우리들)'은 마지막 내레이터의 호소를 접했을 때, 더 이상 안전한 '일본인'의 자리에 머물러 있을 수 없게 되는 것이다. 전후 18년이 지나 도쿄 올림픽을 앞두고 고도성장을 지속하고 있는 일본, 그 속에서 잊고 있었던 일본제국의 그로테스크한 사산아가 '조선인'이라는 이름으로 재발견되는 것이다. 〈태양의 무덤〉에서 맹아적으로 표현되었던, 일본 전후의 기만과 폭력성이 '조선' 표상과 분명히 연결되어 표현되고 있다는 점에서 〈잊혀진 황군〉은 높이 평가할 수 있다. 게다가 그 관계가 위에서 언급한 서낙원의 묘사에서 잘 드러나듯이, '우리들=일본인'은 '타자(=그들=조선인)'를 보고 있으나, 조선인들은 일본인들을 보고 있지 못한다. 다카하시 데츠야(高橋哲哉)의 용어로 설명하면, 타자는 일본(인, 정부)에 대해 '응답'을 요구하고 있으나, 우리들=일본인은 그에 대해 응답할 '책임'을 회피하거나, 무시하고 있다. 〈잊혀진 황군〉의 이러한 '고발'적 성격은 1990년대에 새롭게 부각되는 종군위안부 문제 등 현재까지도 이어지는 '전쟁책임'의 문제를 명확하게 제시하고 있는 것이다.

하지만 〈잊혀진 황군〉의 내레이션과 카메라의 시선으로 표현되는 조선 표상은 여전히 '타자' 의식에 머물러 있을 뿐, '당사자' 의식으로까지 나아간 의식이라고 보기는 어렵다. 후일 오시마는 이 작품에 대해, "〈잊혀진 황군〉은 그 때까지 내가 한국인에 대해 가지고 있었던 이미지를 증폭시킨 면이 있다. 싸움을 하면 큰 소리로 욕한다거나, 사람들 앞에서 부부싸움을 한다거나, 감정표현이란 면에서 일본인에 비해 과잉된, 지나치게 자극적으로 표현한다는 점을 그리고 있다"[18]고 밝히듯이, 일본 사회 속의 조선인 문제가 가지는 본질적인 가해 의식을 고발하는 영상이 기본적으로는 기존의 조선인 이미지를 이용하여 만들어진 것이다. 이러한 오시마의 인식적 한계는 그가 직접 한국을 방문하는 것을 계기로 점차적으로 변해가게 된다.

3) 조선체험과 〈윤복이의 일기(ユンボギの日記)〉

오시마는 1964년 8월 21일에서 10월 중순까지 약 2개월 간 한국을 방문하여, 각지를 둘러보게 된다. 우시야마의 제안에 따라 성사된 이 한국방문에 대해 오시마는 "애초의 의도는 한국에서, 이승만 라인[19]을 일본측 시선으로 찍는 것이 아니고, 한국 측 시선에서 찍으려고 했다. 상대방의 시선으로 찍자는 것이 내 기본적인 생각이었다"[20]고 밝히고 있다. 이 언급에 잘 표현되어 있듯이, 오시마는 〈잊혀진 황군〉에서 일본제국주의를 고발하는 매개항으로서 조선을 발견한 이후, 그 '타자'를 직접 접하기 위해서 한국을 방문한 것이며, 이 경험은 오

---

18) 大島渚, 『大島渚1968』, 49쪽.
19) 이승만 라인이란, 이승만 대통령이 1952년에 선언한 것으로서, 한국 영해 바깥 해역에 '평화선'을 설치하여 그 곳에 들어온 일본 어선을 납포하여 마찰을 일으키고 있었다. 1965년 '한일기본조약' 체결로 폐지된다.
20) 大島渚, 『大島渚1968』, 48쪽.

시마가 조선을 '당사자' 문제로 인식하게 되는 결정적인 계기를 주었다고 사료된다.

오시마는 한국의 체험담을 기록한 「한국 국토는 갈라졌지만(韓国国土は引き裂かれたが)」의 첫머리를 다음과 같은 구절로 시작한다. "김포공항에서 코스모스가 만발한 길을 따라, 수도 서울에 입성한 나의 첫 인상은, 아아, 여기는 거대한 가마가사키구나 하는 것이었다. 잡다한 거리의 모습, 너저분한 장식, 길가에 모여 있는 많은 사람들, 특히 더러운 복장의 아이들, 그 속에 넘쳐나는 민중의 에너지 등이 격렬한 힘이 되어 나에게 다가왔다. 나는 가마가사키를 좋아해서 〈태양의 무덤〉을 찍었듯이, 이 도시가 한 눈에 좋아지게 되었다."21) 즉 오시마는 일본의 가마가사키에 대한 기대의 연속된 시선으로 한국을 바라보았던 것이며, 그것은 "64년의 한국은, (중략) 일본의 종전 직후와 같은 가난의 상태로, 가난 속에서는 인간의 감정 표현이 보다 순수하고 직선적이다. 나의 원점은 전쟁에 패해 먹을 것이 없었던 시대에 있었기 때문에 일본의 잃어버린 원점 같은 것이 한국에 있었다"22)고 바라보는 시선인 것이다.

또한 이 체험담이 주목되는 이유는 한일 양국 사이의 커뮤니케이션에 대한 어려움과 그 극복에 대한 희망이 나타나 있기 때문이다. 오시마는 당시 한국인의 국가의식의 강렬함을 지적하며 한국인은 한국

---

21) 大島渚, 「韓国国土は引き裂かれたが」 『大島渚著作集 第二巻 敗者は映像をもたず』, 現代思想新社, 2009년, 96쪽.
22) 大島渚, 『大島渚1968』, 51쪽.

의 가난함이나 비참함이 해외에, 특히 일본에 보도되는 것을 극히 싫어하여 일본에 잘 알려지지 않는다는 것, 그리고 한국의 군사정권 하에서는 일본에 대해 지식인들이 발언하는 것이 큰 용기를 필요로 하여 어렵다는 관찰을 기술한다. 이러한 관찰에 대해 오시마는 "일본에서 내가 본 한국인들은 상당히 특수한 존재라는 생각이 들기 시작했다. 마찬가지로 한국에서 한국인이 보는 일본인도 또한 특수한 존재일 것이다. 어떤 나라 사람들에 대해서는 그 나라에 직접 가보지 않으면 진실된 모습은 알 수 없는 것이 아닐까"라고 언급하면서 자신의 기존 '조선관'에 대해서도 객관적인 판단을 보이기 시작하며, 그것은 "일본에서 내가 만난 한국인(혹은 조선인)은 부자이면서 만나기 싫은 자들이거나, 가난하지만 친구가 될 수 있는 사람들이었다. 하지만 한국에 가 보니 그 양 극단 사이에 무수하게 많은 보통 사람이 있다는 것을 알게 되었다"[23] 등의 기술 속에서 자신의 기존 조선인 인식에 대해서도 수정해 가게 된다. 그에 이어 오시마는 "마산에서 부산으로 향하는 기차 속에서 나는 옆에 앉은 소년을 바라보고 있었다. 그 소년은 잠에 들어서 나에게 기대어 편하게 숨소리를 내기 시작했다. 아마도 내가 일본인이란 사실을 알 턱이 없었을 것이다. 소년의 체온을 뜨겁게 느끼면서 나는 생각했다. 아, 이토록 가까운 두 민족이 진정으로 친해질 날이 언제일까. 이 소년과 내 아들이 어른이 되었을 때, 둘이 서로를 죽이지 않고 도울 수 있을 것인가? 우리들은 그 날을 위해 노력하지 않

---

23) 大島渚, 「韓国国土は引き裂かれたが」, 101쪽.

으면 안된다"[24]고 말하며, 커뮤니케이션에 대한 희망을 말하는 것이다. 오시마의 이와 같은 1964년 한국체험이 기존의 조선에 대한 추상적인, 혹은 다분히 일본사회의 일반적인 편견과 다를 바 없는 인식에서, 일본 사회 속에서 재일조선인이 위치한 특수한 상황에 대해 구체적으로 인식해 가는 계기가 되었을 것이다. 그리고 이와 같은 인식의 전환이 〈일본춘가고〉 이후 '당사자' 의식으로 나타나게 된다.

〈윤복이의 일기〉는 이와 같은 한국 체험 및 〈잊혀진 황군〉에서 보여졌던 다큐멘터리적 방법을 활용하면서 제작된다. 이 단편 영화는 한국에서 1964년 출판된 『저 하늘에도 슬픔이』가 일본에서 『윤복이의 일기』로 출판되어, 한 한국 소년가장의 가난하지만 굳건한 삶에 대한 묘사로 베스트셀러가 된다. 오시마는 이 『윤복이의 일기』의 기본 스토리라인에 한국에서 찍어온 많은 아이들의 사진을 '스틸 애니메이션' 기법으로 덧입힘으로써 한국소년에 대한 공감을 구현해낸다. "이윤복, 너는 10살 소년. 이윤복, 너는 10살의 한국 소년. 이윤복, 너는 거리에서 껌을 판다"는 내레이션으로 시작하는 이 단편 영화는, 이윤복 소년의 가족들, 돌아가신 어머니, 병든 아버지, 자신이 부양해야 하는 동생들에 대한 염려와 더불어 이윤복 소년의 삶에 대한 의지를 시적으로 표현한다.

이러한 스토리라인보다도 이 단편영화에서 주목되는 점은 〈잊혀진 황군〉과 마찬가지로 그 내레이터의 역할에 있다. 이 내레이터는 무

---

24) 大島渚, 「韓国国土は引き裂かれたが」, 98쪽.

명의 신문팔이 소년의 사진에서는 "이윤복, 너는 10살의 한국 소년. 이윤복, 너도 언젠가 신문을 팔 것인가?", 혹은 4·19 혁명의 격렬한 학생 시위 사진(그림2)을 배경으로는 "이윤복, 너도 언젠가 돌을 던질 것인가? 이윤복

〈그림 2〉 〈윤복이의 일기〉에서 다시 묘사되는 4.19 혁명 당시 사진.

너도 언젠가 돌을 던진다"는 식으로 돈호법을 반복한다. 영화의 라스트 부분에서 소년의 애절한 목소리가 "8월 15일, 오늘은 일본에 빼앗긴 우리나라가 해방된 날입니다. 36년간 일본인 때문에 우리 선조는 여러 고생을 해 왔습니다. 유관순 누나는 독립을 위해서 1919년 조선 독립만세를 외치다가 죽었습니다. 정말 훌륭한 누나라고 생각합니다"라고 말하고, 그에 대해 내레이터는 "36년간의 지배, 36년간의 수탈, 36년간의 탄압, 36년간의 살육, 1940년 폐간된 신문은 썼다. 고추는 조려져서 마침내 매워지고, 보리는 죽어서 새로운 싹을 틔운다고. 이윤복, 너도 또한 조려진 고추. 이윤복, 너도 또한 죽어서 새싹을 틔우는 보리. 이윤복, 너는 10살의 소년. 이윤복 너는 10살의 한국소년"이라고 선동적으로 외치며 영화를 매듭짓는다.

이 영화는 일제의 조선 지배가 한국 분단과 전쟁, 가난과 민중이 겪는 고통의 직접, 간접적인 원인이 되고 있다는 점을 소년의 목소리에 동조하는 내레이터의 톤의 변화를 통해 고발하고 있으며, 결과적

으로 이승만 정권에 돌을 던졌던 한국 민중의 저항에 대해 희망과 공감의 메시지를 보내고 있는 것이다. 이 영화는 1965년 체결된 「한일기본조약」 시기에 맞추어 발표되었다. 주지하는 바와 같이 이 조약은 양국 혹은 재일조선인 사회에서, 과거사 인식 문제, 남북통일에 저해된다는 점, 재일조선인의 위치 등을 둘러싸고 격렬한 반대에 부딪히게 되나, 〈윤복이의 일기〉는 그것을 한 한국 소년의 구체적인 시선을 통해서 구현하고 있다고 할 수 있는 것이며, 재일조선인 문제를 일본 전후의 내적 모순을 고발하는 매개로 보여주었던 〈잊혀진 황군〉에서 한 걸음 나아가 '자신(=일본인)'의 문제로 끌어안기 시작하는 오시마의 인식적 변화를 보여주는 영화라고 할 수 있다.

3. '당사자' 의식으로

오시마 나기사는, 앞에서 밝힌 바와 같이 1964년 한국 경험을 결정적인 계기로 하여 재일조선인 및 한국에 대해 '타자' 인식에서 '당사자' 인식으로 인식의 전환을 보이게 된다. 그것은 1965년 4월 니뽄TV의 우시야마와 동행한 베트남 취재를 통해 더욱 확고한 것으로 발전되며, 그것은 "베트남이나 한국의 비참한 민중의 생활을 목격하고, 나는 평생 이 민중과 함께하는 곳이 아니라면 어떠한 발언도 하지 않을 결심을 굳혔다"[25]는 언급 속에서도 확인된다. 이후 오시마는 〈일본춘가고〉, 〈교사형〉, 〈돌아온 주정뱅이〉 등 일련의 문제작들 속에서, 베트남 전쟁과 일본의 제국주의적 속성을 고발하면서, 그에 저항하는 방법을 도출하는 과정에서 성과 범죄, 그리고 '상상'이라는 주제를 도출해 간다. 이 장에서는 위 영화들 속의 조선 표상을 고찰하면서 오시마가 어떠한 영화적 표현을 통해 '타자' 의식에서 '당사자' 의식으로 나아가는 지를 살펴보고자 한다.

1) 〈일본춘가고(日本春歌考)〉

1967년 개봉된 〈일본춘가고〉는, 베트남 전쟁과 반전운동, 일본의 국가기념일인 기원절[26] 부활을 배경으로 하면서, 일본 제국주의 국가의 속성을 고발하고, 그에 저항하는 운동의 '당사자' 의식 부족을 본질적 한계로서 지적한다. 또한 이 '국가의 논리/저항의 논리'의 내적 모순성을 '민중의 논리'를 통해 내부적으로 붕괴시키는데, 이 때 사용되는 제재가 '춘가(春歌)'라고 하는 외설가이다.

앞에서 언급한 대립하는 '힘'의 논리들은 '노래'라고 하는 공동체의 대표적인 표현 방식의 경합으로 영화에서는 표현된다. 영화의 인물 구성은 크게 네 부분으로, 일본의 국가논리를 체현한 군중, 구 저항 세대인 안보투쟁 세대, 신 저항 세대인 베트남 반전 포크송 그룹, 그리고 주인공 고등학생 그룹이 그것이다. 논의 편의를 위해 이들 인물과

---

25) 大島渚, 『日本の夜と霧 / 大島渚作品集≪増補版≫』, 現代思想社, 1966년, 385쪽.
26) 기원절(紀元節)은 『일본서기(日本書紀)』에 기록된 진무천황(神武天皇)의 즉위일로, 1873년에 정해진 국가 기념일(2월 11일). 제2차 세계대전 이후 일시적으로 폐지되었다가, 1967년에 '건국기념일(建国記念の日)'로 부활하였다.

노래를 결부시켜 영화의 플롯을 정리해 본다.

대학 입시를 치른 4명의 남자 고등학생 그룹은 입시장에서 발견한 수험번호 '469번' 여성의 성이 후지와라(藤原)라는 것을 '베트남 전쟁 반대 서명장'에서 알게 된다. 그 후 기원절 부활 반대 시위대가 눈 내리는 거리에서 검은 일장기를 들고 행진하는 속에서 학교 선생님, 오타케(大竹)를 발견하게 되고, 그 오타케는 같이 합류한 여학생 3명과 함께 그들을 선술집에 데려간다. 그곳에서는 취객들이 일장기를 걸어 놓고 "붉은 핏줄기, 예과련의 일곱 단추는"으로 시작되는 군가를 합창하고, 묵묵히 술을 마시던 오타케가 돌연히 일어나, "모든 춘가는, 외설가는, 성의 노래는 모두 민중의 억압된 목소리다. 억압된 민중의 노동, 생활, 사랑, 이것들이 의식되었을 때 자연스럽게 노래가 되었다. 그렇기에 춘가는 민중의 역사다"는 말과 함께 "하나가 나왔지, 호이노 요사호이노호이, 한 명 아가씨랑 할 때에는, 호이, 부모의 허락을 받아야 하지, 호이호이"로 시작하는 춘가를 부르게 된다. 즉 기원절 부활에 절망하는 안보투쟁 세대의 오타케는 '민중의 노래'로 '국가의 노래'에 대립각을 세우는 것이다.

그 오타케는 숙박한 여관에서 가스 스토브의 밸브가 풀려 가스중독사를 당하게 되나, 그 장례식장에 모인 동료들은 오타케의 죽음이 '역행하는 기원절 부활'에 대한 저항으로서의 죽음이라고 의미부여하며 "우리 가는 길을 지켜라. 학생의 노래에, 젊은 벗이여, 손을 내밀어라"는 혁명가를 부른다. 이 너무나도 억지스런 안보투쟁 세대의 투쟁논리에 대해, 고등학생 그룹의 리더격인 나카무라(中村)는 오타케에게서 배운 춘가로 대응한다. 나머지 고등학생들은 여학생 중 한명인 자이니치 가네다(金田)와 함께, '469번' 후지와라가 개최하고 있는 '베트남 반전 포크송' 집회에 참석한다. 이 집회에서는 도회의 부르주아 학생들이 연못 주변에 모여 각국의 국기를 흔들면서 "this land is your land" 등의 세련된, 서양의 반전 포크송을 부르는 것에 대해, 가네다는 "가랑비 부슬부슬 내리는 밤에, 유리창 너머로 엿보고 있네. 만주 철도 금단추 바보 같은 놈, 만지는 건 50전 보는 건 공짜, 3엔 50전만 내게 준다면, 수탉이 울기까지 놀아드리죠"라는 조선인 '종군위안부'가 일본군 병사를 대상으로 불렀던 '춘가'를 부른다.

위에서 정리한 〈일본춘가고〉에 나타나는 노래의 성격에 대해, 영화학자 요모타 이누히코(四方田犬彦)가 지적하는 바와 같이, 영화 속의 군국주의 세대, 안보투쟁 세대, 베트남 반전운동 세대가 각기 "어떤 특정한 장르의 노래를 부른다는 것은, 그것이 체현하고 있는 세계관을 받아들인다는 것이며, 노래가 상상 속에서 상정하고 있는 공동체에 귀속하는 것을 의미"[27]하는 것으로, 춘가는 그들 세대들의 관념적 논리에 저항하며, 그 논리를 내적으로 해체하는 기능을 담지한다. 군가, 혁명가, 포크송 등이 각각의 세대가 추구하는 운동성의 경직된 관념을 노래한다면, 춘가는 입에서 입으로 전승되고, 때에 따라서 변용되며, 상황에 맞게 '전용(appropriation)'된다.

이와 같은 춘가의 성격이 〈일본춘가고〉의 주제와 긴밀히 맞닿아

---

27) 四方田犬彦, 「競いあう歌、歌」, 『ちくま』, 2008年 5月号, 39쪽.

있다. 즉 고등학생들이 전용하는 춘가에 의해 각각의 운동 세대의 '당사자' 의식 부재가 고발되는 것이다. 먼저 나카무라는 교사의 무의미한 절망에 대한 저항으로 그가 가스 중독으로 죽을 지도 모르는 순간을 '못 본 척'하는 데, 이 장면에서 주목되는 점은 교사가 불렀던 춘가를 나카무라가 이어받아 부른다는 것이다. 오타케가 죽음 직전에 내쉬는 격한 숨소리를 배경으로 나카무라가 "하나가 나왔지, 호이노요 사호이노호이"하고 부르는 음산한 춘가의 묘사는 선행 세대에 대한 과격한 비판으로도, 혹은 죽음을 확인하는 장송곡으로도 들리는 데, 나카무라는 이 춘가를 그 후 여러 장면에서 읊조리게 된다. 대표적으로 앞서 언급했던 장례식 장면에서 부르는 춘가는 안보투쟁 세대의 관념적 폐쇄성과 그 운동 논리의 종언을 선언하는 듯이 들린다.

이와 같은 춘가의 성격은 포크송 집회에서 확연하게 나타난다. 469번 우등생 후지와라가 주최한 베트남 반전 포크송 집회에서 가네

〈그림 3〉〈일본춘가고〉의 가네다. 그녀의 춘가는 안보투쟁 세대의 경직성, 포크 그룹의 '당사자' 의식 부재를 고발하는 요소로 기능한다.

다는 종군위안부의 노래를 부르는데, 기타를 치며 맥주를 마시는 집회의 그룹은 "새로운 포크네, 아프로 계열 노래인가? 일본민요잖아"라는 식으로 전혀 이해하지 못한다. 게다가 가네다는 포크 집회에 참가했던 남학생들에게 강간을 당하게 되는데, 그 사실에 대해 후지와라를 포함하여 어느 누구도 문제삼지 않고 '못 본 척'한다. 오타케의 연

인이었던 다니가와(谷川) 만이 "오늘의 아픔을 잊지 말라"는 식으로 가네다에게 호소하지만 그 말은 껍데기만 남은 안보투쟁의 논리처럼 공허하게 울릴 뿐이다. 즉, 미 제국주의가 베트남 민중에 대해 가하는 폭력과 본질적으로 연관되어 있는 일본 제국주의에 의해 제3세계에 가해졌던 폭력(그림 3)에 대해 그들은 전혀 의식하지 못하고 있으며, '당사자' 의식이 부재한다.[28] 바로 이 장면에서 가네다는 포크 그룹에 둘러싸여 하얀 치마저고리를 입고 나타나게 되는데, 그것은 마치 춘가의 성격처럼 억눌려왔던 그래서 잊혀져 왔던 '과거'가 유령처럼 되살아난 순간의 묘사라고 할 수 있다. 오시마는 이 영화에 대해 "그 노래를 빼고는 이 영화를 만들 생각이 없었다"고 하면서, "우리들은 그런 노래와 함께 살았던 것이고, 그들의 존재가 있었다는 것을 알고 있었다. 〈잊혀진 황군〉과 같은 존재가 있는 것이지. 게다가 우리가 다시 건국기념일이란 것을 맞이하는 상황에서, 종군위안부의 노래는 불려지지 않으면 안 되었던 것이다"[29]라고 술회한다. 바로 이와 같은 첨예한 시대적 정황 인식이 오시마 영화의 가장 큰 특징이라 할 수 있으며, 현재에도 살아있는 이유이다.

　　오시마는 〈일본춘가고〉에서 성과 범죄에 대한 발칙한 상상을 도모하는 젊은이들이 춘가를 자신들의 노래로 '전용'하는 과정을 그림으로써, 국가의 억압성과 그에 반하는 운동세력들의 관념성을 함께 비

---

28) 川村健一郎, 「大島渚とヴェトナム」, 奥村賢編, 『映画と戦争』, 森話社, 2009년, 311쪽. 다만 가와무라는 '당사자' 의식 부족을 오시마의 사회적 언급에 의거하며 설명할 뿐, 영화 내적으로 춘가와 연결지어 설명하고 있지는 않다.
29) 大島渚, 『大島渚1968』, 123쪽.

판한다. 그 속에서 가네다의 치마저고리와 종군위안부의 노래를 그 모두를 비판하는 핵심적인 요소로 부각시킴으로서, 조선에 대한 '타자' 의식에서 '당사자' 의식으로 심화되어 가는 과정을 보여준다.

2) 〈교사형(絞死刑)〉

오시마 나기사는 전작인 〈일본춘가고〉까지 지속적으로 추구해 왔던 국가, 성과 범죄, 그리고 무엇보다도 조선이라는 주제에 대해 〈교사형〉에서 집대성적으로 추구하게 된다. 오시마의 대표작일 뿐만 아니라, 1960년대 일본의 조선 표상을 대표하는 이 작품을 통해 오시마는 일본 사회의 조선에 대한 편견을, 그리고 그 스스로도 가지고 있었던 조선인 이미지를 의식적으로 비판하면서 이 글에서 지속적으로 살펴보아온 '타자' 의식에서 '당사자' 의식으로 심도있게 나아가게 된다.

이 영화는 1958년에 발생한 '고마쓰가와(小松川) 사건'을 다루고 있다. 이 사건은 1968년 발생한 '김희로 사건'과 더불어, 전후 일본의 단일민족신화를 근간에서부터 뒤흔든 사건30)으로 주목된다. 1958년 도쿄의 고마쓰가와에서 이진우(李珍宇)라고 하는 재일조선인 고등학생이 일본인 여성 2명을 강간 살인한 혐의로 체포되고, 사형이 확정된 후 1962년에 형이 집행된다. 이 사건은 1962년 박수남(朴壽南)과의 옥중서간집 『죄와 죽음과 사랑(罪と死と愛と)』의 출간과 더불어 세간의 주목을 받게 되며, 오시마도 이 시점부터 조감독이었던 후카오 미

---

30) 鈴木道彦, 『越境の時──一九六○年代と在日』, 50-51쪽.

치노리(深尾道典)에게 시나리오 작성을 의뢰[31]해 영화 제작을 준비하고 있었다. 이 영화는 ATG(Art Theater Guild) 출자 1천만엔으로 제작되고, 1968년 칸느 영화제에 출품됨으로써 오시마의 이름을 세계적으로 알리는 계기가 된 영화이기도 하다.

〈교사형〉은 〈잊혀진 황군〉이래로 시도되었던 다큐멘터리적 기법을 원용하면서 시작된다. 오시마 본인의 내레이션으로 "여러분들은 사형폐지에 반대합니까? 찬성합니까?"라는 자막과 함께 사형장 내부 모습이 설명된다. 한 사형 장면이 집행되고 있고 관객은 불의에 그 장면에 임관하게 된다. 하지만 여기에서 중요한 영화적 트릭이 기능하게 된다. 사형수가 교수형에 처해졌는데도 죽지 않고 기억만을 상실한 채 깨어나게 된다는 것이다. 이러한 비상식적인 설정을 통해서 '상식'으로 통용되는 것의 허구성과 위선성에 대해 블랙코미디적 기법으로 영화는 고발하게 되며, 그 고발되는 주제가 '국가'와 '조선'인 것이다. 한 평범한 사형집행의 장면이 '부조리극'의 형태로 순간적으로 국가라는 것의 폭력적 성격과 일본인들의 조선인식의 한계를 성토하는 장으로 변모하는 것이다.

영화는 다큐멘터리적 도입 부분과 자막 타이틀이 붙은 7개의 소장으로 구성되며, 그 각각의 장은, '1. R의 육체는 사형을 거부한다, 2. R은 R이란 사실을 받아들이지 않는다, 3. R은 R을 타자로 인식한다, 4. R은 R이기를 시도한다, 5. R은 조선인으로서 변명된다, 6. R은 R이

---

31) 大島渚, 『大島渚1968』, 158쪽.

란 사실에 도달한다, 7. R은 모든 R을 위해 R을 받아들인다'라는 설명이 부가되어 있다. 이 각 장의 제목을 통해서도 짐작되듯이, 영화는 조선에 대한 '타자' 인식에서 '당사자' 인식으로 전환되는 흐름이 의식적으로 파악되도록 구성되어 있다.

영화가 먼저 고발하는 내용은, 마루야마 마사오가 '무책임의 체계'[32]라고 비판한 일본 국가의 성격 및 전후처리의 문제이다. 오시마의 주요 출연 배우가 연기한 검찰관, 의무관, 카톨릭 신부, 교도소장, 보안과장, 교육부장, 검찰사무관은 사형집행의 실패에 대해 자신의 문제로 받아들이기 보다는 업무의 권한을 핑계로 책임에서 도피한다. 기억 상실 상태로 깨어난 R에 대해 검찰사무관은 형법을 인용하며 "사형수가 심신상실 상태에 있을 때에는 형 집행을 중지해야 한다, 제가 아는 것은 여기까지입니다만"이란 말을 하고, 그에 대해 교도소장이 검찰관에게 의견을 구하지만, 검찰관은 "저는 형 집행에 참석하러 왔을 뿐 집행 그 자체는 소장 당신의 책임이다"는 말로 움직이지 않는다. 그렇다면 심신을 회복하면 되지 않겠느냐는 교육부장의 말에 대해서 의무관은 "나는 죽음을 확인하는 것이 역할이라 살리기 위한 도구는 아무것도 가지고 있지 않다"는 말로 회피한다. 영화의 도입부는 이와 같이 서로 자신의 책임을 회피하려고 모순되는 말을 주고 받는 슬랩스틱 코미디처럼 진행된다.

이들은 이후 재판의 판결문에 의거하여 R에게 그 죄를 '몸'으로

---

32) 마루야마 마사오, 「군국지배자의 정신형태」, 『현대정치의 사상과 행동』, 한길사, 1997년

재현해 보이게 되는데, 그 과정이 진행되면 될수록 관객은 진정한 '범죄'는 무엇인가에 대해, 그리고 그들에게 형을 집행할 권한이 있는가에 대해 의심하게 된다. "여자를 범한다는 것이 무엇인지, 욕정이 무엇인지"에 대해 묻는 R에 대해, 교육부장은 "역 앞에서 멋진 여성을 보면 뒤에서 확 덮쳐서 해버리고 싶어지지 않는가?"라고 하거나, R의 범죄를 시연하는 의무관이 순간적으로 광기어린 표정을 보이며 "여자를 누른다, 썩은 이빨 냄새, 부드러운 감촉이다, 그렇다, 가슴이다" 등을 연기할 때, 관객은 판결문의 내용과 R의 무표정한 반응 사이의 간격을 의심하게 되고, 결과적으로 판결문 자체가 R의 행위를 사회적 상식 범주로 해석해 버린 결과에 지나지 않는다는 사실을 알게 된다. R이 범한 범죄의 의미는 점차 미궁으로 빠지게 되고 범죄의 재현이 진행되면 될수록 재현자의 '상식', 즉 일본인들의 왜곡된 조선인 인식만이 두드러지게 되는 것이다.

또한 형을 집행하는 자들이 과연 그만한 자격이 있는지에 대해서도 관객은 의구심을 가지게 된다. 일반적으로는 냉담한 태도를 보이던 의무관이 범죄를 재현하는 장면에서 이중인격자처럼 표변하는 태도를 보이는데, 영화가 진행되는 과정에서 관객은 그가 사이판에서 포로학대 혐의로 전범으로 3년 반 동안 수감되었었다는 사실을 알게 된다. 신부도 표면적으로는 "한 번 신 앞에 나선 영혼을 다시 불러들이라는 건 신에 대한 모독이다"라는 식으로 사형 재집행을 반대하지만, 그 과정에서 사용되는 레토릭이 "매독 환자에게 임질을 옮기는 것과 같은 짓"이라는 레토릭을 사용하거나, 때에 따라서는 신의 존재를 의심하고, 영화의 마지막 부분에서는 술에 취해 성적 추태를 보이는 등 성직자로서 본연적으로 가져야 할 신앙심은 보이지 않는다. 또한 교도소장은 전쟁 시 대량학살을 본 적이 있다는 말을 하지만, 자신은 아닌가 하고 묻는 교육부장의 말에 대해 "총을 가지고 있으면 당연히 죽이는 것이지, 기관총으로 다다다, 7명까지는 기억한다"고 고백하고, 그 말에 대해 교육부장은 "소장이 살인을 한 것도 나라를 위해서, 의무관이 전범이 된 것도 나라를 위해서, 우리가 사형을 집행하는 것도 나라를 위해서"라고 말함으로써, 블랙코미디적 화법으로 자신들 내부의 범죄성에 대해 드러낸다. 이와 같이 〈교사형〉은 이진우라는 '타자'의 범죄를 이화(異化)함으로써, 범죄의 규정과 처벌조차도 그것이 일본사회 '내부'의 문제임을 드러낸다.

이러한 인식과정의 전환이 가장 잘 드러나는 곳이 다름아닌 '조선(인)' 표상에 관한 부분에서이다. 이진우 사건 자체는, 그가 극빈한 가정환경에서 성장했음에도 중학교까지는 학급부장을 맡거나 매우 청결한 소년이었다는 점, 성적도 매우 우수하였으며, 도스토예프스키를 읽거나 스스로 소설도 쓰는 등 문학소년이었다는 점 등이 서간집의 발간과 함께 알려지게 되나, 영화는 이러한 소재를 이용하면서 일본인의 조선 표상을 본질적으로 문제삼게 된다. 영화는 이 문제에 대해 '3. R은 R을 타자로 인식한다, 4. R은 R이기를 시도한다'에서 집중적으로 묘사하는 데, 그것은 결론적으로 일본인의 조선 표상이 얼마나 천편일률적인 편견에 의거하고 있는지를 드러내는 데에 초점이 맞추어져 있다.

교육부장은 R의 기억을 되살리기 위해 "한 명의 조선인이 가난한 집에서 커서 여성을 범하고 죽였다. 그래서 사형을 선고받았다. 그게 너다"라는 말을 하지만 R은 "조선인이란 무엇인가?"하고 되묻는다. 이에 대해 "검둥이라면 피부색이라도 다르니 설명하기 쉽지만, 여기는 일본이고 우리는 일본에서 태어났으니까 일본인, 아니 아니, 너도 일본에서 태어났지만, 너의 부모가 조선에서 태어났으니까 너는 조선인" 등의 식으로 무지를 드러내고, 교도소장이 국가와 민족으로 설명할 것을 요구하자, 그는 "너는 국적이 한국국적이니까 한국인, 민족은 조선민족이니까 조선인"이란 식으로 더욱 혼란에 빠져들 뿐이다.

이처럼 영화는 국가, 국적, 민족, 역사 등에 대해 무지한 일본인의 조선인 차별의식을 희화화한 후, 그들의 조선인식이 가난과 야만성, 전근대성에 천편일률적으로 빠져있음을 묘사해 간다. "가정이란 무엇인가?" 하는 R의 질문에 대해 사형장에 신문지를 입혀 공간을 R의 가정으로 바꾼 후 그들이 각각 강제노동에 시달린 아버지, 벙어리인 어머니, 폭력적인 형과 동생들을 연기한다. 의무관이 연기하는 형이 귀가하여 밥이 없음을 알자 그는 폭력을 행사하고, 오줌을 아무데서나 싸던 보안과장이 연기하는 동생과 싸움이 난다. 이 장면에서 연기를 지도하는 교육부장이, "조선인 형제니까 조선인처럼 더 심하게 싸워야지, 그리고 조선인 가정이니까 유교도덕, 위아래가 엄격해"라는 식으로 지도한다. 아버지는 술에 취해 주정을 부리고, 교육부장은 이 장면에서 어머니역의 교도소장에게 "엄마는 벙어리야, 조금 조선인 벙어리처럼 '아이고' 하고 울 수 없어요?"라고도 지적한다. 이러한 조선인 가정에 대한 일본인의 묘사에 대해, R은 담담하게 바라보거나 싸움을 중재할 뿐 그들이 기대하는 격렬한 반응은 조금도 보이지 않는다. 대신 R은 여동생들과의 산보를 상상하면서, "저 끝의 예쁜 집이 우리 집이야, 집에는 냉장고, 세탁기, TV가 있고, 너희들은 깨끗한 옷을 입고 있어"라는 식으로 당시의 일본인이라면 누구라도 꿈꾸었을 고도경제성장기의 '밝은' 미래에 대한 기대를 공유하거나, "중요한 건 가족 모두가 생활할 수 있는지 없는지 이다"라는 식으로 반응할 뿐이다. 즉 조선인이 야만적이고 비위생적이며 전근대적이라는 것은 일본인의 의식일 뿐 R은 어쩌면 그들과 같은 미래를 꿈꾸는 존재일 뿐인 것이다. 여기에는 1960년대에 있어서 일본인이 조선인에 대해 가지고 있었던 고정관념이 희화화되어 묘사되고 있으며, 그것은 이 글에서 지금까지 추적해 온 바와 같이, 오시마 자신의 '조선' 인식까지도 자기반성적으로 객관화하고 있다고 할 수 있을 것이다. 또한 그것은 〈일본춘가고〉에서 일본인 속 깊은 어딘가에 유령처럼 달라붙어 있는 존재에서 한 걸음 더 나아가, 일본 국가, 일본인, 전후문제를 본질적으로 규명하고 그 지배이데올로기의 허위성과 단일민족신화의 작위성을 내적으로 폭로하는 핵심요소로서 전면에 부각되고 있는 것이다.(그림4)

〈그림 4〉〈교사형〉에 나타나는 국가의 억압성 묘사

또한 이 영화에서 주목되는 점은 1960년대 일본의 좌익이, 혹은 재일조선인이 가지고 있었던 '조선' 인식에 대해 일정한 거리를 두고 있다는 점이다. 교육부장이 R의 범죄를 재현하는 과정에서 살해당한 여성이, 〈일본춘가고〉에서처럼 치마저고리를 입은 모습으로 나타나게 된다. 이 여성은 상상 속의 여성으로서 R에게 심정적으로 공감하는 자들의 순서로 눈에 보이게 된다. 신부, 교육부장, 검찰사무관, 의무관, 보안과장, 교도소장의 순서로 그 여성이 보이게 되나, 국가 자체를 상징하는 검찰관의 눈에는 마지막까지 그 여성이 보이지 않는다. 이 상상 속의 여성은 서간집의 집필자인 박수남을 모델로 한 것으로서, 이 여성의 논리는 '조선'의 민족 이데올로기를 대표하는 것이다. '누나'의 역으로 등장하는 이 상상 속의 여성은 R에게 "죄는 살아서 갚는 것이다. 지금의 R은 조선 민족의 자긍심을 되살린 훌륭한 조선인으로, 앞으로 조국 통일과 번영을 위해 열심히 일하여, 일본 민중과 조선 민중의 빛나는 연대를 위해 일할 것"이라고 주장한다. 하지만 그에 대해 R은, "누나가 말하는 R은 내가 아닌 것 같다"고 되뇌이고, 그에 대해 누나는 "진정한 R은 범죄를 저지른 다음에, 이 일본 전체에 도전하듯이 신문사에 전화를 걸었다. 그것이 조선인의 범죄인 것이다. 어둡고 비천한, 학대당해온 조선인이 일본인에 의해 흘릴 수밖에 없었던 피를 피로 갚았던 단 한가지 길이었던 것이다. 일본인은 국가의 이름으로 무수한 조선인의 피를 흘렸다. 하지만 국가가 없는 조선인은 개인의 힘으로, 이 손으로 피를 흘릴 수밖에 없었다. 그것이 조선인에 의한 범죄의 뒤틀린 방식이다. 그래도 그 속에 조선인의 자긍심이 집중적으로 표현되어 있는 것이다. 나는 조선인으로서 이 자를 R로 인정하지 않는다. 조선인에게 조선인으로서의 민족의식을 잃게 만드는 것이 일본제국주의의 방식이었다. 36년간, 그리고 전후 20년이 지나도 그 방식은 살아있다"라고 신랄한 비판을 가한다. 이 대사에 잘 표현되어 있듯이, 영화 〈교사형〉은 1960년대 현재까지도 지속되고 있는 일본제국주의의 폭력성과 조선 및 재일조선인에 대한 억압의 논리를 폭로하고 있다. 하지만 여기에서 주의해야 할 점은 일본제국주의에 대한 저항의 논리로서 '민족' 이데올로기를 민족 구성원 내부에 강제하는 경우 또 다른 억압이 발생할 수 있다는 사실이다. 오시마가 당시 일본 좌익의 주류와 다른 자세를 취했던 것은 바로 이와 같은 이유 때문이다. 이에 대해 오시마는 "〈교사형〉에서 누나가 하는 말은, 개인 속에 내화된 국가 논리의 완전한 예일 것입니다. 이진우를 구하려는 측의 논리가 '내화된 국가 논리'인 것이죠. 그것을 분명히 짚고 넘어가면서 내 논리를 구축해 가는 것이 얼마나 어려운지"[33]라고 언급한다. 여기서 오시마가 말하는 자신의 논리란, 1960년대까지 이어져 오는 일본제국주의의 논리를 비판하면서도, 그에 대한 저항의 논리(일본공산당 혹은 신좌익)로부터도 거리를 두어, '민족적 아이덴티티'를 형성하는 것이 중요한 것이 아니며, 보다 본질적으로 그것을 형성하려는 국가권력의 '폭력'이 문제라고 주장하는 것이다. 이상에서 살펴본 바와 같이, 〈교사형〉은 1960년대 일본에서 생산된 어떠한 작품보다도 일본제국주의의 '조선'에 대한 폭력적 성격을 신랄하게 고발하는 작품이며, 그

---

33) 大島渚, 『大島渚1968』, 172쪽.

에 대해 저항하는 측의 경직성까지 그려내고 있다는 면에서 매우 선구적인 작품이라고 할 수 있다.

3) 〈돌아온 주정뱅이(帰ってきたヨッパライ)〉

〈교사형〉이 개봉된 직후, 1968년 2월 '김희로 사건'이 발생한다. 김희로 사건이란, 시즈오카현 시미즈시에서 폭력단원을 라이플총으로 사살한 후 여관에 다이나마이트를 들고 침입하여 20명의 투숙객을 인질로 농성에 들어가, 매스컴의 취재에 적극적으로 대응하여 조선인 차별의 부당성을 호소함으로써, 일본 사회에 '조선' 문제가 크게 보도되었던 사건을 일컫는다. 이 사건에 대해 오시마는 "나로서는 최고의 타이밍이었다. 내가 이토록이나 조선인 문제를 다루어 왔는데, 그대로의 사건이 발생하지 않았나? 내가 생각했던 그대로의 사태가 발생했다는 것에 대한 자부심과 실제로 그런 일이 일어나 버려서는, 현실이 영화를 넘어서 버렸다는 두 가지 감정이 공존했다"[34]고 기술한다. 이 사건을 직접적인 계기로 오시마는 '조선' 인식에 대해 한 걸음 더 깊게 나아가는 영화 〈돌아온 주정뱅이〉를 제작하게 된다.

영화의 스토리는 간단하다. 서론에서 언급했던 〈임진강〉을 부른 〈포크크루세더스〉 3인이 규슈의 해변에서, 베트남 전쟁 중 촬영되어 전 세계적으로 유명해진 사진, 즉 남 베트남 병사가 포로인 베트콩의 머리를 쏴 그 순간 얼굴을 일그러트리는 장면을 재현하며 놀고 있을

---

34) 大島渚, 『大島渚1968』, 204쪽.

때, 모래 속에 숨어있던 두 명의 밀항 한국인, 즉 베트남 전쟁에 파견 되게 되어 도망친 한국인 병사와 그를 따라 일본에서 교육을 받고자 밀항해 온 고등학생이 〈포크크루세더스〉의 옷을 훔쳐 입는다. 옷을 빼앗긴 3인은 온천에서 옷을 훔치려 하나 한국인 병사에게 그들을 대신해서 죽을 것을 강요당하고, 그들로부터 도망치려 하지만 결국은 열차에서 사살당하게 된다. 영화는 똑같은 내용을 다시 반복하여 세부적인 묘사는 다르지만 그들은 결국은 죽음을 맞이하게 된다. 영화의 라스트는 열차가 플랫폼을 지날 때, 앞서 언급한 사진이 배경 사진으로 반복되면서 끝나게 된다. 하지만 영화는 슬랩스틱 코미디로서 결코 무겁지 않으며, 당시 〈포크크루세더스〉의 히트곡이었던 〈나는 죽어버렸다(おれは死んじまっただ)〉, 〈임진강〉이 삽입되며 전체적으로 가벼운 분위기를 연출한다.

하지만 이 영화에서 주목할 점은 '옷 바꿔입기'를 통해 '타자' 인식의 한계와 '당사자' 인식의 필연성이 표현되어 있다는 점이다. 앞서 언급한 바와 같이 한국에서 밀항한 자들은 일본인 학생복

〈그림 5〉 베트남→한국→일본 순으로 아이덴티티 교란에 따른 '당사자' 의식이 표현되고 있다.

을 입고 일본인이 되며, 군복을 입은 일본인은 갑자기 한국인이 된다.

그들은 이렇게 제복을 뺏고 빼앗기는 과정에서 아이덴티티 문제를 지속적으로 관객에게 묻게 되고, 종국에는 〈포크크루세더스〉 3인이 도심에 나타나 "당신은 일본인입니까?"라는 질문을 하면, 거리를 지나치는 모든 사람들(오시마를 포함한 전 스태프)이 "아니요, 나는 한국인입니다"라고 대답한다. 이를 다소 개념적으로 정리하면, 영화는 어떤 인간이 자신에게 맞는 제복을 입는 것이 아니고, 우선 제복이 존재하며, 그것을 입는 사람이 제복의 아이덴티티를 받아들인다. 그리고 그 제복이 계속해서 교환될 때, 아이덴티티가 교란되어 혼란에 빠지게 되며, 오시마는 그것을 일본인과 조선인의 경계에 부가한 것이다. 베트남 전쟁에서 도망친 한국인 병사와 그 전쟁을 유희로 즐기고 있는 일본인 대학생(이 부르는 〈임진강〉)이 지속적으로 뒤바뀌며 교란될 때 점차 관객은 한국인 병사의 입장('당사자' 인식)을 가지게 된다는 것이다. 이에 대해 오시마는 다음과 같이 언급한다. "한국에는 징병제가 있어서 그들이 베트남 전쟁에 참전할 수밖에 없다는 사실은 당시 익히 알려져 있었다. 하지만 그렇다고 해서 그러한 한국인의 운명이 자신들의 운명이라고는 별로 생각하지 않았다. 그들은 우리 대신에 베트남에 간다는 인식은 비교적 적지 않았을까? 역으로 말하면 그것을 말하고 싶다는 것이 제작 당시의 발상이었다"고 말한다. 그리고 이와 같은 발상은 프란츠 파농의 영향이 농후하게 느껴진다. 오시마의 맹우였던 평론가 마쓰다 마사오는 "황색 피부를 하고서 줄곧 하얀 가면을 쓰고 세계반혁명전쟁의 첨병 역할을 담당해 온 일본국가권력의 실체를 연기해 온 우리들이, 배우건 스태프건간에, 비슷하게나마 재인조선인을 연기함으로써, 황색 피부에 어울리는 황색 가면, 아니 제3세계의 보다 진한 색깔의 가면을 쓰는 것이 가능하게 되었다"[35]고 말한다. 여기에서 오시마의 제작진들이 '조선'이라는 존재를 '당사자' 문제로 확실히 인식하고 있었다는 사실이 확인될 것이다.

오시마가 김희로 사건을 경험하고 〈돌아온 주정뱅이〉를 제작할 당시 '조선'에 대한 인식이 어디까지 도달했는가 하는 점은 다음의 언급 속에 잘 나타난다. 오시마는 "지금 사건 현장에서 돌아온 나는 텔레비젼이나 인터뷰에 응해 그에게 자수를 권했던 사실을 깊이 반성하고 있다. 법에 따라 사람들의 양심에 따르는 것으로는 표현될 수 없는 자아도 있는 것이다. 일본인이라는 존재가 있고, 조선인 특히 재일조선인이라는 존재가 있다. 이 두 존재는 서로 부조리한 존재이다. 이 부조리를 만들어 낸 것은 일본인이다. 하지만 일본인이 조선인을 부조리한 존재라고 느끼는 것은 이러한 사건이 일어날 때뿐이다. 하지만 조선인은 매일, 낮으로나 밤으로나 일본인을 부조리한 존재로 느끼며 생활해 간다. 그 일본인이 존재한다는 자체의 책임을 추궁당하는 것은 당연한 일이다"라고 언급한다. 즉 오시마는 '당사자' 의식에서 한 걸음 더 나아가 일본(인)이라는 존재 자체의 책임에까지 다다른 것이다. 그리고 레토릭으로서는 과격하지만 '조선'이라는 '타자'의 눈을 경과함으로써 스스로인 일본인의 존재가 부조리하다는 고발은 1960년대 일본 사회에서 나타난 가장 과격한, 그리고 가장 현재까지 연결

---

35) 大島渚, 『大島渚1968』, 216-217쪽.

되어 있는 주장이라고 할 수 있을 것이다.

4. 오시마 나기사 영화의 현재성

지금까지의 설명을 간단히 정리해 보면 다음과 같다. 오시마는 〈잊혀진 황군〉 이전에는 예를 들어 〈태양의 무덤〉에서 나타나듯이, 하층 프롤레타리아에서 연속적으로 사고되는 존재로서 재일조선인을 묘사했다. 하지만 그들에게 혁명적 가능성을 보았다는 사실은 1960년 대의 일반적인 좌익의 사고와 다르지 않으며 오시마의 조선인식도 일반적인 수준에 머무는 것이었다. 하지만 1964년 조선 체험을 하나의 인식적 터닝 포인트로 삼아, 오시마는 〈윤복이의 일기〉를 통해 점차적으로 조선에 대해 '타자' 의식에서 '당사자' 의식으로 나아가게 된다. 그리고 1967년에서 68년에 걸쳐 집중적으로 〈일본춘가고〉, 〈교사형〉, 〈돌아온 주정뱅이〉를 통해 이진우 사건과 김희로 사건을 영화 속에서 다룸으로써, 오시마는 일본의 거울로서의 조선에서 조선을 통해 일본을 객관화하는 시선을 획득하게 된다. 그리고 그것은 당시의 주류 좌익의 시선과도 다른 것으로서, 오시마는 1970년대에 노정되게 될 그들의 교조성과 경직성에 대해 이미 지적하고 있었다.

또한 오시마의 영화들이 현재적이라는 사실은 여전히 미해결 상태로 남아있는 종군위안부 문제나 전후처리 등의 역사적 문제가 다루어지고 있다는 사실 뿐만 아니라, 〈박치기〉가 〈돌아온 주정뱅이〉를 참조 사항으로 다루고 있다는 사실에서 단적으로 보이듯이 그 영화적 표현에 있어서도 현재적이기 때문이다. 글로벌라이제이션 현상 속에서 새로운 '동아시아 속의 일본'의 위치가 재논의되는 과정에서 어떻게 전후 일본이 조선을 포함한 동아시아를 표상해 왔는가 하는 점은 중요한 논점이며 그 중에서 1960년대 오시마 영화는 하나의 달성점으로서 기록해 두어야 할 것이다. 우리는 이러한 오시마의 인식을 객관적으로 평가하며 그 한계까지도 조명함으로써 현재의 시각을 획득할 수 있을 것이다.

http://www.

참고문헌

강재언, 김동훈, 『재일 한국·조선인-역사와 전망』, 소화, 2005.
마루야마 마사오, 「군국지배자의 정신형태」, 『현대정치의 사상과 행동』, 한길사, 1997.
이봉우, 『인생은 박치기다』, 씨네21북스, 2009.
高橋哲哉, 『戰後責任論』, 講談社学術文庫, 2005.
大島渚, 『日本の夜と霧/大島渚作品集≪増補版≫』, 現代思想社, 1966.
_____, 『大島渚1960』, 青土社, 1993.
_____, 『大島渚1968』, 青土社, 2003.
_____, 「韓国国土は引き裂かれたが」, 『大島渚著作集 第二巻 敗者は映像をもたず』, 現代思想新社, 2009.
渡邊一民, 『〈他者〉としての朝鮮、文学的考察』, 岩波書店, 2003.
四方田犬彦, 「競いあう歌、歌」, 『ちくま』2008年 5月号, 筑摩書房, 2008.
小倉虫太郎, 「「以前」の回帰」, 『ユリイカ』2000년 1월호, 青土社, 2000.
松田政男, 「同時代者としての大島渚」, 『世界の映画作家6 大島渚』, キネマ旬報社, 1970.

鈴木道彦, 『越境の時――一九六〇年代と在日』, 集英社新書, 2007.
川村健一郎, 「大島渚とヴェトナム」, 奥村賢編, 『映画と戦争』, 森話社, 2009.
ルイ・ダンヴェールほか, 『ナギサ・オオシマ』, 風媒社, 1995.

현대일본생활세계총서 **1**

전후 일본, 그리고 낯선 동아시아

07 윤이상을 통해 본 일본음악문화 속의 동아시아

이경분

1. 윤이상과 일본

2010년 발표된 구효서의 소설 〈랩소디 인 베를린〉은 여러 면에서 윤이상을 모델로 구상된 작품이다. 재독음악가로 평양을 방문하여 남한에서 간첩죄로 기소되었던 주인공 김상호의 존재에서 잘 나타나지만, '코리안 디아스포라'의 문제를 문학적으로 형상화해 낸 작품답게 소설은 독일, 한국, 평양 그리고 일본을 오가며 진행된다. 물론 소설 속 인물과 실재 인물이 같지 않은 것은 당연한 일이지만, 망명자이자 '코리안 디아스포라의 현대적 예'라고 할 수 있는 윤이상[1]을 소설 속

---

* 이 글은 『음악과 문화』 제24호(2011.3)에 「일본의 윤이상 : '동아시아 작곡가' 로서 윤이상」이라는 제목으로 처음 발표된 것을 본 단행본의 취지에 맞게 수정 · 보완한 것이다.

1) 작가 구효서는 〈작가후기〉에서 정작 윤이상의 작품과 생애에 빚졌으면서도

에서는 한국인이 아닌 재일조선인으로 설정하여 일본을 중요한 무대로 삼은 것은 의미심장하다.

실제 재독 작곡가 윤이상의 삶과 음악을 기록한 이수자여사의『내 남편 윤이상』에서 한국 못지 않게 자주 언급되는 곳은 일본이었다. 한국 땅을 밟지 못하고 망명자로서 베를린에서 죽어야했던 작곡가에게 일본은 한국과 지리적으로나 문화적으로 가장 가까운 곳. 그래서 일본은 한국을 대신해주는 일종의 심리적 보상의 의미가 있었을까?

1995년 윤이상 서거 이후, 한국에서는 기적처럼 '윤이상 르네상스'와 같은 일들이 벌어져 10년전부터 통영에서는 윤이상을 기리는 국제음악제가 매년 개최되고 있다. 그 동안 통영음악제에서 누가 초청되었고, 어떤 작품이 연주되었으며, 어떤 유명한 단체가 왔는지, 지난 9년간의 자료를 종합해보면, 일본인 연주자와 작곡가의 이름이 심심찮게 나타난다.[2] 특히 일본과 관련해서 인상 깊은 것은 2002년에 열렸던 윤이상 선생의 제자들의 연주회이다. 마쓰시타 이사오(松下功), 후지타 마사노리(藤田正典), 오무라테쓰야(大村 哲弥)와 같은 일본제자들 이름이 프로그램을 채웠고, 필리핀인과 대만인의 이름도 보인다. 하지만 백병동, 김정길, 강석희 등 한국제자는 들어있지 않았다.[3]

선생의 존재가 너무 커서 주인공 김상호가 "위축될 것을 우려하여 비겁하게 선생을 지운 점"을 밝히고 있다. 구효서,『랩소디 인 베를린』, 임프린트문학 에디션 뿔, 2010, 481쪽.

2) 이에 대해서 이경분, "변방에서 중심으로의 발신. 통영국제음악제의 역할과 의미," 2010년 6월 10일, 〈한국근대음악사 정리〉 학술대회 발표. 2000년과 2001년에 '통영현대음악제'가 개최되었고, 2002년부터 '통영국제음악제'라고 개칭되었다.

분단이라는 한국의 정치적 조건 때문에, 간첩혐의를 받았던 윤이상에게 음악을 배우고자 했던 한국인 수가 적었던 것은 익히 알고 있었지만, 최근 본격적으로 윤이상의 일본인 제자에 대한 연구를 착수하고 보니, 그 수가 12명에 달하는 것에 놀라지 않을 수 없다. 현재 일본인 제자들은 일본과 외국에서 현대음악작곡가로 매우 활발하게 활동하고 있으므로 일본의 현대음악문화에 미친 윤이상의 기여는 표면에는 직접 드러나지 않지만 실로 대단하리라 추측할 수 있다. 한국인 제자들은 그에게서 배웠다는 것을 비밀로 해야 했던 시절, 일본인 작곡가 호소카와 도시오(細川俊夫), 미와 마사히로(三輪眞弘), 마쓰시타 이사오, 후지타 마사노리, 시마즈 다케히토(嶋津武仁) 등은 베를린 대학에서 떳떳하게 윤이상의 제자가 될 수 있었다.

그러나 『내 남편 윤이상』(하권)에는 1994년 12월말 일본체류 중 건강악화로 입원한 윤이상이 병상에서 "내가 여기서 죽든 비행기 속에서 죽든 나는 돌아가야겠소. 나는 일본 땅에서 죽을 수 없소"[4]라며, 1995년 초 아픈 몸을 이끌고 운명을 하늘에 맡긴 채 독일로 가는 비행기를 탔다는 일화가 소개되어 있다. 그래서 그의 살아생전 마지막으로 연주된 작품 〈화염 속의 천사(Engel in Flammen)〉와 〈에필로그(Epilog)〉는 1995년 5월 9일 작곡가 없이 도쿄 산토리 홀에서 초연되었

---

3) 아시아인 제자로서 대만인 황 롱 판(Hwang Long Pan)과 필리핀인 프란시스코 펠리치아노(Francisco Feliciano)가 있다(통영국제음악제 사이트 http://www.timf.org). 이 연주회의 지휘도 마쓰시타 이사오, 연주자도 일본인들이었다. 최인찬, 백병동, 김정길은 윤이상에게서 잠깐 배웠고, 마지막까지 남은 사람이 강석희이다.
4) 이수자, 『내 남편 윤이상』 하권, 304쪽.

고, 윤이상은 베를린의 병상에서 이 연주회에 곡에 대한 해설과 메시지를 보냈다.[5)]

일본인 제자들을 정성껏 키웠던 윤이상에게 일본은 과연 어떤 의미를 가졌는가? 일본이라는 나라는 그에게 죽음과 같은 중대한 사건에서는 고려의 대상이 되지 못했는가?

이러한 궁금증으로 시작하는 본 논문은 윤이상과 일본의 관계를 첫째, 일본연주자 및 연주 장소를 통해서, 둘째, 일본인 제자의 인터뷰와 에세이를 통해서, 셋째, 윤이상이 일본에서 한 강연 그리고 일본작곡가와의 인터뷰를 통해서 지금까지 윤이상 연구에서 의외로 관심을 끌지 못한 윤이상과 일본의 관계에 대해 접근해보고자 한다.

이런 의문을 푸는 과정에는 윤이상 연구의 심화를 위해 다음과 같은 세 가지 질문이 잠복해 있으리라 추측된다. 첫째는 윤이상이 한국음악가이지만, 일본음악계에 더 큰 영향력을 미치게 된 것은 단순히 한국의 분단 상황과 일본의 앞선 음악문화 때문이었을까, 둘째, 민족의 통일을 걱정하고 고향땅을 그리워하던 윤이상이 오히려 일본음악가와 일본음악문화와 더 밀접하고 친근하게 접촉함으로써 의도하지 않았던 음악적, 음악미학적 결과가 초래되었는가, 셋째, 그가 추구한 것이 한국전통미학의 서구적 번역이 아니라, 아시아적 미학과 사상이었다면, 이는 국가의 경계를 넘나들며 떠도는 디아스포라적 삶과 관계가 있는 것일까 하는 의문이다.

---

5) 이수자, 『내 남편 윤이상』 하권, 304-305쪽.

이 글에서 이 문제들을 모두 다루기에는 역부족이며 지면상의 한계도 있으므로 여기서는 윤이상과 일본의 관계, 일본에서의 윤이상 수용에만 초점을 두고자 한다.

2. 윤이상 작품이 일본에서 초연된 이유

통영근처 산청에서 태어나 오사카에서 유학(1935-37)[6]한 한국의 작곡가 윤이상은 1959년 서베를린에서 음악공부를 하고, 1995년 베를린에서 영면할 때까지 거의 150곡에 달하는 작품을 작곡하고 발표했지만,[7] 1969년 한국의 감옥에서 나와 독일로 망명한 이후부터 타계할 때까지 한국에서는 단 한 작품도 초연한 적이 없었다. 하지만, 이와 대조적으로 북한에서는 1987년 10월 칸타타 〈나의 땅, 나의 민족이여 (Mein Land, mein Volk)〉가 김병화 지휘로 초연되었고,[8] 일본에서는 1980년대와 1990년대에 윤이상의 중요한 작품 7곡이 모두 초연되었다. 물론 초연 이외의 윤이상 작품 연주는 훨씬 많았으며,[9] 2000년대

---

6) 또한 윤이상은 1939년 도쿄에서 파리유학을 했던 이케노우치 도모지로(池内友次郎)에게서도 작곡을 공부하였는데, 그 후 이케노우치가 막대한 영향력을 미쳤던 도쿄예대 출신의 일본인제자들을 윤이상이 가르치는 인연의 고리가 형성된다.
7) 유럽에서 작곡한 작품은 117곡이다.
8) 북한에서 초연된 것은 아니지만, 외국에서 초연한 경우도 있는데, 북한 국립오케스트라는 윤이상의 〈클라리넷과 오케스트라를 위한 협주곡〉(1981), 〈심포니 1번〉(1982/83)을 1986년 바르샤바의 현대음악제에서 초연했다.
9) 초연은 아니지만, 두 번째 연주가 일본에서 이루어진 경우도 자주 있었다.

까지도 일본연주는 이전보다는 뜸하지만 이어지고 있다.

<표 1> 일본에서 초연된 곡[10]

1	피아노를 위한 간주곡 A(1982) 11'	초연 1982. 5. 6. 도쿄	다카하시 아키
2	바이올린과 관현악을 위한 협주곡 2번 (1983/86) 2악장 (〈나비와 원자 폭탄과의 대화〉 1983)	초연 1983. 7. 8. 도쿄	다쓰미 아키코(바이올린), 이와키 히로유키 지휘
3	두대의 바이올린을 위한 소나타 (1983)	초연 1983. 12. 15. 도쿄	다쓰미 아키코, 자쉬코 가브릴로프 (Saschko Gawriloff)
4	클라리넷과 현악 4중주를 위한 5중 주(1984)	초연 1984. 8. 24. 구사 쓰(草津)	다쓰미 현악4중주
5	교향곡 4번 〈어둠 속에 노래하다〉 (1986)	초연 1986. 11. 13. 도쿄	이와키 히로유키 지휘
6	소프라노, 3성부의 여성합창과 5개 의 악기를 위한 〈에필로그〉 (1994)	초연 1995. 5. 9. 도쿄	마에다 쓰기오(前田杉尾) 지휘
7	관현악을 위한 메멘토 〈화염 속의 천사〉 (1994)	초연 1995. 5. 9. 도쿄	마에다 쓰기오 지휘

특히 서거 약 6개월 전, 1995년 5월 9일에 거의 마지막 작품에 속하는 〈화염 속의 천사〉와 〈에필로그〉가 초연되는 곳도 일본 도쿄였다.[11] 또한 서거 3년 전인 1992년에는 11월 5일부터 16일까지 윤이상

예를 들면 〈밤이여, 열려라(Teile dich Nacht)〉와 〈광주여 영원히(Exemplum in memoriam Kwangju)〉가 쾰른에서 초연된 후, 일본에서 두 번째로 연주되었다. 高橋悠治/尹伊桑, 「尹伊桑 インタビュー」, 『月刊ハミング』, 全音楽譜出版社 1981/5, 192쪽.

10) 윤이상의 작품은 모두 독일어이지만, 필자가 한국어로 번역하였다.

11) 윤이상의 마지막 작품 〈클라리넷과 현악 4중주를 위한 5중주 제2번〉(1995

탄생 75주년을 기리는 기념페스티발이 도쿄에서 10일간 개최되어, 연주회, 강연회를 통해 윤이상 음악이 집중적으로 소개되었는데, 한국에서 행해져야 할 법한 행사가 오히려 일본에서 개최되었던 것이다.[12]

물론 1974년 5월 3일 독일 피아니스트 만프레드 로이테(Manfred Reuthe)가 서울 국립극장에서 〈피아노를 위한 5개의 소곡〉을 연주하였고[13], 1982년 9월 24일 제7회 대한민국 음악제 동안 〈윤이상 작곡의 밤〉이라는 음악회(세종문화회관)에서 프란시스 트라비스(Francis Travis)의 지휘로 KBS오케스트라가 윤이상의 작품들을 연주하기도 했다.[14] 그리고 그 이후에도 간헐적으로 연주되지 않은 것은 아니지만,[15] 살아

년 9월 26일)은 원래 기타큐슈에서 초연하기로 되었으나 핀란드의 시벨리우스 현악4중주단이 베를린 축제주간 때 연주하기를 원하여 초연장소가 일본에서 독일로 변경된 경우이다. 이수자, 『내 남편 윤이상』 하권, 308쪽.

12) 1987년 9월 24~25일. 오사카에서 국제심포지엄 "민족문화와 세계공공성"이 있었는데, 토론자로 참여했으며, 9. 26에는 마이니치신문과 인터뷰 한 기록이 있다. 1992년 11월에는 일본어로 『尹伊桑. わが祖国, わが音楽(윤이상, 나의조국, 나의 음악)』이 출판되었다.

13) 『중앙일보』, 1974년 4월 22일.

14) 프로그램은 〈서주와 추상〉, 〈무악〉, 〈예악〉, 〈견우와 직녀 이야기〉, 〈로양〉, 〈피리〉〈오보에와 하프/비올라를 위한 소나타〉이었다. 당시 『동아일보』, 『조선일보』 및 대학신문들이 윤이상작품 한국초연에 대해 보도하였다. 김정길, 「실험정신에 불타는 작곡가」, 『객석』 1984/3, 59-60쪽.

15) 1993년 10월 22일, 〈20세기 음악축제〉 기간, 한국페스티벌 앙상블이 윤이상 작품을 연주했고, 1994년 9월 8일부터 17일까지 〈윤이상 페스티벌〉이 서울, 광주, 부산에서 열렸는데, 이것이 엄격한 의미로 한국에서의 윤이상 수용의 시작이라 할 수 있다. Aekyung Choi, "Zur Rezeption des Oeuvres von Isang Yun in der Republik Korea", *Ssi-ol : Almanach der Internationalen Isang Yun Gesellschaft*, Berlin/München, 1999, p.168.

생전 아시아에서 윤이상 음악과 가장 깊은 인연을 보여주는 곳은 고향인 한국이 아니라 일본이었다 해도 과언이 아니다. 왜 윤이상의 작품은 아시아의 나라 중에서는 주로 일본에서 연주되었는가?

이 물음이 '왜 윤이상의 음악이 한국에서 연주되지 못 했는가'와 밀접한 관계에 있다고 본다면, 너무나 당연하게도 정치적인 이유 때문이라고 할 수 있을 것이다. 한국에서는 간첩 또는 친북인사로 낙인이 찍혀, 금기시 된 인물이었으므로 (남한에서 외국 연주자의 연주가 없었던 것은 아니지만), 한국음악계에서는 그의 이름을 거론하는 것조차 용기가 필요한 때였다.

이런 분위기를 무시하고 지휘자 임원식이 윤이상과 교분을 지속하였고, 1979년 3월 11일에는 베를린에서 윤이상의 〈무악〉을 지휘한 적이 있다. 그러자 그 후 『월간 음악』 5월호에는 「충격취재」라는 코너에 이승학, 이흥렬, 이영세, 이유선, 구두회, 정윤주, 정희석, 조상현 등 한국 음악계 원로와 유명 음악인들이 윤이상과 함께 임원식을 비난하는 성토문이 실리는 사건이 있었다.[16] 예를 들면, 윤이상은 "자기 출세를 위해 조국인 대한민국을 헐뜯고 해쳐온 사람"으로(이영세), 또는 "대한민국을 부정한 사람"(이흥렬)인데, 교육자로서 책임있는 태도를 보여야 할 임원식이 오히려 적인 윤이상을 이롭게 한 것은 "임원식 개인의 문제가 아니라 대한민국 국민 모두의 문제"(이유선)라는 것이

---

16) 이남진 외, 「윤이상의 작품을 연주. 음악계에 안보의 시비 일다」, 『월간음악』 1979년 5월호, 54-61쪽. 예외적으로 전봉초는 윤이상을 공산주의자로 보지 않으며, "윤이상을 조국의 품으로 돌아올 수 있는 길을 터주는 계기"로 본다고 용기 있게 발언하였다.(58쪽).

다.17)

하지만, 다른 한편, 남한에서 정치적인 이유가 아니었다면, 윤이상의 음악이 한국에서 초연되고 더 많이 연주되었을까? 이 문제는 간단하지 않다. 물론 몇몇 작품은 윤이상의 의지로 한국에서 초연될 수 있었을지도 모른다. 그의 마지막 작품 〈화염 속의 천사〉는 민주화 운동을 위해 분신자살한 20여명의 젊은 청년들을 기리는 음악이었으니, 한국정부가 허락했더라면, 광주 5.18 기념행사 연주회로서 일본이 아니라 한국에서 초연될 수도 있었으리라.

그러나 윤이상이 해금되고 2001년부터 윤이상을 기리는 통영국제음악제에서 매년 윤이상 음악이 연주되고 있지만, 이상하게도 그의 음악은 한국인들보다 외국인들이 연주하는 음악으로서 멀고 낯설게만 느껴지는 현상이 지속되고 있다. 세계적인 연주가들이 윤이상의 이름에 이끌려 통영을 찾아와서 열정적으로 윤이상 음악을 연주하지만, 한국의 음악애호가와 음악인들의 반응은 시큰둥하다. 통영시의 특성화를 지켜내야 한다는 각오에 찬 통영시민들의 적극적인 지원과 참여가 없다면, 모든 것이 서울을 중심으로 돌아가는 고질적인 음악 풍토 속에서 통영국제음악제는 홀의 객석을 채우느라 악전고투를 면치 못할 것이다. 한국에서는 아무리 세계적으로 유명한 음악인이라 해도, 낯선 현대음악을 들고 오면 수용되기 힘든 한계가 있기 때문이다. 그것도 중심지인 서울이 아니라, 변방에 속하는 통영에서 개최되

---

17) 이남진 외, 「윤이상의 작품을 연주. 음악계에 안보의 시비 일다」, 55-61쪽.

는 것이라면 더더욱 그러하다.

그렇다면 북한은 어떤가? 1982년부터 북한에서 매년 정기적으로 윤이상음악제가 개최되었지만, 윤이상이 작품초연을 선택한 곳은 한 번의 경우를 제외하고 모두 일본이었다. 또한 북한에서는 1984년 12월 5일, 윤이상 음악연구소를 만들어 적극적으로 윤이상 음악을 연구하고 보급하려는 노력과 지지에도 불구하고, 양적으로나 질적으로 윤이상 음악의 아시아 초연은 일본이 독보적인 역할을 했던 것은 틀림없는 사실이다. 일본에는 적어도 그의 작품을 연주할 수 있는 세계적 수준의 연주자가 있었고, 이를 뒷받침하는 청중이 있었기 때문이다.[18]

실제로 윤이상은 일본인 바이올리니스트 다쓰미 아키코(辰巳明子)와 피아니스트 다카하시 아키(高橋アキ)를 위해 여러 작품을 작곡했다. 원래 그는 피아노곡을 잘 작곡하지 않는 경향이 있지만, 다카하시 아키를 위해 〈피아노를 위한 간주곡 A〉라는 작품을 썼다.

특히 윤이상은 다쓰미 아키코를 위해 많은 바이올린 곡을 작곡했다. 그 결과 다쓰미는 일본과 유럽을 가리지 않고 윤이상 바이올린 작품 6곡을 초연할 수 있었다.[19] 예를 들면, 〈바이올린과 관현악을 위한 협주곡 1번〉은 1982년 프랑크푸르트에서 초연되었고,[20] 1987년 슈투트가르트 필하모니가 연주한 〈바이올린과 관현악을 위한 협주곡 2번〉

---

18) 나치제국 시기에 유럽에서 아시아인 지휘자는 일본인뿐 이었던 것과 크게 다르지 않다. 이경분, 「나치독일과 일본제국의 음악문화교류 : 제2차대전시기 독일에서 활동한 일본음악가들」, 『일본비평』 제2호, 2010, 316-343쪽.
19) 부분 초연과 전체초연을 합치면 횟수로는 더 많다.
20) 1982년 4월 29일 부분 초연 때에도 같은 해 11월 25일 전체 초연 때에도 솔로연주자는 다쓰미 아키코였다.

의 전체 초연에서도 역시 다쓰미 아키코가 솔로연주자로 나섰다. 1981
년 브레멘에서 초연된 〈플루트와 하프를 위한 노벨레테(Novellette für
Flöte und Harfe)〉에서는 다쓰미 아키코가 바이올린을, 후카이 히로후
미(深井 碩章)가 비올라를 연주하였는데, 다쓰미는 1980년대 초 윤이
상의 바이올린 곡을 가장 많이 연주한 솔리스트 중 한 사람에 속한
다.21)

일본에서 초연되지 않아도 일본 연주자가 유럽에서 그의 작품을
초연한 경우 중에 특기할 만 한 것은 1981년 쾰른에서 서독 라디오방
송교향악단이 초연한 〈광주여 영원히〉인데, 일본인 지휘자 와카스기
히로시(若杉 弘)가 지휘했다.22) 그럼에도 불구하고, 지금까지 한국음
악학계에서는 윤이상의 작품세계와 수용에서 일본에 대해서는 거의
언급되지 않고 있는 상황이다. 예를 들면, 윤이상의 음악을 광범위하
게 서술한『윤이상. 경계선상의 음악』이나『윤이상의 창작세계와 동
아시아 문화』에서도 윤이상과 일본의 관계나 일본인 제자 및 그의 음
악을 초연한 일본연주자와 일본음악계에 대해서는 자세한 언급이 없
다.23)

---

21) 다쓰미는 윤이상이 갑작스런 일로 연주자가 바뀌게 될 때 대타로 부탁할
   수 있을 정도로 능력과 신뢰를 획득한 연주자가 되었다. 최성만, 홍은미 (편
   역),『윤이상의 음악세계』, 한길사, 1991, 465쪽.
22) 1981년 쾰른에서 초연되었던 〈광주여 영원히〉는 1982년 북한에서 아시아
   초연되었다. 또한 일본에서 같은 해 다카하시 유지의 지휘로 도쿄 메트로폴
   리탄 오케스트라 연주의 CD가 출반되었다. 윤신향,『윤이상 경계선상의 음
   악』, 한길사, 2005, 287-302쪽.
23) 윤신향,『윤이상 경계선상의 음악』의 작품연보에만 일본인 음악가들의 이
   름이 언급된다. 그나마 윤이상의 일본시절에 대해 가장 자세하게 언급된 것

그런데, 여기서 한 가지 언급해야 할 것은 연주자만 있다고 해서 연주회가 성립되는 것은 아니라는 점이다. 음악청중도 있고, 비평가도 있어야 하며, 이를 뒷받침하는 음악문화가 있어야 한다.

1960년 말 존 케이지(John Cage)가 일본을 방문한 이후, 1970년대를 정점으로 아시아에서는 유일하게 일본현대음악계는 서구의 직접적인 영향 하에 전성기를 이루고 있었다 해도 과언이 아니다. 다케미쓰 도루(武満 徹)를 비롯하여 유아사 죠지(湯浅讓二), 이치야나기도시(一柳 慧), 미요시아키라(三善 晃), 다카하시 유지(高橋悠治) 등이 활약하였고, 〈뮤직 투데이(Music Today)〉라는 현대음악 페스티벌을 개최할 수 있을 정도로 역량이 있었을 뿐 아니라, 크세나키스(Iannis Xenakis), 리게티(Gyorgy Ligeti), 불레즈(Pierre Boulez), 베리오(Luciano Berio) 등과 같은 당시 유럽의 유명 현대음악작곡가의 음악이 연주되어 서구와의 교류를 과시하였다.[24] 이런 수준의 현대음악수용은 당시 아시아에서 유일했다 할 수 있을 것이다.[25]

또한 1979년부터 1986년까지 윤이상에게서 배운 제자 미와 마사히로에 따르자면, 그가 유학할 당시 베를린에 유학 온 아시아 학생들 대부분은 상류계층의 부유한 집안 자녀들이었던 반면, 일본인 유학생

은 노동은의 「한국에서 윤이상의 삶과 예술」이다. 노동은, 「한국에서 윤이상의 삶과 예술」, 『민족음악의 이해』 7, 1999, 186-268쪽.

24) 물론 호소카와는 당시 일본의 연주수준은 지금에 비해 그리 좋지 않았다고 회고한다. Toshio Hosokawa, "Interview mit Wolfgang Sparrer vom 25. 3. 2009", pp.5-7.

25) 강석희는 서구현대음악작곡가의 이름을 일본 책을 통해 알게 되었다고 고백한다. 이희경, 『작곡가 강석희와의 대화』, 서울 : 예솔, 2004, 54-56쪽.

은 자신처럼 보통 평범한 직장인들 자녀가 대부분이었다고 회고한 바 있다.[26] 당시 일본의 생활수준은 일본의 음대 등록금이 있으면 학비가 필요 없는 독일음대에서 유학할 수 있을 정도였으므로, 일본에서 음대를 다니는 것과 독일의 음대에서 유학하는 것이 큰 차이가 없었다는 것이다.[27] 다시 말하면, 윤이상이 베를린에서 많은 제자를 키우며 왕성한 활동을 할 때, 아시아에서는 일본이 유일하게 생활수준에서나 문화수준에서 유럽의 아방가르드 음악을 수용할 수 있는 전제가 어느 정도 마련되어 있었다 하겠다.

3. 윤이상과 일본인 제자

윤이상은 1970년대에서 1980년대 하노버음대와 베를린음대(1977-1987)에서 수많은 외국학생들을 제자로 키웠지만, 그 중 가장 비중이 높은 제자들의 나라가 일본이다. 현재까지 조사된 일본인 제자로는 호소카와 도시오, 미와 마사히로, 후루카와 기요시(古川聖), 다나카 마사루(田中賢), 아키타 가즈히사(秋田和久), 마쓰시타 이사오, 후지타 마사노리(藤田正典), 오무라 테쓰야, 시마즈 다케히토, 다나하시-도쿠야마미나코(棚橋-徳山 美奈子)[28], 마사오카 야수치요(正岡泰千代), 야

---

26) 三輪真弘와의 인터뷰, 2010년 10월 2일, 도쿄 우에노. 인터뷰 내용을 인용하도록 허락한 미와 마사히로교수에게 감사드린다.
27) 三輪真弘와의 인터뷰, 2010년 10월 2일.
28) 결혼 전 이름이 도쿠야마이고 결혼 후가 다나하시 임. 본고의 일본인 이름에

마구치 후쿠오(山口福男)로 모두 12명이다.[29]

　이들은 독일에서의 유학시절에서도 그랬듯이 제자라고해서 서로 활발하게 교류하는 편이 아닌 듯하다. 대체로 일본음악계에서 왕성한 활동을 하고 있지만, 각자 개인적으로 따로 활동하고 있는데, 음악가의 특성상 어쩌면 자연스러운 경향이라고 할 수 있을 것이다. 따라서 윤이상 서거 1주년인 1996년 11월의 기념 연주회에 이들이 모두 한 자리에 모인 것은 매우 특별한 일이었던 것이 사실이다.[30]

　윤이상의 제자 중에서 가장 국제적으로 유명한 음악가는 베를린에서 활동하고 있는 호소카와 도시오이고,[31] 윤이상 제자로서 독특한 이력을 가진 음악가는 일본의 컴퓨터음악계에서 가장 뛰어난 작곡가로 인정받고 있는 미와 마사히로이다. 호소카와는 스승의 전통을 이어받아 그 길을 가고 있는 '대표제자'라고 한다면, 미와는 스승과 전혀 다른 길을 가는 '대표제자'라 할 수 있을 것이다.[32]

　2010년 10월 도쿄에서 이 두 명과 인터뷰를 시도하였는데, 호소

대해 유익한 정보를 주신 도쿄대 헤르만 고체프스키(Hermann Gottschewski) 교수에게 감사드린다.

29) 그 외 국적의 제자는 그로숍(Groschopp), 단코브-스테파노프(Dankov- Stefanov), 코흐-라파엘(Koch-Raphael), 베른프리트 프뢰베(Bernfried Pröve), 사마라스(Samaras), 지포트(Gifforth), 슈타트킥(Statkic), 브리프(Brief), 휘티커(Whiticker)가 있다.

30) 藤田正典, 「尹伊桑先生を偲んで」, 『音楽芸術』54(1), 1996-1, 42-44쪽.

31) 2010년 유럽에서 일본음악가로서 위상을 높인 공적이 인정되어 산토리 음악상을 수상하였다. 독어 인터뷰 전문을 인용하도록 허락한 호소카와 도시오씨에게 감사드린다.

32) 이들이 윤이상의 제자라는 사실은 그 유명세에도 불구하고 그리 잘 알려져 있지 않다.

카와는 베를린에서 일본으로 오는 여행 중이었으므로, 직접적인 인터뷰를 할 수 없었다. 대신에 그는 독일인 윤이상 전문학자인 볼프강 슈파러(Wolfgang Sparrer)와 2009년 베를린에서 시도한 독일어 인터뷰 전문(미발표 51페이지 분량)을 필자에게 보내주었다. 반면 미와 마사히로와는 도쿄 우에노와 도쿄역에서 직접 만나 두 차례 인터뷰를 할 수 있었다. 두 음악가의 경우를 예로 들어 지금까지 윤이상연구에서 시도된 적이 없는 윤이상과 일본인 제자의 관계에 대해 서술해 보고자 한다.

1) 호소카와 도시오 : "아버지와 아들"의 관계

호소카와는 1971년 도쿄음대에 입학을 하였으나, 보수적인 일본의 음악교육에 그다지 만족하지 못하고 있던 중, 1974년 일본에서 개최된 윤이상 연주회를 계기로 윤이상음악[33]을 접하게 되었다고 한다.

> 이 연주회는 당시 한국정부에 의해 납치된 김대중 석방을 위한 정치적 분위기에서 행해진 것인데, (중략) 이 때 윤이상은 김대중을 위해 기자회견도 가졌습니다. 연주회장에는 윤이상의 안전을 보호하려는 일본경찰들로 가득 찼었습니다. 정말 이루 말로 표현할 수 없는 분위기였었지요.[34]

윤이상을 아는 일본작곡가 이리노 요시로(入野義朗 1921-1980)[35]

---

33) 이 때 연주곡목은 〈Reak〉, 〈Dimensionen〉, 〈Loyang〉이었다.
34) Toshio Hosokawa, "Interview mit Wolfgang Sparrer vom 25. 3. 2009", p.6.

의 소개로 1976년 독일로 건너가 윤이상에게서 공부하게 된 호소카와는 윤이상과의 관계를 "아버지-아들"의 관계로 묘사한다.

> 선생님은 제자들을 작은 윤이상으로 만들 생각이 없었지만, 제자 스스로 작은 윤이상이 되려는 경향을 가졌는데, 선생님께서는 이를 매우 비판하셨지요. 제게 그는 좋은 선생님이었고, 우리는 거의 아버지와 아들 관계였었습니다. 저는 그를 사랑했고 그도 저를 사랑했어요. (중략) 이런 사랑 없이는 제가 작곡가로 태어나지 못했을지도 모릅니다. 지금도 그의 따뜻함을 기억합니다. 또한 저는 그의 음악을 매우 사랑했는데, 나중에는 너무 가까워져서 제가 떠나지 않으면 안되게 되었지요. 너무 가슴 아팠지만, 달리 방도가 없었습니다.[36]

이런 고백이 나오기까지는 스승과 제자의 음악적 경험이 전제되어야 하는데, 호소카와는 윤이상 사후에 쓴 한 에세이에서 다음과 같이 그의 레슨 경험을 서술한다.

> 매주 목요일이 레슨 날이었는데, 처음에 12음 기법으로 소편성의 습작을 여러 개 썼다. 선생은 스코어를 조금 보시고는 그 작품의 본질을 곧바로 파악해버리셨다. 그런 선생님의 직감에는 뭔가 놀라운 것이 있었다. 어떤 때, 내가 힘들게 힘들게 쓴 것을 '자네, 자네는

---

35) 유명한 모로이 사부로의 제자로서 요셉 루퍼 (Josef Rufer)의 『12개 음으로 하는 작곡』(Komposition mit zwölf Tönen, 1952 Berlin)과 르네 라이보비츠 (Rene Leibowitz)의 『쇤베르크와 그의 악파』(Schoenberg et son ecole, Paris 1946)를 일본어로 번역하여 일본에 12음 음악을 소개한 인물이다.

36) Toshio Hosokawa, "Interview mit Wolfgang Sparrer vom 25. 3. 2009", p.10.

제대로 마음의 중심으로부터 음을 듣고 있지 않는 것 아닌가? 이런 것은 안 되네. 전부 다시 쓰게'라고 하셔서 처음부터 다시 쓴 적도 여러 번 있었다. 그런 말씀을 들었을 적에는 내 마음 속에 반항심도 일었지만, 깊이 생각해보면, 선생의 직감이 옳았다고 생각되어져 그 말씀에 따르는 것 외에 다른 방도가 없었다. 작곡이 잘 되지 않을 때에 선생은 '생각을 지나치게 하면 안 돼. 쓰는 도중에 생각해라. 하루라도 작곡을 쉬면 안 된다'라고 말씀하셨다.[37]

호소카와가 오랫동안 곡을 쓰지 못한 때가 있었는데, 다른 사람들의 곡을 듣고 있으면, 자신이 쓰는 곡은 "유치해" 보여 전혀 작곡을 할 수 없었다고 고백한 적이 있다. 이 때, 윤이상은 "유치해도 상관없어. 어쨌든지 쓰게나. 자네가 인간적으로 성장하여 어른이 되면 음악도 성장하므로 다른 생각말고 그냥 쓰게. 그렇게 하지 않으면 자네는 일생 작곡가가 되지 못한다네. 지금 자네의 진실을 쓰는 것으로 족하다네"[38]라고 조언했다 한다.

그런데 이러한 윤이상의 정성어린 가르침은 호소카와 개인에 국한하지 않는다. 다른 제자들도 부친같은 보살핌을 받았다고 고백한다. 특히 일본인제자들과 일대일 레슨 시에는 항상 일본어로 대화하였다고 하는데, 윤이상에게는 이러한 행위가 어떤 영향을 미쳤을까?

호소카와의 말대로 윤이상은 유럽에서 외로운 음악가로서 베를린에서 아시아인과의 접촉을 구했고, 그 중에서도 특히 일본의 대표

---

37) 細川俊夫,「メモリー・ユン先生」,『音楽芸術』54/1, 1996, 39쪽.
38) 細川俊夫,「メモリー・ユン先生」, 40쪽.

적 음악가 다케미쓰 도루와의 교류를 매우 기뻐했으며, 실제 다카하시 아키나 다쓰미 아키코를 위해 작품을 쓴 것은 일본음악가와의 교류를 통해 얻은 결실이었다 하겠다. "유럽의 음악계에서는 높은 평가를 받는 예술가지만, 선생님에게 항상 필요한 것은 동양인의 따뜻함과 상냥함"[39]이었다는 것이다.

이제, 미와 마사히로는 윤이상에게서 어떤 경험을 했는지 그와의 인터뷰를 통해 살펴보자.

2) 미와 마사히로 : "윤이상은 동아시아 미학을 번역했다"

호소카와보다 젊은 세대이며 윤이상의 마지막 제자 중 한 명인 미와는 일본에서 대학에 진학하지 않고 바로 베를린으로 와서 윤이상의 제자가 된 경우이다.[40] 고등학생시절 일본에서 록밴드에 속하여 활동하였으며, 당시 프로그레시브 록(Progressive Rock)과 같은 '아방가르드적'인 대중음악에 심취해 있다가, 현대음악에 관심을 돌리게 되었다고 한다. 인터뷰에 따르면, 그가 현대음악에 심취하게 된 이유는 현대음악의 독특한 사운드 때문이기도 하지만, 대중음악과 달리 현대음악은 그 어떠한 상업적 목적 없이 '순수하게' 추구되는 점에 매료되었다고 한다.

미와는 윤이상이 베를린 음대에서 정년퇴직 하자 뒤셀도르프음

---

39) 細川俊夫, 「メモリー・ユン先生」, 41쪽.
40) 후루카와도 같은 케이스이다. 윤이상은 일본에서 대학을 나오지 않은 젊은 이들을 제자로 받아들였다.

대에 가서 더 공부를 한 후, 그곳에서 컴퓨터음악 강사로도 활동하였는데, 스스로 "비전형적인 윤이상 제자"[41)라고 말한다. 이 말의 의미는 컴퓨터음악에 거의 관심이 없었던 윤이상, 또한 그의 대다수 제자들과는 다른 길을 걷고 있기 때문이다. 다시 말해, 미와는 음악이란 음악자체로서보다 음악을 담는 테크닉이 음악 이상으로 중요한 역할을 하므로[42), 이를 무시하는 음악행위는 실제로는 상상하기 힘들다고 확신한다.[43)

하지만, 컴퓨터음악에 관한 한, 윤이상의 판단은 그리 긍정적이지 않았던 것으로 보인다. 미와의 기억에 따르면,

> 내 기억으로 베를린에서 같이 윤이상의 제자였던 시마즈가 컴퓨터음악 스튜디오에 다녔으므로, 나도 한 번 같이 간 적이 있었어요. 이에 대해 윤이상에게 말하자, '자네에게 이 시간은 매우 중요한 시기인데, 놓치면 안 돼' 라고 말씀하셨습니다. 이로써 윤이상은 간접적으로 컴퓨터 음악에 대해 부정적인 견해를 표현했다고 생각됩니다.[44)

---

41) 三輪眞弘 인터뷰, 2010년 10월 2일. 그는 늘 같은 색 양말을 짝으로 신어야 한다는 고정관념에의 작은 저항으로서 항상 파란색과 빨간 색 양말을 짝으로 신고 나타났다.

42) 三輪眞弘, 『三輪眞弘音楽藝術』, 東京 : アルテスパブリッシング, 2010.

43) 三輪眞弘 인터뷰, 2010년 10월 8일. 도쿄역.

44) 三輪眞弘 인터뷰, 2010년 10월 2일. 전자음악에 대한 윤이상의 거부반응에 대해서 독일제자 에르빈 코흐-라파엘도 언급한다. Erwin Koch-Raphael, "Andere Wege, Abseits", Hinrich Bergmeier, *Isang Yun. Festschrift zum 75. Geburtstag 1992* [『윤이상 제 75회 생신기념논문집』, 민족음악학회 편역], 세종출판사, 2005, 149쪽.

이 점은 컴퓨터음악과 그리 친하지 않은 호소카와에게서는 언급되지 않는 것이지만, 이것을 제외하면 미와의 경험은 호소카와의 것과 비슷한 것이 많다. 예를 들면, 일본어로 진행된 레슨에서 미와도 윤이상을 아버지와 같은 존재로 여겼으며, 자상한 보살핌을 받았고, 호소카와처럼 윤이상으로부터 "작품에 '내용'(본질)이 없다"라는 비판을 들었다는 것이 그렇다.

제가 작품을 써서 선생님께 보여드리면, 그는 "이 음악에는 내용이 없다"라고 말씀하셨어요. 하지만 그 때 저는 작곡초보자였으니, 이런 코멘트가 그렇게까지 힘들지는 않았지요. 그리고 이것이 그 당시에는 제게 그리 큰 도움이 되지 못했습니다만, 지금 제게는 매우 중요한 것이 되었습니다.[45]

또한 미와도 호소카와처럼 윤이상의 음악을 꿰뚫어 보는 대가적 직감에 감탄하며 다음과 같이 회고했다.

윤이상선생님은 작곡상 심사위원으로 들어있었을 때, 선생님의 음악방향과 전혀 다른 작품이라도, 한 번 보시고는 곡 속에 내용(본질)이 있는지, 없는지를 바로 알아채셨고, 객관적으로 판단하셨습니다.[46]

---

45) 三輪真弘, 인터뷰 2010년 10월 2일.
46) 三輪真弘, 인터뷰 2010년 10월 2일.

호소카와도 미와도 윤이상의 일본어를 높이 평가했는데, 미와의 말에 따르면 이렇다.

> 윤이상은 일본인처럼 일본어를 말하지는 않으나, 일본어를 매우 정확하게 구사했습니다. 일반적인 일본인의 언어보다 더 잘 이해할 수 있는 훌륭한 언어였습니다.[47]

일본식민지 시기에 오사카와 도쿄에서 공부한 윤이상이 2차대전이 끝난 후에는 오히려 일본학생들을 가르칠 수 있게 된 것은 결코 우연이 아니다. 그가 일본어를 할 수 없었다면, 일본문화를 알지 못했다면 이처럼 많은 일본학생들을 제자로 키워낼 수 없었을 것이다. 일본학생들은 독일어가 서툴고, 서구음악문화를 잘 이해하지 못했어도 윤이상이 제자로 받아주었으며, 일본어로 수업을 했으므로 큰 어려움을 겪지 않았기 때문이다.

록밴드음악을 했는데, 미국이나 영국이 아니라, 왜 하필 베를린으로 갔느냐는 필자의 질문에, 미와는 "윤이상이 거기에 있었기 때문"[48]이라고 답했다. 만약 윤이상이 이탈리아에 있었더라면 그는 이탈리아로 유학을 갔을 것이라고 했다. 호소카와와 미와, 그리고 다른 일본인 제자들도 일본을 벗어나 동경하던 유럽으로 갈 수 있는 통로를 윤이상이라는 존재에게서 발견하였던 것이다. 이것이 바로 윤이상이 일본음

---

47) 三輪真弘, 인터뷰 2010년 10월 2일.
48) 三輪真弘 인터뷰, 2010년 10월 2일.

악인들과 일본현대음악계에 기여한 가장 중요한 점 중 하나이리라.

그런데, 미와와의 인터뷰에서 가장 신선하게, '충격적으로' 다가온 것은 미와가 작곡가로서 윤이상을 높이 평가한 그 지점인데, 바로 윤이상이 "아시아적 미학을 번역"했다는 것이다. "윤이상 이전에는 어떤 일본인도 해내지 못했지요. 호소카와가 나중에 했습니다"라고 미와는 말한다.[49] 그는 윤이상을 한국적 맥락에서가 아니라 아시아적 맥락에 놓고 있다. 이 말은 분명 한국이라는 좁은 테두리에 얽매이지 않는 윤이상의 위대함을 의미한다고 생각되지만, 일본인제자들에게는 조금 다른 의미가 내포되어 있지 않을까하는 의구심이 없지 않다.

호소카와의 에세이 「메모리 - 윤선생(メモリー・ユン先生)」에서도 '조국', '모국'이라는 말은 자주 사용되지만, '한국'이라는 말은 오로지 납치사건과 관련해서만 한 번 사용되었을 뿐이다. 반면 음악적인 것과 미학적인 것과 관련해서는 항상 "동양적", "동양인의 직감"[50] 등으로 표현하고 있다. 윤이상에게서 몇 년씩 레슨을 받으며 일상생활 속에서 그와 대화하였던 일본인 제자들에게 윤이상은 한국인이라기보다는 오히려 아시아인으로서 공통점을 느꼈을지도 모른다. 그렇다면 윤이상이 베를린 음대교수로 재직하면서 그렇게 많은 일본학생들과 수업했고, 또 늘 일본말로 가르쳤던 것은 윤이상이 '한국 작곡가'라는 측면보다 '아시아 작곡가'로서의 측면이 강조되는 결과를 낳았는가?[51]

---

49) 三輪真弘 인터뷰, 2010년 10월 2일.
50) 細川俊夫, 「メモリー・ユン先生」, 40쪽.

4. 일본에서의 윤이상

1) "동아시아 작곡가"로서 윤이상

윤이상은 일본에서 여러 차례 강연을 했다. 1984년, 1986년, 1992년에 강연과 인터뷰 기록이 일본의 음악잡지 『음악예술(音楽芸術)』에 공개되어 있다. 미와 마사히로의 말대로 윤이상의 강연록에는 거의 항상 '한국' 대신 '동양' 또는 '아시아'라는 말을 사용하고 있는 것을 재확인할 수 있다.

1986년 11월 11일 산토리홀의 국제작곡가 위촉 시리즈의 3번째로 초대된 윤이상의 강연회에서도 그는 스스로를 '한국의 작곡가'라는 말 대신에 "동양의 작곡가"라고 말하며, "동양의 음, 동양의 철학, 동양의 생활을 어떻게 음악으로 서술하는가"[52]가 중요한 것이라고 강조한다.

> 우선 여러분께 말씀드리고 싶은 것은 제가 동양의 작곡가라는 것입니다. (중략) 동양의 문화적 토양, 역사가 저의 음악에 반영되어 있습니다. (중략) 제가 유럽에서 활약하는 것이 가능했고 더욱이 결실을 볼 수 있었던 것은 스스로 일관되게 동양인으로 있었고, 그것을 한 순간도 잊지 않았기 때문입니다.[53]

---

51) 독일 쾰른 서독방송의 강연록은 윤이상 음악이 한국 전통음악에 근거하고 있다는 사실을 잘 보여 준다. (Isang Yun, "Musik und Instrumente des alten Korea(1963)", Walter-Wolfgang Sparrer(Hg.), *Ssi-ol : Almanach der Internationalen Isang Yun Gesellschaft*, edition text + kritik, Berlin/München, 2004, pp.13-24.
52) 尹伊桑(上), 「作曲家は語る」(西村朗構成), 『音楽芸術』 46/5, 1988, 75쪽.
53) 尹伊桑(上), 「作曲家は語る」, 75쪽.

강연 내용은 윤이상이 '일본 작곡가'라고 가정해도 아무런 문제가 없을 정도로 동양이 강조되어 있다.

> 그래서 스스로 '동양의 것을 생각해 작곡하자' 라고 생각하여 동양의 것을 연구했습니다. 동양에 무엇이 있는가, 전적으로 음자체가 동양과 서양은 차이가 있습니다.(중략) 백년의 긴 시간에 많은 동양의 작곡가들이 서양음악을 수용하면서도 동양을 표현하고자 노력했습니다. 일본에도 많은 작곡가가 있지요. 거의 모두가 어떻게 하면 동양의 요소를 발휘할까, 또 일부는 동양의 화성법을 만들어 보고, 또는 동양음악의 분위기를 표현하는가 하면, 형식적으로도 동양적인 음악을 작곡하려고 했습니다만.[54]

이 강연의 다른 부분에서 단지 농현이라든가, 피리가 "조선의 것"[55]이라는 정도로 한국과 관련된 내용이 잠깐 언급되었을 뿐이다.

한국 대신에 동양이 강조되는 것은 1992년 도쿄에서 75주년 생일 기념 〈윤이상 페스티벌〉 행사[56]로서 개최되었던 11월 13일 강연회에서도 그렇고, 11월 16일 강연회가 있기 전날(15일) 진행된 인터뷰에서도 마찬가지이다. 윤이상은 "동아시아의 음악미학이나 철학을 유럽의 현대음악어법과 융합시켜 독자적인 음악세계를 연 동양인 작곡가"로 소개되었을 뿐 아니라, 인터뷰 내용도 한국 전통음악에 대해서는 한마디도 없고, "동양의 음향"이 대화의 전면에 나타난다.[57] 앞서 언급

---

54) 尹伊桑(上), 「作曲家は語る」, 76쪽.
55) 尹伊桑(上), 「作曲家は語る」, 76쪽.
56) 도쿄에서 1992년 11월 5일부터 10여 일간 개최되었다.

된 제자 미와 마사히로의 주장 그대로이다.

윤이상은 강연회에서 청중에게 동양음악과 서양음악과의 차이를 보여주기 위해 한국 전통악기인 대금이나 전통음악 영산회상을 들려주는데, 그러면서도 한국전통음악이 아니라 아시아전통음악의 특징으로 설명한다.

> 항상 말하는 것이지만, 서양의 음은 제도선을 그리는 펜의 선이지만 동양의 음은 붓으로 그리는 강력하고 굵은 선과 같습니다. 우선 들어보시지요. (영산회상 중 상영산 들음) 이 음악은 일본의 아악과 비슷합니다. 하지만 더 활발하고 유창(流暢)한데, 보다 선적으로, 동양의 음악적 특징을 느끼게 합니다. 1958년에 다름슈타트에 갔을 때, 제 자신의 음악에 관해 생각했습니다, 그리고 이러한 동양의 전통음악이 가진 특질이 제 음악의 근본이 될 수밖에 없다고 생각하기 시작했습니다.[58]

윤이상이 일본청중에게 한국보다는 동양을 강조한 것은 단순하고도 복잡한 이유가 있었을 것이다. 한편에서는 자신의 음악을 이해시키기 위해 한국보다는 동양을 강조할 때, 일본청중의 감정이입이 더 쉬

---

57) 물론 1984년 8월 25일 니시무라 아키라(西村 朗)와의 인터뷰에서는 윤이상이 영향을 받은 한국 전통음악에 대한 내용이 없지 않다. 특히 아악과 남도창에 대해 언급한다. 하지만 한국 전통에 대해 말을 꺼내는 사람은 니시무라인데, 이어지는 대화는 그리 큰 비중을 차지하지 못하고, 윤이상은 오히려 동양과 서양의 전통을 비교하며 상세하게 자신의 음악을 설명한다. 尹伊桑/西村朗, 「無限の宇宙の一端から」(尹伊桑特別インタビュー), 『音楽芸術』42(10), 1984, 51쪽.
58) 尹伊桑(上), 「作曲家は語る」, 77쪽.

우리라 여겼을 수도 있다. 또 다른 한편에서는 무엇보다도 언어의 문제가 있는데, 식민지시대 교육을 받았던 윤이상에게 일본어는 제2의 모국어로서, 조선을 지배했던 '우월했던' 일본제국과의 관계가 은연중에 작용한 측면이 없지 않았을 것이다. 그러나 이런 추측은 추측에 지나지 않으므로, 여기서는 오히려 일본에서 윤이상이 '동양의 작곡가'로 수용된 의미를 살펴보는 것이 더 의미가 있으리라 생각된다.

2) 일본에서의 윤이상 수용

1990년대 일본에서는 윤이상 연주회와 강연회 및 인터뷰 등 꽤 자주 윤이상의 이름이 거론되었던 것에 비해 일본의 음악학 연구에서 윤이상은 그리 큰 관심을 끌지 못하고 있는 듯하다. 1987년 뮌헨에서 출판된 『작곡가 윤이상(*Der Komponist Isang Yun*)』에서 발췌하여 번역한 일본어 버전의 『윤이상. 나의조국, 나의 음악(尹伊桑. わが祖国, わが音楽)』이 1992년에 나왔고, 1977년 프랑크푸르트에서 출판된 루이제 린저와의 인터뷰 『상처입은 용(*Der verwundete Drache. Dialog über Leben und Werk des Komponisten Isang Yun*)』이 일본어판 『상처 입은 용 - 작곡가의 인생과 작품에 관한 대화(傷ついた竜 - 作曲家の人生と作品についての対話)』(1981)로 번역출판 되었지만, 음악학 연구로는 『윤이상의 음악어법 : 한국의 전통음악을 기반으로(尹伊桑の音楽語法 : 韓国の伝統音楽を基層として)』(2004) 정도가 있을 뿐이다.[59]

---

59) 이 연구서는 한양대 출신의 저자 김동주(金東珠)편저로서 일본학자의 것이라 보기 힘들다. 그 외 짧은 글로서 음악학자 이시다 가즈시(石田一志)의 비

윤이상에 대한 지대한 관심을 표한 그룹은 일본의 음악학자들보다는 오히려 저널리스트들과 작곡가들이었다 해도 과언이 아니다. 1970년대부터 일본 매체에 윤이상과의 인터뷰가 등장하는데, 주로 정치적인 이슈와 연결되어 나타난다. 특히 작곡가 다카하시 유지가 〈광주여 영원히〉를 지휘하면서 윤이상과 정치적으로나 음악적으로 의견을 공유하며 교류했지만, 1980년대부터 90년대에 걸쳐 음악적 관점에서 가장 심도있게 윤이상과 인터뷰를 시도한 작곡가는 니시무라 아키라(西村 朗)이다.[60] 그는 윤이상의 제자는 아니지만, 윤이상의 영향을 많이 받은 작곡가로 알려져 있다.[61] 니시무라는 1992년 윤이상과의 인터뷰를 정리하면서 윤이상의 작품세계를 '동아시아적' 맥락에서 세 시기로 구분하였는데, '일본에서 윤이상이 어떻게 수용되었는가'라는 맥락에서 보면 흥미롭다.

즉, 니시무라는 윤이상 작품세계의 제 1기를 (60년대) "동아시아의 전통음악의 특질과 도교 등의 사상에서 도입하여 주요음(Hauptton)이라 불리는 고유한 작곡기법을 확립"한 시기로 보았고, 제 2기는 (70년대) 박정희 정권하에 사형선고를 받고, 후에 한국에서 추방된 경험을 음악에 표현하였으며, 이 때 독주악기와 오케스트라의 대조를 "도교적 사상에 근거"한 것으로 요약한다. 제3기는 (80년-90년

평문「高度な "人間論"を展開して―尹伊桑の作品をめぐって」(石田一志, 1996, 32-37쪽), 야노 도루(矢野暢)의 「ユン・イサンの兩洋性」(矢野暢, 『20世紀音楽の構図：同時代性の論理』, 音楽之友社, 1992, 81-89쪽)이 있다.
60) 니시무라도 윤이상처럼 이케노우치 토모지로우의 제자이므로, 윤이상이 니시무라의 선배가 되는 셈이다.
61) 이희경, 『작곡가 강석희와의 대화』, 182쪽.

대) 동아시아의 민족의식을 초월하여 현대사회의 전 인류를 시야에
둔 평화주의자"로서 아시아적인 것에 대한 고집을 버렸다고 한다.[62)
이 인터뷰에서는 음악적으로 윤이상의 뿌리가 되는 한국전통음악에
대한 언급은 한 마디도 없는 것이 의미심장하다.

하지만 1984년 8월 25일 행한 그의 첫 윤이상 인터뷰에서, 그는
윤이상 음악을 들으면 한국의 아악에서 영향을 받았다는 느낌을 가진
다고 말한 적이 있다. 윤이상도 그런 의문에 대해 자신의 음악이 아악
에서 뿐 아니라, '한국의 남도창'이나 '가곡(歌曲)'과 같은 '예술민요'에
서 영향을 받았다고 대답하기도 한다.[63) 하지만 이 인터뷰에서도 테
마는 주요음으로 옮아가서 결국 도교 철학, "동양의 정신", "동양인의
사고방식" 그리고 "동양의 전통음악"으로 귀결된다.[64) 한국 전통음악
에의 비중은 결코 크지 않다.

일본작곡가들과 달리 일본의 음악학자이자 비평가인 이시다 가
즈시(石田一志)는 그나마 윤이상의 초기 작품세계를 "동아시아라는
원천(源泉) 위에서 조선의 음의 이미지를 서양현대작곡기법의 도움을
빌려서 음악으로 만들어가는 것을 과제"[65)로 삼았던 시기라고 서술한
다. 윤이상 작품 전체를 체계적으로 보는 음악학자에게는 윤이상 음
악의 한국적 출발점은 간과할 수 없는 요소일 것이다. 그러나 이시다

---

62) 尹伊桑/西村朗,「尹伊桑が語る, 人類の未来を拓く創作語法」,『音楽芸術』51/2,
     1993, 18쪽.
63) 尹伊桑/西村朗,「無限の宇宙の一端から」, 51쪽.
64) 尹伊桑/西村朗,「無限の宇宙の一端から」, 57쪽.
65) 石田一志,「高度な"人間論"を展開して一尹伊桑の作品をめぐって」, 32쪽.

또한 이 한마디 외에는 윤이상의 음악세계에서 나름대로 비중을 차지하는 한국적 전통에 그리 관심을 보이지 않는다.

그렇다면 이런 현상이 일본음악인과 일본 제자들에게서만 나타나는 것이라 말할 수 있는 것인지 의문이 든다. 일본인 제자 및 일본 작곡가들이 윤이상을 오히려 큰 틀에서 '동아시아 작곡가'로 당연하게 여긴 것과 달리, 오스트레일리아인 제자 마이클 휘티커(Michael Whiticker)는 윤이상 음악의 한국적 전통을 비중 있게 보았다. 그는 윤이상 음악세계가 가지는 독특한 미학적 측면을 두 가지로 보는데, 하나는 한국 전통음악을 서양음악의 표현력과 결합시킨 것이고, 다른 하나는, 도교철학의 음양 사상으로 인해 그의 작품이 동양적 신비주의로 가득 차게 되었다고 본다.[66] 일본 제자에게는 동양 전통이 한국 전통을 포괄하는 상위 개념으로 여겨져 은연중에 한국 전통이 동아시아라는 말 속으로 사라져버린 것과 달리, 오히려 이 서구인 제자는 한국 전통과 동양적인 것을 분명하게 구분하고 있다.[67] 더욱이 후기 작품에서는 "더 한국적이 되었음"[68]에도 제목은 전혀 그렇지 않은 반면, 한국적 제목을 가진 초기 작품에서는 "철저하게 한국적으로 만들어지

---

66) 원래 휘티커는 윤이상 고유의 의미를 세 가지로 요약하였고, 세 번째는 휴머니스트로서 그의 평화를 위한 정치적 투쟁을 언급했다(Michael Whiticker, "Für Isang Yun zum 75. Geburtstag : Eine persönliche Würdigung seiner Arbeit aus der Sicht eines ehemaligen nicht-europäischen Studenten", 『윤이상 제 75회 생신기념논문집』, 196쪽).

67) 또한 독일인 제자 에르빈 코흐-라파엘도 윤이상의 '고유한' 음악적인 길의 출발은 '한국적 음'이라고 말한다. Erwin Koch-Raphael, "Andere Wege, Abseits", p.149.

68) Michael Whiticker, "Für Isang Yun zum 75. Geburtstag", p.191.

지 않았다"고 지적한다.[69)

또한 윤이상과 친분이 두터웠던 독일작곡가 프로이덴베르크
(Freundenberg), 그리고 윤이상 음악 전문학자 볼프강 슈파러에게도
윤이상음악에 미친 한국적 전통음악의 영향은 '동아시아'라는 더 큰
차원에 소리 없이 사라지는 것이 아니라, 나름대로의 역할이 분명하
게 각인되어 있음을 여러 글에서 볼 수 있다.[70)

그리고 윤이상의 한국제자 김정길은 "윤이상의 거의 모든 작품이
언제나 한국적 음률의 세계화"[71)였다고 믿었고, 강석희는 다음과 같
이 윤이상을 '한국적'인 음악을 완성한 거장으로 보았다.

한국적인 재료를 어떻게 자기 음악 속에서 자기 언어로 소화할
것인지가 유럽에 간 후 10년 동안 윤선생의 기본적인 태도였어요.
(중략) 지난 3월 통영음악제에서 MBC 기자와 인터뷰를 했는데, 그
때 윤선생과의 사제지간 관계를 어떻게 생각하느냐고 묻기에, 윤선
생 덕분에 우리가 한국음악을 써야 된다는 멍에를 벗을 수 있었다고
대답했어요. 윤선생이 그걸 완성시켰기 때문에 나는 훨씬 자유스럽
게 작곡할 수 있게 되어 너무나 감사하게 생각한다고 그렇게 말을
했는데, 그게 정말 정확한 표현같아요. 윤선생을 통해서 정말 나는

---

69) Michael Whiticker, "Für Isang Yun zum 75. Geburtstag", p.193.
70) 최성만, 홍은미 (편역), 『윤이상의 음악세계』, 95쪽. 윤이상은 1988년 한 대
   담에서 "우리 민족은 동양의 그 어느 민족보다도 통할한 도교사상을 가장
   구체적으로 보존시키고 있습니다. 우리 음악은 이 전통을 그대로 갖고 있
   고, 바로 이 전통 속에서 내가 태어나고 자라났기 때문에 오늘의 내 음악이
   존재합니다"라고 강조한다. 한국 음악학자 최애경도 "한국화된 아시아전통"
   으로 세분화 한다(2010년 12월 13일, 신촌에서 필자와의 대화에서).
71) 김정길, "실험정신에 불타는 작곡가", 『객석』 1984/3, 57쪽.

멍에를 벗은 거라고 봐요.72)

그렇다면 일본음악계에서는 윤이상이 '동아시아' 작곡가로서, 그리고 그의 업적이 '동아시아 음악 전통'을 서구 어법으로 재창조해 낸 것으로 수용된 것이 보다 확실해졌는데, 이는 어떤 의미를 지니는가? 한국전통이 약화되어 사라지다시피한 '동아시아'에의 강조가 암시하는 배경을 어떻게 설명할 수 있는가?

그런데 문제는 윤이상의 일본제자, 일본음악인들이 윤이상을 이야기할 때 언급하는 '동양', '동아시아'라는 용어는 어떤 뜻을 가지는지, 작곡가들의 글에서는 한 번도 따로 정의된 적이 없다는 것이다. 매우 포괄적이고 일반적 의미로 사용되는 이 단어는 일본음악문화의 맥락 속에서 설명되어야 할 것이다. 이와 더불어 일본에서의 윤이상 수용과 윤이상의 동아시아적 비중에 대해 앞으로 더 연구가 심화되어야 하리라 생각된다.

5. '아시아의 총체'를 짊어진 윤이상

지금까지 윤이상 연구에서 관심을 받지 못했던 윤이상과 일본의 관계에 대해 다양한 차원에서 접근해 보았다. 그 결과 한국이나 독일에서보다 일본에서 윤이상의 아시아적인 측면이 부각되는 경향을 감

---

72) 이희경, 『작곡가 강석희와의 대화』, 70-71쪽.

지 할 수 있었다. 일본학자 야노 도루(矢野暢)는 윤이상을 "아시아의 총체"를 짊어진 작곡가라고 깊이 확신하며 아시아의 자랑거리로 여겼듯이,[73] 일본에서 윤이상은 한국적 맥락보다 '동아시아 작곡가'로 강조되는 경향이 여기저기에 나타났다.

윤이상이 이렇게 수용되는 배경을 종합해보면, 크게 두 가지이다. 첫째, 윤이상이 수많은 일본 제자들을 가르쳤다는 것은 일본음악가들의 유럽유학에의 통로로서 중요한 역할을 했다는 의미인데, 이것이 일본 제자들에게는 윤이상을 한국의 맥락이 아니라, 무의식적으로나 의식적으로 일본인의 맥락에서 바라보게 된 원인이 될 수 있다. 미와나 호소카와의 인터뷰에서도 언급되었듯이, 일본학생들이 독일 유학을 가기 위해 베를린에서 세계적 거장으로 인정받고 있는 윤이상에게 편지를 쓰거나 소개를 받았고, 그 결과 손쉽게 독일로 갈 수 있었던 것이 사실이다. 윤이상은 한국음악가의 유럽통로라기 보다 일본음악가의 유럽통로가 되었던 것이다. 서양에서 아시아음악을 홀로 대변하던 윤이상의 입장에서 (한국학생이 아니라도) 일본학생들의 적극적인 교육은 곧 자신의 음악적 동질성의 확산을 위해서 필요했던 것이라 할 수 있다.

둘째, 일본 제자들의 회고에서 언급되듯이, 윤이상을 스승이자 '아버지'같은 존재로 여기게 되는 것과 밀접한 관계가 있다. 한국 제자들은 누구도 윤이상을 '아버지'같은 존재로 여기지 않았다는 것과 대

---

73) 矢野暢, 「ユン・イサンの兩洋性」, 82쪽.

조적이다. 가장 오랫동안 윤이상에게 배웠던 강석희는 윤이상을 "참 좋은 스승"이라고는 했지만, 일본 제자들처럼 '부자관계'의 감정을 고백한 적은 없다.[74] 일본인이 윤이상을 '아버지'같은 존재로 여겼다면, 윤이상의 한국태생은 일본 제자들과의 관계에서 그리 중요한 것이 아니었으리라. 이렇게 보면 한국, 일본이라는 세분화된 구분보다는 오히려 동아시아라는 큰 틀이 더 적합해 보인다.

결론적으로 일본학생과 일본음악인들과의 집중적이고 친밀한 교류의 상호 영향으로 인해 '동아시아'적 강조가 윤이상과 일본인 음악가들 사이에 자연스럽게 형성된 것이 아닐까 생각한다.[75] 즉 윤이상은 윤이상대로 "동양인의 따뜻함과 상냥함"을 일본인에게서 구했고[76], 다케미쓰 도루, 다카하시 유지, 다쓰미 아키코와 같은 일본인 음악가와 더 접촉이 많았으므로, 아시아 작곡가로서의 존재감이 두터워져 동양적 차원을 강조하게 되었으리라 추측된다. 이러한 맥락에서 일본인 제자 및 음악인들이 무의식적으로든 의식적으로든 윤이상의 음악세계에 들어있는 한국적 전통을 크게 인식하지 않게 되는 결과를 낳았으리라 생각되는데, 이 가설은 더 연구되어야 할 것이다.

더욱이 일본적 맥락에서 암묵적으로 사용되는 '동아시아'라는 개념을 일본 음악문화사적 수용의 차원에서 살펴보아야 할 것이다. 윤

---

74) 이희경, 『작곡가 강석희와의 대화』 72, 140-141쪽.
75) 일본예술가들에 대한 河野保雄의 대담집 『現代音楽を探せ―河野保雄対談集』 (2005)의 끝에 「윤이상의 음악을 말한다」라는 제목으로 서경식과의 대담이 들어있는데, 이런 맥락에서 볼 수도 있다. 徐京植, 「尹伊桑の音楽を語る」, 河野保雄, 『現代音楽を探せ―河野保雄対談集』, 芸術現代社, 2005, 271-301쪽.
76) 細川俊夫, 「メモリー・ユン先生」, 41쪽.

이상 작품세계에서 '한국 전통'과 '동아시아'의 구분이 어떤 식으로 가능한지, 만약 가능하다면, 이 구분이 어떤 의미를 가지는지 등은 차후의 연구과제로 남기고자 한다.

http://www.

참고문헌

1. 인터뷰자료
三輪眞弘, 2010年10月2日과 8日(도쿄 우에노, 도쿄역)
Toshio Hosokawa, 미발표된 독일어 인터뷰 자료(Wolfgang Sparrer, 2009. 1. 25. 베를린)

2. 인터넷 사이트
http://www.timf.org (통영국제음악제)
http://www.yun-gesellschaft.de (국제윤이상학회)
(검색어)
윤이상, 일본제자, 강석희, 동아시아, 호소카와 도시오, 미와 마사히로, 일본의 윤이상 수용

3. 단행본 및 논문
구효서, 『랩소디 인 베를린』, 임프린트문학에디션 뿔, 2010.
김정길, 「실험정신에 불타는 작곡가」, 『객석』 1984/3, 57-60쪽.
노동은, 「한국에서 윤이상의 삶과 예술」, 『민족음악의 이해』 7, 1999, 186-268쪽.
윤신향, 『윤이상. 경계선상의 음악』, 한길사, 2005.
이건용, 「평양을 다녀와서 : '98 제1회 윤이상 통일 음악회 참관기」, 『민족음악의 이해』 7, 1999, 175-185쪽.
이경분, 「나치독일과 일본제국의 음악문화교류 : 제2차대전시기 독일에서 활동한 일본음악가들」, 『일본비평』 제2호, 2010, 316-343쪽.
이남진외, 「윤이상의 작품을 연주. 음악계에 안보의 시비 일다」, 『월간음악』 1979년 5월호, 54-61쪽.

이수자, 『내 남편 윤이상』 상/하, 창작과 비평사, 1999.

이홍우, 「작곡가 윤이상씨의 경우」, 『한국논단』 66호/2, 1995, 214-217쪽.

이희경, 『작곡가 강석희와의 대화』, 서울 : 예솔, 2004.

최애경, 「산 자와 죽은 자를 위한 '우주적 음향흐름' : 윤이상의 〈에필로그〉(1994)」, 『음악학』 13호, 한국음악학학회, 2006, 79-119쪽.

최성만, 홍은미(편역), 『윤이상의 음악세계』, 한길사, 1991.

윤이상/볼프강 슈파러, 『나의 길, 나의 이상, 나의 음악』(정교철, 양인정 옮김), 도서출판 Hice, 1994.

高橋悠治/尹伊桑, 「尹伊桑に…。特別インタビュー」, 『音楽芸術』 32, 1974/11, 43-47쪽.

_____, 「尹伊桑 インタビュー」, 『月刊ハミング』, 全音楽譜出版社 1981/5, 175-194쪽.

高橋悠治/小沼純一 , 『高橋悠治対談選』, 筑摩書房, 2010.

金東珠編著, 『尹伊桑の音楽語法 : 韓国の伝統音楽を基層として』, 東海大学出版社, 2004.

藤田正典, 「尹伊桑先生を偲んで」, 『音楽芸術』 54(1), 1996/1, 42-44쪽.

三輪真弘, 『三輪眞弘音楽藝術』, 東京 : アルテスパブリッシング, 2010.

徐京植, 「尹伊桑の音楽を語る」, 『現代音楽を探せ―河野保雄対談集』, 芸術現代社 2005, 269-301쪽.

石田一志, 「高度な "人間論" を展開して―尹伊桑の作品をめぐって」, 『音楽芸術』 54(1), 1996/1, 32-37쪽.

細川俊夫, 「メモリー・ユン先生」, 『音楽芸術』 54/1, 1996, 38-41.

矢野暢, 『20世紀音楽の構図―同時代性の論理』, 音楽之友社, 1992.

尹伊桑(上), 「作曲家は語る」(西村朗構成), 『音楽芸術』 46/5, 1988, 75-80쪽.

_____(下), 「作曲家は語る」(西村朗構成), 『音楽芸術』 47/6, 1988, 74-80쪽.

尹伊桑/西村朗, 「無限の宇宙の一端から」(尹伊桑特別インタビュー), 『音楽芸術』 42(10), 1984, 50-61쪽.

_____, 「尹伊桑が語る, 人類の未来を拓く創作語法」, 『音楽芸術』 51/2, 1993, 18-22쪽.

Hinrich Bergmeier. *Isang Yun. Festschrift zum 75. Geburtstag 1992* [윤이상 제 75회 생신기념논문집, 민족음악학회 편역], 세종출판사 2005.

Ae-Kyung Choi. "Zur Rezeption des Oeuvres von Isang Yun in der Republik

Korea", Walter-Wolfgang Sparrer(Hg.), *Ssi-ol. Almanach der Internationalen Isang Yun Gesellschaft 1998/99*, Berlin/München, 1999, pp.156-170.

_____. "*Reak* (1966). Eine Analyse zu Isang Yuns 'Hauptklangtechnik' vor dem Hintergrund der ostasiatischen Musiktradition」, Walter -Wolfgang Sparrer(Hg.), *Ssi-ol. Almanach 2000/2001*, Berlin/München, 2002, pp.101- 137.

Toshio Hosokawa. *Memory. In Memory of Isang Yun for violin, Violoncello and piano*, Schott, 1997.

Harald Kunz. "Gespräch mit Isang Yun/A Conversation with Isang Yun (1965)", Walter-Wolfgang Sparrer(Hg.), *Ssi-ol. Almanach 2002/03*, Berlin/München, 2004, pp.7-12.

Martin Lücke. "Koreanisch, europäisch oder doppelt kodiert? Zur Wahrnehmung von Formstrukturen bei Isang Yun", Walter-Wolfgang Sparrer(Hg.), *Ssi-ol. Almanach 2002/03*, Berlin/München, 2004, pp. 77-88.

Walter-Wolfgang Sparrer. "Yun Isang : über die Grenzen", Martin H. Schmidt (Hg), *Franz Eckert - Li Mirok - Yun Isang. Botschafter fremder Kulturen Deutschland-Korea*, Norderstedt, 2009.

Ilja Stefan. "Kontinuität als Schaffensprinzip. Über zyklische Zusammenhänge im Werk von Isang Yun", 『윤이상의 창작세계와 동아시아 문화』, 2007, 261-280쪽.

Isang Yun. "Nationalkultur und Weltöffentlichkeit", Walter-Wolfgang Sparrer(Hg.), *Ssi-ol. Almanach 2000/01*, Berlin/München, 2002, pp.7-14.

_____. "Musik und Instrumente des alten Korea(1963)", Walter-Wolfgang Sparrer(Hg.), *Ssi-ol. Almanach 2002/03*, Berlin/München 2004, pp.13-24.

_____. "Vom Handwerk des Komponisten - in eigener Sache(1970)", Walter-Wolfgang Sparrer(Hg.), *Ssi-ol. Almanach 2002/03*, Berlin/München, 2004, pp.25-37.

Isang Yun/Bruce Duffie. "Composer Isang Yun. A conversation with Bruce Duffie", http://www.yun-gesellschaft.de(국제윤이상협회)

08 일본 넷우익과 혐한·혐중의 내셔널리즘

김효진

1. 일본어 인터넷의 '우경화'?

1990년대 이후 일본의 우경화에 대한 우려의 목소리가 드높다. 이를 뒷받침하는 현상은 다양한 분야에서 나타나는데, 정치적으로는 일본 자위대의 이라크파병을 둘러싼 헌법개정논의, 사회적으로는 각급 학교의 의례에서 〈히노마루(日の丸)〉 게양 및 〈기미가요(君が世)〉 제창의 강요, 더 나아가 〈새로운 역사교과서를 만드는 모임(新しい歴史教科書をつくる会)〉으로 대표되는 역사교과서를 둘러싼 역사인식 문제 등을 그 대표적인 사례로 들 수 있을 것이다. 전후 50년을 맞이한 1995년을 기점으로 일본사회에서 가시화된 이런 흐름들은 일본 국내

---

* 이 글은 『日本學硏究』 제33집(2011.5)에 「기호로서의 혐한과 혐중: 일본넷우익의 내셔널리즘」이라는 제목으로 처음 발표된 것을 본 단행본의 취지에 맞게 수정·보완한 것이다.

에서 보수와 진보, 우파와 좌파 간의 첨예한 대립을 이끌어냈을 뿐만 아니라, 일본을 포함한 국제사회에서도 민감한 이슈로 부각되어 왔다. 특히 이는 과거 일본제국주의에 의한 침략 및 식민지화의 피해를 입었던 한국, 중국, 북한을 포함한 동아시아의 외교 관계에도 큰 영향을 미치고 있다.

그러나 이렇게 일본 사회가 우경화하고 있다는 느낌이 강화되는 것은 공적영역에서 일어나는 이와 같은 변화에서 기인한 것만은 아니다. 특히 일본사회에서는 2000년대를 기점으로 IT버블이 일어나면서 고속인터넷망의 보급 등 일본어를 기반으로 하는 인터넷 환경이 정비되었는데, 이와 함께 증가한 일본어 인터넷상의 혐한(嫌韓)·혐중(嫌中) 및 우익적인 발언과 관련 커뮤니티·블로그 등의 증가, 더 나아가 한국과 중국을 대표적인 가상적으로 삼아 진행되는 국가간 사이버 전쟁[1]을 주도하는 것으로 알려진 넷우익(ネット右翼, 네토우요(ネトウヨ)라고 불리기도 함)의 존재가 바로 이런 우경화의 근거로 거론되는 경우가 많다. 특히 이는 정부나 국가에 의한 공식적인 입장이나 매스 미디어의 보도와는 달리 일반대중의 목소리를 전달하는 것으로 받아들여지면서 심각한 사회적 문제로 부각되고 있다.

---

1) 사이버 전쟁은 일반적으로 해커 등을 이용하여 상대방의 정보망을 교란하는 등, 인터넷을 이용한 국가간의 전쟁을 일컫는 용어이지만, 종종 네티즌들의 상호 충돌 및 비방 등에도 사용되곤 한다. 최근 네티즌들에 의한 한중일간의 사이버 전쟁이 다발하고 있는데, 이에 관해서는 다음의 포스팅을 참조하라 : 『한일사이버 전쟁, 놀이인가 범죄인가』(http://blogsabo.ahnlab.com/319?srchid=BR1http%3A%2F%2Fblogsabo.ahnlab.com%2F319, 2011년 6월 7일 접속)

실제로 2차대전 이후 한중일 삼국의 내셔널리즘을 비교분석한 다카하라 모토아키는 "'니찬네루2)'를 정점으로 하는 인터넷상에서 한국이나 중국에 대한 갖은 욕설이 난무하는 모습은 이미 흔한 풍경이 되어 버렸"고, "다양한 형태로 폭넓게 흩어져 존재하는 인터넷 사이트들은 하이퍼링크로 연결되면서 현재 일본어 인터넷 공간에 하나의 거대한 '신(scene)'을 연출하고 있다"고 하면서 더 나아가 "혐한·혐중 역시 인터넷을 서식처로 삼는 새로운 도시적 하위문화의 하나"라고 평하고 있다.3)

그러나, 일본어 인터넷의 '우경화'가 한국의 매스미디어 및 인터넷에서 널리 알려져 있는데도 불구하고 한국에서 이 현상에 대해 본격적으로 다루고 있는 논문은 니찬네루의 포스팅에서 나타나는 대한관(對韓觀)을 논한 정용목의 논문4)과 〈새로운 역사교과서를 만드는 모임〉의 홈페이지를 내용 중심으로 분석한 이규수의 논문5) 등 두 편의 논문이 유일하다. 전자의 경우, 니찬네루의 구체적인 포스팅을 대

---

2) 〈니챤네루(2ちゃんねる, 2채널)〉이란 일본굴지의 액세스수를 자랑하는 익명 전자게시판사이트로, 줄여서 "2ちゃん" "2ch"등으로 표기된다. 한국에서는 혐한사이트의 대표적인 존재로서 〈디씨인사이드〉 등과 사이버전쟁을 일으키는 등, 문제가 많은 사이트로 알려져 있다. 자세한 것은 본문에서 후술하겠다.
3) 다카하라 모토아키, 『한중일 인터넷세대가 서로 미워하는 진짜 이유』, 삼인, 2007, 33-34쪽.
4) 정용목, 「일본 네티즌 세계에 나타난 〈대한관〉 연구」, 세명대학교 교육대학원 일어교육전공 석사학위논문, 2006.
5) 이규수, 「일본 네오내셔널리즘의 발흥과 역사인식 연구- 우경단체 홈페이지 분석과 관련하여」, 김희선 외 저, 『일본 내셔널리즘- 형태와 성격』, 동북아역사재단, 2009.

상으로 친한(親韓)과 반한(反韓)이라는 척도를 사용하여 통계적으로 비율을 조사하고 있으나, 니찬네루의 포스팅이 실제로는 각 개인의 독자적인 의견을 의미하는 것이라기보다는 서로 끊임없이 커뮤니케이션을 하기 위한 소재적인 측면이 강하다는 점6)에서 이런 조사 방법은 한계를 갖는다. 이에 대해 후자는 신흥 우익단체의 홈페이지를 분석하고 있으나, 온라인상의 커뮤니케이션에 초점을 맞추기 보다는 홈페이지 내용의 문제점을 비판하는데 중점을 두고 있다는 점에서 이를 넷우익과 바로 연결지을 수 없는 것이 사실이다. 이런 상황은 일본의 학계에서도 크게 다르지 않아서, 혐한·혐중 현상에 관한 논문 및 문화평론 등이 최근 증가하고 있지만, 그 사회적 영향력에 비하여 아직 학술적으로 미개척의 분야라고 보는 것이 타당할 것이다.

이상과 같은 문제의식에서 본 논문에서는 최근의 일본어 인터넷에서 나타나는 넷우익의 등장 및 최근의 전개를 살펴보고, 그들이 쏟아내는 혐한·혐중 언설의 특징과 의미를 고찰한다. 이를 위해 우선 넷우익이 발생하였고 지금도 혐한·혐중 발언이 집중되는 것으로 알려진 익명 게시판제의 인터넷 사이트 니찬네루 및 넷우익의 발생과 현재까지의 전개를 살펴본다. 결론에서는, 넷우익의 혐한·혐중 언설이 지닌 양의성을 어떻게 볼 것인가에 대해 논하고자 한다.7)

---

6) 자세한 것은 본문에서 후술하겠다.
7) 특히 본 논문에서는 넷우익의 담론 분석과 함께, 그들이 근거하고 있는 공간인 인터넷의 커뮤니케이션 특성과의 관련성을 중심으로 논의를 전개하고자 한다. 이는 맥루한의 언급처럼, "미디어는 메시지"이고, 인터넷이 사람의 과격한 부분을 표출시켜, 가시화시키고 연결시켜간다는 측면을 고려하지 않은 인터넷 상의 담론 분석은 그 사회적 의미를 왜곡시킬 수 있기 때문이

2. 혐한·혐중의 가시화 : 니찬네루의 사례

1) 니찬네루의 특징과 혐한·혐중의 대두

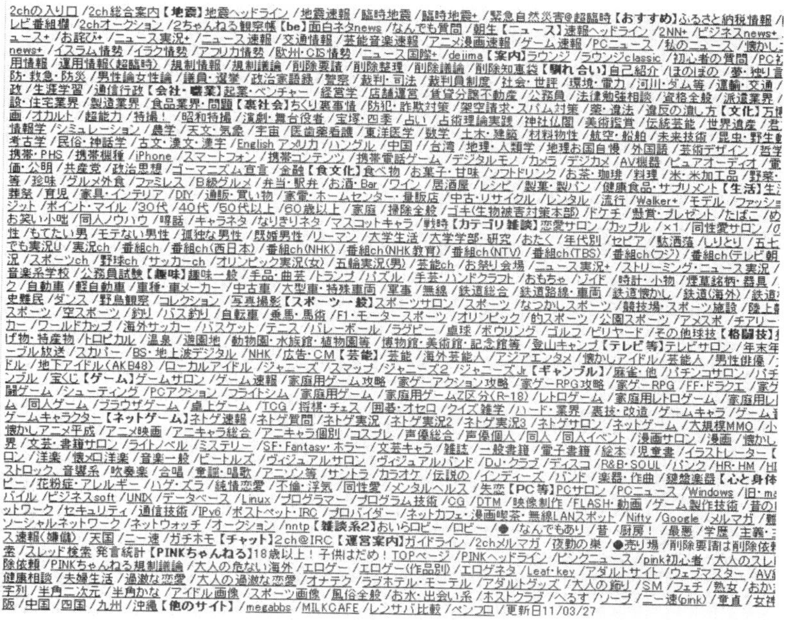

〈그림 1〉 니찬네루 게시판 일람 페이지의 일부
(http://menu.2ch.net/bbstable.html, 2011년 4월 13일 접속)

넷우익이라는 용어가 일본어 인터넷뿐만 아니라 사회적으로 인지되기 시작한 것은 2005년경부터이다. 2005년 5월 8일 『산케이신문(産経新聞)』에 실린 기사 「넷우익은 신보수여론(ネット右翼は新保守

다. 이에 관해 보다 상세한 논의는 오기우에 지키(荻上チキ, 『ネット炎上』, ちくま書房, 2007)를 참조하라.

世論)」은 매스미디어에서 이 용어를 공식적으로 사용한 첫 사례로, 이후 넷우익은 2000년 이후의 일본사회를 나타내는 중요한 화두로 부각되었다.

그러나 이 용어가 만들어지고 사용되기 시작하기 전부터, 혐한·혐중적인 태도는 일본어 인터넷에서 쉽게 찾아볼 수 있었다. 그리고 이런 태도가 가시화된 결정적인 계기는 1999년 개설된 이후 일본 최대의 익명게시판 사이트로 간주되는 니찬네루를 통해서였다. 실제로 한국의 매스미디어와 인터넷에 소개되는 니찬네루는 일본 인터넷 상에서 반한 정서가 가장 강한, 혐한커뮤니티의 대명사로 알려져 있다.[8]

그렇다면, 니찬네루는 과연 어떤 사이트인가? 1999년 5월 30일에 개설된 이후, 니찬네루는 설립자 니시무라 히로유키(西村博之) 등으로 구성된 운영진에 의해 관리되었지만 2009년 1월 2일 PACKET MONSTER INC.이라는 기업에 양도되었다.[9] 게시판 이용자는 니찬네

---

8) 예를 들면 경향신문은 "일본의 최대 커뮤니케이션 사이트이자 대표적 반한 커뮤니티가 있는 '2ch'"(경향신문 2010년 3월 2일자, 『여적 : 한일 사이버전쟁』 http://news.khan.co.kr/kh_news/khan_art_view.html?artid=201003021804582&code=990201, 2011년 6월 7일 접속)이라고 소개하고 있고, 한국일보는 "그 동안 일본 누리꾼이 한국에 대한 악감정과 루머를 확산시키는 사이트로 악명을 떨쳤다"(한국일보 3월 2일자 『한국네티즌 '한국비방' 일사이트 공격』 http://news.hankooki.com/lpage/society/201003/h2010030116230921950.htm, 2011년 6월 7일 접속)라고 하고 있다. 이런 기사와 함께 소개되는 니찬네루의 캡쳐 사진에는 실제로 대량의 혐한·혐중 발언이 소개되어 있다.
9) 그러나 니찬네루의 서버가 대부분 미국에 있고 현재 운영회사 또한 싱가폴의 회사라는 점은 잘 알려져 있지 않은데, 일본적 인터넷 사이트의 상징이기도 한 니찬네루가 실제로는 다국적 시스템에 기반하고 있다는 점 또한 흥미롭다.

라(にちゃんねら 또는 '네라', '차네라' 등으로 약칭)라고 불리운다.[10] 사용은 무료로, 운영비는 사이트의 광고수입 및 니찬네루 전용 유료 브라우저의 회원들이 납부하는 회비를 통해 충당되고 있다. 2009년 현재 넷트레이딩사의 조사에 따르면 니찬네루의 이용자수는 1170만 인으로 집계되며, 이는 세계 최대규모라고 한다. 그러나 이용자는 증가는 하고 있으나 세계 인터넷 사이트를 대상으로 한 액세스수 통계 자체만으로는 야후재팬 (17위), 구글재팬 (58위) 등에 한참 뒤진 89위로, 전성기였던 2005년을 피크로 점차 투고수도 줄어들고 있다.

니찬네루는 개설 이후 지금까지 폭넓은 분야의 화제가 투고되고 있는데, 2011년 현재 지진, 뉴스, 세계정세, 운영, 학문, 사회, 식문화, 생활, 잡담, 취미 등 40여개의 카테고리, 전체적으로는 주제에 따라 분류된 약 730개의 게시판이 있다. 그리고 각 게시판 당 적게는 수십개에서 많게는 수백개에 이르는 스레(スレ, 영어의 thread에서 옴. 주제 혹은 이야기거리)가 있는데, 대부분의 게시판에서 가입이나 로그인 등 특별한 제약 없이 열람자가 스레를 세울 수 있게 되어 있다. 열람자는 자신의 관심 및 기호에 따라 각각의 스레를 클릭하여 지금까지의 투고를 살펴보거나 자신의 의견을 투고하는데, 시간 순으로 일련번호가 매겨져 배치되는 이런 투고를 레스(レス, response에서 따옴)라고 부른다. 모든 레스는 익명으로 가능하고, 이용자가 이름을 입력하지 않고 투고한다면 게시판마다 설정된 특정한 이름(예 : 名無しさ

---

10) 일본어 위키피디아 니찬네루 항목 및 『2ちゃんねる公式ガイド2006』, コアマガジン, 2006.

ん@게시판이름)이 자동적으로 붙게 되어 있다.11) 각 스레는 1000개까지의 레스 투고만이 가능하고, 1000개가 넘어서는 경우 그 스레는 내용을 볼 수 없게 된다(dat落ち).

2000년대 이후의 인터넷을 둘러싼 정보환경을 '아키텍처(architecture)'라는 개념을 통해 분석하고 있는 하마노 사토시(濱野智史)는 니찬네루의 특징을 크게 두 가지로 정리하고 있다. 그에 따르면, 우선 가장 큰 특징은 "스레드플로식(スレッドフロー式)"으로 불리는 구조인데, 이는 "직전에 무엇인가의 투고가 있었던 스레로부터 순서대로 정렬되는, 즉 스레의 표시순서는 고정되어 있지 않고 끊임없이 투고의 상태에 따라 유동하기 때문에 스레가 움직인다는 것"12)이라고 설명한다. 따라서 활발하게 투고가 일어나는 스레는 자동적으로 스레의 일람표에서 앞부분에 표시되어 사용자가 접근하기도 쉽다. 또한, 각 스레 별로 1000개로 제한된 레스수 제한은 역으로 "그 스레의 열광도와 세력을 측정하기 위한 지표"13)로서 사용되는데 심지어 약 1-2분 만에 한 스레가 소비되기도 한다.

이와 더불어 하마노가 지적하는 니찬네루의 중요한 특징은 바로 '카피페(コピペ, copy & paste의 준말)'이다. 니찬네루에 투고되는 내용은 크게 텍스트 및 AA(아스키 아트 : 컴퓨터언어인 아스키문자를

---

11) 초기에는 IP어드레스도 취득하지 않는 완전한 익명게시판을 보장하였으나, 이어지는 범죄 예고 및 악성 루머 유포의 문제로 인해 니찬네루의 운영자인 니시무라 히로유키가 40회 이상의 재판에 회부, 패소하면서 결국 IP어드레스의 기록을 남기는 방향으로 방침이 바뀌게 되었다.
12) 濱野智史, 『アーキテクチャの生態系』, 東京 : NTT出版, 2008, 82쪽
13) 濱野智史, 『アーキテクチャの生態系』, 84쪽

사용한 그래픽)로 구분되는데, "대부분의 투고들이 어디선가 본 적이 있는 것들뿐"14)이라는 점이다. 이것은 니찬네루의 투고 자체가 대부분 그 사용자가 니찬네루 내의 또 다른 장소에서 발견한 이야깃거리(소재, 네タ)로서 재미있다고 생각한 문장 및 감동한 문장을 그대로 전재했거나, 또는 문장의 일부만을 바꾼 것들로 이루어진다는 점에서 기인한다. AA나 텍스트들 또한 저작권을 주장하기 위한 것이 아니라, 보다 많은 사람들이 카피페해 주길 기대하면서 작성된다. 이 결과, 니찬네라 사이에서 잠정적인 규칙이 발생하여 이런 문장이 오면 다음 문장은 그에 대한 특정한 레스가 달린다는 식의 예측이 가능해 진다.

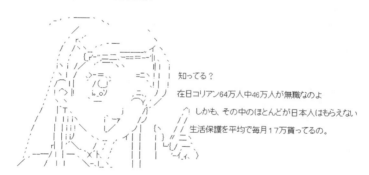

490 :r:2011/04/27(水) 10:53:51.99 ID:tpOu6WjX

知ってる？
在日コリアン64万人中46万人が無職なのよ
しかも、その中のほとんどが日本人はもらえない
生活保護を平均で毎月17万貰ってるの。

〈그림 2〉 2011년 2월부터 4월말에 걸쳐 니찬네루의 다양한 게시판에 투고(=카피페)되었던 혐한AA. 동일한 AA가 2008년에도 한때 유행했다는 사실을 인터넷에서 확인할 수 있다.

---

14) 濱野智史, 『アーキテクチャの生態系』, 85쪽

또한, 스레를 통해서도 카피페는 반복된다. 전회의 스레에 이어 새로운 스레를 세우는 경우, 이전 스레의 내용을 간략하게 정리한 내용을 새로운 스레의 앞부분에 카피페하는 것이 통례이다. 기존의 블로그가 내용의 무단 전재에 대해 엄격하게 규제하고 있는데 반해, 니찬네루의 카피페는 그 자체가 하나의 관습이자 시스템적으로 권장사항이라는 점은 독특하다. 또한, 이는 니찬네루에만 머무르는 것이 아니라 여기서 파생된 블로그 및 정리사이트(まとめサイト)에서도 공통적으로 발견되는 특징이다. 익명게시판이라는 특성에서도 기인하는 이 특징은 '총카피페주의(総コピペ主義)'라 불리우는데, 니찬네루 커뮤니케이션의 한 중요한 특징을 보여준다.

이때 흥미로운 것은 이 카피페주의 및 저작권의 방기는 니찬네루 내부 및 그와 관련된 경우에만 허용되는 것으로 결코 모든 이에게 동등하게 개방되어 있는 것은 아니라는 점이다. 니찬네루 용어등의 사용을 통해 서로를 '니찬네라'로 인식하는 경우, 니찬네루 내부의 모든 것은 서로 공유될 수 있는 공유재로 자유롭게 사용이 가능하지만, 외부에서 이를 이익을 위해 사용하려고 하는 경우에는 격렬하게 반대하는 상황이 발생하는 것이다.15) 익명성에 바탕을 두고 있음에도 불구하고 (내적) 친밀성 및 (대외적) 배타성의 공존이 니찬네루의 또 하나의 중요한 특징이라고 할 수 있을 것이다.

---

15) 2005년, 니찬네루의 대표적인 캐릭터인 '모나'를 음반회사인 에이벡스에서 무단으로 사용, 심지어 상표등록을 하려고 시도했던 〈노마네코(のまネコ) 사건〉 당시, 니찬네라 대부분이 맹렬하게 에이벡스를 비난하였다.

データが1000を超えています。1000を超えると表示できなくなるよ。
【ポプディラン？】韓国ブーム検証スレ354【しらね！】

1：株価【E】武井君@株主 ☆ ◆NSQBzYTb6I：2011/03/30(水) 21:25:00.16 神 ID:Vakn37wS ?PLT(33333) 株優プチ(korea)
映画はどれも泣かず飛ばず、邦画に事大しようとも避けられ、ハリウッドの看板を使うも駄作ばかり
K-POPとやらは終に慰安婦出動、作詞作曲日本人でもOKに、宣伝費を電○・その先の将軍様に献上
ドラマも振り返ってみれば普段NHKを写しっぱなしの人に粘着系恋愛話や電子レンジの移る時代劇が刺激的に映っただけ
TBSが15億を掛けたアイリスはゴールデンタイム70分・20話で平均7%とTBS的にはそこそこの成功を収めるも
ウリナラ芸能人は、東方シキ銭ゲバ解散等、夢の跡の金々トラブルが積み重なり
ファンと称するエラ張りの〜より全然いい！の恨が不快感だけを残す状態。
「結局、ブームと言うのはマンガの朝鮮系キャラ＝べぇさんの貼りついた笑顔をする人を描くブーム？」
なぜか韓国より日本をアツく語りたがる羊羹さんたちの、脳内でのみ大人気！な、ファンタジックコリアを看取るスレニダ。

■■■ ブームスレのお約束
・コリ天て最近見ないくね？、ID変わる君の相手をするとギャー！！
・970踏んだ人が次スレ立て汁！立てられなかったらその時の判断ニダ！
・立てるか依頼に行くときは宣言汁！それ以外は偽スレニダ気をつけろ！(偽スレにホイホイついていかない)
・次スレが立つまで1000取りは駄目！絶対く、`∀´>！
前スレ
【見やすい】韓国ブーム検証スレ353【聴きやすい】
http://kamome.2ch.net/test/read.cgi/korea/1299903520/

2：マンセー名無しさん：2011/03/30(水) 22:47:03.24 ID:E6MVYFHq
嫌鮮厨の特徴
・口下手または空気が読めないため、友達や恋人がいない
・上記のため、家族の仲も悪い
・大学はFランク大学。だからと言ってスポーツやクラブにのめり込んでいたわけではない
・大学4年間、楽しい思い出もなく、一人も友達ができず卒業する
・就職活動の時、大企業ばかりを受けるが失敗、さえない零細企業に就職
・そこも半年で辞め、ニートになる
・まじめに働いている人、恋人がいる人、韓流にはまっている人が憎い
・この気持ちをどこにぶつけていいわからず、結局ネットの掲示板で愚痴るだけである
・このスレの3よりその愚痴が始まるのである

3：マンセー名無しさん：2011/03/30(水) 22:52:41.88 ID:8UsYbO1b
>>2
自己紹介、乙w

4：マンセー名無しさん：2011/03/30(水) 22:57:36.80 ID:jQGKrtaA
>>2
在日ってすごい暗いんだな〜〜〜絶句した〜〜〜
根に持ってこんな妄想普通の日本人書けねえよ〜〜〜
すげえwwwwwwwwww犯罪に走るタイプの典型すぎるwwwwwwwwww

〈그림 3〉 니찬네루 〈한글게시판(ハングル板)〉의 한 스레드. 제목에 붙어 있는 354라는 숫자는 이 스레드가 같은 주제의 354번째 스레드라는 점을 알려준다. (http://kamome.2ch.net/test/read.cgi/korea/1301487900/ 2011년 4월 13일 접속)

그리고 이런 배타성이 극단적으로 나타나는 대표적인 경우가 바로 니찬네루에서 드러나는 혐한·혐중이라는 분위기이다. 실제로 넷우익이라는 용어가 등장하기 이전부터, 니찬네루 및 기타 관련 사이트에서 혐한·혐중적인 발언을 반복하여 포스팅하는 사람을 일컫는 용어로 '겐칸츄(嫌韓厨, 한국이 싫은 사람, 이때 厨는 厨房의 줄임말로 장소를 가리지 않고 자기 마음대로 투고를 반복하는 사람을 의미)'이라는 용어가 사용되고 있었다. 이들은 넷우익이라는 개념이 등장하기 전인 2000년대 초반부터 니찬네루 내부에서 쉽게 찾아볼 수 있었다[16]는 점, 그리고 나중에 살펴보겠지만 대부분의 넷우익이 한국으로 대표되는 모든 것에 대한 거부감 및 반감을 기본적인 감정으로 삼는다는 점에서 이들을 넷우익 탄생의 배경이자 전단계로 볼 수 있을 것이다. 이들에 대해서는 니찬네루 내부에서도 "한국이 싫다는 것보다 한국을 소재로 해서 일상의 스트레스를 발산하거나, 외로움을 삭이기 위해 투고를 하는 사람도 많다"[17]는 비판을 받는 사실에서도 알 수 있듯이, 이들의 행동에서 드러나는 배타적인 양상은 지속적인 비판의 대상이 되어 왔다.[18]

여기서 주의해야 할 것은 니찬네루에 내포된 배타성이 표출되는 대상은 결코 혐한·혐중에 한정되지 않는다는 사실이다. 예를 들면, 혐한, 혐중과 함께 대표적인 비판 대상으로 '젠더프리(gender free)'[19]

---

16) 이들이 '격리'된 게시판인 〈한글게시판〉이 2000년 개설되었다는 사실에서도 유추할 수 있다.
17) 2ちゃんねる監修, 『2ちゃんねる[公式ガイド]2006』, 176-177쪽.
18) 심지어 니찬네루 일부의 혐한·혐중에 대해서 설립자인 히로유키는 2006년 니찬네루에 직접 레스로 넷우익과 혐한 때문에 니찬네루가 재미없어졌다라고 하면서, "넷우익, 혐한, 반흡연 같은, 여러 가지 카테고리는 있지만 자기의 주장을 반복하고 싶을 뿐인 사람은 새로운 정보를 제공해주는 것도 아니고 새로운 시점을 제공해주는 것도 아니고. 어느 쪽이냐 하면 쓸데없는 존재라는 사실을 알아줬으면 좋겠는데"라는 발언을 하였다고 알려져 있다. 2006년 12월 15일에 남긴 레스로, http://unkar.org/r/dataroom/1155145498/150에서 관련 자료를 찾을 수 있다.(2011년 1월 20일 접속)
19) 종래의 고정적 성역할에서 자유로울 것을 지향하는 사상 및 그러한 사상에 기초한 운동.

를 들 수 있는데, 이에 대해 니찬네루에서 흔히 볼 수 있는 반응은 학교 교육 붕괴, 청년 실업의 증가 및 청소년 탈선의 증가를 모두 여기서 찾는 것이다. 『만화혐한류(漫画嫌韓流)』가 등장한 배경을 논하면서 이타가키 류타는 "주류의 시점에서 공격하기 쉬운 상대이며, 또 최근 들어 눈에 띈 존재라는 점에서 공통된다"라고 지적하면서, 이런 움직임을 '백래시(backlash : 반동)'이라고 이름 붙인다.[20]

특히 이런 움직임이 온라인에서 더 가시화되는 이유는 인터넷 커뮤니케이션의 특징 중의 하나인 집단극화(polarization) 때문인데, 이는 대중매체적인 성격이 강한 인터넷 상에 올라온 내용은 개인적인 차원을 떠나 이미 많은 사람들의 동의를 얻었다는 암묵적인 가정을 일으키기 쉽기 때문이다.[21] 1990년대 후반 니찬네루가 개설되고 일단 혐한·혐중의 발생지로 알려진 이후 지금까지 이런 분위기가 지속되는 이유는 여기서도 찾을 수 있을 것이다.

2) 혐한·혐중의 사례 : 관련 게시판을 중심으로

그렇다면, 구체적으로 니찬네루의 관련 게시판을 살펴보자. 니찬네루 내에 존재하는 전체 40개의 카테고리, 약 730개의 게시판 중 넷우익에 직접적으로 관련된 카테고리 및 게시판은 1) 〈세계정세(世界

---

20) 이타가키 류타, 「혐한류의 해부도구」, 『한국과 일본의 새로운 시작』, 뷰스, 2007, 19쪽.
21) 나은영, 「인터넷 커뮤니케이션 : 익명성, 상호작용성 및 집단극화(極化)를 중심으로」 『커뮤니케이션 이론』 제2권 1호, 한국언론학회, 2006, 113쪽.

情勢)〉 카테고리의 〈극동아시아뉴스 게시판(極東アジアニュース板)〉, 2) 〈뉴스(ニュース)〉 카테고리의 〈동아시아뉴스속보+ 게시판(東アジアニュース＋板)〉, 3) 〈학문·문과계(学問·文系)〉 카테고리의 〈한글게시판(ハングル板)〉 및 〈중국게시판(中国板)〉을 들 수 있다. 각각의 게시판들에는 적게는 600에서 800개 정도의 스레가 세워져 있다. 이상의 4개 게시판은 나중에 살펴볼 '특정아시아(特定アジア)'에 직접적으로 관련되는 뉴스나 화제만을 다루는 게시판으로, 실제 니찬네루 내에서 비슷한 성격의 스레는 거의 대부분의 게시판에서 극소수지만 발견된다.

특히 특정아시아 관련 뉴스만을 다루는 것은 아니지만, 상대적으로 특정아시아 관련 스레 비중이 높거나 주제상 보다 관련이 되는 게시판들 또한 존재한다. 대표적인 것이 뉴스 카테고리의 〈황당한 뉴스+ 게시판(痛いニュース＋板)〉 같은 경우인데, 일본 및 세계의 황당한 뉴스를 주제로 삼는 곳이 이 게시판이다. 2011년 2월 28일 현재 전체 740여개의 스레 중 한국 및 중국, 북한에 관한 '황당한' 뉴스 스레가 각각 30건, 20건, 10건 정도로 적지 않은 비중을 차지하고 있다. 또, 학문·문과계 카테고리에서 〈일본사게시판(日本史板)〉 및 〈일본근대사게시판(日本近代史板)〉, 정치경제 카테고리에 속해 있는 고바야시 요시노리(小林よしのり) 저 『고마니즘선언(ゴーマニズム宣言)』 게시판〉 또한 다양한 방식으로 관련된 스레가 세워지는 등, 다양한 주제를 통해 특정아시아에 관한 논의가 진행된다.

그러나 역시 넷우익의 가장 기본적인 특성인 혐한·혐중에 특화된 게시판은 앞에서 열거한 세 종류의 게시판이라 할 수 있을 것이다. 이하에서는 이들에 대해 간략하게 각각의 특징을 서술하고자 한다.

① 세계정세 카테고리의 극동아시아뉴스게시판(2001년 8월 18일 개설) : 뉴스 카테고리의 게시판들에는 기본적으로 '캡(キャップ)'이라 불리는 투고 및 운영에 관련한 권리를 갖고 있는 사람들만이 투고할 수 있게 되어 있다. 기본적으로 한국, 중국, 북한에 대한 뉴스만 투고할 수 있는데, 속보만을 다루는 것이 아니라 실제 스레를 보면서도 알 수 있듯이 이 삼개국에 대한 다양한 뉴스가 다루어지고 있다. 또한, 익명성을 내세우는 니찬네루 일반의 분위기와는 달리 고정닉네임이 많은 것 또한 특징이다.

② 뉴스 카테고리의 동아시아뉴스속보+게시판(2003년 4월 25일 〈조선반도정세+게시판(朝鮮半島情勢＋板)〉으로 개설, 같은 해 6월 21일 현재 이름으로 변경) : 2001년 당시 같은 뉴스카테고리에 속해 있는 뉴스속보+게시판(ニュース速報＋板)에 혐한·혐중 스레가 지속적으로 세워지고 그때마다 문제가 되어, 아예 이 지역에 대한 스레를 모은 게시판을 따로 만들게 되었다고 한다. 이 게시판의 스레는 ①의 극동아시아뉴스게시판과는 달리 누구라도 스레를 세울 수 있게 되어 있다.

③ 학문·문과계 카테고리의 한글게시판(2000년 1월 18일 개설), 중국게시판(2000년 2월 개설) : 각각 한국 및 북한 관련 화제, 중국 관련 화제를 다루는 게시판이다. 이 중 한글게시판은 여러 가지 의미에서 흥미로운데 우선 게시판의 이름이 분단문제로 인해 국가

나 지역의 이름이 아닌 '한글'을 내세우고 있다는 점을 들 수 있다. 게시판의 스레는 한국과 북한뿐만이 아니라 재일조선 · 한국인에 대한 화제가 뒤섞여 있는데, 이는 일본사회에 있어 한국과 북한, 재일조선 · 한국인 간의 역사 및 차이가 무화된 채, 하나의 집단으로 인식되고 있다는 현실을 보여주고 있다.[22)]

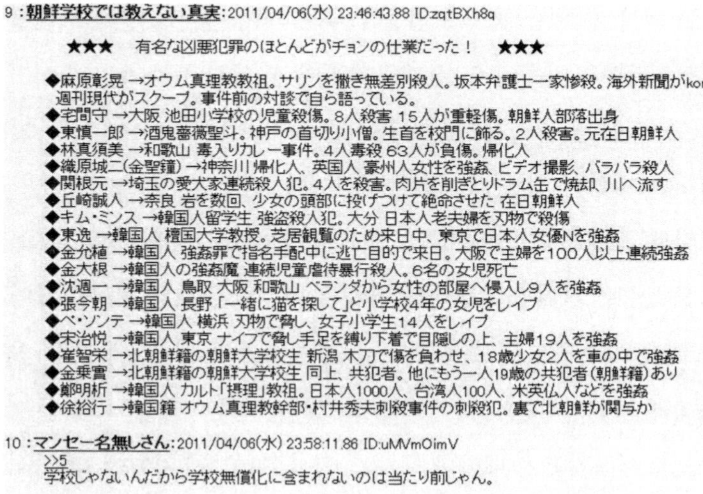
9 : 朝鮮学校では教えない真実:2011/04/06(水) 23:46:43.88 ID:zqtBXh8q

★★★　有名な凶悪犯罪のほとんどがチョンの仕業だった！　★★★

◆麻原彰晃 →オウム真理教教祖。サリンを撒き無差別殺人。坂本弁護士一家惨殺。海外新聞がkoreanと表記。週刊現代がスクープ。事件前の対談で自ら語っている。
◆宅間守 →大阪 池田小学校の児童殺傷。8人殺害 15人が重軽傷。朝鮮人部落出身
◆東慎一郎 →酒鬼薔薇聖斗。神戸の首切り小僧。生首を校門に飾る。2人殺害。元在日朝鮮人
◆林真須美 →和歌山 毒入りカレー事件。4人毒殺 63人が負傷。帰化人
◆織原城二(金聖鐘) →神奈川 帰化人、英国人 豪州人女性を強姦、ビデオ撮影、バラバラ殺人
◆関根元 →埼玉の愛犬家連続殺人犯。4人を殺害。肉片を削ぎとりドラム缶で焼却、川へ流す
◆丘崎誠人 →奈良 岩を数回、少女の頭部に投げつけて絶命させた 在日朝鮮人
◆キム・ミンス →韓国人留学生 強盗殺人犯。大分 日本人老夫婦を刃物で殺傷
◆東逸 →韓国人 檀国大学教授。芝居観覧のため来日中、東京で日本人女優Nを強姦
◆金允植 →韓国人 強姦罪で指名手配中に逃亡目的で来日。大阪で主婦を100人以上連続強姦
◆金大根 →韓国人の強姦魔 連続児童虐待暴行殺人。6名の女児死亡
◆沈週一 →韓国人 鳥取 大阪 和歌山 ベランダから女性の部屋へ侵入し9人を強姦
◆張今朝 →韓国人 長野「一緒に猫を探して」と小学校4年の女児をレイプ
◆ベ・ソンテ →韓国人 横浜 刃物で脅し、女子小学生14人をレイプ
◆宋治悦 →韓国人 東京 ナイフで脅し手足を縛り下着で目隠しの上、主婦19人を強姦
◆崔智栄 →北朝鮮籍の朝鮮大学校生 新潟 木刀で傷を負わせ、18歳少女2人を車の中で強姦
◆金乗實 →北朝鮮籍の朝鮮大学校生 同上、共犯者。他にもう一人19歳の共犯者(朝鮮籍)あり
◆鄭明析 →韓国人 カルト「摂理」教祖。日本人1000人、台湾人100人、米英仏人などを強姦
◆徐裕行 →韓国籍 オウム真理教幹部・村井秀夫刺殺事件の刺殺犯。裏で北朝鮮が関与か

10 : マンセー名無しさん:2011/04/06(水) 23:58:11.86 ID:uMVmOimV
>>5
学校じゃないんだから学校無償化に含まれないのは当たり前じゃん。

〈그림 4〉 한글게시판에서 스레의 주제나 맥락과는 상관없이 반복적으로 투고되는 '조선인' 범죄 카피페

22) 예를 들면, 2011년 4월 29일 오후에 한글게시판에서 가장 앞부분에 표시되어 있는 스레드 10개의 제목을 소개하면 다음과 같다 : 1. 9cm 2. 부흥서버 무료개방에 대해 3. 한국경제동향 파트215 4. 재일이 싫은 일본인은 일본으로부터 나가야 한다 5. ID에 K가 들어있는 사람을 무조건 바보취급하는 스레 6. [IT전기]일한기술정보종합스레178[기계나노테크] 7. [회원4만]한국붐검증스레356[1주간에 9954장] 8. [반일정당]민주당종합스레 71 9. 제3차한류붐의 개막 혐한은 시대에 늦은 바보 10. 나가자? 메이저리거 한국인 스레 파트 362

니찬네루에서도 한글게시판은 독특한 위치에 있는데, 그 이유로는 첫째, 지속되는 스레 및 한글게시판으로부터 파생된 홈페이지 수에서 다른 게시판을 압도하고 있고 둘째, 고정닉네임을 사용하는 사람이 은퇴한 사람을 포함해서 약 천명을 넘는다고 알려져 있다. 앞에서 살펴본 바, 니찬네루의 특징으로 유동성 및 익명성을 들 수 있는데 한글게시판은 니찬네루에 존재하면서도 이 두 가지 특징이 상대적으로 약화된 게시판이라고 할 수 있을 것이다.[23)]

또한 기존의 역사관에 대항하기 위해 다양한 논쟁이 벌어지고 있으며, 이 게시판의 내용을 바탕으로 한국에도 잘 알려진『만화 혐한류』및『사실은 위험하다! 한국경제(本当はやばい！韓国経済)』등의 책이 발간되는 등, 다른 게시판과는 다른 면모를 보이고 있다. 그러나, 이들 책의 이름에서도 알 수 있듯이 대부분의 스레는 한국, 북한, 재일조선·한국인에 대한 부정적 감정을 여과 없이 보여주고 있고, 조금이라도 이들에 대해 긍정적인 투고나 스레는 사정없이 비판 및 매도의 대상이 되는 것이 이 게시판이기도 하다. 실제로 한글게시판의 이런 분위기는 많은 니찬네루 관련 서적에서도 지적하는 바, 니찬네루에서도 극단적인 경우에 들어간다.

이들 게시판에서는 전형적인 혐한·혐중 발언을 쉽게 찾아볼 수 있으며, 이는 앞에서 예를 든 한국 매스미디어의 보도와 크게 다르지 않은 것으로 보인다. 그러나 여기서 반드시 짚고 넘어가야 할 점은 이

---

23) 이 점은 넷우익의 핵심멤버가 현실에서도 행동을 하고 있다는 사실과 연관이 있는 것으로 보인다.

상의 게시판은 전체 730개 게시판 중 1퍼센트 정도로 극소수(직접 관련된 게시판 이외에 간접적으로 관련된 게시판까지 포함하여 8개 정도)에 지나지 않는다는 점이다. 많은 니찬네라들이 이야기하듯이, 니찬네루는 방대한 주제를 다루고 있으며 놀라운 속도로 스레와 레스가 증식하여 끊임없이 스레가 사라지기 때문에 한 사람이 니찬네루 전체를 다 파악하는 것은 불가능하다. 그로 인해 대부분의 니찬네라들은 자신이 관심을 갖는 몇몇 게시판에 주로 '거주'하는 경향을 보인다. 한글게시판의 사례에서도 드러나지만, 특정 주제에 관하여 정보를 열람하기 위해서 니찬네루를 이용한다는 사람들에게 있어 혐한·혐중 관련 게시판은 거의 방문할 기회가 없다고 봐도 무방하며, 이로 인해 오히려 이상의 게시판에 '거주'하는 유저들은 익명성으로 인하여 정체성을 확인할 수는 없지만 상대적으로 고정된 멤버일 가능성이 있다.[24]

정리하자면, 니찬네루는 광대한 인터넷 공간으로 실제 니찬네루를 살펴보면 넷우익 및 특정아시아에 관한 게시판 및 언설은 극히 일부라는 점은 지적할 필요가 있다. 즉, 분명히 넷우익이 활발히 활동하는 사이트이긴 하나, 한국의 매스미디어가 보도하듯이 목적 자체가 혐한·혐중인 것은 아니라는 점은 명확하다. 한국의 디씨인사이드와 같이 방대한 주제를 다루고 있는 게시판군인 니찬네루에서 혐한·혐중 발언은 니찬네루가 표방하는 다양성을 이루는 한 요소일 뿐이며, 니찬네라의 정체성을 여기서 찾는 것은 무리가 있다. 그리고 이것이

---

24) 이를 단적으로 보여주는 사례가 뒤에서 살펴볼 〈재일특권을 용서하지 않는 시민모임(在日特権を許さない会)〉이다.

니찬네루와 기존의 우익단체가 운영하고 있는 홈페이지가 갈라지는
지점이기도 하다.

3) '반일'이라는 기준 : '특정아시아' 개념의 등장

니찬네루를 중심으로 한 일본어 인터넷에서 나타나는 혐한·혐
중적인 태도는 근본적으로는 한국, 북조선, 중국의 삼개국이 '반일적'
이라는 현상 인식에 기인한다. 이와 관련하여 최근 인터넷 슬랭으로
시작되어 점차 넷우익 사이에서 정착되고 있는 용어가 바로 '특정아시
아'[25]이다.

인터넷 상의 유행에 기반한 신조어라는 점을 감안하여 우선 일본
어 위키피디아의 정의를 살펴보자. 이에 따르면 특정아시아(또는 特
亜)는 "특히 반일 감정이 높은 중국, 한국, 북한의 3개국을 총칭"[26]한
용어로, "아시아제국 중 반일적인 자세를 취하는 국가를 대상"으로 한
다. 그러나 동시에 유보조항으로 중국의 티벳자치구, 신강위구르 자

---

25) 한국의 매스미디어에 이 용어가 등장한 사례도 있다. "지금 일본의 유명 인
터넷 게시판에는 '특정 아시아(특아)'라고 하는 단어가 유행중이다. 특정 아
시아를 한국, 북한, 중국으로 단정하고 있다. 이 3개국을 일본에 있어서의 다
른 국제사회나 외교관계에서 떼어내어 생각하자라는 의미의 움직임의 하나
이다."(서울신문 2005년 12월 20일, 『열린세상 : '특정 아시아' 국가로 취급받
는 한국 : 윤민호 일본 국제경제 연구소 상임연구원』, http://www.kdaily.com/
news/newsView.php?id=20051220030004, 2011년 1월 14일 접속)
26) http://ja.wikipedia.org/wiki/%E7%89%B9%E5%AE%9A%E3%82%A2%E3%82%B
8%E3%82%A2에서 발췌, 2011년 4월 14일 접속, 이 용어를 제목에 사용한 일
본서적은 『자위대 대 '특정아시아' - 중국·북한·한국(自衛隊VS"特定アジ
ア"—中国·北朝鮮·韓国)』(宝島社, 2006)가 있다.

치구, 내몽골자치구는 통상적으로 제외하고 홍콩, 마카오 특별행정구는 포함하지 않는 경우도 있다. 특히 대만은 중국으로부터 독립된 국가로 취급되어 역시 포함되지 않는다. 이 용어의 기원은 니찬네루로 간주되며, 용어의 정의에서부터 반일과 친일이라는 극히 주관적인 기준이 포함되어 있다는 사실은 특기할 만하다.

위키피디아에 서술된 이 용어가 사용되게 된 경위 또한 흥미롭다. 간단히 줄이면 첫째, 아시아는 일본에서부터 터키에 이르기까지 수십개국으로 이루어져 있고 대부분의 아시아국가가 일본에 대해 호의적인 감정을 품고 있는 현실에서, BBC여론조사 결과 한국과 중국의 2개국만이 부정적인 인식을 갖고 있다는 점, 그리고 둘째, 일본의 좌파 시민단체에서 한국, 북한, 중국의 삼개국을 '아시아' 또는 '아시아제국'으로 표현할 뿐만 아니라 이들과 일본의 관계에 문제가 생기면 일본의 고립이라는 식의 '인상조작'을 행하고 있기 때문이라는 것이다. 이는 "'아시아'라는 단어를 인상조작을 위해 자의적으로 사용하는 것이다. 부정확한 정보전달을 시정하기 위해 이상의 삼개국을 여타 아시아 국가들과 구별하는 용어가 필요하다"라는 현실인식으로 끝맺고 있다.

이상의 위키피디아 서술은 명백하게 특정아시아라는 명칭이 '반일' 국가인 한국, 중국, 북한을 겨냥하여 인위적으로 만들어진 것이라는 사실을 드러내는 동시에 합리화하고 있다. 위키피디아의 이 정의가 니찬네루의 이런 분위기를 짙게 반영하고 있다는 점은 니찬네루 용어의 검색에 사용되는 『니텐(2典)』(http://www.media-k.co.jp/jiten/)

에 기재된 특정아시아의 정의 및 최초 사용에 대한 기록과, 위키피디아의 그것이 근본적으로 같은 내용을 담고 있다는 점에서도 알 수 있다.[27]

특정아시아라는 용어의 기원에 관해 이 기술은 타당하다고 생각되는데, 이는 2005년초에 서적으로 발매된 니찬네루 용어집『니텐(2典)』에 해당용어가 들어가 있지 않다는 점에서도 증명된다. 그리고 이 용어에 관한 또 하나의 흥미로운 사실은 현재 일본어 위키피디아에 등록되어 있는 특정아시아가 이 용어가 최초로 고안되어 사용되기 시작한 2005년, 지속적인 삭제요청을 받는 등 논쟁의 대상이었다는 점이다. 이와 관련하여 한 개인의 홈페이지에서 그 경위를 추적할 수 있는데, 2005년 11월에 작성된 페이지(http://www.mars.dti.ne.jp/~saitota/hitori051106.htm, 2010년 9월 25일 접속)에서 그는 '특정아시아'라는 항목이 위키피디아에서 삭제대상으로 논쟁중인 상태였을 때 어떻게 정의되고 있었는지에 대해 소개하고 있다.

---

27) 이에 관련하여 구체적인 내용을 인용하면 다음과 같다 : "특정아시아(명사)(뉴스속보게시판+) : 중국, 한국, 북한의 삼국을 지칭. 중국과 한국 등의 단순한 반일행위를 '아시아의 의견(총의)'으로 인위적으로 바꾸어 표현하여 마치 전아시아제국이 모두 그렇게 하고 있는 것처럼 취급하는 일본의 매스미디어와 반일단체에 흔히 있는 자의적 방법에 대하여 고안해낸 한국, 중국, 북한 삼국에 대한 호칭. 또, 본래 아시아란 지구상의 한 지역명으로 수십개국으로 이루어진 것으로 현재 중국, 한국, 북한에 있어 대일자세는 다른 아시아제국(예를 들어 인도, 태국 등)과 크게 차이를 보인다." 그리고 구체적인 레스는 2005년 9월12일에 달린 것으로 확인되고 있다. (http://www.media-k.co.jp/jiten/wiki.cgi?%A1%E3%A4%C8%A1%E4#i52, 2011년 2월 27일 검색)

여기서 특기할 만한 부분은 바로 "2005년 9월 13일에 파생하여 '축제(祭り)'28)가 되어, 겨우 반개월 만에 검색건수 14만 이상에 이를 정도로 퍼져는 있으나 그 대부분이 니찬네루의 이용자와 블로그 이용자가 사용하고 있는 것에 지나지 않고, 일반적 용어와는 심대한 거리가 있다"라고 서술된 부분이다. 그리고 그 이후의 상황은 홈페이지 주인과 방문자 사이의 대화를 통해 정리가 되어 있는데, 2007년에는 '특정아시아' 항목이 위키피디아의 한 항목으로서 완전히 자리잡게 되었다는 기술이 보인다. 2005년이 인터넷 상의 혐한적인 흐름이 구체화된 형태로 등장한 『만화혐한류』가 출판된 해라는 점을 고려해 볼 때, 니찬네루에서 특정아시아라는 용어의 등장 및 정착은 이전부터 니찬네루에서 노골적으로 표출되어 왔던 혐한·혐중이라는 정서를 '반일국가'라는 하나의 결정적인 카테고리로 묶어내는 효과를 가져왔을 것이라 추측된다.

물론 이런 논리의 문제성을 새삼스레 지적할 필요는 없을 것이다. 식민지 경험으로 대표되는 과거에 대한 고찰 및 현재의 상황이 삭제된 채, '반일'이라는 주관적인 기준을 사용하여 아시아를 구분짓는 이런 태도는 심각한 논리적 모순을 안고 있다. 그러나 니찬네루의 커

---

28) 축제(祭り)는 원래 일본의 전통적인 축제를 가리키는 용어이나, 최근 인터넷 용어로서는 다른 의미를 갖게 되었다. 인터넷 상에서 일어나는 사이버 캐스케이드(cyber cascade)를 가리키는 속어로, 〈넷염상(ネット炎上)〉이라고 불리기도 하는데, 니찬네루 등의 전자게시판에서 특정 스레드의 흐름이 빨라진 상태를 일컫거나, 특정 블로그나 홈페이지 게시판 등에 비판, 비난 등이 통제하기 힘들 정도로 쇄도하는 상태를 묘사할 때 이 용어를 사용한다.

뮤니케이션에서도 살펴보았지만, 혐한·혐중이 논리보다는 유희나 소재적인 측면을 중시한다는 점에서 이런 논리적 모순은 넷우익에게는 아무런 의미가 없다.

한편 대만의 사례 또한 흥미로운 대비를 보여주는데, 한국과 같이 일본제국주의에 의해 식민지화된 경험을 가지고 있으면서도 반일감정이 상대적으로 적고 일본에 대한 호감도가 높은 대만은 특정아시아에 포함되지 않는다. 이는 2000년 이시하라 신타로(石原愼太郎) 도쿄도지사가 외국인 범죄의 온상으로 지목하여 물의를 빚었던 '제삼국인(第三国人)'이 전후 점령기 당시 GHQ가 일본국민이 아닌 구식민지출신, 즉 한국(북한포함)과 대만을 가리키는 호칭으로서 사용했던 비일본인(non-Japanese)이라는 표현을 당시 일본정부가 임의적으로 '제삼국인'으로 번역하여 사용한데서 유래했다는 점[29]과 선명히 대비된다.

이시하라의 발언이 일본제국주의의 식민지라는 역사적 경험에 바탕한 기성세대 중심의 차별의식을 단적으로 보여주고 있다고 한다면, '특정아시아'라는 인터넷상의 신조어는 그 발생에서부터 현재 사용되는 맥락에 이르기까지 '반일'이라는 감정적, 주관적 기준이 중요하게 여겨진다는 점에서 최근의 상황을 반영한, 새로운 아시아관을 반영하고 있다고 할 수 있다.

---

29) 이는 이시하라의 발언이 갖는 문제성을 증명하기 위해 교토대학 조선사 연구실의 후지나가 쇼(藤永壯)가 집필한 자료에 바탕한 것이다.(http:// www.zinbun.kyoto-u.ac.jp/~mizna/chosenshi/seimei-kaisetsu.html, 2011년 1월 17일 접속)

3. 넷우익의 발생과 전개

1) 넷우익 발생의 배경과 정의

2005년을 기점으로 넷우익이라는 용어의 등장은 니찬네루에서 가시화되기 시작한 혐한·혐중적인 태도가 보다 구체화된 결과로 볼 수 있다. 본격적으로 논의를 진행하기 전에 2005년이라는 배경이 지닌 의미를 간략하게 살펴볼 필요가 있는데, 이는 1999년 니찬네루 발족 이후, 일본어 인터넷 상에서 넷우익적인 흐름이 가장 강하게 나타났던 것이 바로 2005년을 전후한 시기이기 때문이다.

앞에서도 지적되었지만, 일본어 인터넷 상의 혐한적인 흐름이 구체화된 형태로 등장한 『만화혐한류』는 2005년에 출간되었다. 그리고 2001년 수상으로 취임한 이래 연속하여 야스쿠니 신사 참배를 강행한 고이즈미 준이치로(小泉純一郎)에 대해 관련 국가에서 비판의 목소리가 고조된 때이기도 하다. 특히 2005년 초, 시마네(島根)현 의회가 〈다케시마의 날(竹島の日)〉을 지정하면서 한국에서 반일운동이 일어났으며, 2005년 4월에는 중국 전역에서 인터넷에서 촉발된 반일데모가 폭동으로 발전하여 일본인들의 피해 및 폭동의 구체적인 모습이 일본 매스미디어에 반복적으로 보도되었다. 역사 문제를 둘러싼 한중일 삼 개국의 깊어지는 갈등은 세계적인 주목을 받아, 뉴욕 타임즈 등에서도 이 문제를 보도하기도 했다. 또, 일본인 납치 사건의 주범이라는 사실이 점점 더 확실해지고 있던 북한이 동해에 지대함 미사일을 발사하여 일본사회에서 위기감이 고조된 것도 2005년 5월의 일이다.

그러나 이런 국제관계에서의 갈등과는 달리, 일본은 중국인 관광객에 대한 비자 발급을 중국 전역으로 확대하였고 한국과 일본은 2005년을 '우정의 해'로 지정해 다양한 사업을 전개하는 등, 상호 모순적인 흐름이 존재했던 것이 바로 2005년이기도 했다. 한편으로는 한중일 각국 정부 간의 국제관계를 둘러싼 갈등이 심화되었지만, 다른 한편 일반인들의 이동과 경제적 협력이 점점 더 확대된 결과 타자의 가시성이 증가함으로써 민간 차원에서 고조된 위기감이 민족주의적으로 표출되는 과정이 2000년대 이후 한중일 관계의 전반적인 흐름이라고 한다면, 한국과 중국, 특히 민간데모 및 폭동의 형태로 가시화된 중국의 반일운동, 더 나아가 북한의 위협이 미사일이라는 형태로 부각된 2005년이야말로 이런 흐름에서 하나의 정점을 보여준다고 할 수 있을 것이다.

이런 시대적 상황 속에서 넷우익과 그들이 체현하는 혐한·혐중적 분위기는 일본어 인터넷에서 무시할 수 없는 존재감을 드러내게 되었다. 아직 명시적으로 정의가 내려지지 않았다는 점을 고려하여, 우선 일본어 위키피디아에서 해당 항목을 찾아보자. 넷우익이란 "인터넷상에서 우익적인 언동을 하는 인물이라는 의미로 사용되는 인터넷 슬랭"으로 "기본적으로 비하하는 의미로 사용"된다고 하고 있다. 특히 주목해야 할 점은 인터넷의 익명성을 근거로 "우익적 행동을 한다고 해서 반드시 우익이라고 할 수 없고" 이런 이유로 "실체적인 존재(인물과 단체)와 연결지어 일관적인 존재로서 간주하는 것은 불가능할뿐더러 허위에 가깝다"고 지적하고 있다.[30]

그렇다면 출판계 및 학계는 어떠한가? 일본어 인터넷 상에서 넷

우익이라는 용어가 활발하게 사용되고 있음에도 불구하고, 2011년 1월 현재 일본의 출판계에서 넷우익을 책 제목에 사용한 경우는 단 두 권뿐이다. 그 중에서 『넷우익이란 누구?(ネット右翼ってどんなやつ?)』[31]은 넷우익에 대해 개념정의는 없다고 부연하면서도 "인터넷을 중심으로 우익적, 민족파적 언론활동을 활발히 하고 있으며 기성의 우익, 민족파 단체, 조직에 소속하고 있지 않은 자"[32]로 하고 있다. 또, 최근 기존의 우익단체들이 단체 및 회원의 블로그나 홈페이지를 운영하고 있음에도 불구하고 이런 홈페이지는 넷우익과는 관계가 없는 활동으로 간주한다. 즉 넷우익은 기존의 우익과는 별개의, 새로운 현상으로 보고 있다.

이것은 『넷우익과 서브컬처 민주주의(ネット右翼とサブカル民主主義)』라는 또 한 권의 서적에서도 동일한데, 이에 따르면 그 원류는 1990년대 중반부터 세력을 늘려온 보수계·우익계 언론지에서 찾을 수 있다.[33] 이것은 1990년대에 일어난 공산주의 진영의 붕괴가 가장 직접적인 원인으로, 이 시기부터 『쇼군!(諸君!)』, 『세이론(正論)』이 부수를 늘리기 시작하고, 새로이 창간된 『사피오(SAPIO)』는 비주얼 및 임팩트를 강조하는 편집스타일로 인기를 모으기 시작했다. 그리고 이 잡지들로부터 반중·친대만·혐북한·혐한·반미를 내세우는 새

---

30) http://ja.wikipedia.org/wiki/%E3%83%8D%E3%83%83%E3%83%88%E5%8F%B3%E7%BF%BC(2010년 1월 13일 접속).

31) 宝島編集部, 『ネット右翼ってどんなやつ?』, 宝島社, 2008.

32) 宝島編集部, 『ネット右翼ってどんなやつ?』, 14쪽.

33) 谷崎晃他, 『ネット右翼とサブカル民主主義』, 三一書房, 2007.

로운 보수계, 우익적 언론인이 배출되기 시작하여, 이들이 넷우익이 내세우는 논리의 기반을 제공했다고 본다. 특히『사피오』는『고마니 즘 선언』의 연재 등에도 알 수 있듯이 기존의 우익과는 다른 스타일의 잡지였다는 점을 이 책은 지적하고 있다.

그러나 이런 잡지의 논자들과 넷우익은 분명히 구분된다. 또, 인 터넷상에서 동일하게 혐한·혐중 및 우익적 사고방식을 표출하는 넷우 익이라고 해도, 실제 내부에는 핵심적인 멤버(진정한 넷우익)와 그를 따르는 추종자들(ネットイナゴ, 네트메뚜기)의 동심원구조가 있다는 점을 타니사키 아키라(谷崎晃)는 지적하고 있다.[34] 이는 2007년 2월 22 일 산케이신문의 칼럼『넷워칭(ネットウォッチング)』에서 "'축제'에 무리로 모여드는 사람들에 대해 네트메뚜기라는 단어가 사용되고 있 지만, 넷우익으로서 젊은이들의 우경화에 관련짓는 논의보다는 더 적 당한 표현으로 생각된다. 메뚜기에는 악의도 선의도 없다. 있는 것은 단지 탐욕뿐이다"라고 비판하고 있는데서 온 표현으로, 넷우익의 정치 적 입장이 항상 불안정하고 유동적이라는 점을 단적으로 보여준다.

그는 이런 구분을 보다 구체적인 인터넷상의 행동과 연결짓는데, 그에 따르면 핵심적인 넷우익들은 니찬네루를 넘어서 블로그나 〈믹 시(ミクシィ)〉 등 소셜네트워크 서비스(social network service, SNS)를 통해 적극적으로 자신의 발언을 개진하며 좌파적인 발언 및 사이트들 을 공격하는 사람들로 이들이 90년대 중반의『사피오』등의 새로운

---

34) 谷崎晃他,『ネット右翼とサブカル民主主義』, 156쪽.

우파잡지의 영향권에 있다고 보고 있다. 이에 반해 네트메뚜기들은 핵심적인 넷우익들보다 다수로 감정적으로 혐오하는 한국, 중국, 북한, 좌익, 좌파 자유주의자들의 발언 등에 반응하여 소재로 삼아 감정적 매도, 야유, 조소 등의 공격을 가하여 사이버 캐스케이드를 일으키는 경우가 많다.

일본의 인터넷 유저 998명을 대상으로 한 쓰지 다이스케(辻大介)의 논문은 이와 같은 넷우익 내부의 분화를 설명하는데 유용하다.[35] 쓰지는 유의미한 통계 수치의 산출을 위해 넷우익을 다음과 같이 정의하고, 이하의 세 가지 특징을 모두 구비하는 케이스를 넷우익으로 보고 있다.

---

1. 한국, 중국의 어느 쪽에 대해서도 『그다지』, 『전혀』 친근감을 느끼지 않는다고 회답
2. 『수상과 대신의 야스쿠니 신사 공식참배』, 『헌법 9조 1항(전쟁방기)의 개정』, 『헌법 9조 2항(군대, 전력의 비소유)의 개정』, 『소중학교의 의례에서 국기게양, 국가제창』, 『소중학교의 애국심교육』이 5가지 항목 전부에 『찬성』, 『대략적으로 찬성』한다고 회답
3. **최근 1년간 정치와 사회문제에 대해 『자신의 홈페이지에 의견과 생각을 표현했다』, 『타인의 블로그에 자신의 의견과 생각을 코멘트했다』, 『전자게시판과 메일링 리스트 등의 논의에 참가했다』의 세 항목 중 한 개라도 『있다』고 회답 (강조 : 필자)(2009 : 9)**

---

35) 辻大介, 「インターネットにおける「右傾化」現象に関する実証研究調査結果概要報告書」, 2008. http://www.d-tsuji.com/paper/r04/report04.pdf, 2011년 1월 15일 접속).

넷우익이 아직 학술적으로 정의가 내려지지 않은 신조어이며 학자에 따라 그 내용이 달라진다는 점을 감안하여 그는 이 세 가지 특성을 공통으로 보이는 경우를 넷우익으로 정의한다.

첫 번째 조건이 한국, 중국에 대한 친근감의 결여인 것은 넷우익의 가장 기본적인 특성이 혐한·혐중이라는 점을 반영하고 있다. 두 번째 조건은 국내적인 이슈들에 대해 '우익적'인 성향을 보여주는 사례로 구성되어 있는데, 여기서는 전체 문항에 동의하는 경우를 넷우익으로 보고 있지만 이 조건을 완화하여 3개 이상 동의로 바꾸었을 경우에도 31 샘플 정도로 머무르고 있다.(전체의 약 3퍼센트 구성) 세 번째 항목은 인터넷 상의 활동이라는 측면에 초점을 맞춘 조건으로, 각각의 조건에 해당하는 답변자의 비율은 367명(36.8%)/ 64명(6.4%)/ 167명(16.7%)이다. 첫 번째 조건과 두 번째 조건에 긍정적인 답변을 한 비율이 큰 차이를 보이는 것은 배타적인 태도가 반드시 우익적인 성향과 연결되지 않는다는 것을 잘 보여주고 있고, 세 번째 조건의 경우는 그 자체가 독자적인 정치적 입장과 연결된다기 보다는 앞의 두 조건과 함께 논해질 때만 의의를 갖게 된다.

쓰지의 연구를 통해 드러나는 것은 첫째, 샘플 자체가 인터넷 헤비유저들로 구성되었음에도 불구하고 세 가지의 조건을 모두 충족하는 넷우익적인 인터넷 유저층은 전체 사례 중 1퍼센트 정도(두번째 조건을 완화하였을 때도 3.1%)에 지나지 않을 정도로 소수였다는 점, 둘째, 이런 인터넷 유저층과 니찬네루의 이용빈도 사이에 유의미한 상관관계가 있다는 점, 그리고 셋째, 이들이 실제 인터넷 외에도 서명, 투서, 집회출석 등의 활동에 적극적이라는 사실이다. 이에 기반하여 쓰지는 "넷우익의 활동이 인터넷 특유의 현상이라기보다는 현실과 연속된 현상으로 지금까지 가시화되기 어려웠던 '우익'적인 잠재층이 인터넷에서 가시화되었다고 보는 것이 적당할지도 모른다"고 지적하고 있다.

2) 넷우익와 기존 우익세력과의 관계

이번에는 이들과 기존의 우익세력과의 관계를 살펴보자. 앞에서 살펴본 쓰지의 분석은 넷우익이 현실의 우익세력과 같은 기반에서 나왔다는 사실을 증명하는 것처럼 보인다. 그러나 이 분석에서 방점이 찍혀야 할 부분은 바로 '우익적인 잠재층', 즉 지금까지는 가시화되지 않았던 사람들이 넷우익의 대부분을 차지하고 있다는 점이다. 여기서 넷우익과 완전히 동일시할 수는 없으나 1990년대 이후 일본사회에서 점차 부각되기 시작한 신보수층, 즉 〈새로운 역사교과서를 만드는 모임〉 및 『고마니즘 선언』으로 대표되는 '아래서부터의 내셔널리즘', 즉 기존의 우익과는 구분되는 새로운 내셔널리즘을 내세우고 1990년대 이후 일본사회에 등장한 보수적인 흐름에 대한 오구마의 분석은 중요한 시사점을 지닌다.

오구마는 기존의 우익운동과 90년대 이후의 신보수층간의 가장 큰 차이점을 바로 천황에 대한 시각의 차이에 있다고 본다.[36] 기존 우

---

36) 小熊英二, 「「左」を忌避するポピュラリズム―現代ナショナリズムの構造とゆらぎ」, 小熊英二・上野陽子共著, 『<癒し>のナショナリズム』, 慶應義塾大学出版会株式会社, 2003, 29-30쪽.

익이 노선의 다양성에도 불구하고 천황제의 강력한 지지를 사상의 근본으로 삼고 있는 반면, 1990년대 이후 등장한 이런 신보수층은 사라져 가는 공동체를 대신할 '국가'를 희구하고 있으나 천황제에 대해서는 강력한 지지라기보다는 미온적인 태도를 견지한다. 이것은 츠지의 논문에서 정리한 넷우익을 판정하는 세 기준에서도 드러나는데, 여기서도 천황제에 대한 지지보다는 '애국심', '헌법개정' 등, 일본인의 공동체로서의 국가를 보다 강조하는 성향을 엿볼 수 있다.

넷우익은 인터넷을 중심으로 활동한다는 점에서 오구마가 분석하는 신보수층과는 구분되지만, 신보수층과 같이 넷우익 또한 기존 우익간의 단절을 강조한다. 이를 실제로 뒷받침하는 것은 넷우익과 기성 우익단체 및 운동가들 간의 서로에 대한 뿌리깊은 불신이다. 넷우익은 선전차량과 특공복(特攻服) 등 특유의 패션으로 대표되는 기성우익의 운동스타일에 대해 거부감을 가지고 있고, 지금까지의 우익운동이 일본사회를 바꾸지 못했다고 극히 비판적이다. 이런 관점에서 이들은 '우익'이라는 호칭 자체를 거부하고 자신들을 보수적인 성향을 지닌 일반시민으로 자리매김한다.[37]

이에 대해 기성 우익의 활동가들이 넷우익에 대해 "회사에 뭔가 시비를 거는 클레이머라는 것이 있는데, 넷우익은 일종의 클레이머"고 "그들에게 공격을 받았다고 해서 두려워할 것이 없다"(蜷川正大의 발언)[38]라고 비판하거나, 인터넷으로 인해 발언의 기회가 늘어난 것

---

37) 자세한 것은 이하의 글을 참조하라. 安田浩一, 「在特会の正体」, 『g2』 vol.6, 講談社, 2010.

을 바람직하다고 보면서도 "우익의 사상을 빌어서 감정을 터트리고 있을 뿐"으로 "우리들로부터 보면 스팸이나 바이러스 종류와 같다"(木村三浩의 발언)[39]고 폄하하고 있다는 점은 주목할 필요가 있다. 이 점은 일본에서도 대중적 지명도가 높은 우익운동가의 한사람으로, 넷우익에 비교적 친화적인 세토 히로유키(瀬戸弘幸)의 언급에서도 잘 드러난다.

　　넷우익이라고 불리우는 사람들은 실은 일본의 메이지 이후의 우익사(右翼史)와 전혀 관련이 없는 사람들로, 인맥도 계보도 관계가 없는 사람들입니다. 전후 우익활동의 대부분이 전전의 흐름을 포함하는 계보 중에 있고, 신우익으로 불리는 운동도 전전으로부터 연속적으로 이어지는 흐름 안에 있었습니다. 그러나 이 넷우익으로 불리는 사람들에 의한 발언은 기성의 우익단체와는 관계가 없는, 말하자면 인터넷 상에서 자연발생적으로 태어났다고 말해도 좋다고 생각합니다.[40]

　　더 나아가 그는 넷우익과 기성우익 사이에는 깊은 골이 있으며 현재는 각자의 활동범위가 다르기 때문에 문제가 없으나 앞으로는 충돌도 예상된다고 지적한다. 즉, 자신의 입장과는 별도로 앞으로도 '공투(共鬪)'할 가능성은 극히 적을 것으로 본다는 것이다.

　　결론적으로 넷우익은 정치적 입장이 다른 사람들에 의해서 비판

---

38) 宝島編集部, 『ネット右翼ってどんなやつ?』, 126쪽에서 재인용
39) 宝島編集部, 『ネット右翼ってどんなやつ?』, 130쪽에서 재인용
40) 宝島編集部, 『ネット右翼ってどんなやつ?』, 76쪽에서 재인용

될 뿐만 아니라, 외부에서 볼 때 정치적인 주장이 유사한 것으로 보이는 기성 우익으로부터도 경원시되고 있다. 바로 이 점이 넷우익의 존재를 일본사회 전반의 '우경화'와 직결되는 현상이라고 단언할 수 없는 이유이기도 하다.

3) 넷우익의 새로운 흐름 : 〈재일특권을 용서하지 않는 시민모임〉

넷우익의 새로운 상징으로서, 최근 주목을 받고 있는 것이 바로 2006년 창립된 〈재일특권을 용서하지 않는 시민모임(이하 재특회, http:// www.zaitokukai.info/)〉이다. 앞에서 살펴본 니찬네루 한글게시판의 오프모임에서 유래하였다고 알려진 이 모임은 홈페이지와 〈니코니코동화(ニコニコ動画)〉를 중심으로 한 인터넷 상의 활동에서 머무르지 않고 집회 등의 실질적인 활동을 전개하고 있다는 점에서 쓰지가 논하는 넷우익의 개념에서 한 단계 더 나아간, 넷우익이 더 이상 인터넷에 머무르지 않게 된 사례로 볼 수 있다.

홈페이지에 의하면, 이 단체는 창립 이후 현재 회원수가 9900여 명에 이르며 회장은 '넷우익의 카리스마'로 집회 때마다 나비넥타이에 연미복 차림으로 나타나 재일조선·한국인과 중국인에 대한 혐오발언을 쏟아내는 것으로 알려진 사쿠라이 마코토(桜井誠)[41]이다. 2010

---

41) 현재 38세로, 지금까지의 경력에 대해서는 거의 알려진 바가 없다. 그러나 매스미디어에서 재특회의 활동을 보도하게 되면서, 뉴욕타임즈에서는 심지어 그를 '외국인배척을 주장하는, 일본의 새로운 타입의 우파지도자'로 명명하기도 했다.

년의 활동을 정리하는 회장의 포스팅을 살펴보면 그는 이 단체를 "행동하는 보수운동"이자 "일본 최대의 보수계 시민단체"로 규정한다.[42]

〈그림 5〉 재특회의 홈페이지 입구.(http://www.zaitokukai.info/, 2011년 4월 13일 접속)

단체명에서도 드러나지만, 재특회는 "본래 '재일'이라는 단어는 '재일외국인'을 가리키는 것이지만 현재 일본에서는 '재일=재일한국인, 조선인'을 가리키는 단어로서 사용하고 있"는 상황이며 이민도 난민도 아닌 외국인인 이들이 '특별영주자격'이라는 특권을 가지고 일본에 존재하고 있다고 비난한다. 이것이 특권인 이유는 재일을 제외한 그 어떤 외국인도 이런 특권을 가지고 있지 않다는 것이다.[43] 2절에서

---

42) 회장의 『중얼거림 : 헤이세이 22년을 되돌아보면서(呟き : 平成22年を振り返って)』에서 발췌.(http://www.zaitokukai.info/modules/wordpress/index.php?p= 231, 2011년 1월 19일 접속)

43) 재특회 홈페이지의 '인사말(挨拶, http://www.zaitokukai.info/modules/about/

살펴본 바와 같이, 재특회의 주장은 '재일(및 반일국가에 포함되는 중국인)에 반대'하는 것으로, 전형적인 민족차별적인 논리라고 할 수 있다. 개별적인 차이는 있겠지만 이들은 기존의 우익들이 보여주는 일본적인 것, 특히 황실에 대한 존경심을 결여하고 있으며, 오직 일본과 일본인에게 피해를 끼치고 있는 재일로 대표되는 '반일외국인'과 그들을 지원하는 것으로 간주되는 좌파지식인, 매스미디어, 민주당 등 특정정치세력에 대해 강한 반감을 표시한다.

이들의 존재를 일본사회에 알린 것은 2009년 12월 4일 교토의 조선민족초급학교에서 일어난 재특회의 난동사건이었다. 공원의 '불법점거'에 항의한다는 명분을 내세워, 학생들이 수업중인 학교에 몰려가 확성기로 혐한적 메시지를 지속적으로 보내고, 데모에 참가한 참가자들이 학생들에게 몰려가 '스파이의 자식들', '일본에서 나가라' 등 민족차별적 행패를 부려서 상당수가 경찰에 의해 연행되기도 했던 이 사건 이후, 재특회는 일본 전역에서 지속적으로 집회를 개최하고 있다.

이와 관련하여 흥미로운 것은, 이들의 데모 및 여타 활동이 그 자체가 목적이라기 보다는, 동영상으로 편집되거나 동영상 사이트를 통한 실황중계를 통해 지속적으로 인터넷 유저들에게 노출되고 있다는 점이다. 많은 동영상 사이트 중에서도, 니찬네루의 설립자인 니시무라 히로유키가 니찬네루에 친화적인 동영상 사이트로 설립한 〈니코니코동화〉가 재특회가 가장 중점적으로 홍보에 나서고 있는 사이트

zai/speech.html, 2011년 1월 17일 접속)'에서 인용.

로, 그 외에 유튜브 등을 통해서 관련 동영상 등이 계속 업로드되고 있다. 앞에서 소개한 「교토 조선민족초급학교 난동사건」 또한 재특회가 실행했던 데모 중 성공한 사례로서 소개되어 현재도 그 동영상을 쉽게 볼 수 있고, 많은 지지 덧글을 찾아볼 수 있다.

거의 유일한 홍보수단으로서 재특회가 동영상에 쏟는 관심은 대단해서, 재특회 회장인 사쿠라이를 취재한 야스다 고이치(安田浩一)는 이들의 활동에 대해 "무턱대고 동영상과 사진촬영에 신경쓰는 등, 운동의 성과를 인터넷에 연결짓는 경향이 매우 강하다"고 평하고 있다.[44]

이렇게 재특회의 집회는 사람과 사람의 접촉이 동반되는 집회 그 자체가 목적이라기보다는, 인터넷의 동영상 사이트를 통한 가상의 커뮤니케이션에 보다 방점이 찍혀져 있다. '행동하는 보수'라는 슬로건을 내세우고 있으나 이들의 행동은 인터넷이라는 공간을 전제로 하고 있으며, 이들의 집회가 갑작스럽게 폭력적으로 변화하기 쉬운 것 또한, 인터넷 상의 사이버 캐스케이드를 일으키는 정도의 감각으로 자신들과 다른 의견을 가지거나 비판적인 타인을 바라보기 때문이라는 지적 또한 설득력이 있다.

그리고 이런 사이버 상의 커뮤니케이션에 대한 의존은 이들이 현실사회에서 느끼는 소외감과 고립감의 반대급부적인 성격을 지닌다. 실제로, 그의 취재에 따르면 많은 재특회의 회원이 일상생활에서 혼

---

44) 安田浩一, 「在特会の正体」, 81쪽.

자라는 고립감을 느끼다 재특회 관련 동영상을 본 것을 계기로 재특회의 집회에 참가하게 되었다는 증언을 하고 있다. 또한, 재특회에 들어가 "매일매일이 너무 즐겁고 이제야 진정한 친구들이 생긴 것 같다"는 한 젊은 여성 회원의 고백[45]을 인용하면서, 재특회가 갖는 매력은 혐한·혐중 등의 내용에 있기 보다는, 바로 이런 감각에 있을 것이라고 분석한다.

4. 넷우익과 혐한·혐중 언설 : 특징과 해석

앞에서 언급했던 쓰지의 연구가 정리한 넷우익의 요건 중 가장 첫 번째가 바로 "1. 한국, 중국의 어느 쪽에 대해서도 『별로』, 『전혀』 친근감을 느끼지 않는다고 회답"이라는 점은 상징적이다. 스스로를, 혹은 타인을 넷우익이라고 칭할 때 가장 기본적인 요소가 바로 혐한·혐중으로 대표되는 아시아의 몇몇 국가에 대한 반감이라는 것이다. 즉, 앞에서 살펴본 기존 우익과의 대비에서도 알 수 있듯이, 넷우익에게 있어 그 어떤 정치적인 이념보다도 기초적인 입장은 사실상 한국과 중국에 대한 반감의 표출이라고 할 수 있을 것이다.

넷우익의 혐한·혐중·혐북한적 언설에 대해서는 자체적 논리를 지닌 것이라기보다는 〈소재적 커뮤니케이션〉이라는 측면이 강하다는

---

45) 安田浩一, 「在特会の正体」, 103쪽.

점이 지속적으로 지적되어 왔다.[46] 즉, "애국심은 원인이 아닌 결과"[47]라는 것이다. 이때의 '애국심에 관한 담론', 즉 내셔널리즘은 어디까지나 개인화된 도시문화로서, 그리고 유희로서의 내셔널리즘이다. 인터넷이라는 공간은 일상생활에 비해서 어떤 사안에 대해 분극화(group polarization)가 극대화되기 쉬운 경향이 있다는 점은 이를 뒷받침한다.

예를 들어, 혐한·혐중 스레와 레스가 니찬네루 전반에 걸쳐 골고루 분포하는 대신 특정 게시판 및 특정 스레에 집중되고 대부분이 카피페("한국의 강간률은 세계 1위")나 단순한 감정의 발산("조센징은 죽어라!" 등)과 조롱이라는 점, 그리고 이때 분위기와 다른 레스를 투고하면 집단적인 비판의 대상이 된다는 점에서도 잘 알 수 있다. 이런 단순한 혐오감과 반감을 표현하고 이를 공유함으로써, 일상에서 느끼는 스트레스와 고립감을 해소한다는 것이다.

이때 참고로 삼을만한 것이 앞에서도 인용하였던, 넷우익보다 조금 앞선 시기에 발흥한 〈새로운 역사교과서를 만드는 모임〉으로 대표되는 '풀뿌리 내셔널리즘(草の根ナショナリズム)'을 분석한 오구마의 논문이다. 이런 운동이 대두한 배경으로 그는 첫째, 냉전체제종결에 의한 사회주의의 몰락(사회주의자들이 포퓰리즘형 내셔널리즘으로 전향하는 경우), 둘째, 세계화의 진전으로 인한 개인적 타자접촉경험의 증가(일본인으로서의 아이덴티티가 타자와의 만남을 통해 강화되

---

46) 北田暁大, 『嗤う日本の「ナショナリズム」』, NHK出版, 2005.
47) 谷崎晃他, 『ネット右翼とサブカル民主主義』, 200쪽.

는 현상), 셋째, 현대일본사회에 있어 중간집단, 즉 가족과 지역공동체, 학교 등의 공동화로 인한 상상적 공동체로서의 '국가'의 재건에 대한 희구를 들고 있는데,[48] 〈새로운 역사교과서를 만드는 모임〉은 지식인이 주도하는 시민운동이고 넷우익은 인터넷을 중심으로 한 운동이라는 점에서 차이점은 있지만, 근본적인 부분에서는 상통하는 것으로 보인다.

또, 다카하라는 세계 2차 세계대전의 종결 이후 한중일 삼국에서 관찰되는 내셔널리즘의 다원화·다양화를 논하면서 전후체제를 지탱한 것이 국가주도의 '고도성장형' 내셔널리즘이라고 한다면, 최근 자라나기 시작한 새로운 내셔널리즘은 '개인형' 내셔널리즘으로, 이는 사회유동화 속에서 불안함을 느끼는 젊은이들과 관련이 있다고 분석한다. 특히 이런 개인형 내셔널리즘의 특징은 크게 1) 현실주의 대신 '진정한 애국심'을 추구하고, 2) 인터넷을 전형으로 하는 새로운 미디어 및 도시 중간층 내부에 형성된 소비문화 혹은 하위문화를 근거로 하고 있는데, 특히 2)와 관련해서 흥미로운 점은 "개인형 내셔널리즘의 내용에는 앞에서 언급한 억울한 감정만 있는게 아니다. 자기 나라 연예인을 '매국노'라고 공격하거나, 악의에 찬 사진 합성으로 다른 나라 정치인을 비꼬는 등 정치적으로 그다지 중요하지 않은 '취미'의 영역을 많이 포함하고 있다. 이러한 반(半)유희적인 움직임이 상대국에게 전해지고 또 다시 마찬가지로 장난섞인 반작용을 불러오는 연쇄가

---

48) 小熊英二, 「「左」を忌避するポピュラリズム－現代ナショナリズムの構造とゆらぎ」, 21-23쪽.

존재하는 것이다. 이러한 종류의 내셔널리즘은 무언가를 계기로 분출하는 축제나 놀이 혹은 취미의 일종"이라는 점이다.[49] 이런 다카하라의 분석은 기타다가 말하는 '소재적 내셔널리즘'과도 연결된다.

더 나아가 2009년의 발표문에서 그는 넷우익으로 대표되는 최근의 내셔널리즘이 진정한 적으로 삼고 있는 것은 사실 한국과 중국이라는 외국이 아니라 일본 국내의 적, 소위 '기득권층'인 '좌익' 및 경제 상층부라고 단언하면서, 이들의 내셔널리즘을 '도착적'인 것으로 표현한다. 이는 넷우익을 자처하는 사람들이 인터넷이라는 커뮤니케이션 수단에 의존하면서도 어디까지나 일본어 인터넷 내부에 머무르고 있다는 점, 즉 그들이 내세우는 혐한·혐중을 선전하기 위해 한국어나 중국어 사이트를 만드는 것이 아니라 오히려 일본인들을 향해 계몽하는 자세를 취하고 있다는 점에서도 간접적으로 증명된다. 어디까지나 그들의 시야에는 일본인의 내셔널리즘이 문제가 되는 것이다.

> 그들[하층부 내셔널리즘을 지지하는 사람들]은 일본의 군사대국화를 요구하고 있는 것도 아니며, 엄밀하게 말하면 한국·중국에 적의를 가지고 있는 것도 아니다. 언론 활동을 하고 있는 저명인이든, 그것을 참조하여 행해지는 인터넷상의 발언이든 이러한 계통의 논의가 전제로 하고 있는 것을, 상술한 의미에서 말하는 '좌익'의 논의가 일본에서는 너무 다수파이며, 그 이외의 언론을 능가하고 있었다고 하는 세계관이다. 그들이 직접적인 적으로 삼고 있는 것은 자국 내의 매스미디어(주로 아사히 신문사)이며 '그들이 중국·한국의 편

---

49) 다카하라 모토아키, 『한중일 인터넷세대가 서로 미워하는 진짜 이유』, 21쪽.

을 들어 자국민인 자신들의 의견에 귀를 기울이지 않는다'는 불만을 반복해서 표명하고 있다… 그리고 중산계급에 태어났으면서도 하층으로 몰락한 불안에 시달린 사람들이, 자국 내의 기득권층인 매스미디어나 경제계에 대한 불안을, 역사문제를 소재로 한 한국·중국에 대한 매도를 통해서 '도착적으로' 표현하고 있는 것이 현재 일본의 인터넷 내셔널리즘이다.50)

2005년에 1권이 발간된 이후 4권까지 누계판매부수가 90만부에 이르렀다는 『만화혐한류』의 저자 야마노 샤린(山野車輪)의 변신은 넷우익의 이런 성격을 웅변한다. 야마노가 2010년 발간한 최신간의 제목은 『만화 '젊은이노예'시대(マンガ「若者奴隷」時代)』로, 『만화혐한류』와 동일한 출판사에서 발간되었다. 만화의 내용을 소개한 동영상에 따르면, 다루고 있는 주제가 '혐한'과 '젊은이들의 빈곤층화'로 서로 연관성이 없음에도 불구하고 등장인물과 스토리 전개 등에서 『만화혐한류』의 스타일과 매우 유사하다.51) 그러나 흥미로운 것은 『만화혐한류』의 출간 당시 많은 화제를 불러 일으켰을 뿐만 아니라 인터넷 상에서 용기있는 저자로 상찬의 대상이 되었던 야마노가 이번 신간의 출간에 대해서는 매도와 비판에 직면하고 있다는 점이다.52)

---

50) 다카하라 모토아키, 「1990년대 이후의 일본 내셔널리즘의 변동 : 신자유주의와 좌우 이데올로기의 재편성」(제 2회 한일문화사회 심포지엄 발표문, 2009), 14-15쪽(http://www.iks.or.kr/renew/kor/studies/activity_view.asp?idx=35, 2011년 4월 14일 접속).

51) 관련동영상은 다음과 같다 : 『「若者奴隷」時代』(http://www.youtube.com/watch?v=LZXqqn_x5gc, 2011년 1월 16일 접속)

52) 원래의 스레는 2010년 3월 15일에 세워져 마지막 레스(280개)가 붙은 것이 2010년 3월 16일이었다. 현재 이 스레는 니찬네루 상에서는 사라졌으나, 니

특히 이런 반응은 아이러니컬하게도 야마노 샤린이 참고로 하고 있다고 명언하는 니찬네루에서 가장 강하게 나타났다. '혐한장사가 유효기간이 다 된건가'(20번), '야마노 샤린은 좌익으로 전향했나'(46번) '조센징과 시나인(シナ人, 중국인을 비하하는 호칭)은 사멸하라고 말하는 놈들하고 돈많은 단카이(団塊)아저씨는 빨리 죽으라는 녀석들이 같은 놈들이니까'(51번) 등 비아냥거리는 덧글로 가득찬 이 스레는 야마노 샤린의 새로운 책이 보여주는 그의 '전향'과 함께 넷우익이라는 입장이 얼마나 유동적이고 부정형인지를 잘 보여주는 사례라고 할 수 있다.[53]

이런 상황 인식은 혐한·혐중으로 대표되는 배타적 내셔널리즘의 주된 대상인 한국의 연구자들 사이에서도 공유되고 있는 것으로 보인다. 예를 들어 김태기는 1990년대 이후 일본 국민이 우익에게 많은 관심을 보인 것은 사실이지만 이 관심이 바로 우경화와 연결되는 것은 아니라고 하면서, 이런 상황은 "폐쇄적인 일본 민족주의의 지향이라기보다는 경기불안, 사회적 정체성의 혼란, 주변국가와의 관계에 대한 반감 등 현실도피적이고 감정적인 측면이 강하기 때문"[54]이라고

찬네루 과거 스레의 캐쉬를 모아놓은 사이트에서 해당 스레를 찾을 수 있다. 『「マンガ嫌韓流」の山野車輪さんが新作を上梓 今度は「若年層の貧困問題」を煽り始める』(http://2chnull.info/r/news/1268627380/1-1001, 2011년 1월 17일 접속).

53) 우익운동에서 젊은이들의 노동문제를 계기로 좌파로 전향한 아마미야 카린(雨宮処凛)의 사례 또한 최근 일본 젊은이들의 유동적인 포지션을 상징하는 사례라고 할 수 있을 것이다.

54) 김태기, 「일본우익의 흐름과 현황」, 박훈 외 저, 『일본우익의 어제와 오늘』, 동북아역사재단, 2008, 114쪽.

분석하고 있다.

5. 결론 : 인터넷의 '공기 읽기'와 넷우익의 실체화

지금까지 살펴본 바, 넷우익과 그들의 혐한·혐중 언설이 일본 국내적으로는 현실도피적이고 유희적인 내셔널리즘에 가깝다는 사실에 동의한다면, 오히려 더 심각한 문제는 넷우익과 그들의 유포하는 혐한·혐중 언설보다는, 역으로 먼저 나서서 니찬네루의 "공기를 읽으려는(空気を読む)" 미디어, 기업, 정부들이며, 이런 행위가 오히려 실체가 없는 대상에 실체를 부여할 위험성을 내포한다.[55]

이와 관련하여 인터넷의 특징을 '가시화'와 '연결'의 과대증식이라는 점으로 정리하는 오기우에의 분석은 매우 중요하다. 그에 따르면, 지나친 가시화는 사람들의 행동과 예측에 변화를 가져오게 되는데, 구체적으로는 "가시화된 텍스트 교환에 대해 강박적이 되어버리거나 지금까지 보이지 않았던 것이 보이게 됨으로써 불안과 분노, 초조함 등이 발생하는 경우가 있"다는 것이다.[56] 넷우익의 담론이 실질적인 내용을 지니고 있지 않다고 하더라도, 이들이 만들어내는 포스팅, 스레드, 레스 등을 통한 '가시화'는 사회적으로 강한 힘을 지닐 수 있으

---

55) 大塚英二, 「おたく·新人類·ナショナリズム」『新現実』3号, 角川書店, 2005.
56) 荻上チキ, 『ウェブ炎上──ネット群集の暴走と可能性』, ちくま書房, 2007, 186쪽.

며 이것이 기존의 사회조직에 의해, 혹은 복잡한 동아시아의 정치역학에 의해 이용되어 실체화될 가능성 또한 있는 것이다.

오구마 또한 비슷한 견해를 표명한다. 〈새로운 역사교과서를 만드는 모임〉과 같은 운동보다도 그는 이런 운동이 보여주고 있는 현대 일본사회의 그늘에 주목해야 한다고 하면서, 이런 모임이 소멸한다고 해도 이런 운동이 나온 배경은 남아있다고 진단한다. 특히, 일본사회 내부적으로 내셔널리즘이 갖는 효과와 그것이 외부로 분출될 때의 효과는 분명히 구분되어야 한다. 이렇게 볼 때, 넷우익의 혐한·혐중은 기존의 우익과는 구분되는, 실질적인 내용을 갖지 못한 상징이라는 점, 그리고 한 국가 내부의 다양성 및 내셔널리즘 안의 다양성은 분명히 강조될 필요가 있다. 또한, 혐한·혐중의 대상인 한국과 중국의 네티즌이 일본의 넷우익을 비난하면서도 비슷한 행태를 보이는 것 또한 인터넷이라는 공간을 통한 커뮤니케이션이 내포하고 있는 공통점이기도 하다. 그러므로 일본의 넷우익만을 문제시하는 것은 서로의 민족적 주체를 강화한다는 점에서,[57] 문제를 더욱 심각하게 만들 뿐이다.

다만 'KY(空気を読めないやつ, 분위기 파악을 못하는 녀석)'이라는 인터넷 슬랭의 유행에서도 알 수 있듯이, 실체 없는 반감이 실체화할 가능성은 언제나 존재한다. 이것은 최근 등장한 재특회가 넷우익적 흐름에서 발생하였으면서도, 더 이상 '유희를 유희로 받아들이지 못하게 된' 결과, 기존의 우익들이 했던 행동보다도 더 폭력적인 행동

---

57) 이타가키 류타, 「혐한류의 해부도구」, 24쪽.

을 취하고 있는 지금의 상황에서도 알 수 있다.

니찬네루에 대해 분석하면서 히라이 도모히사(平井智尚)는 분명히 2000년대 초반의 니찬네루에는 일본사회에 대한 특정한 비판성이 존재하였으나, 앞으로 "특정의 대상에 대한 비판적인 태도가 문맥을 상실함으로써 단순한 배타적 언설로 전개하는 가능성을 부정할 수 없다. 실제로 니찬네루에 한정되지 않고 인터넷상에서 볼 수 있는 특정의 매스미디어와 국가에 대한 작금의 비판적 언설은 그 경향이 나타나고 있는 것으로 보인다"[58]고 우려한다. 일본 넷우익의 논리를 반박하는 것 이상으로, 이들이 탄생한 배경, 현재 일본 사회 내부에 존재하는 모순과 문제점에 대한 지속적이고 주의깊은 관심이 요청되는 이유가 바로 여기에 있다.

참고문헌

김태기, 「일본우익의 흐름과 현황」, 박훈 외 저, 『일본우익의 어제와 오늘』, 동북아역사재단, 2008.
나은영, 「인터넷 커뮤니케이션 : 익명성, 상호작용성 및 집단극화(極化)를 중심으로」, 『커뮤니케이션 이론』 제2권 1호, 한국언론학회, 2006.
다카하라 모토아키, 『한중일 인터넷세대가 서로 미워하는 진짜 이유』, 삼인, 2007.
_____, 「1990년대 이후의 일본 내셔널리즘의 변동 : 신자유주의와

---

58) 平井智尚, 「2ちゃんねるのコミュニケーションに関する考察 : インターネットと世論形成に関する議論への批評」, 『メディア・コミュニケーション : 慶応義塾大学メディア・コミュニケーション研究所紀要』 No.57, 2007, 13쪽.

좌우 이데올로기의 재편성」, 제2회 한일문화사회 심포지엄 발표문, 2009(http://www.iks.or.kr/renew/kor/studies/activity_view.asp?idx=35, 2011년 4월 14일 접속).

이규수, 「일본 네오내셔널리즘의 발흥과 역사인식 연구 - 우경단체 홈페이지 분석과 관련하여」, 김희선 외 저, 『일본 내셔널리즘 - 형태와 성격』, 동북아역사재단, 2009.

이타가키 류타, 「혐한류의 해부도구」, 『한국과 일본의 새로운 시작』, 뷰스, 2007.

정용목, 「일본 네티즌 세계에 나타난 <대한관> 연구」, 세명대학교 교육대학원 일어교육전공 석사학위논문, 2006.

키타다 아키히로, 「현대 일본 젊은이의 민족주의」, 제 2회 한일문화사회 심포지엄 발표문, 2009.

谷崎晃, 近藤瑠漫, 桜井春彦 編著, 『ネット右翼とサブカル民主主義 マイデモクラシー症候群』, 三一書房, 2007.

大塚英二, 「おたく・新人類・ナショナリズム」, 『新現実』 3号, 角川書店, 2005.

宝島編集部, 『ネット右翼ってどんなヤツ? 嫌韓, 嫌中, 反プロ市民, 打倒バカサヨ』, 宝島社, 2008.

北田暁大, 『嗤う日本の「ナショナリズム」』, NHK出版, 2005.

濱野智史, 『アーキテクチャの生態系』, NTT出版, 2008.

小熊英二, 「「左」を忌避するポピュラリズム―現代ナショナリズムの構造とゆらぎ」, 小熊英二・上野陽子共著, 『<癒し>のナショナリズム』, 慶應義塾大学出版会株式会社, 2003.

辻大介, 「インターネットにおける「右傾化」現象に関する実証研究調査結果概要報告書」, 2008(http://www.d-tsuji.com/paper/r04/report04.pdf, 2011년 1월 15일 접속).

安田浩一, 「在特会の正体」, 『g2』 vol.6, 講談社, 2010, pp.74-103.

2ちゃんねる監修, 『2ちゃんねる[公式ガイド]2006』, コアマガジン, 2006.

平井智尚, 「2ちゃんねるのコミュニケーションに関する考察:インターネットと世論形成に関する議論への批評」, 『メディア・コミュニケーション:慶応義塾大学メディア・コミュニケーション研究所紀要』 No.57, pp.163-174, 2007.

찾 아 보 기

남기정

현재 서울대학교 일본연구소 HK교수로 재직하고 있다. 서울대학교 외교학과를 졸업하고 도쿄대학에서 국제관계론을 전공하여 학술박사를 취득했으며, 고려대학교 평화연구소 전임연구원, 일본 도호쿠대학 법학부 조교수 및 교수, 국민대학교 국제학부 부교수, 도쿄대학 객원교수 등을 지냈다. 동아시아 국제정치의 맥락에서 전후 일본 정치의 전개를 추적해 왔으며, 특히 한일관계, 일본의 평화주의 등에 관심이 있다. 공저로『의제로 본 한일회담』(2010), 『朝鮮半島の和解?協力10年』(2009) 등이 있으며, 주요논문으로 「한일 선박반환 교섭에 관한 연구」(2010), 「한일회담 시기 한일 양국의 국제사회 인식」(2008), 「일본 전후평화주의의 원류」(2008) 등이 있다.

정진성

서울대학교 경제학과와 동대학원을 졸업했다. 쓰쿠바대학 대학원 역사·인류학연구과 박사과정을 수료했고 문학박사 학위를 받았다. 한국개발연구원(KDI) 연구위원과 배재대학교 조교수를 거쳐, 현재 한국방송통신대학교 일본학과 교수(일본경제론 담당)로 있다. 주로 일본 근대의 경제사·경영사, 일본재벌사, 일본 석탄산업사 등을 연구주제로 삼아왔다. 주요 저서로는『일본의 기업과 경영』(공저, 한국방송대학출판부 2004), 『일본인의 경제생활』(공저, 한국방송대출판부, 2007), 『현대일본경제의 이해』(공저, 한국방송대학출판부, 2010)가 있으며 역서로는『일본경영사』(미야모토 마타오 외 지음, 한울, 2001)가 있다. 주요 논문으로는 「재벌비판을 통해 본 일본의 반기업정서」(현대일본학회, 『日本研究論叢』제27호, 2008), 「高度経済成長期の石炭産業調整政策—生産維持と雇用調整を中心に—」『社会経済史学』第72巻 第2号, 2006), 「노사관계에서 본 아메리카나이제이션-일본생산성본부의 활동을 중심으로 -」(서울대일본연구소『일본비평』창간호, 2009) 등이 있다.

박철희

현재 서울대학교 국제대학원 부교수로 재직하고 있다. 서울대학교 정치학과를 졸업후, 미국 컬럼비아대학교에서 일본정치연구로 박사학위를 취득하였다. 일본 정책연구대학원 대학 조교수, 외교통상부 외교안보연구원 조교수를 역임했다. 서울대학교에서는 일본정치와 외교, 한일관계, 동아시아 국제관계를 가르치고 있다. 저서로는 『代議士の作られ方』(文芸春秋, 2000), 공저로는 『政界再編の研究』(有斐閣, 1997), 『시민사회의 정치과정』(고려대 아연, 2006), 『Comparative Political Corruption and Clientelism』(Ashgate, 2006), 『일본정치론』(논형, 2007), 『Japanese Strategic Thinking toward Asia』(Palgrave, 2007), 『East Asia's Haunted Present』(Praeger, 2008), 『U.S. Leadership, History, and Bilateral Relations in Northeast Asia』(Cambridge University Press, 2011), 『Changing Power Relations in Northeast Asia』(Routledge, 2011) 등이 있다. 역서로는 『21세기 일본의 국가전략』(시공사, 2000), 『흔들리는 일본의 정당정치』(한울, 2000), 『일본의 미들파워 외교』(오름, 2006)이 있으며, 편저로는 『동아시아의 로컬리즘, 내셔널리즘, 리저널리즘』(인간사랑, 2007)이 있다.

이지선

현재 숙명여자대학교 일본학과 조교수로 재직하고 있다. 서울대학교 국악과 및 동대학원 음악과를 졸업하고 오차노미즈여자대학에서 비교문화학을 전공하여 학술박사를 취득했으며, 서울대학교 동양음악연구소 선임연구원, 한림대학교 일본연구소 연구원, 서울대학교 일본연구소 HK연구교수 등을 지냈다. 일본의 전근대에 발생한 전통예능에 대해 연구해 왔으며 최근에는 전시기 및 전후 일본의 음악운동에 대해서 관심을 가지고 있다. 저서로는 『Musical Notations of Korea』(2010, 공저), 『일본의 전통문화』(2008), 『일본전통공연예술』(2007) 등이 있으며, 주요논문으로는 「제국 일본과 식민지 조선의 음악정책」(2010), 「일본 고려악을 통해서 본 고대 한국음악에 관한 연구」(2009), 「중일전쟁 전후 일본의 음반검열에 관한 연구」(2009), 「17세기 각필문헌 연구」(2007), 「폰토초(先斗町) 게이코(芸妓)의 교육과 예술활동」(2007) 등이 있다.

박정진

현재 서울대 일본연구소 HK연구교수로 재직하고 있다. 동국대 정치학과에서 북한정치로 석사학위를 취득하고, 도쿄대학교에서 국제관계론 및 지역정치를 전공하여 학술박사를 취득했다. 고려대 아세아문제연구소 전임연구원, 도쿄도 총합문화연구과 특임연구원 등을 역임했다. 냉전기 일본과 북한과의 관계에 대한 실증연구를 중심으로 동아시아 국제정치의 구도 속에 북한 및 일본의 대외정책, 그리고 일본혁신계운동과 재일조선인 운동 등을 연구테마로 해 왔다. 최근에는 한일관계와 북일관계를 아우르는 '한반도와 일본'의 관계라는 시각에서 연구를 진행시키고 있다. 박사학위 논문은 『冷戰期日朝関係の形成(1945-65)』(2009)이다. 공편저로서는 『帰国問題は何だったのか : 封印された日朝関係史』(2005)가 있고, 공저로는 『의제로 본 한일회담』(2010), 『한국 근현대 정치와 일본』(2010)이 역저로는 『일본 전후 정치사』(2006)있으며, 주요논문으로는 「在日朝鮮人帰国問題の国際的文脈」(2005), 「한일회담과 북일관계 1950-1957」(2009), 「일조협회의 결성과 일조우호운동의 태동」(2011) 등이 있다.

이경분

현재 서울대학교 일본연구소 HK연구교수로 재직하고 있다. 부산대학교 독어교육과 졸업 후, 독일 마르부르크 대학교에서 독일의 망명문학에 관한 연구로 독문학 석사를 취득하고, 동대학교에서 망명음악 연구논문으로 음악학 박사를 취득하였다. 서울대학교, 한국예술종합학교, 한양대학교 강사, 도쿄대학 객원연구원을 역임했다. 나치독일과 일본제국의 음악문화 교류 및 프로파간다의 비교연구(라디오, 뉴스 릴 등 매체), 일본 음악문화에 미친 유럽 망명음악가들의 영향, 일제 식민지 시기 재조일본인 및 일본양악문화의 영향 및 윤이상과 일본인의 관계에 관심이 있다. 저서로는 『Musik und Literatur im Exil』(2001), 『망명음악 나치음악』(2004), 『잃어버린 시간 1938-1944. 안익태의 숨은 삶을 찾아서』(2007), 『프로파간다와 음악 - 나치방송정책의 '낭만적 모더니즘'』(2009), 논문으로 「나치제국과 일본제국의 음악문화교류」(2009), 「'열등한' 일본인과 '신비화'된 일본제국」(2010), 「일제 시기 서양음악문화와 일본인의 영향」(2011), 「망명음악가 윤이상」(2011) 등이 있고, 역서로는 『요한 세바스찬 바흐 2 (크리스토프 볼프 저)』(2007)가 있다

김효진

현재 서울대학교 일본연구소 HK연구교수로 재직하고 있다. 서울대학교 인류학과를 졸업하고 하버드대학교 인류학과에서 문화인류학으로 박사학위를 취득했으며, 박사학위 논문은 〈From Heritage to People's Life : Kyomachiya Revitalization Movements and Kyoto's Regional Identity〉(2008)이다. 전공은 현대일본의 전통과 재생, 문화민족주의, 대중문화와 오타쿠문화 등의 서브컬처이며 특히 젠더론과 세대론에서 살펴보는 현대 일본의 대중문화 및 인터넷 문화에 관심이 있다. 역서로『남자는 원래 그래?』(2005)가 있으며, 주요논문으로「'귀여운' 역사는 가능한가? :『헤타리아』를 통해 본 초국가시대의 일본오타쿠문화」(2009),「'후조시(腐女子)'는 말할 수 있는가?: 여자오타쿠의 발견」(2010)「'앤티크 기모노붐'을 통해 본 기모노의 근대화와 재생」(2011) 등이 있다.

신하경

현재 숙명여자대학교 일본학과 조교수로 재직하고 있다. 연세대학교 영문학과를 졸업하고 쓰쿠바대학에서 대중문화론을 전공하여 문학박사를 취득했으며, 국민대학교 일본학연구소 전임연구원 등을 지냈다. 시각 미디어(영화, 만화, 애니메이션 등)를 중심으로 대중문화를 다루고 있으며, 주제적으로는 현재 '전후 공간과 대중문화'의 상호관계에 대해 관심을 가지고 있다. 주저로『모던걸 일본제국과 여성의 국민화』(2009)가 있으며, 주요논문으로「BC급 전범재판과 '전쟁책임'에 대한 기억의 변화」(2009),「전후 모럴의 초토와 '동경재판'의 소극장」(2010) 등이 있다.

IJS 서울대학교 일본연구소

현대일본생활세계총서 ❶

전후 일본,
그리고 낯선 동아시아

초판1쇄 발행 2011년 07월 29일
초판2쇄 발행 2012년 07월 03일

기 획 서울대학교 일본연구소
저 자 남기정 외
발행인 윤석현
발행처 도서출판 박문사
등 록 제2009-11호
전 화 (02)992-3253(대)
전 송 (02)991-1285
주 소 서울시 도봉구 창동 624-1 북한산현대홈시티 102-1206

전자우편 bakmunsa@hanmail.net
홈페이지 http://www.jncbms.co.kr
책임편집 박채린, 정지혜, 이신

ISBN 978-89-94024-62-2 94910   **정가** 23,000원